KB144933

처음 읽는 한국고고학

처음 읽는 한국고고학

2024년 1월 15일 초판 1쇄 찍음
2024년 1월 25일 초판 1쇄 펴냄

지은이 이선복
책임편집 김천희
표지·본문디자인 김진운
본문조판 토비트
마케팅 김현주

펴낸이 윤철호
펴낸곳 (주)사회평론아카데미
등록번호 2013-000247(2013년 8월 23일)
전화 02-326-1545
팩스 02-326-1626
주소 03993 서울특별시 마포구 월드컵북로6길 56
이메일 academy@sapyoung.com
홈페이지 www.sapyoung.com

ISBN 979-11-6707-134-7 93910

처음 읽는

한국고고학

이선복

사회평론아카데미

책을 시작하며

이 책은 제목이 말하는 바대로 한국의 고고학적 과거, 특히 선사시대의 모습을 요약해 설명하고자 하는 뜻에서 준비되었다. 필자는 2007년에 초판이 발간되고 다시 2010년 개정 신판이 발간된 『한국 고고학 강의』의 편집자이자 몇몇 장의 집필자로서, 고 김원용 선생님의 『한국고고학개설』 3판이 발간된 1986년 이래 20여 년 사이에 새로 쌓인 연구성과를 간추려 소개하고자 노력하였다. 그런데 지난 10여 년 동안에도 전국 각지에서는 수많은 고고학 조사가 이루어져, 그 이전 수십 년 동안 밝혀진 바를 양과 질에서 압도하는 자료가 쌓였다. 그런 만큼, 『한국 고고학 강의』의 내용에도 수정하거나 새로 추가해야 할 사항은 날이 갈수록 기하급수적으로 늘어나고 있다. 한 예로서, 반구대 암각화는 2010년에는 청동기시대의 암각화일 것이라 했지만, 지금은 신석기시대에 만들어졌음이 확실하다고 보고 있다.

새로운 지식과 정보가 빠르게 쌓임에 따라, 2010년대 말이 다가오며 그러한 변화를 반영하는 개설서의 필요성도 매우 커지게 되었다. 그렇지만 정년퇴직을 코앞에 둔 필자로서는 앞서서 일을 추진할 엄두를 내기 어려웠으며, 주변에서도 선뜻 이 일을 맡고자 하는 이를 찾지 못한 채 퇴직을 기다리고 있었다. 그런데 『한국 고고학 강의』의 보완과 개정의 시급성은 필자만이 느끼던 것이 아니었다. 2007년 한국고고학회 회장으로서 『한국 고고학 강의』 발간을 기획하고 추진한 최병현 선생도 그와 같은 고민을 하고 있어, 2019년 가을 김무중, 권오영 두 분을 포함한 옛 편집진 네 사람이 함께 의논해보자는 생각을 전해왔으며, 이에 따라 한 차례 모여 의견을 교환하였다. 그러나 곧 전염병 사태가 터짐에 따라 논의는 출발도 제대로 못한 채 3년이 흘렀고, 그 사이에 필자도 정년을 맞게 되었다.

다만, 정년퇴직을 몇 달 앞두고 외국 독자들을 위해 쓴 『Archaeology of Korea – An Outline with Emphasis on Prehistory』라 제한 한국 고고학 영문 개설서를 발간할 수 있었던 것은 위안이 되었다. 이 영문서 출간 이후, 그간 여러 해 필자의 책을 도맡아 출판한 사회평론에서는 이것처럼 쉽게 읽을 수 있는 한국 고고학 개설서를 내자고 제의해왔으나, 정년도 했고 하니 쉬고 싶은 생각에 응답을 회피하던 중, 결국 2023년 초 설득을 받아들여 준비에 나설 생각을 하기 시작했다.

그런데 때마침 전염병 사태가 완화되며, 새로운 내용의 『한국 고고학 강의』 발간을 다시 논의해보자는 최병현 선생의 제안으로 2023년 3월 다시 네 사람이 모이게 되었다. 그러나 이 모임에서는 책의 구성과 관련한 편년체계에 대한 이견으로 어떠한 합의도 이룰 수 없었고 다음 약속도 잡지 못한 채 그냥 헤어지게 되었다. 그에 따라 『한국 고고학 강의』가 언제 새로운 판으로 나오게 될 것인지는 이제 누구도 알 수 없게 되었다. 다시 나오더라도, 그것은 필자와 관계없는 먼 훗날의 일이 될 것이다. 이러한 뒷얘기를 쓰는 것은, 한국 고고학 개설서가 앞으로 쉽게 나오기 어려운 사정이므로 비록 부족하나마 이 책을 썼노라 하는 핑계를 구차스레 대기 위함이다.

이 책은 한반도에서 사람들은 까마득한 구석기시대부터 시작해 도대체 어떻게 살아왔을까 하는 궁금증에 대한 답으로서 준비한 셈이지만, 우리나라의 고고학적 과거에 대한 수많은 질문에 대해 만족할 만한 답을 주고 있지 않다. 오히려 필자는 책을 읽고 난 다음, 우리의 지식이 얼마나 취약하며 빈틈이 많은지 이해하면 좋겠다는 바람을 갖고 있다. 또 중고교나 대학의 국사 시간에 배운 내용이나 유튜브를 비롯해 각종 매체에 떠도는 선사시대와 고대사에 대한 많은 얘기가 과연 모두 사실일까 하는 의문을 품게 되는 독자가 많으면 많을수록, 이 책은 그 목적을 다하는 것이라고 생각하고 있다.

몇 해 동안 영문 개론서를 준비하며, 〈국사〉 교육을 안 받은 외국 독자에게 한국의 고고학적 과거를 어떻게 객관적으로 설명해야 하는가에 대해 오랫동안 고민하지 않을 수 없었으며, 그 시간은 한국 고고학의 연구 현황과 성과에 대한 반성과 성찰의 기회이기도 했다. 그런 과정에서 무엇보다도 생각해야 했던 것은 국내에서는 아무 의심 없이 통하고 있지만 제삼자로서는 이해하기 어려운 사항들을 어떻게 납득시킬 수 있을까 하는 문제였다. 그 좋은 예의 하나는 청동기시대의 설정 문제이다. 한국에서 연구자 사이에 여러 이견이 있지만, 아무튼 대체로 청동기시대는 무문토기의 등장과 더불어 시작한다고 여기고 있다. 동시에 정작 청동기는 무문토기가 등장하고 한참 시간이 흐른 뒤에서야 등장하며 일상생활 도구로서의 청동기는 청동기시대 내내 거의 찾아볼 수 없다고 하고 있다. 그렇다면 청동기가 없음에도 청동기시대를 설정하는 이 '한국적 특수상황'을 어떻게 이해시킬 수 있을까? 한국의 고고학적 과거에 대한 소위 통설과 정설을 객관적 시각으로 냉정히 평가한다면, 이와 유사한 크고 작은 모순된 설명은 하나둘이 아니다.

읽을 만한 고고학 개설서란 그러한 여러 문제를 모르는 채 넘어가지 말고 정면으로 마주하며, 무엇을 알고 있고 무엇을 모르고 있는지 말할 수 있어야 한다고 생각한다. 이와 동시에, 그 내용은 고고학 자료의 단순한 나열과 기술이 아니라, 그것이 의미하는 사회와 문화의 변화와 흐름에 대한 이야기가 되어야 마땅하다고 생각한다. 왜냐하면, 고고학 연구의 목적은 물질 증거의 특징이나 변화 그 자체의 파악에서 그치는 것이 아니라, 그를 통해 과거 사람들의 삶을 알고자 함에 있기 때문이다. 너무나도 당연한 사실이라 심지어 많은 연구자도 종종 잊고 있는 듯하지만, 서로 멀리 떨어진 곳에서 발견되는 유사한 유적이나 유물은 그것들이 발이 달려 움직이고 새끼를 친 결과로 만들어진 것이 아니다. 그러한 현상이 확인된다면, 연구자는 누가, 언제, 무엇을, 어떻게 했기 때문에 그런 일이 발생했으며 나아가 왜 그랬는가를 설명하고자 노력해야 한다.

그러므로, 책을 구상하며 목차와 본문의 서술에서는 『한국 고고학 강의』라던가 기타 국내에서 출간된 각종 시대별, 지역별 개설서에서 흔히 채용하고 있는 시대별 명칭이나 구성을 지양하고, 내용 역시 유물의 명칭이나 형식분류 혹은 편년에 대한 기술적 묘사나 해설도 가능한 한 피하면 좋겠다고 생각했다. 왜냐하면 그러한 서술방식은 당대 사회와 삶의 모습을 알려주기보다 자칫 무미건조하고 기계적인 고고학 자료의 나열에 그치기 때문이다. 또한 책의 구성은 시간의 흐름에 따른 문화상의 변화를 요약해 전달해 줄 수 있는 방식으로 짜고자 생각해보았다. 그러다 보니, 책의 전체적 구성과 서술은 결국 영문 개론서의 틀을 따르게 되었다. 또한 구성뿐만 아니라, 어렵게 구하고 선정했던 만큼 그림 자료 역시 10개 정도만을 빼거나 더한 채 그대로 사용하였다. 그렇지만, 본문에서는 국내 독자에게 불필요할 듯한 사항을 삭제하고 설명이 필요한 내용을 추가하며 문장의 구성과 배치도 달리하는 등, 다른 책으로 만들고자 했다.

책의 내용은 한반도에서 구석기시대부터 역사시대가 시작할 무렵까지를 서술의 주요한 대상으로 삼았다. 왜냐하면 이 책의 주요한 목적이 고교과정에서 한국사 교육을 받은 이들을 대상으로, 한반도 선사시대의 문화가 시간의 흐름에 따라 어떻게 발전하고 분화해 결국 삼국시대에 들어와 각지에서 독특한 문화가 나타난 것인지를 통시적 관점에서 설명하려는 데 있기 때문이다. 비록 불완전하고 미진하나마 이러한 설명은 독자가 관련 분야 전공자가 아니라면 토기나 청동기의 형태나 무덤 구조의 변화에 대한 장황한 기술보다 한반도의 고고학적 과거를 이해함에 더 도움이 될 것이라고 생각한다. 그런 의미에서, 이 책은 1995년 2월부터 12회에 걸쳐 지금은 폐간된 『사회평론 길』에 연재한 글을 묶어 1996년 발간한 『이선복 교수의 고고학 이야기』의 후속편이라고 해도 좋겠다.

그런데, 이 책은 독자들의 기대와 달리 고조선이나 읍루, 옥저 혹은 고구려나 부여, 발해 등이 있던 한반도 북쪽의 광대한 지역을 다루지 못하고 있다. 이 지역에 대한 설명은 필자의 능력 밖이다. 그러한 설명은 중국과 러시아에서 충분한 조사가 이루어져야만 가능할뿐더러, 더욱 중요한 문제로서 현재의 정치질서와 팽배한 민족주의적 정서를 뛰어넘어 고고학 자료를 객관적으로 조망할 수 있는 여유로운 시각과 학문적 실력을 한국 연구자들이 갖추어야 시도할 수 있다. 아마도 이러한 조건은 앞으로도 여러 세대가 지나야 충족될 것이다.

또 책의 내용이 한반도의 고고학적 과거를 다룬다고 하지만, 남북 분단의 현실에서 실제로는 거의 전적으로 휴전선 남쪽에서 발견된 자료만을 다룰 수밖에 없음도 미리 양해를 구하고자 한다. 남북한 사이의 고고학 자료와 연구 진척도의 양과 질은 특히 선사시대와 관련해 1970년 무렵까지 북한이 앞섰지만, 현재는 100 대 1 이상의 수준으로 남한이 앞서 있다. 더구나 1990년대 초부터 북한에서 선사시대를 해석하는 편년 체계는 외부인이 도저히 받아들일 수 없도록 바뀌어, 한반도 전체를 통관하는 설명을 더욱 어렵게 하고 있다.

한편, 삼국시대의 시작 무렵부터 현대에 이르는 시기에 대한 내용은 시대나 국가별로 무엇이 다루어지고 있는지 그저 몇 줄 언급하는 수준에서 그치고 있다. 물론, 역사시대의 고고학 자료는 양과 질에서 선사시대를 압도하며 수많은 흥미로운 주제가 연구되고 있다. 그렇지만 책의 마지막 장에서 의견을 피력했듯, 역사시대를 관통해 고고학 고유의 시각과 방법론으로써 고고학 자료를 관찰하고 분석해 보는 연구는 아직 요원하다. 즉, 역사고고학은 단지 역사학의 보조수단으로서 그저 역사학에 새로운 소재를 제공하고 고고학 자료를 기술하는 차원에서 벗어나지 못하고 있다. 그러므로 7장의 내용은 삼국시대 이후 현대에 이르기까지 주로 조사되고 있는 주요한 자료와 유적에 대해 그야말로 주마간산 격으로 간략히 언급하는 것으로 그쳤다.

마지막으로, 고고학 자료의 기술과 설명에서 적확한 용어의 채택은 물론 중요한 일인데, 용어의 한글화 작업이 강조되어온 과정에서 우리말 어법에 어울리지 않는 억지스러운 신조어도 왕왕 만들어지곤 했다. 이 책에서는 비록 교과서에 실린 용어일지라도 억지스러운 한글 용어는 채택하지 않았으며, 기존의 한자 용어를 그대로 쓰기도 했다.

책의 인쇄에 들어가기 전, 원고 내용의 평가를 위해 주변의 몇몇 분들에게 한 번 읽어봐 달라고 부탁하였다. 그 결과, 책이 고고학사로부터 시작하는 것이 일반 독자에게는 부담스러울 수 있을 것 같다는 의견을 얻게 되었다. 이것은 사실 그럴 만하다고 여겨지는데, 한국 고고학에 대해 전혀 아무 사전지식이 없는 독자라면 제1장 서론을 건너뛰고 읽기 시작해 7장을 읽고 난 다음 읽어도 문제가 되지 않을 것이다. 또 2장을 시작하며 한반도의 자연환경에 대한 설명을 따라가기 어렵다면, 대충 읽고 난 다음 한 가지 점만 이해하면 좋을 것이다. 즉, 한반도는 비록 면적은 좁으나 다양한 환경조건을 갖추고 있는 곳인데, 이러한 조건은 시간의 흐름에 따라 계속 변했는바, 구석기시대에는 지금보다 더 따뜻한 시기와 훨씬 더 추운 시기가 반복되었다는 사실을 기억하기 바란다.

책의 출간을 위해 여러모로 힘써준 사회평론아카데미의 김천희 님을 비롯한 모든 관계자 여러분에게 감사의 말씀을 드리며, 자료를 제공해 준 학계의 동료 선후배, 그리고 도면 정리에 애쓴 홍승연을 비롯해 지난 40년 가까운 세월 동안 만날 수 있었던 제자 모두에게 감사하는 바이다. 그러한 여러분의 도움이 있었기에 책이 나올 수 있었지만, 크고 작은 모든 잘못은 물론 전적으로 필자의 몫으로서, 독자 여러분의 지적과 질책을 고대한다.

2023. 가을
저자

그림 목록

제5장

제6장

제7장

차례

제1장

서론

한국 고고학의 시작과 발전

고고학은 땅속에 묻힌 인간 활동의 증거를 연구해 과거 인간의 삶을 연구하는 학문이다. 한국에서 고고학은 다른 여러 분야보다 매우 늦게 출발한 학문으로서, 1961년 서울대학교에 고고인류학과가 설치되며 비로소 독립 학문으로서 대학 교육에 편제되었다. 고고학의 학문적 전통은 조선시대에는 존재하지 않았으며, 19세기 말 서양 문물이 직간접적으로 알려지기 전까지 과거의 물질문화는 체계적인 학문적 관심거리가 아니었고 선사시대에 대한 인식도 없었다. 유적조사나 유물 수집과 관리에 대해 아무 관심도 없던 19세기 말, 한국의 고고학적 과거는 미지의 왕국 조선을 찾은 서양인이 처음으로 관심을 기울이며 알려지기 시작했다. 곧이어 조선이 청일전쟁과 러일전쟁에서 승리한 일본의 손아귀에 떨어지며, 최초의 고고학 조사가 일본인 연구자의 손으로 이루어지게 되었다. 이렇게 한국에서도 고고학은 과거 제국주의 열강의 지배를 겪은 모든 나라와 마찬가지로 한국인과 괴리된 채 이식된 식민지 학문으로 시작되었다.

그렇다고 개항 이전까지 지식인 사이에 과거의 유적이나 유물에 대한 호기심조차 없었던 것은 물론 아니다. 일찍이 고려의 문신 이규보는 전주목의 관리로 있던 중 1199년 11월 금마군(오늘날의 익산)에서 본 고인돌을 두고, 1201년 3월 작성한 기행문 『남행월일기(南行月日記)』에서 다음과 같은 글을 남겼다.

> 다음날 금마군으로 향해, 이른바 고인돌이란 것을 구경하려 했다. 고인돌이란 세속에서 전하기를 옛날 성인이 고여놓은 것이라 하는데, 과연 기이한 흔적으로서 심상하지 않은 것이 있었다. (明日將向金馬郡 求所謂支石者觀之 支石者俗傳古聖人所支 果有奇迹之異常者)

그렇지만 이러한 이규보의 기록은 매우 예외적 사례이다. 이규보 이후 19세기 말까지 고고학 연구자의 관심을 끌 만한 내용이 있는 글로는 소위 뇌부(雷斧; 벼락도끼)에 대한 짧은 구절이나 설명만을 찾을 수 있는데, 그 수도 손가락으로 꼽을 정도에 그친다.

뇌부란 자연에서 우연히 발견되는 돌도끼를 지칭하는 용어로서, 중국에서 8세기에 처음 사용되었다. 어휘 그 자체가 시사하듯, 이것은 하늘에서 천둥과 번개를 주재하는 뇌공(雷公; 뇌신)의 도끼로서 벼락과 함께 땅에 떨어진 물건이라고 여겨졌으며, 따라서 특별한 효능을 갖고 있다는 생각이 널리 퍼져 있었다. 즉, 뇌부는 귀중한 약재라고 여겨졌으며, 19세기까지 중국에서 간행된 많은 의서에는 그것의 효용이 나열되어 있다.

이런 믿음은 우리나라에도 그대로 전달되었다. 뇌부를 언급한 가장 오래된 기록은 세종실록에 실린 세종23년(1441년) 의관이 올린 계로서, 바로 그런 내용이 들어가 있다. 이 계에서 의관은 여러 문헌을 인용하며 뇌부가 귀중한 약재이니 이를 찾으라는 명을 내릴 것을 청했고, 세종은 이를 두말없이 받아들였다. 이로부터 3년 뒤, 세종실록은 뇌부의 일종이라 여기던 뇌검(雷劍; 돌칼)과 뇌전(雷箭; 돌화살촉)을 찾은 두 사람에게 제법 큰 상을 내렸다고 기록하고 있다. 이러한 세종실록의 내용은 각종 만성질환, 그중에서도 특히 요로결석으로 극심한 고통을 받던 세종을 치료하기 위해 귀한 약재인 뇌부를 구하려 했음을 말해준다.

그런데 뇌부가 하늘에서 떨어진 신물이라는 믿음은 성리학으로 무장한 조선의 지식인이 받아들일 수 없는 생각이었다. 즉, 그들에게 뇌부란 단지 일찍이 중국에서 성리학 대가들이 설파했듯 오행상생(五行相生)의 법칙에 따른 기(氣)의 순환 과정에서 저절로 만들어지는 자연물일 뿐이었다. 중국에서는 뇌신 숭배가 널리 퍼져 재산을 탕진하는 일이 잦아지자, 12세기부터 성리학자들이 이런 폐습을 없애기 위해 뇌부는 단지 화기의 벼락이 땅을 때리자 토기인 땅이 순간 굳어져 만들어진 것이지, 하늘에 뇌신 따위란 없다고 대중을 설득하려 했으며, 조선의 지식인들도 이 설명을 그대로 받아들였다. 조선 후기 실학자들도 본질적으로는 성리학적 사고체계를 벗어나기 어려웠던 만큼, 『성호사설』을 비롯한 실학자들의 저술에도 이런 설명이 그대로 실려 있다. 다만 15세기에 활동한 이륙(李陸)은 이런 고식적 사고의 틀에서 벗어나 있었는데, 그는 뇌부의 생김새로 볼 때 자연적으로 만들어진 물건이 아니라 사람이 만들었을 것이라 짐작했다. 그러나 그 역시 이것을 누가 만들었는지는 알 수 없으니 앞으로 누군가 이를 밝혀주길 바란다고 할 수밖에 없었다.

이러한 지적 전통 속에서 김정희(1786-1856)는 가히 독보적 자취를 남겼다. 무엇보다도 우선, 1817년 경주를 찾아 진흥왕 관련 사적을 답사하고 쓴 「신라진흥왕릉고(新羅眞興王陵考)」에서 그는 경주의 큰 신라 무덤들이 사람이 만든 인공산, 즉 조산(造山)이 아니라 무덤이라 규정하였고, 각종 기록을 대조해 진흥왕릉을 지목하였다. 또한 1851년에서 1852년에 걸친 북청 귀양 시절에는 청해토성에서 출토한 한 무더기의 큰 돌화살촉(석노[石砮])을 두고 이것이 숙신의 화살촉이라 해석한 「석노시(石砮詩)」라는 글도 남겼다. 이러한 그의 활동은 맹아 단계의 고고학 활동이라고 평가할 수 있다. 그렇지만 그의 학맥은 이어지지 않았고, 그의 사후 20여 년이 지나 조선의 고고학적 과거에 관심 있는 서양사람들이 나타난 것이다.

고고학적 과거에 대한 궁금증을 갖고 조선을 찾은 첫 사람은 미국국립 박물관 소속의 피에르 주이(Pierre Louis Jouy)로, 그는 1883년 부산에 도착해 서울에 이르기까지 많은 곳을 돌아보았다. 1890년 간행된 보고서 서문에서 그는 방문의 목적이 1877년 도쿄만의 야요이패총에서 일본 최초로 고고학 유적을 발굴한 일본 고고학의 선구자 에드워드 모스(Edward S. Morse)의 선례를 따라 조선 유물 컬렉션을 만들려는 데 있다고 밝혔다. 그는 부산에 도착하기 전 경유지인 일본 오사카에서 조선에 진출한 일본인들이 한반도 남부에서 수집한 유물을 살펴보았는데, 보고서에 사진이 실린 어느 상인의 수집품 중에는 신라 및 가야 토기가 다수 포함되어 있다. 그는 보고서 말미에 조선은 "하나의 거대한 무덤"으로서, "매우 오래된 구조물과 이 땅에 사람이 장구한 세월 동안 살았음을 말해주는 증거가 넘치고 있다"라고 결론지으며, 앞으로 적극적인 탐사가 필요함을 역설하였다.[1]

보고서가 간행되고 몇 해가 지난 1894년에는 한 영국인이 "아마도 일본족의 원 고향이었을 것이라 믿어지는" 조선을 찾아왔으며, 서울 일원의 고인돌에 대한 글을 이듬해 런던에서 발표하였다.[2] 또한 20세기로 넘어간 1903년에는 프랑스 사람이 현재 사적 137호로 지정된 강화도 부근리 고인돌을 비롯한 몇 군데의 고인돌을 돌아보고는 그것들이 고향에 있는 고인돌과 똑같이 생겼으며 틀림없는 선사시대 유적이라는 내용의 글을 여러 장의 사진과 함께 이듬해 리옹에서 발간된 학술지에 발표하였다.[3]

프랑스에서 고인돌에 대한 글이 발표된 다음 해 조선은 일본의 보호령이 되었다. 위에서 말한 바대로, 이해에 대한제국 정부는 주요 건조물 등의 문

....

1 Jouyi, Pierre Louis. 1890. The collection of Korean mortuary pottery in the United States National Museum. *Report of the National Museum, 1887-'88*. pp.589-596, plates 82-86. Washington, Smithsonian Institution.

2 Gowland, W. 1895. Notes on the Dolmens and Other Antiquities of Koreae. *The Journal of the Anthropological Institute of Great Britain and Ireland* 24:316-331.

3 Bourdaret, Emmile. 1904. I. Note sur les dolmens de la Corée. II. Les monuments préhistoriques de l'île Kang- Hoa. *Société d'anthropologie de Lyon*. Séance du 4 juillet 1903, pp.3-7. Lyon, A. Rey & C.

화유산 현황 파악을 위해 도쿄제국대학 건축학교실 교수인 세키노 타다시(關野貞)에게 "고적 조사"를 위촉했다. 그는 조사 과정에서 몇몇 유적도 발굴했으며, 따라서 한반도에서 본격적인 고고학 조사를 처음 실시한 셈이다.

이때부터 1945년까지, 한반도에서 모든 고고학 조사는 일본인 연구자의 손으로 이루어졌으며, 선사시대와 고대의 유적과 유물이 드러나게 되었다. 그렇지만 조선총독부의 감독 아래 이루어진 당시의 고고학 조사가 순수한 학문적 목적만을 위해 이루어졌다고 말하기는 어렵다. 그보다 고고학 조사는 궁극적으로 조선은 고대부터 수동적이며 정체된 역사의 미개국으로서 중국과 일본의 지배를 벗어나지 못했으며 결국 문명 일본의 식민지가 될 수밖에 없었다는 식민사관과 식민 지배 합리화에 도움이 되는 실물자료 제공의 수단이었다. 또한 1916년 평양 석암리 9호분에서 출토한 금제허리띠장식이라던가 1921년 경주 금관총에서 발견된 금관은 세계적인 뉴스거리로서, 국제사회에서 일본의 위상을 높이는 훌륭한 홍보 수단이 되었다. 1926년 동아시아를 순방하던 스웨덴의 구스타프 황태자를 경주로 불러들여 그의 손으로 금관을 수습하게끔 한 서봉총 발굴은 고고학을 이용한 국가 홍보의 정점이었다.

일제 지배하에서의 모든 조사가 오로지 정치적 목적만을 위해 이루어졌다거나 혹은 조사 내용이 엉터리였다고 단정하는 것은 물론 정당한 평가가 아닐 수 있다. 그런데, 조사의 목적과 당위성의 문제를 떠나, 당시 고고학 조사의 수준이 전반적으로 낮았음은 사실이다. 대부분의 보고서가 소략한 내용임도 그러려니와, 1980년대 이후 몇몇 유적에서 이루어진 재발굴에서는 해방 이전 간행된 보고서에 실린 유구 배치 도면이 완전히 엉터리임이 밝혀지기도 했다. 또한 당대의 일본 학자들이 아무리 객관적 입장에 서려고 노력했어도 조선의 역사와 문화에 대한 일본 우위적 편견에서 벗어날 수 없었기에, 한국의 고고학적 과거에 대해 제시된 기술과 설명에는 크고 작은 잘못과 함께 그러한 편견이 고의건 아니건 스며들지 않을 수 없었다. 예를 들어, 두만강 변의 동관진에서 구석기가 발견되었다는 보고는 당시 일본학계에서 완전히 무시되었다. 물론 지금은 이 유물들을 신석기시대의 석기라고 여기고 있지만, 아무튼 당시에는 이에 대해 논하는 것이 금기였다. 왜냐하면 구석기시대 유물은 일본에서 먼저 발견되고 난 다음 식민지에서 발견되어야 마땅했기 때문이다.

이러한 연구의 한계와 더불어, 가난하고 무지한 피지배 조선인들을 동원해 고분이나 절터에서 이루어진 무지막지한 도굴로 많은 유적이 극심하게 파괴당했으며, 그런 일은 종종 일본인 관헌의 묵인과 비호 아래 조직적으로 이루어지기도 했다. 그 규모와 행태가 어떠했는지, 예를 들어 경상도 선산 일대의 도굴 상황을 알기 위해 총독부가 파견한 관리는 현지 상황이 "목불인견의 참혹한 지경"이라고 보고했을 정도이다. 이러한 모든 문제와 더불어 유적 발굴이나 유물 관리에서 한국인은 완전히 배제되었으며, 고고학 교육도 이루어지지 않았다.

1945년 해방과 함께 온 남북분단의 상황은 오늘날까지도 고고학 연구에 큰 영향을 미치고 있다. 해방 당시 남한에는 전문인력이 전혀 없었기 때문에 고고학 연구는 오랫동안 체계적으로 이루어지기 어려웠다. 그 반면, 오스트리아 비엔나 대학에서 고고학 박사학위를 받은 한흥수와 도유호를 비롯해 연구인력을 확보한 북한에서는 북한 정권 수립 이전 임시인민위원회 시절부터 문화유산관리 전담 조직을 설치했고, 선사시대 연구의 중요성이 강조되며 이미 1946년에 선사유적 조사에도 착수했다. 이렇게 앞서 나간 북한에서는 전쟁 이후에도 조사를 계속해 1950년대 말에는 일제가 부정한 청동기시대의 존재를 확정했고, 1960년이면 『조선원시고고학』이라는 최초의 한국 고고학 개설서가 나타났으며, 1963년에는 웅기 굴포리에서 구석기 유적을 발굴하는 등, 당시 남한에서는 도저히 꿈도 꾸지 못할 활동이 이루어지고 있었다.

그러나 1960년대 후반부터 북한에서 김일성 일인 독재와 개인숭배가 확립되며 고고학 활동도 크게 위축되었고, 통치 독트린에서 벗어난 여하한 학문적 의견 표명도 허락되지 않는 암흑기가 시작되었다. 학술지 『고고민속』도 1967년 발간이 중지되었으며, 1986년 『조선고고연구』라는 학술지가 다시 등장하긴 했지만, 그 내용과 구성은 매우 초라하고 위축된 모습이다. 그런 상황에서 1990년대에 들어오며, 고고학적 과거에 대한 북한의 서술은 가히 상상하기 어렵게 바뀌었다.

그렇게 바뀐 내용의 핵심은 단군은 실존 인물이며 고조선을 단군부터 시작하는 국가로 규정한 것이다. 이러한 설정은 김일성을 민족의 조상인 단군과 비견할 수 있는 위치로 격상시키겠다는 정치적 결정의 산물이다. 그에 따라 북한에서는 1990년대부터 금속기도 세계에서 가장 빨리 평양 일대에서 등장했고 문자도 사용하는 등, 세계 4대 문명에 비견할 만한 "대동강 문명"이 존재했다고 주장하고 있다. 즉, 단군과 그 후손이 다스린 고조선은 완성된 국가로서 기원전 2000년 이전에 이미 등장했다는 것이다. 그러나 물론 이런 주장을 뒷받침한다고 제시된 증거는 그 신빙성을 논할 가치조차 없다. 이런 상황이므로, 북한에서 알려진 고고학 자료 중에서 1980년대 이후 발표된 자료의 신뢰성은 의심하지 않을 수 없는 실정이다. 북한 지역의 고고학 자료를 정확하게 알지 못한 채 한반도의 고고학적 과거를 설명하는 것이 어떤 한계를 안고 있는지는 자명한 일이다.

한편, 해방공간의 상황에서 남한에는 고고학 발굴이나 박물관 관리를 할 수 있는 인력이 전혀 없었다는 사실은 이후 20여 년 동안 고고학, 특히 선사시대의 연구가 북한에 끌려다니지 않을 수 없게 만들었다. 해방 당시 한국 고고학의 제1세대는 아직 20대 초반의 나이로, 1993년 작고할 때까지 한국 고고학을 이끌어 왔던 고 김원용 교수는 학병으로 징집되어 있던 중 해방을 맞았다. 박물관을 운영할 수 있는 인력 없이 출발한 국립박물관은 해방 당시 조선총독부 박물관의 운영을 책임지고 있던 고 아리미쓰 교이치(有光敎一) 전 교토대 교수를 서울에 머무르게 해 지식과 기술을 전수받지 않을 수 없었다. 남한 최초의 고고학 학술조사는 광개토왕의 제사에 사용한 청동 그릇(보물 제1878호)이 출토한 경주 호우총에서 1946년 이루어졌는데, 발굴 대상의 선정에서 보고서 간행에 이르기까지 모든 것을 그에게 의존하지 않을 수 없었다.

인력도 없는 터에 전쟁이 터지고 사회적 혼란이 계속되는 와중에서 고고학 연구가 오랫동안 이루어질 수 없음은 당연한 일이었다. 비록 1961년 서울대학교 고고인류학과가 개설되고 문화재관리국이 설치되었으나, 1960년대에도 고고학 관련 연구인력은 손가락으로 꼽을 정도였다. 학문적 발전은 기대할 수 없었으며, 초중고등학교 역사 교과서라던가 『한국문화사대계』를 비롯한 전문가들의 집필서도 한국의 고고학적 과거에 대해 해방 이전이나 직후에 출간된 일본인 연구자들의 저술을 그대로 베끼는 수준에서 벗어나기 어려웠다. 그러나 사회적 안정이 회복되어감에 따라 1960년대에는 고고학 조사에 대한 대중의 관심도 조금씩 높아지기 시작했다. 그에 따라 1966년 고 김원용 교수는 위 『한국문화사대계』의 고고학 관련 부분을 개필한 『한국고고학개론』을 자비로 출판했다. 물론 새로운 조사가 거의 이루어지지 못한 상황에서 책의 내용이 획기적으로 달라질 수는 없었지만, 금속병용기와 같은 일제 연구자들의 결론을 처음으로 부정하며 한국의 선사시대가 구석기시대, 신석기시대, 청동기시대를 거쳤음을 명확히 했다는 점이야말로 큰 의미가 있다.

이런 분위기에서 1971년 무령왕릉 발굴은 고고학에 대한 사회적 관심을 제고하는 계기가 되었다. 그러한 관심은 1973년 천마총이 발굴되며 더욱 고조되었고, 한국 고대문화에 대한 자긍심을 크게 높여주었다. 또한 이 무렵이면 고고학 자료가 약간이나마 축적됨에 따라 선사시대의 윤곽도 어느 정도 파악되었고, 그 결과 위 『한국고고학개론』의 내용을 다시 전면적으로 보완한 『한국고고학개설』이 출판사에 의해 발간되었다. 이때 처음 제시된 한국 고고학의 시대구분 방식은 약간의 수정을 거쳐 지금도 통용되고 있다.

고고학 연구는 이 무렵부터 경제 개발에 따른 유적조사 수요가 급증하며 서서히 활기를 띠기 시작했다. 그러한 구제발굴 수요는 1980년대를 거치며 기하급수적으로 증가했는데, 1990년대가 되면 이제까지 발굴을 담당했던 대학박물관이나 국립박물관과 국립문화재연구소의 힘만으로는 격증

하는 발굴 수요에 도저히 대응할 수 없게 되었다. 결국 1990년대 후반에 매장문화재 관리정책은 큰 변화를 맞게 되어, 발굴을 비롯한 고고학 유적 조사를 담당하는 조직이 여러 형태로 설립할 수 있게 되었다. 이러한 제도 변화로 급증하는 유적 발굴 수요와 무차별적 유적 파괴에 어느 정도 대응할 수 있는 최소한의 여건이 갖추어지게 되었다.

그 결과, 오늘날 전국 각지에서는 구석기시대에서 근현대 유적에 이르기까지 고고학 전 시기에 걸쳐 발굴이 일상적으로 이루어지고 있다[그림 1.1]. 발굴 경험이 축적됨에 따라 조사기법의 정교화, 자료의 과학적 분석 능력의 함양 등, 고고학 연구는 조사의 기술적 측면에서도 크게 발전하였다. 또한 21세기에 들어와서는 해외 유적 조사에도 나서게 되었으며, 아직 조사가 미진한 지역과 국가의 고고학 연구에도 기여하고 있다.

이렇게 21세기의 한국 고고학은 외형적으로 크게 성장하며 많은 긍정적 변화를 겪었지만, 성장에 따른 문제도 발생했다. 무엇보다도, 발굴이 넘쳐나며 폭발적으로 증가하는 자료를 학계가 충분히 소화하지 못하고 있다.

그림 1.1 발굴 허가 건수의 증가 추이(원자료는 문화재청 홈페이지 참조). 가로축에는 연도, 세로축에는 허가 건수가 표시되어 있다. 왼쪽 표는 1950년대부터 5년 단위의 추이를, 오른쪽 표는 1991년부터 2022년까지 1년 단위의 추이를 보여준다. 유적 발굴은 정부 허가를 받고 이루어지기 때문에, 발굴 허가 건수의 추이는 고고학의 양적 성장을 말해주는 간접지표로 삼을 수 있다. 대규모 구제발굴의 경우, 한 건의 허가 아래 여러 개의 발굴이 이루어지기 때문에, 특히 1990년대 이후 실제로 이루어진 발굴의 전체 숫자는 표에서 보는 것보다 훨씬 많다.

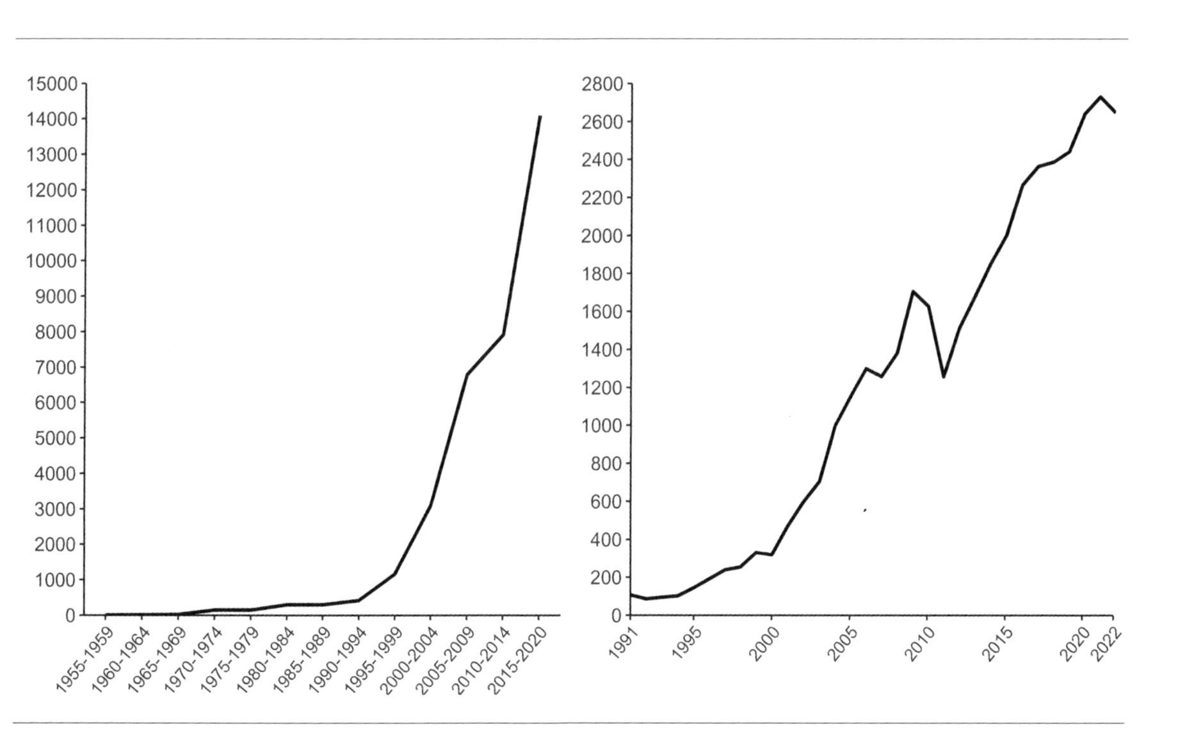

자료의 폭증으로 중요한 정보가 전공자에게도 제때 알려지지 않고 있는 상황에서 기존의 학술적 문제를 해결하기는커녕 새로운 문제가 계속 쌓이고 있는 형편이다. 아마도 독자들은 다음 장부터 많은 설명이 명확하지 않은 가정이나 가설에 그치고 있음을 느낄 텐데, 이러한 사정의 배경에는 학계가 급증하는 자료에 효율적으로 대처하지 못하고 있음이 크게 작용하고 있다. 한편, 발굴의 폭증으로 신중하고 치밀한 발굴이 필요한 유적이지만 조사를 쫓기듯 마치는 상황도 심심치 않게 발생하고 있어, 이에 대한 대책도 시급하다.

당면하고 있는 여러 문제를 타개하기 위해서는 고고학 교육과 훈련 과정을 전반적으로 새롭게 다듬고 발굴을 비롯한 매장문화재 관리 체계와 행정절차를 재정비해야 한다는 생각에는 누구나 동의하고 있다. 비록 당면한 문제들이 하루아침에 해결할 수 있는 것은 아니지만, 한국 고고학은 어디로 나아가야 하는가 하는 질문이 던져진 지도 벌써 여러 해가 되었다. 그 해답을 빨리 찾으면 찾을수록 고고학은 그만큼 더 발전할 수 있을 것이다.

시대구분과 문화권역

앞서 말한 바대로, 한국 고고학의 서술은 고 김원용 교수가 1970년대에 설정한 편년 체계를 따라 이루어져 왔다. 이 체계에 따르자면 삼국시대까지 한국의 고고학적 과거는 구석기시대, 신석기시대, 청동기시대, 초기철기시대, 원삼국시대, 삼국시대로 나뉘며, 삼국통일 이후 시기는 왕조 변천을 따르고 있다. 여기서 초기철기시대와 원삼국시대는 북한에서도 사용하지 않는 한국 고고학만의 독특한 개념이다.

초기철기시대는 1970년대 초에는 청동기시대 2기라고 불렸으며, 이에 이어지는 시기를 원삼국시대로 명명하였다. 당시 생각으로는 철기는 기원전 300년 무렵 있었다고 전하는 연의 고조선 침공을 계기로 한반도에 알려졌다고 여겼지만, 한반도 남부지역에서는 이때부터 기원 전후 무렵까지 철기는 드물고 청동기가 발달했으며 기본적으로 청동기시대의 문화가 유지되고 있었다고 여겼기 때문에, 이 300년의 시기를 청동기시대 2기라고 명명한 것이다. 그러나, 곧 이 시기의 성격을 규정하며 청동기 제작의 발달보다 철기 사용의 시작에 초점을 맞추어야 한다는 생각에서, 청동기시대 2기라는 용어를 폐기하고 철기가 알려졌어도 아직 널리 사용되지는 않았던 시기라는 뜻에서 1966년 처음 제시한 용어인 초기철기시대를 다시 채택한 것이다. 현재 이 시기는 종래의 생각보다 100년 빠른 기원전 400년 무렵 시작한다고 여겨지고 있다.

초기철기시대에 이어지는 원삼국시대는 기원전 100년부터 기원 이후 300년 무렵까지의 시기를 가리키며, 삼국의 원형이 만들어진 때라는 뜻에서 제안된 용어로서 원래는 기원 전후에서 300년까지로 정의되었다. 삼국이 기원전 1세기에 건국되었다는 기록에도 불구하고, 신라와 백제의 왕권은 4세기에 들어 고대국가가 완성되며 확립되었다고 보는 것이 역사학계의 통설이다. 고고학 자료를 보더라도 고대국가 형성과 관련한 중요한 지표라고 해석되는 신라토기와 가야토기의 제작이나 고총고분의 등장도 4세기에 들어와 시작되는 등, 그전까지 한반도 남부지방은 아직 완전한 국가단계에 접어들지 않았다고 볼 수 있다고 판단했기 때문에, 이 시기를 원삼국시대라고 명명한 것이다.

이렇게 볼 때, 초기철기시대와 원삼국시대는 주로 경상도 지역의 자료에 의존해 설정했다고 해도 그리 틀리지 않다. 이것은 쓸 만한 고고학 자료가 경주와 김해 지역 이외에서는 거의 알려진 것이 없던 1970년대의 상황에서 어쩔 수 없는 일이었다. 나아가 기술(technology)이라는 고고학의 전통적 시대구분 기준과 그에 따른 시대 용어에 삼국시대라는 한국사의 시대구분 용어를 결합할 때 어떤 문제가 발생할 것인지 당시로서는 예측하기 어려웠을 것이다. 그러나 그러한 편년 체계의 한계는 세월이 흐르며 점차 뚜렷해졌으며, 1990년대부터는 한국 고고학의 편년을 새로 정비할 필요가 있다는 생각이 퍼지기 시작했다. 즉, 고고학 자료가 기원전 100년과 기원후 300년을 전후해 모든 곳에서 일제히 크게 변화했다고 말하기 어렵게 되었으며, 초기철기시대에서 원삼국시대에 걸쳐 큰 변화가 보이지 않는 지역도 있음이 확인되었다. 일견 너무나 당연한 말이지만, 기원전 400년 무렵부터 기원후 300년에 이르는 시기 동안 특정 시점을 기준으로 한반도 전체에 걸쳐 문화가 일률적이며 단계적으로 변화하지 않았음이 점차 뚜렷해졌던 것이다.

이러한 문제로 기존 편년의 대안으로서는 그간 초기철기시대를 삼한시대로 대체하자거나 원삼국시대를 삼국시대 전기로 부르자거나 혹은 원삼국시대부터 삼국시대로 삼자는 등, 여러 제안이 나타났으며, 심지어 청동기시대와 초기철기시대를 고조선시대로 하고 원삼국시대부터 삼국시대로 하자는 주장도 나오고 있다. 그러나 이러한 여러 제안이 과연 고고학 시대구분의 필요충분조건으로서의 공간적 대상에 대한 정의와 대상지역 내에서의 총체적 문화상의 추이에 대해 얼마나 깊이 생각해 보고 제시된 것인지는 의심스럽다.

한국 고고학의 새로운 편년 모색에 참고할 만한 예로서, 유럽의 경우를 생각해 볼 수 있다. 유럽과 지중해 연안에는 기원전 2세기 무렵부터 이후 수백 년에 걸쳐 시저와 옥타비아누스에 이어 로마제국에 이르는 로마 전성기에도 국가 혹은 준국가 단계의 독립적 혹은 반독립적 정치체가 곳곳에 있었다. 그런데 로마와 기타 정치체들의 정치적, 사회적 성격이나 역사학의 시대구분과 상관없이, 유럽 고고학에서 이 시기와 그 앞뒤 수백 년의 시기는 그저 철기시대로 편년되며, 심지어 샤를마뉴 대제 치하의 신성로마제국이 탄생한 800년 전후의 시기까지도 후기 철기시대 혹은 철기시대 후기라고 부른다.

이 사례를 드는 것은 고고학의 시대구분은 편년을 하고자 하는 지역에서 발견된 고고학 자료에 의해 이루어져야 함을 강조하고자 함이다. 즉, 편년 체계 수립에서 필요한 것은 역사 기록을 내세워 특정 국가 이름에 따라 시대를 규정부터 하고 그 영역을 설정하거나 고고학 자료를 끼워 맞추어 보는 일이 아니다. 편년을 위해서 무엇보다도 중요한 것은 그 대상이 되는 공간의 범위를 분명히 설정하는 일이다. 그렇지만 지금까지 제시된 어떤 대안도 시대구분의 대상이 되는 공간을 명확히 정의하고 있는 것 같지 않다.

공간적 범위의 설정 다음으로, 고고학 시대구분을 위해서는 해당 지역 고고학 자료의 양상을 통시적, 동시적으로 정확히 파악해 확고한 기준에 맞추어 시간의 흐름에 따른 변화상을 평가해야 할 것이다. 평가에서는 예를 들어 구석기시대, 신석기시대, 청동기시대, 철기시대같이 전통적인 기술 기준의 시대를 구분할 수도 있겠으며, 혹은 일본의 사례처럼 상징성이 큰 어떤 다른 기준과 용어를 채택할 수도 있을 것이다.

거듭 말해, 한국 고고학의 새로운 편년 수립에서 필요하며 중요한 것은 그 대상 지역과 편년의 기준을 분명하게 결정하는 일이다. 만약 우리가 한반도, 중국 동북부와 연해주 남부를 포괄하는 편년을 원하는 것이라면, 우선 이 넓은 지역에 걸친 고고학 자료를 정확히 파악해야 한다. 그러한 작업이 이루어지지 않은 채 시도하는 시대구분은 특정 측면만으로 실체를 규정하는 오류를 또다시 범하게 될 것이다. 불확실하기 짝이 없는 단편적 역사 기록을 고고학 편년에 대입하고자 하는 시도는 그저 혼란을 부채질할 뿐이다. 이 책에서는 서술의 편의를 위해 초기철기시대나 원삼국시대를 비롯해 지난 반세기 동안 사용해온 시대구분 용어를 그대로 사용하였다. 비록 이런 용어에 여러 약점과 문제가 있더라도, 그러한 한계를 파악하고 있는 한 용어 그 자체의 사용에 구애받을 필요는 없을 것이며 그저 편의를 위해 채택했음을 이해하면 그만이다.

그런데 만약 우리가 현재의 자료로써 기술 변화라는 전통적인 고고학의 시대구분 기준에 따라 한반도의 고고학적 과거에 대한 편년을 시도하고자 한다면, 유럽의 경우처럼 철기가 일각에서나마 사용되기 시작한 기원전 400년부터 철기시대라고 불러도 문제가 없다고 생각한다. 나아가 한반도에서 출토하는 유물과 유사한 자료가 발견되는 한반도 연접 지역을 포괄하는 편년을 시도한다고 해도, 현재의 자료에서는 기원전 400년을 철기시대의 시작으로 보아도 좋을 것이다. 만약, 철기가 이보다 이른 시기에 등장했음이 밝혀진다면, 그때부터 철기시대라고 부르면 될 것이다. 물론, 이 '철기시대' 동안 문화상과 그 변화 과정은 지역에 따라 다양하고 복잡했던 만큼, 세부적인 지역별 편년은 다시 이루어져야 할 것이다.

그런데 아무튼 현재 학계에서는 문화적 동질성을 보여주는 권역, 즉 한국 문화권역이 한반도 및 한반도에 연접한 지역에 걸쳐 대체로 기원전 2천년기 말이나 늦어도 1천년기 초가 되면 어느 정도 모습을 드러냈다고 여기는 경향이 있다. 물론 이 권역은 하루아침에 형성되지 않았다. 훨씬 전부터 한반도와 그 북쪽 지역에서는 중국 황하와 양자강 유역의 각종 채색토기나 형태와 표면처리가 현란하고 다양한 일본 조몬토기와 차이가 뚜렷하며, 단순한 형태와 표면처리가 특징인 기하문 장식 토기를 공유한다는 중요한 물질문화의 특징을 보여주고 있다. 이러한 토기의 분포를 기준으로 한반도와 그 북쪽 지역의 신석기시대를 기하문토기문화라고 부르기도 하는데, 이 기하문토기문화 권역 내에서 서서히 서너 개의 지역 문화가 분화해 나오며 결국 한국 문화권역이 형성되었다. 그러한 문화권역의 형성은 주로 중국과 대비되는 청동기를 비롯한 유물의 분포가 말해주며, 고조선의 성립과 관계된다는 생각이 묵시적으로 퍼져 있다. 또 기원전 1천년기 중엽 무렵부터는 한반도에서 바다를 건너 제주도와 일본 규슈(九州)로 상당한 규모의 주민 이주가 있었다. 이때부터 고분시대(고훈지다이[古墳時代])가 본격적으로 시작되기 전까지는 일본 서부 지역 일부도 한국 문화권역의 일부를 이루었다고 여기기도 한다.

다음 장에서는 한반도 최초의 주민이 남긴 흔적인 구석기시대의 자료에 대해 살펴보겠다. 그런데 인류는 처음 등장한 때부터 자연환경에 적응하며 살아왔기 때문에, 한반도 선사시대 사람들의 자료를 살펴보기 전에 삶의 무대가 된 한반도의 자연환경의 특징을 알 필요가 있을 것이다. 그러므로 다음 장은 한반도의 현재와 과거의 환경적 특징을 생각해 보며 시작하겠다.

제2장

한반도 최초의 주민

한반도의 자연환경

한반도는 북쪽으로 중국과 러시아에 연해 있으며 남쪽으로 일본열도와는 폭 50km 정도의 대한해협을 경계로, 대략 북위 34도에서 43도 및 동경 124도에서 131도 사이에 걸쳐 있다. 남북으로 길게 뻗은 한반도는 동북-서남 방향으로 길이 약 1,000km, 동서 방향의 폭은 약 170에서 350km 사이로 평균 250km 정도이다. 면적은 22만 km^2보다 조금 더 커 영국 정도이며, 남한만의 면적은 약 10만 km^2로서 헝가리나 아이슬랜드와 비견된다.

비교적 크지 않은 면적이지만, 한반도의 자연환경은 단순함과는 거리가 멀다. 무엇보다도 한반도는 면적의 70%가 구릉과 산악지대라고 일컬어지듯, 그 지형과 지모는 매우 복잡한 모습이다[그림 2.1, 2.2]. 서울 같은 대도시 지역을 포함해 수많은 곳에서는 경사진 산록을 따라 발달한 좁고 구불구불한 반폐쇄적인 계곡이 이어지고 있다. 좁은 계곡을 따라 곡류하는 하천은 퇴적보다 침식 운동을 더 활발히 일으키고 있어, 하천운동으로 쌓인 충적대지는 상대적으로 미미하게 발달했다. 구릉 사면과 산록에서는 토양

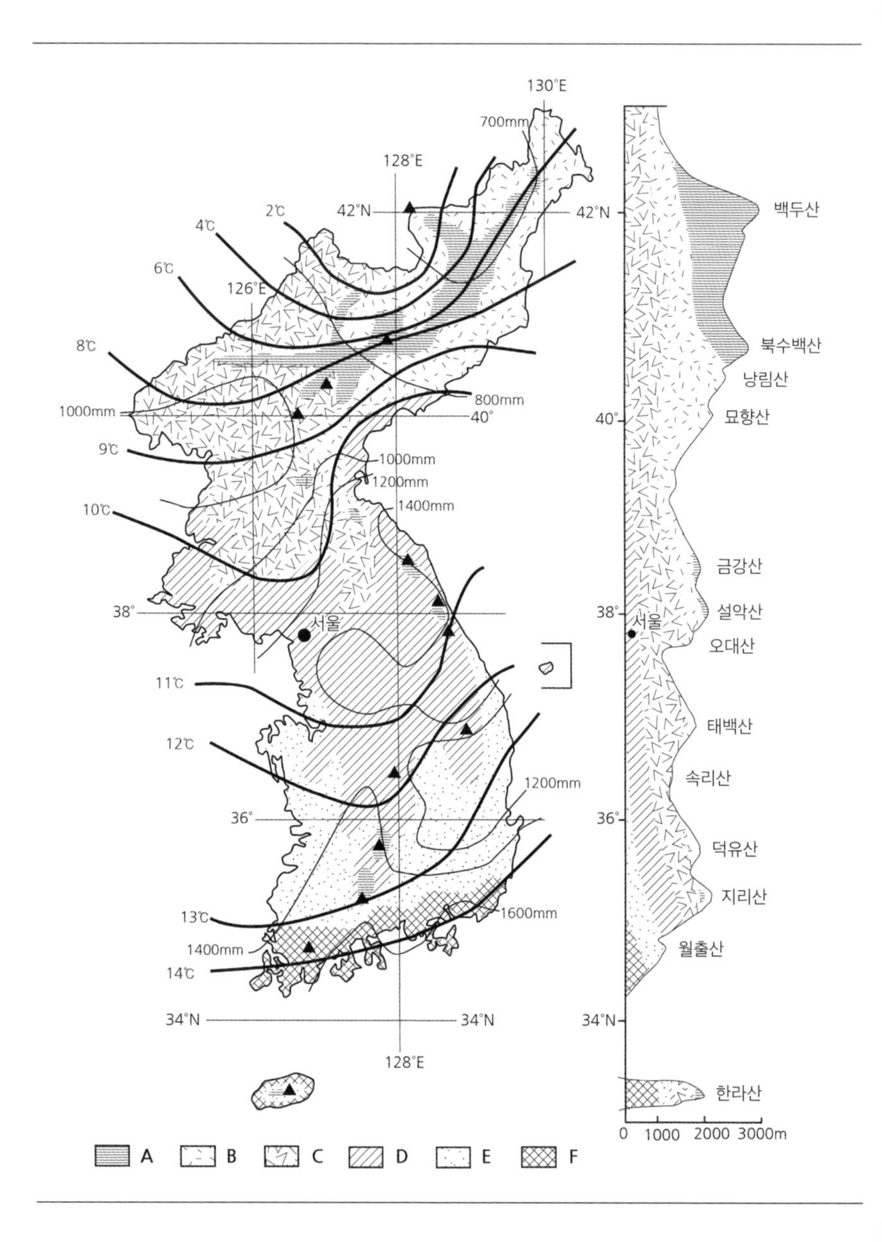

그림 2.1 한반도의 연평균 기온, 강수량 및 식생대 분포. A: 침엽수림대(산악형); B: 활엽수림대(동북형); C: 활엽수림대(북서형); D: 활엽수림대(중부형); E: 활엽수림대(남부형); F: 상록수림대(아열대-온대형). 원도: Yi, Seonbok, 1989, Figure 6; Yi, Sangheon, 2011, Figure 2.

화가 잘 진행된 곳을 흔히 볼 수 있으며, 그런 곳에는 기반암의 풍화로 형성된 붉은 색조의 잔류토가 발달해 있다. 이 풍화토는 흔히 '황토'라고 불리지만, 이것은 지리학 용어로서의 황토(loess)가 아니다. 후자는 바람에 의해 운반되어 쌓인 균질적 알갱이로 구성된 퇴적물로서, 중국 황하 유역에서는 두께가 수백 미터에 이르는 층을 이루기도 하지만 한반도에는 그러한 퇴적

그림 2.2 고도 분포로 본 남한의 지형. 원도: Bartz 1972, Map 4.

그림 2.3 남한의 지형구. 1: 태백산맥; 2: 한강 유역; 3: 임진강 유역; 4: 아산만 저지대; 5: 차령산맥; 6: 금강 유역; 7: 호남평야; 8: 소백산맥; 9: 노령산맥; 10: 영산강 유역; 11: 낙동 분지; 12: 남해안 저지대; 13: 동해안 저지대; 14: 제주도; 15: 울릉도. 원도: Bartz 1972, Map 6.

층이 없다. 또한 일본에서처럼 너른 해안평야도 발달하지 않았는데, 한반도 서남부의 평야 지대는 많은 부분이 간척으로 만들어진 인공의 산물이다. 또한 화산지형도 그리 발달하지 않아, 제주도, 울릉도와 백두산 일대를 제외하면 화산지형은 임진강 유역을 비롯한 두세 군데에서만 볼 수 있다. 이렇듯 한반도의 현재 모습은 장기간에 걸친 조산운동과 침식과 풍화작용을 겪어 만들어진 것으로서, 그 결과 남한 지역만 하더라도 10여 개의 지형구로 나누어 볼 수 있을 만큼 복잡한 지형이 만들어졌다[그림 2.3].

동해안과 서남해안의 차이도 한반도의 지형을 생각할 때 빼놓을 수 없는 특징이다. 동해는 지질시대에 일련의 대규모 단층운동으로 형성되었기 때문에, 해안선이 상대적으로 밋밋하고 섬도 많지 않으며, 해저의 경사도가 커 수심도 급격히 깊어진다. 해안에서 얼마 떨어지지 않은 거리를 두고 해안과 나란히 태백산맥이 만들어짐에 따라, 이 척량산맥을 기준으로 동서

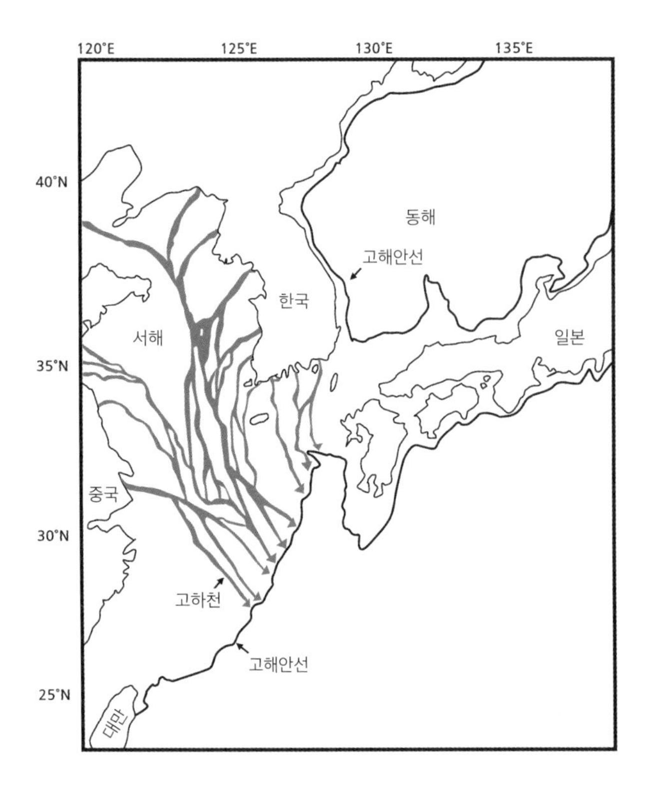

그림 2.4 최후빙하극성기 동아시아의 고지리. 원도: 박용안 외 2006, 그림 12-2.

양쪽은 기후와 식생에서 현격한 차이를 보여주며, 산악지대를 가로지르는 동서 방향의 이동에도 제약이 따르게 되었다. 이러한 지형 조건은 선사시대 이래 동해안에서 사람의 이동과 문화의 전파가 동서 방향보다 남북 방향으로 더 수월하게 일어날 수 있게끔 한 요인이 되었다.

동해안에 비해 서해안과 남해안의 지형은 훨씬 복잡하다. 특히 서해안 남쪽에서 시작해 남해안 동쪽에 이르는 해안은 침강으로 만들어진 리아스 해안의 특징을 잘 보여주며, 한반도에 부속된 3,200여 개의 섬 중 대부분이 이곳에 몰려 있다. 서해와 남해는 수심이 깊지 않으므로, 해수면이 조금만 낮아지면 많은 섬이 육지에 붙거나 육지와 매우 가깝게 된다. 또한 서해안과 남해안 서부에는 세계에서 손꼽을 정도로 갯벌이 잘 발달해 있으며, 조석 간만의 차도 매우 크다. 부속 도서 중에서 유인도는 500개 정도인데 섬의 크기는 대체로 작은 편으로, 면적이 1,800km^2 정도인 제주도를 포함해 100km^2 이상의 면적을 가진 섬은 단지 7개에 불과하다. 정확한 통계는 없지만, 유인도를 비롯해 비교적 큰 섬이나 육지에서 가까운 섬에서는 선사시대 이래 만들어진 고고학 유적을 흔히 볼 수 있다. 최대수심이 100m 남짓한 서해는 빙하기에 완전히 육지로 드러났고 제주도는 본토와 연결되었으며, 한반도가 중국, 일본과 육지로 연결되는 일이 종종 발생했을 것이다[그림 2.4].

한반도의 기후는 기온과 강수량에서 계절적 차이가 매우 큰 대륙성기후이다. 여름에는 태평양에서 오는 몬순 기류의 영향으로 무덥고 강수량도 많지만, 겨울에는 북쪽에서 내려오는 차가운 대륙성 기단으로 춥고 건조한 조건이 된다. 이러한 기후의 계절성과 더불어, 위도와 고도에 따른 차이도 매우 크다. 따라서 남해안과 동북 내륙지역 사이에는 연평균기온에서 섭씨

12도, 연평균강수량에서 800mm의 차이가 있다. 동일 위도에서도 날씨는 극심하게 다를 수 있는데, 예를 들어 척량산맥을 넘어오는 바람으로 인한 푄현상으로 서울과 강릉 사이에는 낮 최고기온이 10도 가까운 차이를 보여 주거나 한쪽에 폭우로 물난리가 날 때 다른 쪽에는 구름 한 점 없는 맑은 날이 이어지기도 한다.

그러한 기후조건으로, 남북으로 위도에 따라 다양한 식생대가 만들어지게 되었는데, 동일 식생대 내에서도 지역에 따른 국지적 특징이 뚜렷하다. 남해안과 제주도에는 아열대성 기후의 목련-동백(*Magnolia-Camellia*) 식생대가 분포하며, 북쪽으로 가며 식생대는 온대활엽수림을 거쳐 점차 고위도 지대의 소나무-전나무(*Pinus-Abies*) 식생대로 바뀌어 나간다[그림 2.1]. 동일 위도에서는 내륙보다 해안지역이 상대적으로 온난한 기후이므로 식생 분포에서도 그러한 차이가 나타난다. 이러한 기후와 식생의 분포는 선사시대 이래 사람의 삶에 영향을 끼쳐 고고학 자료에 지역적 차이를 가져오게끔 한 요인이 되었을 것이다.

플라이스토세의 환경 변화

이러한 한반도의 자연환경은 영구불변한 상태로 있었던 것이 아니다. 그렇다면 한반도에 처음 사람이 살기 시작한 구석기시대의 자연조건은 어떠한 양상이었을까? 먼저, 구석기시대란 도구 제작이 시작된 때부터 플라이스토세가 끝날 때까지에 걸친 매우 긴 시기를 가리킨다. 인류가 등장한 것은 범지구적 차원에 걸친 환경변화로 동아프리카 지역에서 열대우림이 줄어든 대략 700만 년에서 500만 년 전 사이라고 여겨진다. 삼림의 축소로 몇몇 영장류는 삼림지대에서의 생활에서 밀려나 지상에서 살지 않을 수 없게 되었는데, 이들로부터 여러 종의 고인류가 등장하게 되었다. 그렇게 등장한 최초의 인류는 다른 동물에서는 볼 수 없는 속도로 급속하게 진화했으며, 매우 다양한 종이 나타나고 사라졌다.

그런 과정에서 도구 제작도 발달했는데, 석기는 사람 속(*Homo*)의 고인류가 등장하기 전, 플라이스토세가 시작하기 얼마 전인 290만 년 전 무렵이면 이미 만들어졌다고 보인다. 258만 년 전 시작되었다고 정의되는 플라이스토세는 774,000년과 129,000년 전을 경계로 전, 중, 후 세 시기로 구분되며, 11,700년 전에 끝나 홀로세로 이어진다. 구석기시대는 실제 고고학 자료의 내용과는 상관없이 플라이스토세가 끝나며 함께 끝난다고 정의되고 있으므로, 고고학의 구석기시대란 플라이오세 말에서 시작해 플라이스토세 전 시기에 걸쳐 있으며 흔히 12,000년 전에 끝난다고 일컬어진다.

플라이스토세 동안 지구의 기후에는 엄청난 변화가 주기적으로 반복해 찾아왔다. 기후변화의 양상은 지역에 따라 조금씩 차이가 있을 수 있지만, 세계 어느 곳에서도 심해저 퇴적물이나 빙하시추자료의 분석에서 밝혀진 범세계적 차원의 변화와 궤적을 함께하며 발생했다. 즉, 지구의 기후환경은 플라이스토세 이전부터 빙하기와 간빙기를 반복적으로 오가는 엄청난 변화를 겪었던 것이며, 한반도라고 그러한 변화에서 예외는 아니었다. 빙하기에는 모든 자연환경이 현재 우리로서는 상상하기 힘든 엄혹한 조건이었지만, 간빙기에는 오늘날과 비슷하거나 더 온난하기도 했다. 기후변화는 자주 일어났는데, 빙하기와 간빙기는 때로는 길게 만년 단위로 또 때로는 이보다 짧게 지속되었으며, 각각의 빙하기와 간빙기 동안에도 급작스러운 기후조건의 반전 현상이 발생해 수백 년이나 수천 년 동안 이어지기도 했다. 마지막 간빙기라고 할 수 있는 홀로세에 들어와서도 소규모 기후변화는 심지어 지난 2천 년 동안에도 여러 차례 발생했다.

기후조건을 비롯한 자연환경의 변화는 사람들의 생활양식에 크고 작은 영향을 끼쳤을 것이므로, 결국 고고학 자료의 구성에도 영향을 끼쳤을 것이다. 다시 말해, 고인류가 도착한 이래 한반도는 그 지형과 지모뿐만 아니라 식생과 동물상에서도 계속 변화가 일어났으며, 변화하는 환경에 적응해 나가는 과정에서 한반도 주민의 삶도 변화를 겪었을 것이다. 한반도의 구석기시대 주민은 다른 어느 곳에서도 그러했듯 플라이스토세의 극심한 환경 변화에 적응하며 살아갔을 것이다. 또한 환경 변화에 대한 적응적 대응의 속도와 정도는 변화의 성격이나 사회문화적 수단과 능력에 따라 결정되었을 것이다.

빙하기와 간빙기를 겪을 때마다 기후조건에 직접 영향을 받는 동식물상이 크게 달라진 것은 당연하지만, 지표의 모습도 계속 바뀌지 않을 수 없었다. 빙하기에는 많은 양의 바닷물이 빙하로 변하며 해수면이 낮아져 바다가 멀리 후퇴했는데, 대략 25,000년 전 전후에 시작해 수천 년 동안 지속된 최후빙하극성기(Last Glacial Maximum; LGM)처럼 빙하가 크게 발달한 시기에는 범세계적으로 해수면이 100m 이상 하강하며 대륙붕이 육지로 노출되기도 했다. 그런 변화는 플라이스토세 동안 수십 차례 발생했으며, 한반도 주변에서는 그때마다 서해와 남해가 육지로 드러났다. 제주도에서 발견되는 이른 시기의 구석기 유물은 플라이스토세의 수렵채집인들이 빙하기 동안 바닥을 드러난 제주해협을 건너던 모습을 상상하게끔 해준다.

빙하기 조건이 닥칠 때마다 해안선은 멀리 물러나며 하천의 길이도 훨씬 늘어나고 하천의 구성, 즉 하계망에는 큰 변화가 일어나게 된다. 한반도와 중국에서 서해로 흘러드는 크고 작은 여러 하천은 서로 만나 합류하기도 하며 태평양까지 지금보다 훨씬 먼 거리를 흐르게 되었고, 기후가 온난해져 해수면이 상승하게 되면 육지가 점차 줄어들며 그 반대 변화가 일어났다[그림 2.4]. 이렇게 빙하기와 간빙기가 반복될 때마다 수심이 낮은 서해와 남해에 연한 해안평야 지대의 면적과 지모에는 큰 변화가 일어나기 마련이며, 내륙의 지형에도 큰 변화가 일어난다. 이것은 왜냐하면 해수면 변화로 하천의 길이와 하구의 위치가 변화하면, 하상 경사도가 변화하고 따라서 하천의 운동에너지와 흐름의 양상도 변화하므로 하천의 침식과 퇴적이 현재와는 전혀 다른 방식으로 일어나기 때문이다. 그러므로 구석기시대 동안에는 기후조건의 변화와 더불어 식생과 동물상뿐만 아니라 지형도 변화해 지표의 모습은 오늘날과 전혀 다른 모습이었다.

현대를 사는 우리로서는 그러한 변화가 도대체 어떤 규모였는지 실감하기 어렵다. 그렇지만, 예를 들어 한강같이 큰 강을 따라 놓인 길을 가다 보면 가끔 꽤 높은 곳에 노출된 자갈층을 볼 수 있는데, 이것은 한때 그 높이를 따라 하천이 흘렀음을 말해주는 증거이다. 그런 하상 퇴적층이나 그와 연관된 퇴적층에서는 석기가 발견되기도 하는데, 그것을 만들던 사람이 보던 경관은 오늘날 우리가 보는 바와는 전혀 다른 모습이던 것이다.

기후변화와 더불어 한반도에서 살던 동물상과 식생에 일어난 여러 변화에 대해서는 자료가 충분히 보존되지 않아 그 자세한 정황을 알기 어렵다. 플라이스토세의 동물화석은 소수의 석회암 동굴에서 발견되었는데, 마카카원숭이(*Macaca* sp.)나 코뿔소(*Diceros* sp.) 화석은 현재보다 훨씬 더운 때가 있었음을 말해주며, 반대로 동굴곰(*Ursus spelaeus*)의 존재는 훨씬 추웠던 시기의 도래를 말해준다[그림 2.5]. 흥미로운 사례로서, 북한에서는 1961년 북위 41도 부근의 함경북도 길주군 화대리의 이탄층에서 매머드 화석이 발견되었는데, 1996년에는 북위 36도 약간 남쪽인 부안군 위도 인근의 해저에 묻혀 있던 매머드 화석이 어망에 끌어올려지기도 했다. 이 발견은 당시 한반도가 매우 추웠고 육지로 노출된 서해 지역은 매머드가 서식할 수 있는 툰드라 스텝 환경이 발달했음을 말해준다. 그러한 환경조건에서는 매머드와 함께 털코뿔소, 말, 들소 등의 대형 초식동물이 이런 동물들을 노리는 검치호 같은 포식자들과 함께 살고 있었을 것이다.

그림 2.5 청주시(구 청원군) 문의면 소재 두루봉 동굴에서 수습된 동굴곰 화석의 복원된 모습. © 충북대학교 박물관

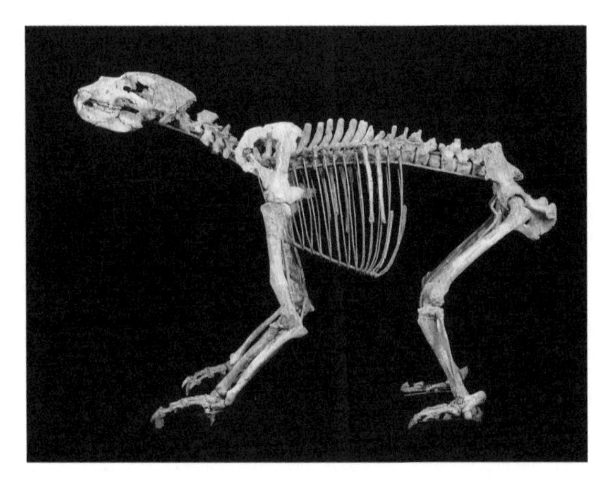

구석기시대의 식생과 관련된 자료는 동물화석보다 더욱 찾기 어렵다. 플라이스토세의 식생 자료로서는 홀로세와의 경계보다 조금 이른 시점부터 수천 년 동안 쌓인 퇴적층에서 알려진 몇몇 꽃가루 분석 자료가 전부라고 할 수 있다. 당연한 말이겠지만, 이러한 자료는 플라이스토세에서 홀로세로 들어오며 기후조건이 온난해졌음

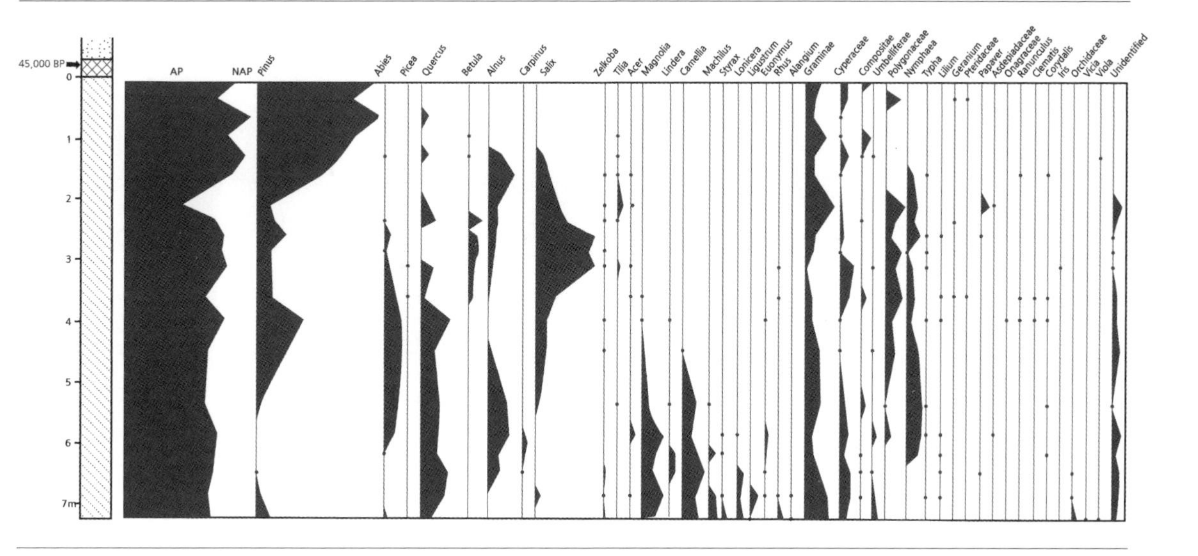

그림 2.6 1984년 포천 영중면 영종리 38교 서쪽 영평천 남안의 퇴적층에서 얻은 약 7m 길이 시료에서 얻은 꽃가루 분석표. 도표 아래쪽에서는 따뜻한 기후를 대표하는 동백속(*Camellia*)과 목련속(*Magnolia*)의 꽃가루가 발견되지만, 가장 위쪽에서는 소나무속(*Pinus*)과 전나무속(*Abies*)이 우세해진다. 이러한 변화를 <그림 2.1>에 표시한 오늘날의 기후와 식생에 대입해 보면 <F>와 같던 환경이 <A>로 바뀌었고 연평균 기온이 적어도 10℃ 이상 낮아졌다는 것으로서, 빙하기 조건의 도래를 의미한다고 해석할 만하다. 원도: Yi, 1989, Figure 17.

을 보여준다. 1980년대에 필자는 한탄강의 지류인 영평천 가장자리의 북위 38도 0분, 동경 127도 13분 지점에 노출된 퇴적층에서 채집한 시료의 꽃가루 분석 결과를 보고한 바 있다. 이 〈그림 2.6〉의 꽃가루 분포도는 퇴적층 아래의 목련속과 동백속 식생이 위쪽으로 가며 활엽수종으로 바뀌다가 맨 위에서 갑자기 소나무속이 우세한 침엽수림으로 바뀌는 양상을 보여준다. 이러한 꽃가루 구성의 변화는 현재보다 따뜻했던 기후조건이 현재와 유사한 조건이 되었다가 급작스럽게 한랭조건으로 바뀌었음을 보여준다고 해석할 수 있다. 퇴적층에서 얻은 단 하나의 연대측정치가 만약 믿을 수 있는 연대라면, 한반도 중부지방의 기후와 식생은 현재와 비슷한 상태였다가 대략 45,000년 전 무렵 갑자기 개마고원과 비슷한 상태로 급격하게 악화한 듯하다.

비록 충분하지는 않지만 이러한 자료들은 플라이스토세에 있었던 범지구적 차원의 기후와 환경 변화에 대응하는 변화가 한반도에서도 일어났음을 말해준다. 이러한 변화에 맞추어 기온이나 강수량, 식생이나 동물상 및 지형도 바뀌어 나갔으며, 구석기시대의 주민들도 변화에 적응하며 살아나가야 했을 것이다.

한반도의 고인류

그렇다면 구석기시대 동안 한반도에는 누가 살고 있었을까? 이 질문에 답을 하려면, 한반도가 아시아 동쪽 끝에 놓인 만큼, 우선 동아시아에 인류는 언제 처음 나타났는가 하는 질문부터 해볼 필요가 있을 것이다. 인류가 아프리카에서 기원했음은 앞서 말한 바대로지만, 언제 어떤 경로로 동아시아까지 왔는가에 대해서는 아직 잘 모르고 있다. 플라이스토세 전기에 해당하는 증거는 매우 드문데, 현재까지 동아시아에서 알려진 가장 이른 시기의 증거는 인도네시아 자바섬에서 발견된 180만 년 전의 호모 에렉투스 화석으로서, 비슷한 무렵 대륙에도 호모 에렉투스가 살고 있었을 가능성이 크다.

플라이스토세 중기가 되면, 호모 에렉투스는 동아시아에 널리 퍼져 살았고, 20만 년 전이나 그 이후까지도 생존한 듯하다. 이때는 또 중국 북쪽이나 서쪽으로 내륙 깊숙한 지역에는 소위 데니소바인(Denisovan)과 네안데르탈인도 살고 있었다. 현대 동아시아인은 이들로부터 물려받은 유전자를 상당히 지니고 있어 이들이 그냥 멸종하지 않았고 후기까지 존속하며 호모 사피엔스와 접촉해 2세를 만들었음을 말해준다.

호모 사피엔스, 즉 해부학적 의미에서의 현대인은 늦어도 30만 년 전이면 아프리카에서 이미 등장해 살고 있었으며, 동아시아에는 플라이스토세 후기에 도착했다고 보인다. 당시 동아시아에는 데니소바인과 네안데르탈인뿐만 아니라 호모 루조넨시스(*Homo luzonensis*) 및 호모 플로레시엔시스(*Homo floresiensis*)라는 고인류도 살고 있었으며, 어쩌면 호모 에렉투스도 아직 멸종하지 않았을지 모른다. 또한 2023년 8월에는 종래 알려지지 않았던 새로운 호모 속의 고인류가 중국 안휘성에서 발견되었다고 보고되었다. 개개 화석의 연대 및 다양한 호모 종의 등장과 소멸 시점을 비롯한 여러 문제에 대해서는 아직 확실한 결론이 나지 않은 점이 많지만, 이렇듯 동아시아는 플라이스토세 늦게까지 현대인을 비롯한 여러 종의 인류가 모자이크를 이루며 살던 곳이었다. 호모 사피엔스도 그렇지만, 사피엔스와 공존하던 그 외의 호모 속 고인류들도 상당히 높은 수준의 지적 능력을 지녔다고 여겨지고 있다. 예를 들어 네안데르탈인은 오랫동안 무지한 야만인 취급을 받았지만, 최근에는 그들도 호모 사피엔스 못지않은 사고능력과 감성을 지녔다고 여겨지고 있다.

동아시아의 전반적 사정을 생각할 때, 한반도에도 여러 종의 인류가 순차적으로 등장했거나 혹은 상당 기간 함께 공존했을지 모른다. 압록강 너머 요동이나 빙하기에 육지로 노출되었던 서해 너머 지역에서도 플라이스토세 중기의 고인류 화석이 발견되기 때문에, 한반도에도 당시 고인류가 살고 있었을 가능성은 얼마든지 있다. 그렇지만 현재까지 발견된 화석은 모두 플라이스토세 후기에 속하며, 후기에서도 상대적으로 늦은 시기의 것들이다. 그런데 많지 않은 수의 자료이지만 많은 자료가 출토맥락이나 연대 판정과 관련한 문제를 안고 있어 보고된 내용을 액면 그대로 받아들이기 어렵다. 개중에는 청원 두루봉 동굴에서 발견되었다고 하는 소위 〈흥수아이〉처럼 심지어 플라이스토세의 화석일 수 없는 자료도 있다. 그러므로 고인류의 존재는 주로 석기를 통해 알 수 있는데, 현재까지 발견된 석기는 거의 모두가 플라이스토세 후기에 속하며 그중에서도 연대가 10만 년 이전이라고 볼 만한 자료는 손꼽을 정도이다.

한반도 구석기시대 사람의 생활상을 말해주는 석기 이외의 증거는 아직 마땅한 것이 발견되지 않았다. 비록 구석기시대 말의 주거지일 가능성이 있는 흔적이 전혀 없지는 않지만, 수혈과 같은 확실한 구조물이나 관련 유구는 발견되지 않았다. 또한 모종의 상징행위와 관계된 듯한 유물도 한두 점 있지만 예술이나 추상적 활동 등을 본격적으로 추측해볼 수준의 자료는 아니며, 동물 뼈도 거의 발견되지 않아 식생활이나 사회조직 등에 대한 해석도 어렵다. 따라서 구석기시대 연구는 주로 석기의 형태 분석 및 유적 형성과 변형에 대한 해석을 위주로 이루어지고 있으며, 생활상을 설명함에 있어서도 외국의 연구를 참고로 일반적 수준의 내용을 전하는 것 이외에는 그리 할 말이 없는 형편이다.

그런데 우리가 구석기시대 사람들의 생활을 이해하려 할 때, 우선 잊지 말아야 하는 사실은 당시 인구와 집단의 규모는 매우 작았으며 사람들은 끊임없이 이동하며 생활했다는 점이다. 구석기시대 사회는 기본적으로 많아야 20~30명 이내의 구성원으로 이루어진 혈연집단으로서, 우리에게 익숙한 사회구조나 조직 등은 존재하지 않았다. 또한 집단의 모든 성원이 늘 함께한 것도 아니며, 쉽게 뭉치고 흩어질 수 있는 유연한 구성의 집단이었을 것이다. 이들의 연간 이동범위는 물론 가용자원의 종류와 밀도에 따라 달랐겠지만, 조건이 좋은 경우에도 쉽게 수백 km 정도에 달했을 것이다. 구석기시대의 종말기가 가까워지며, 도구도 발달하고 자원을 보다 잘 이용할 수 있게 됨에 따라 인구도 점차 늘어났겠지만, 그 규모는 미미했을 것이다. 이러한 점을 생각한다면, 구석기시대의 어느 시점을 잡더라도 한반도에 살던 주민의 총수는 수백 명을 넘지 않았을 것인데, 아마 실제 인구는 이에도 미치지 못했을 것이다.

그렇다면 구석기 유적의 수가 아무리 많아 보이고 유적에서는 유물이 매우 넓은 범위에 걸쳐 분포하는 듯해도, 그런 모습은 끊임없이 이동하며 생활하던 극소수의 사람들이 아주 오랫동안에 걸쳐 남긴 것임을 이해할 수 있을 것이다. 즉, 예를 들어 한강 유역에서 발견된 유적과 멀리 영산강 유역에서 발견된 유적이 사실은 어느 한 집단이나 그 후손이 수년이나 수십, 수백 혹은 수천 년의 시차를 두고 남긴 것일 수 있다는 뜻이다. 마찬가지로 어느 유적에서 넓은 범위에 걸쳐 많은 유물이 분포하는 것도 소수의 인원이 여러 해 혹은 여러 세대에 걸쳐 반복적으로 이곳을 찾아와 매번 약간의 유물을 남기고 간 결과라고 생각해야 한다. 즉, 하나의 구석기 유적은 수십이나 수백 년 정도가 아니라 수천이나 심지어 수만 년에 걸쳐 형성되기도 하며, 그러한 장구한 시간 동안 각종 지질학적, 생물학적 요인이 유적의 형성에 개입하게 된다. 그러므로 구석기 유적의 연구에서는 유적의 형성에 걸린 시간적인 폭과 그 과정을 여러 각도에서 종합적으로 생각해볼 필요가 있는 것이다.

구석기시대 사람들이 생계자원을 찾아 이동하며 생활하는 과정에서, 생계를 위해서는 동물 사냥도 중요했을 테지만 실제로는 식물자원의 이용이 더 중요했을 수 있다. 자원 획득에 있어 아마도 날카로운 날을 가진 석기는 동물 사체의 해체에 유용했겠지만, 어쩌면 크고 둔중한 석기는 식물의 줄기나 열매를 자르거나 뿌리를 캐는 활동에 사용했을 수 있다. 석기의 실제 용처는 날에 남아 있는 사용 흔적을 현미경으로 관찰하고 실험 결과와 대조함으로써 어느 정도 알 수 있지만, 사실 정확한 용도 파악은 매우 어렵다. 따라서 석기 연구는 주로 그 형태와 제작 기술의 분석 위주로 이루어지게 된다. 이와 관련, 우리나라에서 발견되는 석기는 많은 것이 거친 석재로 만들어져 형태의 정형성이 낮으며 체계적인 과정을 거쳐 제작된 것이 적기 때문에, 아직 석기의 특징을 소략하게 설명하는 수준에서 크게 벗어나지 못하고 있다.

연구사와 주요 유적

연구의 내용은 차치하고, 아무튼 오늘날 구석기 유적은 제주도를 포함한 한반도 전역에서 발견되고 있다[그림 2.7]. 한반도에서 처음 발견된 구석기 유적은 두만강 하류의 웅기군(현 선봉군) 굴포리 유적이다. 이곳에는 동해안의 대표적인 신석기시대 유적인 서포항 패총이 있는데, 1962년 이 패총을 발굴하던 중 신석기시대 층 아래에서 구석기 유물이 있는 층을 찾게 되었다. 굴포리 유적이란 이 구석기시대 층에서 비롯된 이름으로서, 하나의 지점을 시대별로 나누어 두 이름으로 부르는 것이다. 곧이어 1964년에는 공주 석장리에서도 금강 가장자리에 노출된 퇴적층에서 석기가 발견되었다. 이후 10여 년 동안 남북한 양쪽에서 구석기 유적은 드문드문 발견되었으며, 1970년대 중반이면 의심스러운 사례를 포함해 모두 열 곳 남짓한 유

그림 2.7 2014년까지 발굴된 주요 구석기 유적 분포도. <그림 2.2>와 비교해 보면, 남한에서 구석기 유적은 산악 지대를 제외한 모든 곳에서 발견됨을 알 수 있다. ●는 야외유적, □는 동굴지점이다. 원도: https://portal.nrich.go.kr (국립문화재연구소. 2014. *Dictionary of Korean Archaeology*, p.420)

적이 보고되었다.

북한에서 구석기 유적 발견은 정치적으로 중요한 사건이었으며, 곧이어 정권의 정통성과 평양의 역사적 중요성을 선전하기 위한 목적에서 평양 주변의 석회암 동굴을 대상으로 더 많은 구석기 유적을 찾기 위한 탐색이 집중적으로 이루어지기 시작했다. 그 결과, 동물 화석과 구석기 유적에 이어 고인류 화석도 발견되었다는 보고가 이어지기 시작했다. 북한의 구석기시대 연구는 오늘날에도 평안도와 황해도 석회암 지대의 동굴유적을 중심으로 이루어지고 있다.

굴포리 유적의 발견 이래 지금까지 북한에서 알려진 유적은 모두 10여 개소이지만, 많은 유적은 퇴적층서와 연대 및 발견품과 관련된 설명이 불분명하거나 소략해 그 전모를 파악하기 어렵다. 돌이나 뼈를 가공한 도구라고 제시된 자료 중에서는 사진으로 볼 때 인공유물이 아니라 자연적으로 만들어진 것으로 보이는 것도 상당수 있는데, 그 대표적 사례가 한반도에서 가장 이른 시기의 유적이라고 북한이 주장하는 상원 검은모루 유적이다. 1967년 간행된 검은모루 유적의 첫 보고에서는 유적의 연대를 동물 화석을 근거로 50만 년 전이라고 평가했다. 이후 유적의 연대는 조금씩 상향되기 시작해 지금은 100만 년 전이라고 일컫고 있다. 이 유적은 1990년대부터 소위 '백만 년에 걸친 조선 민족의 단혈성'을 말해주는 중요한 증거로 다루어져 왔다. 그러나 이 동굴이 중요한 플라이스토세 동물화석 지점임은 틀림없지만, 여기서 발견된 석기와 가공되었다고 하는 동물 뼈가 정말로 인공의 산물인지는 의심스럽다.

보고된 여러 동굴유적 중 믿을 만한 것으로는 평양 만달리와 황주 청파대 정도를 꼽을 수 있다. 만달리에서는 호모 사피엔스의 머리뼈 화석이 구석기시대 말기 유물인 세석기와 함께 발견되었다고 하는데, 아마도 그 연대는 2만 년 전 이후일 것이다. 청파대 동굴은 동경 125도 47분 30초, 북위 38도 40분 54초에 위치하며, 황주역에서 동남방으로 약 3km 떨어져 있다. 국제 학술지에 보고된 바에 따르자면 여기서는 여러 종의 동물화석과 함께 남한 각지에서 발견되는 것과 혹사한 모습의 소위 아슐리안형 주먹도끼를 포함한 석기들이 발견되었다. 석기가 발견된 제13층에서 수습한 동물 뼈로부터 얻은 2개의 방사성탄소연대의 95% 확률 보정치는 34,770~27,800 및 24,980~21,340년 전으로서, 발견된 석기들이 2~3만년대의 유물일 가능성을 말해준다.

남한에서 석장리 유적은 발견 이후 15년 가까이 거의 유일한 구석기 유적이었다. 이곳에는 구석기시대 전기에서 후기에 이르는 10여 개의 문화층이 있고 심지어 집자리와 예술품도 발견되었다는 주장이 교과서에 실리기까지 했다. 그러나 이런 주장은 근거가 없으며, 지금은 석장리를 후기구석기시대 유적으로 보고 있다. 1970년대에는 석장리뿐 아니라 몇몇 다른 유적도 수십만 년 전의 유적이라는 주장이 되풀이되어 나타났지만, 모두 퇴적층이나 유물 혹은 연대측정과 관련한 문제를 안고 있어 호응을 얻지 못하였으며, 구석기시대 연구에는 별 진전이 없었다.

이런 상황에서 1978년 발견된 연천 전곡리 유적은 한국뿐만 아니라 범세계적 차원에서의 구석기시대 연구에 큰 의미를 지니는 사건이었다. 당시에는 군사적 긴장 상태로 경기도 북부지역에서 시대를 막론하고 유적을 조사한다는 것은 생각하기 어려웠으며 특히 38선 이북 지역에서는 더더욱 상상할 수 없었기 때문에, 주먹도끼라는 놀라운 유물을 한탄강 유원지에 놀러 간 한 미군 병사가 우연히 발견한 것도 그리 놀라운 일은 아니었다[그림 2.8].

주지하듯, 북한지역에서 발원해 나란히 남쪽으로 흐르는 임진강과 그 지류인 한탄강은 전곡리 부근에서 합류한 다음 방향을 서쪽으로 틀어 서해로 흘러 들어간다. 임진강 유역은 한반도의 가운데를 남서-동북 방향으로 가로지르는 추가령지구대의 중심부를 포함하고 있어, 지질시대 동안 크고 작은 화산활동과 지구조 운동이 이 일대에서 단속적으로 일어났다. 플라이스토세 동안에도 휴전선 북쪽의 평강 지역에 있는 오리산(압산)이라는 화구에서는 용암이 여러 차례 분출하였다. 그렇게 분출한 용암은 임진강과 한탄강의 본류와 지류를 따라 골짜기를 메우며 흘러내렸고, 그에 따라 한반도에서 보기 드문 용암대지가 임진강 유역에 만들어진 것이다. 이 일대에 유적이 보존될 수 있었던 것은 용암대지라는 특별한 지형이 형성된 결과라고 할 수 있다.

하곡이 용암으로 메워짐에 따라 자연히 용암대지 위를 흐르지 않을 수 없게 된 하천은 용암대지 위에 두꺼운 퇴적층을 만들었으며, 용암대지 위

그림 2.8 남쪽 상공에서 본 전곡리 유적과 한탄강. 2010년 촬영. 사진 가운데 흰색 건물이 전곡선사박물관이며, 멀리 보이는 산악 지대가 비무장지대와 북한 지역이다. 사진 아래쪽에 보이는 옛 철교 남단으로 38선이 지나간다.

에서 활동하던 고인류가 남긴 석기들도 퇴적층에 섞여 들어가게 되었다. 이후 하천 운동이 계속되며 퇴적층과 용암대지는 침식을 받게 되었고, 하상의 고도도 점차 낮아져 하천들은 결국 현재의 위치에 이르렀는데, 이러한 퇴적과 침식을 거치며 구석기시대 유물이 지표에 드러나게 된 것이다. 석기는 임진강과 한탄강뿐만 아니라 한탄강의 지류인 영평천과 포천천 유역에서도 발견되고 있는데, 현재까지 임진강 유역에서 발견된 구석기 지점은 모두 60여 곳에 이른다. 전술한 청파대 동굴의 발견이 시사하듯, 휴전선 북쪽의 임진강과 한탄강 상류 지역에서도 유물은 강을 따라 계속 발견될 것이다.

임진강 유역에는 세석기를 비롯한 각종 소형석기가 발견된 플라이스토세 종말기의 유적도 있지만, 대부분 전곡리 유적처럼 주먹도끼와 관련 석기로 구성된 유물군이 발견되는 보다 이른 시기의 유적이다[그림 2.9]. 그런 유물군을 구성하는 석기들은 규암이나 석영 원석을 거칠게 가공한 고졸한 형태로서, 주먹도끼와도 같이 유럽이나 아프리카의 전기 및 중기 구석기시대의 석기와 유사한 모습이다. 전곡리 유적 발견 이후 이런 석기들은 전국적으로 발견되고 있으며, 후기구석기시대 이전의 한국 구석기시대를 말해주는 유물이라고 할 수 있다[그림 2.10]. 발견 직후부터 전곡리 유적과 유물의 연대가 30만 년 전이라는 주장이 계속되고 있지만, 실제 연대는 이보다 훨씬 늦다고 여겨진다. 이에 대해서는 아래에서 다시 살펴보겠다.

말한 바와 같이, 전곡리의 발견은 구석기 연구에 큰 자극이 되었으며 이후 구석기 유적의 발견 사례는 엄청나게 늘어났다. 1985년 무렵까지 알려진 구석기 유적은 불과 20개소 남짓했으나, 2010년 무렵이면 1,000개소 정도에서 구석기 유물이 수습되었을 것이라고 추정되었는데, 그 수는 현재

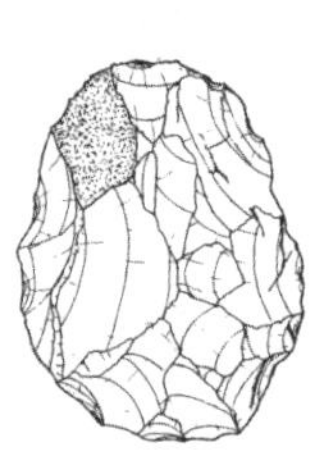

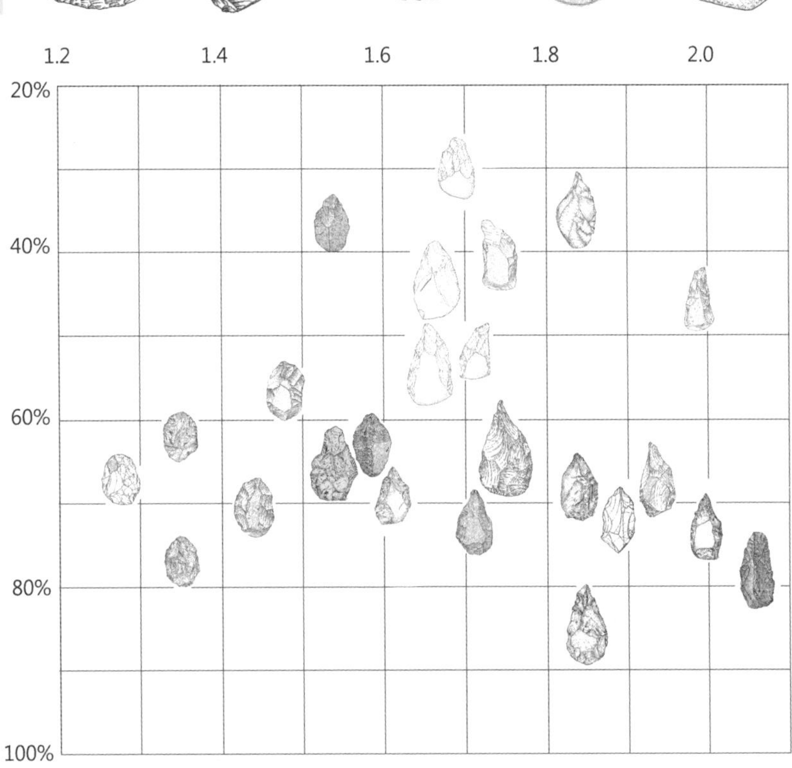

그림 2.9 임진강 유역에서 발견된 주먹도끼. 사진에 보이는 2점이 1978년 발견자 그렉 보웬(Greg Bowen)이 전곡리에서 처음 발견한 석기이다(© 서울대학교 박물관). 당시 그는 공군 하사관으로서, 동두천에 있는 캠프 케이시(Camp Casey)의 항공대에 배속되어 근무하고 있었다. 사진과 실측도는 유물의 실제 크기를 고려해 배치했으나 정확한 크기는 아니다. 도표에서 유물의 실제 크기는 격자와 비교해 알 수 있는데, 격자는 사방 20cm이다. 도표의 수직선은 전체 표면 중에서 박리가 이루어진 면적의 비율을 표시하며, 수평선은 길이 대 너비의 비율을 보여준다(원도: 이정은 2010).

아마도 그 배 이상이라고 추측된다. 그러나 발견 사례가 폭발적으로 늘어났지만 대다수의 유적은 좁은 범위 내에 유물이 재퇴적된 지점이거나 혹은 단지 수 점의 유물이 넓은 지역에 아주 낮은 밀도로 퇴적된 곳으로서, 자료에 대한 의미 있는 분석은 사실상 어렵다.

이렇게 구석기 유적의 보존 상태가 전반적으로 불량한 것은 한반도에서는 지형적 조건으로 퇴적보다 침식이 활발히 일어나고 있다는 사실과 관계될 것이다. 구석기 유물을 포함하고 있는 플라이스토세 퇴적층은 여러 조건이 우연히 갖추어진 상황에서만 만들어졌고 또 침식을 어느 정도나마 면했기에 오늘에 이른 것이다. 야외에서 발견되는 대부분의 구석기 지점의

그림 2.10 국립중앙박물관 구석기실의 전시에서 볼 수 있듯, 주먹도끼는 이제 전국 어디에서나 발견되고 있다. 주먹도끼는 사진에서 보이는 가로날도끼, 찍개, 석구 같은 크고 무거운 석기뿐만 아니라 소형석기와도 흔히 함께 발견된다. 특히 대형 석기들은 석영이나 규암 같은 상대적으로 거친 재질의 원석의 형태를 최대한 이용하는 방식으로 만들어져 형태의 규칙성과 완성도가 낮아, 형식 분류에 어려움이 따르는 사례가 흔히 있다. © 서울대학교 박물관(가로날도끼, 찍개 2점)

보존상태가 불량한 것은 퇴적층이 쌓이는 과정에서 또 쌓이고 난 다음에도 각종 지질학적, 생물학적 교란을 끊임없이 받았기 때문이다. 동굴이나 바위그늘 유적의 경우에는 지하수 활동으로 퇴적층이 교란되거나 파괴되어 보존상태가 불량해졌을 것이다. 이렇게 많은 유적의 보존상태가 좋지 않기 때문에, 시간의 흐름에 따른 유물군 구성의 변화 파악은 쉽지 않은 일이 되었다. 더구나 탄소연대측정법은 연대측정이 가능한 시간적 범위가 제한적이며 비록 퇴적층을 대상으로 하는 OSL 등의 방법이 사용되고 있지만 유적의 연대를 측정할 수 있는 믿을 만한 방법도 찾기 어려운 형편이다. 이러한 여러 이유로 유적과 유물의 정확한 나이 판단이 어려운 경우를 흔히 접하게 되며, 그에 따라 자료의 성격에 대한 심도 있는 논의도 쉽지 않은 형편이다.

그렇지만 많은 어려움에도 불구하고, 퇴적층의 연대측정이 어느 정도 가능한 후기구석기시대의 연구에서는 진전이 이루어지고 있다. 그 결과, 후기구석기시대가 43,000에서 42,000년 전 무렵 시작했다고 판단할 수 있게 되었으며, 시간의 흐름에 따라 유물군 구성이 서너 단계에 걸쳐 변화했음도 알게 되었다. 물론 유적과 유물의 연대측정과 편년 연구가 진전함에 따라 앞으로 후기구석기시대의 시작 시점이나 유물군 구성 변화의 시점에 대한 생각도 더욱 다듬어지고 바뀌게 될 것이다.

임진강 유역과 주먹도끼

단편적 증거만으로 유적의 연대가 플라이스토세 중기 혹은 심지어 전기에 속한다는 무리한 주장은 1980년대와 그 이후에도 끊이지 않았다. 단양의 금굴 유적이나 청원 만수리 유적 혹은 임진강 변의 파주 원당리 장남교 유적 등이 70만 년 혹은 80만 년 전의 유적이라는 주장이 그런 예인데, 이런 주장들은 유적 형성에 대한 종합적이며 신중한 평가 없이 단지 신뢰하기 어려운 한두 개의 연대측정치나 주관적 판단을 근거로 한다는 공통점을 갖고 있다. 이들을 포함, 유적의 연대가 수십만 년 전 혹은 그 이상이라고 단정된 사례 중, 퇴적층의 해석이나 연대측정과 관련해 문제가 없는 유적은 아직 없는 듯하다.

전곡리 유적은 교과서에 30만 년 전의 구석기 유적이라고 소개되어 있지만, 이것 역시 예외가 아니다. 이런 주장은 1979년 유적 발견 직후부터 오늘까지 계속되고 있는데, 이것은 원래 유적의 지질학적 연구나 연대측정 결과로부터 나온 평가가 아니라 단지 주먹도끼가 유럽 아슐리안의 그것과 유사하다는 점 때문에 그 정도는 될 것이라는 막연한 추정으로서 처음 제시되었다. 그런데 이 주장은 21세기의 시작 무렵 용암과 퇴적층의 연대측정치를 비롯한 '과학적' 증거를 내세우며 새로운 모습으로 등장하였는데, 그 핵심적 내용은 여러 증거는 유적 최하층의 연대가 30만 년 전임을 가리키므로 유적의 연대가 30만 년 전이라는 것이다.

그런데 이런 주장을 펴는 사람들도 퇴적층 상부는 3만 년 전 무렵에 퇴적되었다고 하고 있기 때문에, 유적의 연대를 30만 년 전이라는 단 하나의 시점으로 규정하는 것은 합리적이라고 할 수 없다. 더 큰 문제는 퇴적층 하부가 정말로 30만 년 전에 쌓였음을 말해주는 증거가 없다는 사실이다. 주장에 따르자면, 퇴적층 아래에 놓인 현무암의 연대는 50만 년 전이며 그 위의 퇴적층은 바람에 의해 7만 년에 1m씩 쌓였으므로, 퇴적층의 두께를 볼 때 그 최하부는 30만 년 전에 쌓였다는 것이다. 그러나 제시된 증거 사이에는 크고 작은 모순이 있으며, 몇몇 증거는 신빙성이 없거나 혹은 아예 사실일 수 없다. 무엇보다도, 전곡리 유적 아래의 기반암이 과연 50만 년 전 분출한 용암인지는 아직 확인되지 않았으며, 퇴적층이 바람에 의해 쌓였다는 것도 억측에 불과하다. 그 외에도, 퇴적층의 연대측정치는 방법상의 한계로 신뢰도에 문제가 있으며, 퇴적층 내부에 고토양층이 주기적으로 발달했다는 주장도 사실일 수 없다. 특히 퇴적의 속도 추정의 근거로 삼은 10만 년 전 분출한 화산재의 존재와 관련, 여러 사람이 오랫동안 이것을 확인하고자 노력했음에도 불구하고 찾을 수 없었다. 아마도 이 화산재는 채취 과정에서 오염 등의 이유로 상층의 화산재가 하층 시료에 포함된 것을 오판한 것 아닌지 의심된다.

위에서 말한 바처럼 전곡리 상층부의 연대가 3만 년 전이라고 판단할 수 있는 것은 해당 층에서 아이라-탄자와(Aira-Tanzawa) 화산재가 발견되기 때문이다. 약칭 AT라 불리는 이 화산재는 약 3만 년 전에 일본 규슈 남단의 아이라(始良) 칼데라의 대폭발로부터 기원했으며, 일본 전역과 산동반도 및 연해주에서도 발견되고 있다. 오늘날 이 화산재는 전곡리뿐만 아니라 임진강 유역의 모든 구석기 지점, 나아가 한국의 구석기 유적 전반의 연대 판단을 위한 중요한 근거가 되고 있다. AT는 1995년 전곡리와 그 하류에 있는 파주 가월리 유적의 퇴적층 단면에서 처음 확인되었고, 이제는 전국에서 발견되고 있다. 전곡리에서 주먹도끼는 이 화산재층보다 약간 아래에서까지 발견되고 있어, 외견상 수십만 년 전의 석기인 듯한 주먹도끼가 사실은 3만 년 전 가까이에도 만들어졌음을 말해준다. 이 화산재의 존재는 그간 임진강 유역의 용암대지 위에서 수습되는 주먹도끼 석기군과 관련한 퇴적층에서 왜 수만 년 전 무렵에 그치는 상대적으로 늦은 시기의 연대가 얻어지고 있는지 설명해주고 있는 듯하다[그림 2.11]. AT와 주먹도끼의 그러한 층서 관계는 북한의 청파대 유적을 비롯해 전국 각지에서 발견되는 주먹도끼 유적의 연대측정치 중에는 불과 2-3만년 대의 연대가 다수 있다는 점을 설명해준다.

그렇다면 전곡리를 비롯한 임진강 유역 용암대지 위에서 발견되는 주먹도끼는 언제부터 만들어졌을까? 그 시기는 물론 용암대지의 형성보다 빠를 수 없는데, 전곡리와 연천읍 일대의 용암대지는 대략 52만 년 전과 17만 년 전에 분출한 용암으로 구성되어 있다고 한다. 그런데 52만 년 전 분출한 용암은 전곡리까지 미처 다다르지 못했지만, 후자는 임진강 하류까지 흘러 내려갔다고 보인다. 그렇다면 전곡리 유적은 17만 년 전보다 뒤의 어느 때부터 형성되었을 테지만, 그 정확한 시점은 아직 알지 못하고 있다.

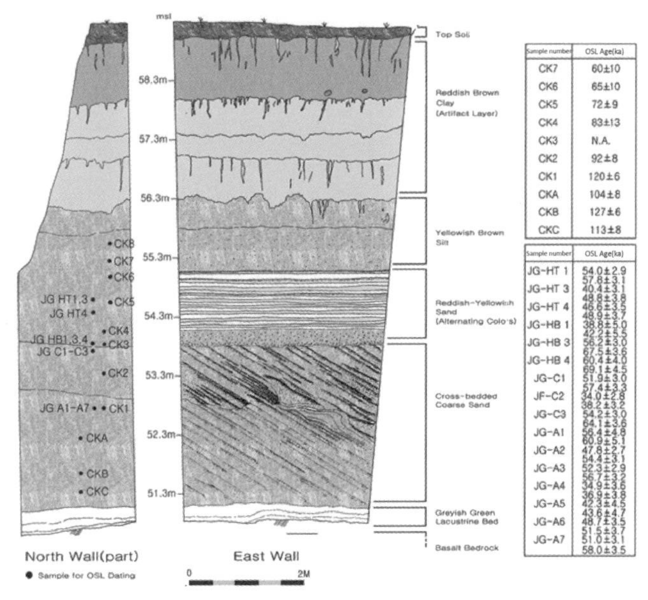

그림 2.11 2004년 전곡리 사적지에 연접한 전곡농협부지 조사에서 노출된 퇴적 단면과 시료의 OSL연대측정 결과. 원도: 이선복 외 2006.

그런데, 전곡리 유적이 이러한 용암의 연대보다 매우 늦게서야 만들어졌을 가능성을 시사해주는 방사성탄소연대 측정치들이 2010년부터 알려지고 있다. 즉, 전곡리 유적 근처의 아파트 공사장에서 발견된 용암에 포획된 탄화목에서는 4만여 년 전의 연대가 얻어졌으며, 유적 근처에 노출된 용암 아래 퇴적층에서도 유사한 연대가 얻어졌다. 이러한 측정 결과는 방사성탄소연대측정법의 한계치에 접근하는 연대이기 때문에 이것만으로 용암 분출의 시점을 확정하기는 어렵지만, 아무튼 전곡리 일대의 용암대지에는 17만 년 전의 용암보다 10여 만 년 뒤 분출한 용암도 존재할 가능성이 큼을 말해준다. 그럴 경우, 용암 위에 쌓인 두꺼운 퇴적층은 대략 5만 년 전에서 3만 년 전 사이에 걸쳐 쌓였을 것으로 볼 수 있다. 그렇다면 퇴적층의 형성 과정에 대한 여러 의문점은 쉽게 풀리게 된다. 그러나 이것은 아직 하나의 유력한 가설일 뿐이며, 결론을 내리기 위해서는 앞으로 더 많은 자료가 축적되어야 한다.

임진강 유역에서 현재까지 알려진 여러 유적 중에서 가장 이른 시기의 것은 전곡리에서 임진강을 따라 약 50km 하류에 있는 파주 장산리 유적이다. 중국에서는 여러 곳에서 수십만 년 전의 퇴적층에서 주먹도끼가 발견되고 있으므로 같은 시기에 우리나라에서도 그러한 유적이 존재할 가능성은 얼마든지 있다. 하지만 아직 이 유적은 임진강 유역뿐만 아니라 전국을 통틀어 의심할 바 없이 플라이스토세 중기에 형성되었다고 할 수 있는 유일한 사례라고 할 만하다. 장산리 유적에서는 여러 점의 소형석기와 두 점의 주먹도끼 종류 석기가 소규모 발굴에서 수습되었다. 유적이 플라이스토세 중기에 형성되었음은 유적과 용암대지의 층서 관계가 잘 보여준다[그림 2.12]. 즉, 유적을 구성하는 퇴적층은 하천이 퇴적한 것으로서, 17만 년 전

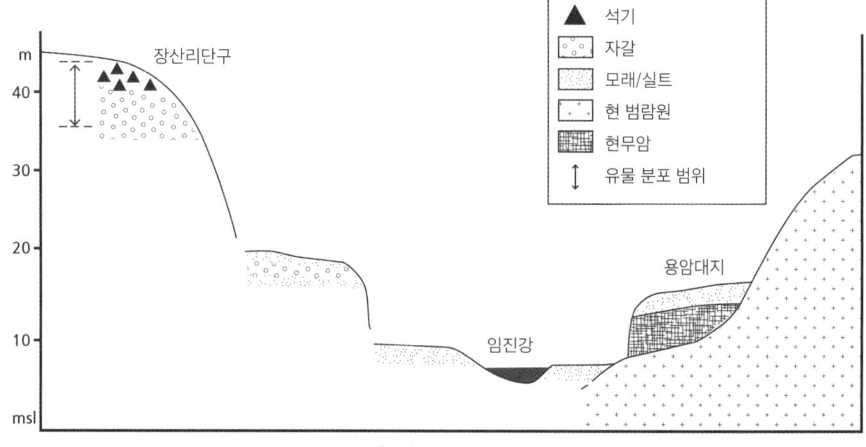

그림 2.12 파주 장산리 유적 일대의 고 임진강 퇴적층과 용암대지의 상관관계 모식도 및 유적에서 수습된 석기. 원도: 이선복 외 2004.

분출한 용암의 상면에서 20m 정도 높은 고도에 놓여 있는데, 이러한 퇴적층의 상대고도는 장산리 유적의 퇴적층이 용암분출 시점보다 훨씬 이전에 임진강이나 그 지류가 이 고도를 흐를 때 하천 가장자리에 만들어졌음을 말해준다. 그렇지만 유적의 정확한 연대 파악을 위해서는 장차 정밀한 연대측정이 이루어져야 한다.

구석기시대의 분기

고고학 전공자가 아닌 사람도 인공적으로 만든 도구라고 인식할 수 있을 정도로 정제된 형태의 석기가 본격적으로 한반도에 등장하는 것은 후기구석기시대부터이다. 그전까지는 비록 주먹도끼 같은 상대적으로 정제된 형태의 석기가 있다고 하더라도 거친 입자의 규암 자갈이나 석영 덩어리 혹은 큰 돌조각을 몇 차례 때려 만든 단순하고 조악한 모습의 크고 무거운 대형석기가 주를 이루고 있다. 주먹도끼 이외의 그러한 대형석기로는 여러 가지 찍개, 긁개, 석구처럼 형태를 제법 갖춘 것도 있지만 정형성이 없는 석기가 압도적이다. 이것들과 함께 발견되는 자그마한 크기의 긁개, 홈날석기, 톱니날석기 같은 것들도 다수는 그 형태가 일정하지 않고, 단지 날 부분에 사용한 흔적이나 가공한 흔적이 있는 불규칙한 모습의 작은 조각에 불과하다.

이러한 석기들로 구성된 유물군은 어떤 종류의 석기로 구성되어 있건 대부분 형태적으로 다듬어지지 않은 거친 모습이기 때문에 유럽이나 아프리카의 전기구석기시대 유물군과 비견되는 모습으로서, 수십만 년 전의 유물인 듯한 인상을 준다. 그런 모습의 석기들은 원석을 필요에 따라 편의적으로 가공한 일종의 기회주의적 제작의 산물인 듯한 인상을 주는데, 형태를 잘 갖춘 주먹도끼 중에도 원석의 모습을 그대로 둔 채 날 부분만을 가공해 만든 것도 흔히 볼 수 있다. 이러한 석기들은 오랫동안 계속해서 만들어졌으며, 그에 따라 실제로는 연대가 서로 수만 년 이상 차이 나는 유물도 마치 한 시점에 만들어진 것처럼 보일 수 있다. 그러므로 비록 시간의 흐름에 따라 유물군 구성이나 석기의 외형에 어떤 변화가 있었다고 해도, 그러한 변화는 명확히 눈에 띄지 않고 있다.

따라서 연구자 사이에는 구석기시대를 서구의 관례에 따라 전기, 중기 및 후기의 세 시기로 나누고 유적과 유물을 세 시기의 어느 하나로 보는 경향이 있지만, 석기의 형태만으로 전기와 중기를 구분할 수 있는 실체적 근거는 사실상 없다. 즉, 소위 전기와 중기 구석기시대에 속한다고 일컬어지는 유적들 사이에는 수습된 석기의 형태와 제작기법 및 원석의 사용방식에 있어서 뚜렷한 차이를 볼 수 없으며, 그러한 변화는 유물군 구성과 개개 석기의 형태와 제작기법이 그전과 완전히 달라진 후기구석기시대의 시작과 더불어 확실히 인지할 수 있다.

그런데 구석기 유물군의 이런 특징은 한국뿐만 아니라 동아시아 전반에 걸쳐 관찰되기 때문에, 후기구석기시대 이전을 하나로 묶어 구석기시대를 〈조기[Early]〉와 〈후기[Late]〉로 나누자는 방안이 제시되기도 했다. 그렇지만 동아시아의 구석기시대를 〈조기〉와 〈후기〉로 나누는 것도 그리 단순한 일은 아닌데, 전곡리의 사례에서도 보듯, 외형상 수십만 년 전의 유물인 듯한 석기가 실제로는 심해동위원소 3단계(MIS 3; 57~29 ka)에도 계속 만들어진바,[1] 후기구석기시대가 시작되고도 상당한 시간 동안 계속 만들어졌다. 즉, 후기구석기 석기가 한쪽에서 만들어지고 있을 때 이러한 고졸한 형

1 전술한 바대로, 1950년대부터 시작된 심해저 퇴적물 분석은 지난 수백만 년 동안 있었던 범지구적 차원에서의 기후 변화를 알 수 있게 해주었다. 기후 변화는 유공충과 꽃가루가 쌓여 이루어진 심해저 퇴적물에 들어 있는 산소동위원소 O^{16}과 O^{18}의 상대량을 측정함으로써 알 수 있는데, 빙하기 조건에서 쌓인 퇴적물에서는 O^{18}이, 간빙기 조건의 그것에서는 O^{16}이 상대적으로 더 많이 포함되어 있으며 그 비율은 기온 변화에 따라 일정하게 변한다. 두 동위원소의 비율을 기후조건 변화의 대체 지표로 삼을 수 있음에 따라 이를 분석함으로써 현재의 시점에서 플라이스토세의 시작까지 거슬러 올라가며 모두 103개에 이르는 빙하기와 간빙기 조건의 시간대를 설정할 수 있게 되었다. 그렇게 설정된 단계를 심해동위원소단계(Marine Isotope Stage, 줄여서 MIS) 혹은 방사성동위산소단계(Oxygen Isotope Stage, 줄여서 OIS)라고 부른다. 11,700년 전 시작되어 오늘에 이르는 홀로세는 MIS 1에 해당하며, 플라이스토세 중기와 후기는 대체로 MIS 19 및 5와 더불어 시작한다.

태의 석기도 다른 한쪽에서 꽤 오랫동안 만들어지고 있었다고 보인다. 따라서 외형은 비록 매우 이른 시기인 것처럼 보이지만 실제로는 MIS 3 단계에 만들어진 유물군을 지칭할 수 있는 적절한 용어와 개념은 여태까지 동서양의 구석기 연구에서 제시되어온 것 중에서 찾기 어렵다. 이러한 유물군의 등장에서 소멸에 이르는 전 과정을 확실히 파악할 수 있을 때까지는 새로운 용어나 개념의 제시는 쉽지 않은 일이므로, 여기에서는 이러한 유물군을 잠정적으로 〈선 후기구석기[pre-Upper Palaeolithic]〉라고 부르기로 하겠다.

〈선 후기구석기〉 유물군은 그 연대를 석기의 외형만으로 판단하기 어려우며, 동시에 거친 형태의 석기가 압도적으로 많으므로 거기에 포함된 주먹도끼 종류 석기는 극소수일지라도 상대적으로 눈에 매우 잘 들어오기 마련이다. 1978년 전곡리에서 발견된 이래 주먹도끼 및 관련 석기는 지금 동아시아에서 광범위하게 발견되고 있다. 한반도에서 발견된 것과 흡사한 주먹도끼는 1980년대 초부터 중국 각지에서 보고되고 있으며, 2010년대부터는 베트남과 필리핀에서도 발견되고 있다. 아직 발견되지 않은 곳도 많지만, 주먹도끼는 대체로 북으로는 동아시아 온대성 삼림지대와 내륙초원지대의 경계에서 시작해 남쪽으로 열대지방에 이르기까지 광범위한 지역에 걸쳐 분포하리라고 여겨진다. 아무튼 이것은 동아시아 구석기시대 유물군의 중요한 요소를 이루고 있는 석기로서, 그 외형이 다양하더라도 대체로 '전형적 아슐리안' 주먹도끼의 형태적 변이의 범위 내에 속한다. 다만 특히 유럽에서 발견되는 단면이 얇은 렌즈형이며 좌우 대칭도가 높은 석기는 보기 어려운데, 이것은 아마도 그러한 형태의 석기 제작에 필요한 좋은 유리질 원석이 없기 때문일 것이다.

그런데 동아시아에 주먹도끼가 등장한 배경은 아직 잘 알 수 없다. 이것이 과연 아슐리안 석기의 전파나 고인류의 확산과 이동을 말해주는 증거인지, 혹은 그와 상관없이 동아시아 내에서 이루어진 일종의 문화적 수렴현상인지, 즉 자체적으로 발생한 것인지 아직 무어라 말하기 어렵다. 동아시아의 주먹도끼가 아슐리안과 유사한 모습이라는 사실을 고인류의 확산 및 이동과 관계된 구대륙 전체에 걸친 아슐리안 공작의 분포를 말해주는 증거로 받아들일 수 있다면, 이것의 존재는 석기 제작 기술의 전파나 고인류 집단의 이주 같은 이유로써 설명할 수 있을 것이다. 그러나 만약 주먹도끼가 동아시아에서 독자적으로 만들어졌다면, 그 제작과 관련된 생태조건이나 제작과 관련한 기술적 배경이라던가 제작집단의 정체성 등의 문제에 대해서도 생각해 볼 필요가 있을 것이다.

이를 비롯한 여러 연관된 문제에 대한 답은 아직 제시하기 어렵다. 그렇지만, 한 가지 분명한 점은 주먹도끼는 특별히 높은 수준의 정교한 손재주나 기술을 필요로 한 석기는 아니라는 사실이다. 어쩌면 인류가 처음 주먹도끼를 만들 때부터 주먹도끼란 누구나 만들 수 있었을지 모른다. 즉, 이것은 머릿속에 있는 기술정보의 저수지에 저장되어 있는 지식을 언제 어디서건 필요에 따라 꺼내어 씀으로써 만들 수 있던 석기는 아니었을까 여겨진다. 그렇다면 주먹도끼의 존재는 단지 고인류가 이 석기를 만들 필요가 있는 모종의 요구와 환경 아래 처했기 때문이었을 뿐, 그것의 발현 그 자체를 두고 특별한 문화적 해석과 의미 부여를 할 필요는 없을지 모른다. 만약 한국을 비롯한 동아시아의 주먹도끼의 모습이 '전형적 아슐리안' 주먹도끼보다 상대적으로 단순하며 그 숫자도 적고 존속기간도 훨씬 더 길었던 이유를 알고자 한다면, 그것이 제작되고 사용된 맥락과 개개 유적의 형성 과정을 파악하는 일이 우선 중요한 과제일 것이다.

현대인의 등장

이미 말한 바대로, 한반도에서 실물로 발견된 믿을 만한 고인류 화석은 플라이스토세 최말기 평양 만달리 동굴에서 발견된 호모 사피엔스 두개골이다. 그러나 함께 발견된 구석기 유물을 볼 때, 호모 사피엔스는 만달리 화석의 주인공보다 몇 만 년 앞서 한반도에 도착했을 것이다. 동아시아에서 가장 이른 시기의 호모 사피엔스 화석들은 주로 중국 남부에서 인도차이나반도 북부에 걸친 석회암 지대의 동굴에서 발견되는데, 그 연대는 대략 12만 년에서 8만 년 전 사이에 걸쳐 있다. 또 한반도에서 그리 멀지 않은 북중국 각지에서도 호모 사피엔스가 발견되고 있으므로, 늦어도 MIS 3단계가 되면 한반도에도 호모 사피엔스가 살았을 것이라고 예상할 수 있다. 화석은 발견되지 않았지만, 이때 한반도에도 고인류가 살고 있었음을 말해주는 증거가 바로 후기구석기시대 유물이다.

후기구석기시대는 완벽한 돌날 가공기법을 구사하며 제작된 전혀 새로운 석기 공작이 4만여 년 전 갑자기 등장함으로써 시작된다[그림 2.13]. 후기구석기시대의 시작과 관련해 가장 이른 시점의 연대측정치는 단양 하진리 유적에서 알려졌다. 이 유적은 남한강 상류에 있는 수양개 유적의 여러 지점과 연관된다는 생각에서 수양개 6지점이라고도 불린다. 여기서 수습된 4만 점 이상에 달하는 석기 중에는 접합유물이 다량 포함되어 있다는 사실이 시사해주듯, 퇴적층이 하천 운동으로 쌓였음에도 구석기 유물을 산출한 세 개의 층은 상당히 안정적인 상태로 발견되었다. 그에 따라 이 유적은 후기구석기 유물군 구성의 변화를 잘 보여주는 매우 예외적인 사례로서, 후기구석기 각 단계의 연대 설정과 관련해 중요한 자료가 되고 있다.

여기서 알려진 자료는 후기구석기 유물이 갑작스럽게 등장했음을 확인시켜준다. 즉, 뒤에서 다시 살피겠지만, 이곳에서 알려진 자료는 후기구석기시대 유물군이 늦어도 42,000년 전, 어쩌면 이보다도 수천 년 더 이른 시점에 나타났음을 말해준다. 이 새로운 석기들은 주먹도끼와 같은 종래의 석기와 질적으로 확연히 다르며, 구석기시대의 면모를 완전히 바꿔 놓는 자료이다. 그 좋은 예로는 슴베찌르개, 즉 장착용 자루가 달린 투사용 첨두기를 들 수 있는데, 이것은 아마도 화살촉이나 창끝으로 사용하기 위해 만들어졌을 것이다. 새로 등장한 후기구석기 유물군에는 〈선 후기구석기〉 유물군에서 보이는 규암이나 석영 자갈로 만든 크고 무거운 도구들은 잘 눈에 띄지 않으며, 그 대신 고운 입자의 비결정질 암석을 원석으로 삼아 체계적인 제작 과정을 거쳐 정교하게 만든 다양한 작은 석기들이 주종을 차지하고 있다. 소형석기 제작과 관련, 세석인 제작도 종래 생각했던 바보다 더 일찍 시작했을 것임을 말해주는 증거도 알려졌다.

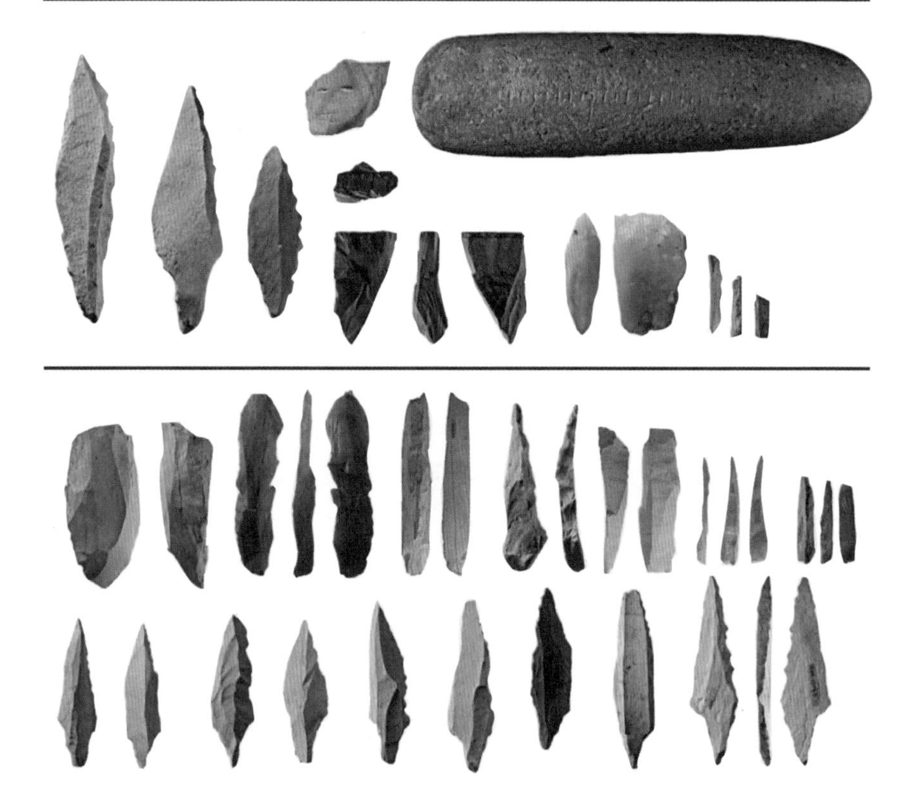

그림 2.13 단양 수양개 6지점(하진리)의 3개 층에서 수습된 후기구석기시대 유물. 최하층에서부터 돌날 공작이 확인되며, 세석인 제작의 흔적은 가운데 층에서부터 발견되었다. 최상층에서는 세석인과 더불어 날 부위를 간 도끼 종류도 발견되었다. 가운데 층에서 발견된 한 점의 긴 자갈돌에는 많은 수의 짧은 빗금을 나란하게 새겼다(세부 사진 참조). 출처: 한국선사문화연구원 2018, 화보.

그런데 한반도에서는 아직 구석기시대 중기에서 후기로의 전이 과정을 말해주는 소위 후기구석기시대 시작기(Initial Upper Palaeolithic)로 볼 수 있는 유물의 존재는 뚜렷하지 않다. 즉, 후기구석기시대는 갑자기 시작한 듯하며, 이러한 양상은 일본에서도 그런 듯하다. 또 아직 많은 지역이 미조사 상태이지만 중국에서도 내륙 한두 곳에서만 그러한 시작기의 자료가 알려진 듯하다. 이러한 상황은 호모 사피엔스가 후기구석기시대를 여는 새로운 석기와 더불어 5만 년 전 이후 유라시아대륙의 동쪽 끄트머리인 한반도에 도착했음을 말해주는 정황일 수 있다.

그런데 질적으로 전혀 새로운 석기들이 4만여 년 전 등장했다는 것은 이것과 성격이 완전히 다른 〈선 후기구석기〉의 유물군이 3만 년 전 무렵까지 최소 1만 년 정도 공존했음을 뜻한다. 주먹도끼와 관련 석기들이 호모 사피엔스가 등장하기 훨씬 이전부터 만들어졌음을 생각한다면, 주먹도끼를 쓰던 고인류가 이때까지 만들던 크고 거친 형태의 석기를 하루아침에 버리고 갑자기 새로운 석기들을 만들기 시작했다고는 상상하기 어렵다. 그 정확한 사정은 아직 모르겠지만, 주먹도끼와 후기구석기시대 석기가 1만 년 이상 공존했다는 사실은 일찍이 한반도에 도착해 주먹도끼가 대변하는 고졸한 형태의 석기를 남긴 고인류 집단이 호모 사피엔스 도착 이후에도 한동안 살아남아 계속 같은 석기를 제작하고 사용했기 때문일 가능성을 생각하게끔 해준다.

한반도에 후기구석기시대 유물군이 처음 등장했을 무렵에 이와 함께 등장한 유사한 유물군은 동아시아 다른 지역에서 아직 보고되지 않았다. 즉, 최초의 후기구석기시대 유물군은 원석에서 떼어낸 돌날을 다시 가공해 만든 날카로운 투사용 석기를 특징으로 하는데, 4만 년 전 이전에 이러한 유물이 만들어진 증거는 중국이나 일본에서 알려진 바 없다. 억지로라도 비슷한 시기의 유사한 자료를 찾아본다면, 시베리아 남부와 몽골 북부에 약간의 유사성을 보여주는 돌날 공작이 분포하고 있다. 이러한 자료를 근거로 삼아 한국의 이런 돌날 석기가 내륙 아시아로부터 호모 사피엔스가 이주했거나 혹은 석기 제작 기술이 전파한 결과 만들어졌을 가능성을 생각해 볼 수도 있겠지만, 한반도와 한반도에서 수천 킬로미터 떨어진 이런 지역 사이에 그러한 가설적 관계를 설정할 수 있게끔 해줄 만한 어떠한 증거도 아직 발견되지 않았다. 즉, 후기구석기 유물의 등장은 호모 사피엔스가 도착했음을 말해주지만, 과연 어떤 경로를 밟아 언제 어떻게 한반도에 처음 다다른 것인가에 대해서는 무어라 말할 수 없는 형편이다. 빙하시대의 고지형을 생각할 때[그림 2.4], 어쩌면 이에 대한 해답을 줄 수 있는 증거는 중국 동북지방이나 서해 바닥 어딘가에서 잠자고 있을지 모르겠다.

후기구석기시대가 상대적으로 현재에 가까운 시기이므로, 여러 해에 걸쳐 반복적으로 이용되었다고 여겨지는 유적에서는 석기 제작의 흔적이나 공간 이용과 관련된 증거가 상대적으로 덜 교란 받은 상태로 발견되기도 한다. 그렇지만 앞서 말한 바대로 당시 사람들이 거처로 쓰기 위해 만들었을 법한 수혈이나 기타 구조물 같은 증거는 아직 발견되지 않았으며, 이 시기의 고고학 자료로서도 역시 석기와 석기 제작의 부산물이 중요하다. 석기의 형태와 제작과 관련된 자료는 3만여 년 동안 지속된 후기구석기시대 동안 유물군 구성과 제작 방법이 시간의 흐름에 따라 변화했음을 말해준다. 그러한 변화는 크게 세 단계로 구성되었다고 생각할 수 있는데, 특히 돌날 제작의 등장과 변화를 단계 설정의 중요한 근거로 삼을 수 있다.

이미 말했듯, 후기구석기시대는 늦어도 42,000년 전 돌날을 가공해 만든 슴베찌르개가 등장함으로써 그 첫 단계가 시작한다고 보인다. 이어지는 제2단계는 종래의 돌날보다 훨씬 작은 돌날, 즉 눌러떼기 기법으로 만든 세석인이 만들어지기 시작해 퍼져나간 시기이다. 세석인은 여러 종류의 기법으로 만들어졌으며, 동북아시아의 너른 지역에 걸쳐 몇 가지 기법이 공유되었다. 이 단계는 대략 25,000년에서 18,000년 전 사이에 걸쳐 있다고 생각되는데, 이미 말한 바대로 이 단계의 시작은 어쩌면 조금 더 이른 시기일 수도 있으며 이에 대해서는 다시 생각해보겠다. 이어지는 세 번째 단계는 18,000년 전 무렵 시작하는데, 이때까지 2만 년 이상 계속 만들어지던 돌날을 가공한 슴베찌르개가 사라지는 대신에 세석인 제작이 우세해지며 새로운 석기들이 등장한다. 그중에서는 얇고 긴 형태에 양면을 가공한 나뭇잎꼴의 투사용 석기가 특히 눈에 띈다[그림 2.14]. 이러한 세 단계는 특정 유물의 등장이나 변화를 기준으로 더 자세히 나누어 볼 수도 있을 텐데, 그러한 기준으로는 마제석기와 흑요석제 석기의 등장과 투사용 첨두기의 형태 변화가 꼽히고 있다.

구석기시대라면 으레 돌을 때려 만든 타제석기만 있다고 생각하지만, 플라이스토세 말이 되면 세계 각지에서는 돌을 갈아 만든 석기가 등장하였다. 한반도에서 마제석기는 늦어도 후기구석기시대 두 번째 단계에 나타나 세 번째 단계가 되면 상당히 퍼졌다고 보이며, 이것이 발견된 여러 유적에서 얻은 방사성탄소연대 측정치는 25,500년 전에서 18,500년 전 사이에 분포하고 있다. 마제석기로는 신석기시대의 돌도끼와 그리 다르지 않은 형태이며 날 부위를 집중적으로 갈아 만든 돌도끼가 주로 발견된다[그림 2.15].

그림 2.14 플라이스토세 종말기 각지에서 수습된 돌 화살촉. 원도: 성춘택 2018, 그림 1-3; 이융조 외 2018, 그림 244-245.

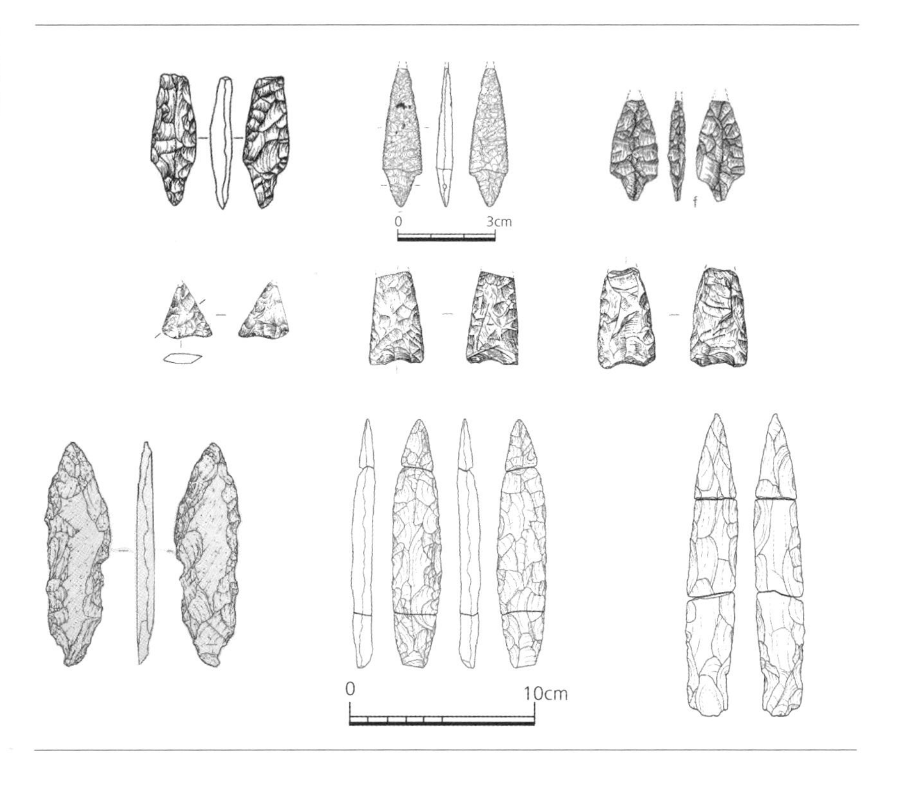

도끼가 만들어졌다는 것은 빙하시대가 서서히 끝나며 환경이 변화함에 따라 생계경제 양식도 변화했음을 시사해주는 증거일 것이므로, 이의 등장은 분기를 위한 근거가 될 수 있다고 여길 수 있다. 한편, 흑요석도 마제석기처럼 두 번째 단계가 끝나기 전에 이용되기 시작하므로, 흑요석기의 등장도

그림 2.15 전주 재경들 유적에서 발견된 석기. 2점의 돌도끼는 신석기시대의 것들과 유사한 모습으로서, 다량의 소형석기와 함께 발견되었다. 가운데 세석인 석핵은 아직 세석인을 떼어내기 직전 단계의 것으로서, 세석인 제작 과정을 보여준다. 이러한 석핵 제작에 사용되었을 1차로 가공된 석핵의 원형 여러 점이 한곳에 몰려 있는 상태로 발견되었다. 아마도 이 유적은 플라이스토세 말의 수렵채집인들이 자주 찾던 양질의 원석 산지였을 것이다.

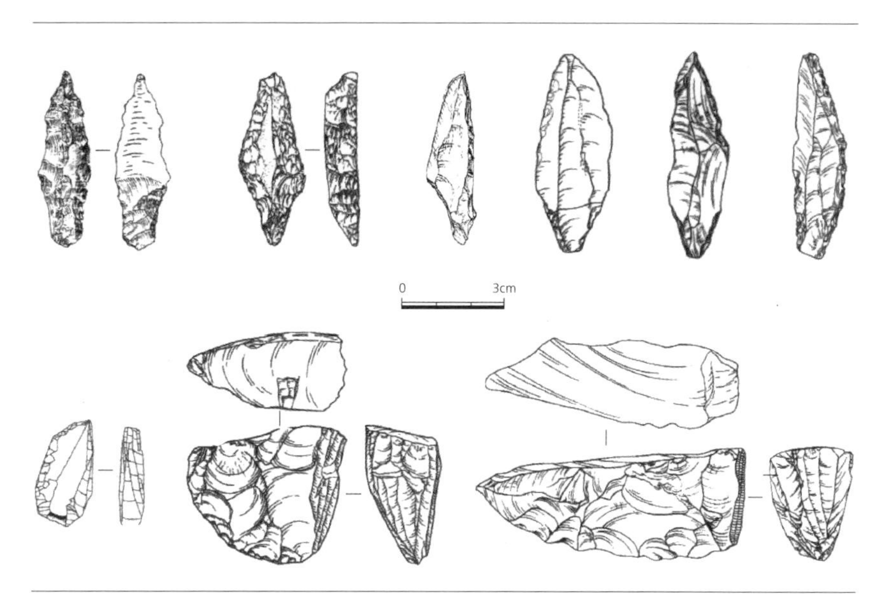

그림 2.16 플라이스토세 말의 석기 중에는 일본에서 발견되는 것들과 매우 흡사한 몇몇 종류가 있다. 그러한 석기로서 윗줄 왼쪽 2점은 송곳형 석기이며, 그 오른쪽으로는 한쪽 가장자리를 둔탁하게 가공해 손잡이로 쓸 수 있게 만든 긁개 종류이다. 아랫줄의 3점은 일본에서 각각 히로사토(広郷) 기법, 유베츠(湧別) 기법 및 호롯카(幌加) 기법이라고 불리는 세석인 제작 기술을 보여주는 세석인 석핵이다.

이 단계를 자세히 나눌 수 있게 해주는 기준이 될 만하다고 여겨진다. 세 번째 단계에 들어오면 서부 일본에서 발견되는 첨두기와 유사한 형태의 석기가 등장하며, 이와 더불어 규슈산 흑요석도 발견되고 있다. 이러한 한반도 남부와 서부 일본 사이에 모종의 교류가 있었음을 시사해주는 증거의 등장도 분기의 기준이 될 수 있다고 생각되기도 한다[그림 2.16]. 그러나 비록 이러한 몇 가지 기준을 근거로 후기구석기시대의 단계를 다시 세분할 수 있다고 여겨지기는 하지만, 아직 자료가 충분히 쌓이지 않았기 때문에 그러한 분기의 타당성은 확실하지 않다.

한편, 구석기시대의 종말기와 그 이후에도 널리 채택되었던 세석인 제작은 동북아시아 후기구석기시대의 중요한 특징으로서, 다양한 기법이 알려져 있다. 세석인 제작의 기원에 대해서는 최후빙하극성기 동안 혹은 그 직전이나 직후 시기에 시베리아에서 매머드 같은 큰 포유동물을 사냥하던 집단이 처음 만들기 시작했다는 가설이 유력한 설명으로 여겨져 왔다. 이것이 남쪽의 한국과 일본에서 발견되는 것은 빙하기 동안 툰드라 스텝 환경이 만들어지며 사냥감이던 동물들이 내려옴에 따라 시베리아의 사냥 집단이 동물을 쫓아 내려왔기 때문이라고 추정되었다. 즉, 동해를 끼고 그 양쪽에 있는 한반도와 일본열도 북부에서 같은 세석인 제작기법이 발견되는 것은 시베리아 집단이 양방향으로 내려왔기 때문이라고 볼 수 있다는 것이다. 이 시나리오를 따른다면, 한반도에서 세석인 제작은 빨라야 25,000년이나 26,000년 전, 아니면 그 이후에 시작되었다고 해야 한다. 그런데 한반도에서 세석인과 관련된 방사성탄소연대 측정치는 이른 연대가 대체로 25,000에서 22,000년 전 사이이므로, 후기구석기시대의 두 번째 단계가 25,000년 전에 시작했다고 여겨져 왔다. 그러나 단양 하진리에서는 아래에서 보듯 이보다 훨씬 이른 연대가 보고되었기 때문에, 이런 가설을 재고하지 않을 수 없게 되었다.

하진리에서 후기구석기시대 유물은 2만 년 이상의 긴 시간에 걸쳐 쌓였다. 유적을 구성하는 3개 층에서 가장 위의 층은 연대측정치 중심값이 대체로 18,000년 전 전후로 집중되어 있다. 세석인은 최상층과 그 아래의 중간층에서 발견된다. 중간층에서 얻은 15개의 연대측정치는 대체로 40,000년에서 33,000년 전 사이에 분포하며, 두 측정치는 이 범위를 벗어나 44,000 및 30,000년 전 무렵에 중심연대가 있다. 이러한 연대측정치는 세석인 제작이 25,000년 전보다 훨씬 일찍 등장했음을 시사해준다. 최하층은 중간층에서 다시 간층을 사이에 두고 그 아래에 놓여 있으며, 돌날로 만든 슴베찌르개가 발견된다. 여기에서 얻어진 측정치는 늦어도 42,000년 전, 빠르면 46,000년 전부터 유적이 형성되기 시작했음을 시사해준다. 여기서 얻어진 46,000년 전이라는 측정치는 한반도의 후기구석기 유적에서는 보고된 바 없던 이른 연대이다. 두 연대 중 어느 것을 유적 점유의 시점이라고 생각하건 혹은 두 연대의 중간값을 유적 점유의 시점이라고 생각하건, 이 층에서 발견된 석기와 연대측정치는 후기구석기시대가 처음부터 완벽한 돌날을 만들고 가공하던 석기 공작으로서 4만 년 전보다도 2천에서 6천 년 정도 앞서 등장했음을 시사해준다.

즉, 셰일, 응회암, 혼펠스 등의 석재로 만들어진 이곳 최하층의 석기는 규암과 석영을 비롯해 훨씬 더 거친 석재를 이용해 만들어진 〈선 후기구석기〉 유물군과 완전히 다른 모습으로서, 대표 유물인 슴베찌르개는 치밀한 재질의 원석을 정교하게 타격해 떼어낸 돌날을 다시 세밀하게 가공해 만들었다. 그 외의 새로운 석기로는 다양한 형태의 긁개와 밀개를 비롯해, 찌르개, 뚜르개, 도끼를 비롯한 각종 소형석기가 있다. 석기들은 외형과 크기가 표준화되어 있어 제작 기술의 높은 수준을 한눈에 알 수 있으며, 이것들이 갑작스럽게 등장했다는 사실은 호모 사피엔스의 등장이 아니라면 달리 설명할 수 있는 이유를 찾기 어렵다.

〈선 후기구석기〉 및 후기구석기시대 유물군이 4만여 년 전부터 3만 년 전 무렵까지 공존했다는 것은 새로 도착한 후기구석기 제작집단, 즉 호모 사피엔스는 오래 전부터 주먹도끼를 만들며 살고 있던 제작집단과 서로 만났으며, 그에 따라 두 집단 사이에 생물학적, 유전적 교류가 있었을 가능성을 시사해준다. 고유전자학의 발전과 더불어, 동아시아에서는 MIS 3단계나 그 이전에 데니소바인과 호모 사피엔스 사이에 실제로 그런 일이 발생했음이 밝혀진바, 그 가능성은 막연한 상상에 그치는 것만은 아니다. 그런데 그런 가능성을 시사해주는 고고학적 증거도 있는 듯하다.

예를 들어, 용인 평창리나 한탄강 유역의 몇몇 유적에서 수습된 AT 분출 이전, 즉 3만 년 전 이전에 제작된 규암과 석영제 유물 중에는 흔히 보는 찍개 등의 대형석기와 함께 후기구석기 양식의 첨두기나 사다리꼴형 석기 같은 것이 포함되어 있다. 다만 후자는 전형적인 후기구석기 유물처럼 정교하게 가공된 석기가 아니라 거친 석재를 억지로 가공해 유사한 외형을 만든 것 같다는 인상을 주는 석기로서, 맥석영처럼 극히 다루기 힘들고 후기구석기 양식의 소형석기 제작에는 전혀 적합하지 않은 조악한 석재로 만든 것도 있다. 이미 정교한 석기를 제작하고 있는 호모 사피엔스 집단이 이런 조악한 석기를 만들었다고 생각하기 어렵다면, 혹시 이런 석기들은 새로운 종류의 석재와 석기제작 지식이 없던 선주민 집단이 새로 도착한 사피엔스 집단의 석기를 모방해 만들어보려 했음을 말해주는 증거일 가능성은 없을지 한번쯤 생각해 볼 만할 것이다.

한편, 이 하진리 유적 중간층에서는 세석인과 더불어 또 하나의 매우 흥미로운 유물이 발견되었다. 그것은 길이 약 20cm 정도의 긴 자갈로서, 그 표면에는 여러 줄의 짧은 금이 새겨져 있으며 특히 한쪽 가장자리를 따라서는 평균 4mm 길이의 짧은 금이 20개 있다[그림 2.13]. 이 흥미로운 유물은 유럽의 비슷한 시기 유적에서 발견되는 각종 표식이 새겨진 뼈나 사슴뿔 혹은 돌판을 연상시킨다. 이것의 용도나 목적은 알 수 없지만, 유럽의 그러한 유물은 당대의 달력이라고 해석되기도 함을 참고삼아 떠올릴 만하다.

최상층과 중간층은 유물이 없는 간층으로 확연히 나누어지는데, 연대측정치를 볼 때 최소한 15,000년 정도의 시차를 두고 형성되었을 것이다. 최상층에서는 세석인 기법으로 제작된 유물이 압도적으로 많으며, 날 부분만을 갈아서 만든 돌도끼도 수습되었다. 이러한 도끼는 이곳 말고도 플라이스토세 최말기의 유적에서 종종 발견되며, 거듭 말하지만 이의 등장은 기후조건의 완화와 식생의 회복과 관련될 것이다.

최상층에서는 또 흑요석제 세석인도 발견되었다. 흑요석은 한반도에서는 귀한 석재로서, 후기구석기시대에는 세석인과 소형석기 제작에 쓰였으며, 신석기시대에도 소형석기나 박편으로 사용되었다. 이 유적에서 흑요석이 처음 발견된 것도 아니며 측정된 연대가 가장 이른 것도 아니지만, 중요한 점은 이 층에서는 여러 개의 안정적인 연대측정치가 알려져 늦어도 18,000년 전에는 흑요석이 사용되었다고 말할 수 있게 해준다는 사실이다. 흑요석이 발견된 양주 호평동이나 장흥 신북 혹은 철원 장흥리 유적에서는 같은 층에서 25,000에서 24,000년 전 무렵의 연대와 15,000년 전 무렵의 연대가 서로 뒤섞여 있어, 흑요석이 처음 등장한 시점을 확정해 말하기가 쉽지 않은 편이었다.

흑요석의 산지에 대해서는 흑요석 시료의 화학적 조성이 몇 개의 군을 이루고 있으므로 그 산지도 여러 곳이라는 주장이 제시되었다. 그러나 이것은 하나의 화구에서 분출한 마그마는 냉각 과정의 차이에 따라 흑요석,

안산암, 현무암 등 여러 종의 암석이 만들어질 수 있으며, 한 종류의 암석도 여러 형태의 화학적 조성을 보일 수 있음을 이해하지 못하고 있는 생각이다. 즉, 시료의 화학적 조성의 차이만으로써 암석의 기원지를 알 수 있는 것이 아닌데, 미량원소 구성과 암석학적 특징의 분석 결과는 남한에서 발견된 모든 흑요석은 단지 백두산과 일본의 규슈 두 곳에서만 기원했을 뿐임을 말해준다.

후기구석기시대에 이용된 규슈 흑요석은 원산지에서 가까운 남해안에서만 발견되고 있다. 그렇지만, 백두산 흑요석은 지도상에서 직선거리로 500km 떨어진 하진리뿐만 아니라 더 멀리 800km 떨어진 장흥 신북 유적을 비롯해 한반도 전역에서 발견되고 있다. 즉, 백두산 흑요석은 신석기시대보다 구석기시대에 훨씬 더 넓은 지역에서 이용되었다. 산지에서 유적까지의 실제 거리는 지도상의 거리보다 훨씬 더 멀다는 점을 생각한다면, 그러한 분포는 수렵채집 집단이 먼 거리를 이동하며 살았음을 뜻할 수도 있겠지만, 그렇다고 예를 들어 신북 유적을 남긴 사람들이 백두산이나 규슈의 흑요석 산지까지 직접 찾아가 흑요석을 채취해 몸에 지닌 채 돌아다녔을 가능성은 낮을 것이다. 개개 구석기 유적에서 발견되는 흑요석의 총량은 매우 작아, 그 전체 무게는 대체로 수백 그램을 넘지 않는 수준이다. 이 정도의 소량이라면 희귀자원으로서 흑요석은 물물교환이나 기타 방식으로 장거리를 이동했을 가능성이 크며, 또 만약 그렇다면 그러한 교환과 물자 이동을 가능하게 해주는 광역적 사회관계망이 이 시기에 존재했을 가능성도 얼마든지 있다고 보아야 한다.

플라이스토세의 종식과 새로운 기술

시베리아, 북중국, 일본 및 한국을 포함하는 동북아시아의 너른 지역에서 유사한 세석인 제작기법이 이미 공유되고 있었음을 생각한다면, 한반도 전역에서 백두산 흑요석이 발견되는 것은 그리 놀라운 일이 아니다. 한반도와 주변 지역에서 플라이스토세 말에 보이는 기술의 광역적 공유 현상은 최후 빙하기에 이 지역에 살던 고인류 집단이 대형 초식동물의 사냥에 크게 의존한 결과 유사한 기술과 도구가 필요했음을 말해주는 증거로 여겨져 왔다. 그러한 기술의 공유가 문화 전파로 가능했던 것이건, 주민 이동의 결과이건, 혹은 모종의 다른 이유 때문이건, 기술의 확산은 원료의 특성과 원료 획득에 대한 정보와 지식이 공유되었음을 뜻하는 일이다. 이것은 또한 너른 지역에 걸쳐 집단 사이의 교류와 접촉이 있었음을 말해주는 것이기도 하다.

그런데 대략 29,000에서 14,000년 전 사이에 걸친 MIS 2단계 동안 동해를 둘러싼 한국과 일본 북부 및 연해주와 시베리아 동부지역에서는 석기 제작 기술이 공유되었지만, 대략 18,000에서 12,000년 전 사이에 등장한 한국의 구석기시대 종말기의 유물군은 이웃 지역에서는 관찰되지 않는 특징을 보여준다. 그러한 고유성은 송곳형 첨두기, 나뭇잎 모양 첨두기, 꼬리 달린 양면 가공 첨두기, 삼각형 첨두기 및 날 부위를 마연한 도끼 등에서 드러나고 있다. 연대측정 결과를 볼 때, 이런 석기 중에서 몇몇은 홀로세에 들어와서도 계속 만들어졌다고 보인다. 이 말은 즉 플라이스토세가 끝났어도 구석기시대 말기의 수렵채집 집단은 새로운 환경에 적응하며 계속 살았을 것임을 시사해준다는 뜻이다.

물론 아직도 15,000년에서 10,000년 전 사이에 걸친 고고학 자료는 매우 빈약해 플라이스토세에서 홀로세로의 전이가 어떻게 일어난 것인지 잘 알 수 없는 형편이다. 그렇지만, 다음 장에서 보듯 적어도 홀로세 초의 한 유적에서는 플라이스토세 말 제작된 석기와 매우 유사한 석기가 토기와 함께 발견되었다. 즉, 한반도는 과거에 생각했듯 구석기시대가 끝나며 사람이 살지 않던 땅이 아니었음은 이제 확실하다. 새로운 종류의 석기, 특히 새로운 형태의 투사용 첨두기가 플라이스토세 말에 등장해 홀로세까지 계속 이어진다는 사실은 기온과 해수면이 상승함에 따라 모든 환경조건이 바뀌어 나갔음에도 불구하고 한반도에 거주하던 수렵채집 집단은 그러한 변화에 적응하며 계속 살아 나갔음을 말해주고 있다.

제3장

수렵채집사회와 생산경제의 시작

신석기시대의 정의

플라이스토세의 끝이 다가오며 구석기시대가 끝날 즈음이면, 빙하기의 환경도 완화되며 다가오는 홀로세에 새로운 문화가 등장할 수 있는 배경이 서서히 준비되었다. 15,000년 전 무렵까지도 해수면은 매우 낮아서 서해는 아직 육지로 남아 있었고 제주도와 일본열도도 대륙과 연결된 상태였다. 그러나 기온이 계속 오르며 해수면 상승이 지속됨에 따라 한국과 중국 사이의 대륙붕은 오늘날과 같은 서해가 되었으며, 제주도와 일본열도는 대륙과 떨어지게 되었다[그림 3.1]. 육지로 둘러싸였던 동해도 태평양과 연결되어 구로시오 난류가 유입되기 시작했다. 그렇지만 홀로세가 시작하고 수천 년이 지나도록 아직 기온은 오늘날보다 낮았으며, 7,500년 전 무렵 도래한 중기 홀로세의 온난기가 되어서야 기후조건이 본격적으로 완화되었다[그림 3.2]. 이에 따라 육지와 바다의 분포가 오늘날과 같은 모습이 됨으로써, 한반도의 지형적 윤곽이 완성되었다. 한반도에서 신석기시대는 이 무렵부터 본격적으로 전개되었다.

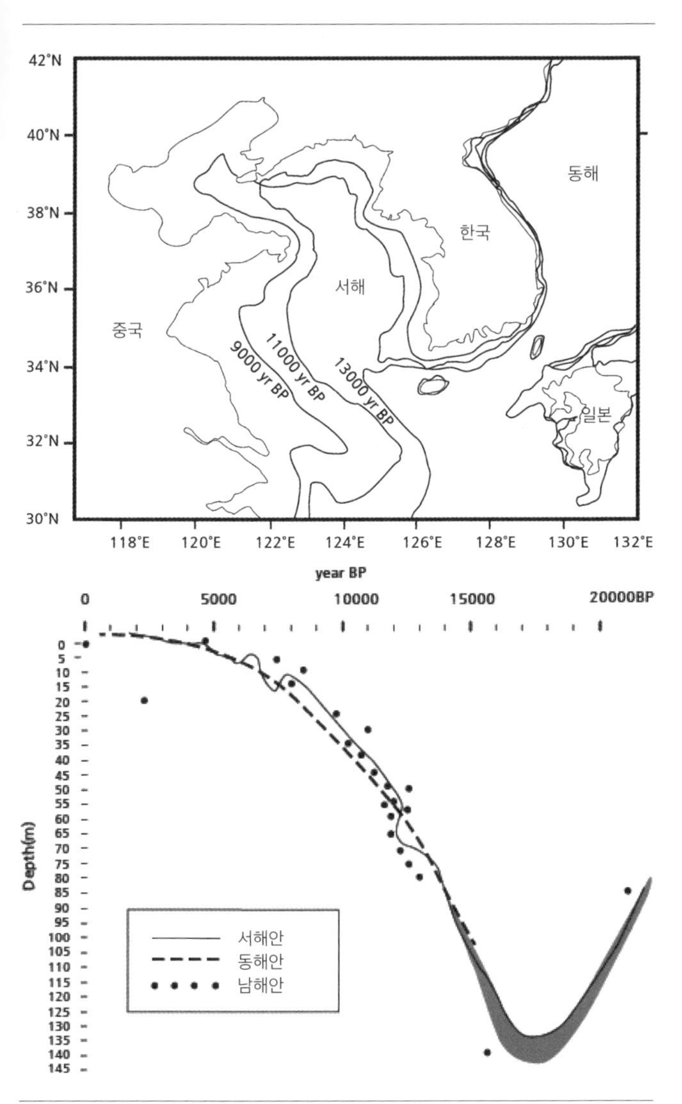

그림 3.1 플라이스토세 말과 홀로세 초기 한반도 주변 지역의 해안선과 해수면. 제주도는 홀로세가 시작되기 전에 본토에서 떨어져 나갔음을 알 수 있다. 원도: 박용안 외 2006, 그림 12-1, 4-10.

잘 알려져 있듯, 신석기시대는 세계 각지에서 널리 사용되고 있는 고고학 용어로서, 1930년대에 고든 차일드가 제시한 '고전적 정의'가 아직도 널리 통용되고 있다. 그는 신석기시대를 마제석기, 토기, 농경, 정착 생활의 등장이라는 중요한 기술적 혁신이 있던 시대로 규정하고, 이 새로운 변화를 신석기혁명(Neolithic Revolution)이라는 용어로 요약해 표현하였다. 그에 따르자면, 신석기혁명과 더불어 식량 공급이 안정적으로 증가했으며, 그 결과 인구가 증가하고 부를 축적하게 되어, 궁극적으로 사회 계층화 및 국가와 고대문명이 발생하게 되었다는 것이다. 신석기혁명으로부터 비롯된 이러한 마지막 변화를 그는 도시혁명(Urban Revolution)이라고 지칭하였다.

그의 생각은 오랫동안 널리 받아들여졌다. 그러나 토기, 마제석기, 식물재배와 동물 사육 및 정착 생활이 동시에 시작한 일, 즉 신석기혁명은 세계 어디에서도 일어나지 않았다. 마찬가지로 농경의 시작이 그가 말한 바대로 반드시 도시와 국가의 발전으로 이어지지도 않았음이 밝혀졌다. 차일드의 정의는 특히 동북아시아에서 적용하기 어렵다. 우선, 앞 장에서 본 바와 같이 마제석기는 구석기시대 말에 이미 만들어졌고, 토기도 플라이스토세가 끝나기 전부터 일본 북부, 아무르강 유역이나 남중국 등지에서 만들어졌음이 밝혀졌으며 어쩌면 한국에서도 그런 자료가 발견될지 모른다. 나아가 정착 생활과 농경이 반드시 인과관계를

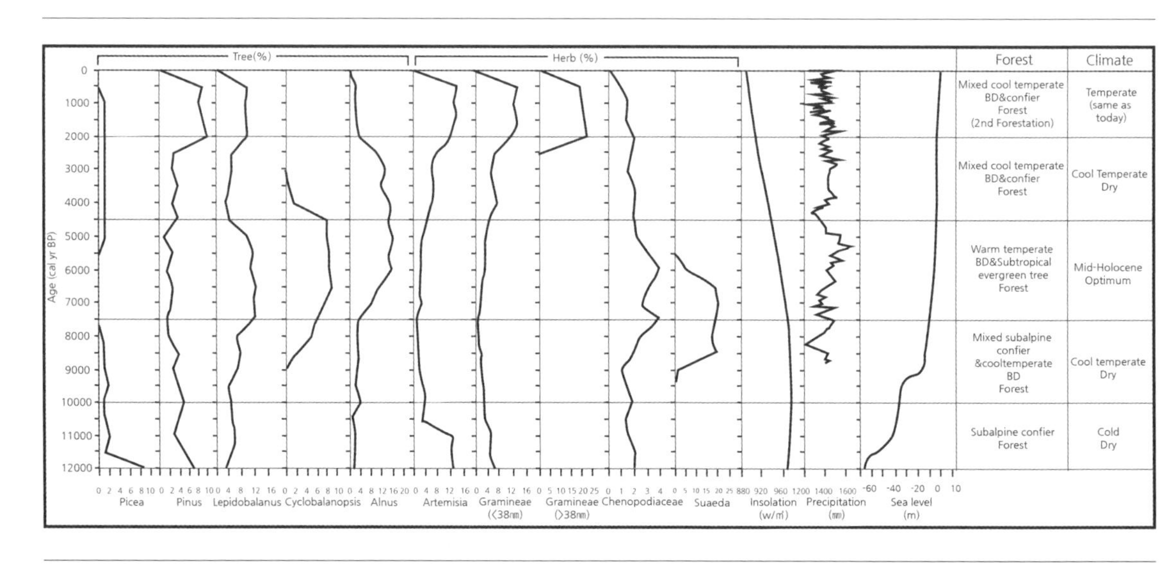

그림 3.2 꽃가루 분석이 말해주는 남한 지역의 홀로세 식생과 기후 변화. 표에서 BD는 Broad-leaved Deciduous(활엽수)의 약칭이다. 참나무과 낙엽활엽수를 일컫는 참나무아속(*Lepidobalanus*)은 홀로세 식생에서 늘 중요했으며, 그 열매인 도토리는 신석기시대의 중요한 식량원이었다(그림 3.25 참조). 우리나라에서 이에 속하는 나무로는 상수리나무, 떡갈나무, 신갈나무, 굴참나무, 갈참나무, 졸참나무가 있다. 사진은 하모리 유적에서 수습한 상수리나무(*Quercus acutissima*)의 잎으로서, 국립제주박물관에 전시되어 있다. 도표 원도: Yi 2011, Figure 7.

갖고 있지 않음도 알려졌다.

이렇게 동북아시아에서 신석기시대의 정의는 쉽지 않은 일이지만, 100여 년 전부터 토기의 유무를 기준으로 신석기시대의 시작을 판단했던 관행이 굳어져왔다. 그러므로 비록 확고하고 분명히 정의하기는 어렵지만, 이 지역에서 신석기시대란 플라이스토세의 종식 시점 전후해 토기가 등장한 때부터 청동기시대가 시작할 때까지를 가리키는 시기라는 정도로 생각하면 큰 무리가 없을 듯하다. 한국의 경우, 토기 제작은 대략 9,500년 전에 이미 시작되어 8,000년 전 무렵이면 널리 퍼졌으며, 청동기시대는 무문토기의 등장을 기준으로 잡아 기원전 1500년 무렵, 즉 3,500년 전에 시작한다고 흔히 일컬어지고 있다. 그러므로, 신석기시대는 대략 4,500년 이상 6,000년 가까이 지속되었다고 할 수 있는데, 앞으로 새로운 발견이 이루어진다면 그 상한과 하한 연대도 조정될 것이다.

지금까지 드러난 고고학 자료를 종합해 한국 신석기시대의 성격을 한마디로 요약한다면, 그 시대는 기본적으로 자연 자원에 의존해 살던 소규모 공동체로 이루어진 수렵채집사회였다고 할 수 있다. 차일드는 신석기시대에 농경이 시작되었다는 사실이 다른 어떤 문화 요소의 등장보다 더욱 중요하다고 보았다. 그러나 한국 신석기시대에서 농경과 관련한 증거는 질과 양에 있어 무시해도 좋을 만큼 미미하며, 주거유적의 양상은 한곳에 정착해 농사에 의존하며 살던 마을의 모습과 거리가 멀다. 아직 본격적 농경사회가 아니었으므로, 당시 사회는 다른 나라의 신석기시대와 비교할 때 상대적으로 단순했으며, 사회조직과 경제 활동의 수준도 낮았고 인구 규모도 매우 작았다.

세계 각지에서는 신석기시대가 되면, 종교나 정치 행위의 장소라던가 대규모 매장유적이나 공공건물 등의 흔적이 남겨졌으나, 그런 증거를 찾을 수 없으며 신석기시대 유적으로서는 단지 작은 규모의 주거유적과 패총 등이 더러 발견될 뿐이다. 인구가 구석기시대보다 늘어났다고 해도, 주거유적이나 매장유적의 규모와 성격을 보면 아직도 매우 작았다. 인구 규모의 간접지표인 무덤의 숫자를 생각해본다면, 남한 지역만 따져도 고인돌을 비롯한 청동기시대의 무덤은 천 내지 만 단위로 헤아릴 수 있지만, 청동기시대보다 적어도 4~5배 긴 시간 동안 지속되었던 신석기시대 무덤의 총수는 불과 수십에 지나지 않는다. 유물의 구성도 매우 단순해, 발견의 맥락을 불문하고 신석기시대 유물은 기본적으로 생명을 유지하는 데 긴요한 필수품이라고 할 수 있는 약간의 토기와 석기가 전부라고 해도 과언이 아니다. 고고학 자료의 내용은 작물 재배가 시작된 다음에도 그리 다르지 않으며, 수렵채집사회의 성격에서 크게 벗어나지 못했음을 말해주고 있다.

식민지 고고학의 유산

21세기 들어 한국 고고학에서 신석기시대 연구는 크게 성장하고 있지만, 이 시대의 연구는 다른 어떤 시대보다 식민지 시기의 학문적 유산의 영향을 더 크게 받은 셈이다. 그러한 영향은 한반도는 구석기시대가 끝나고 오랫동안 사람이 살지 않았던 곳이었다고 생각해 심지어 그 이유를 어떻게든 설명하고자 했다는 사실에서 잘 드러난다.

19세기 말에서 20세기 초에 유럽 선사시대의 기본적 편년 체계가 어느 정도 갖추어지자, 인류문화는 구석기시대-중석기시대-신석기시대-청동기시대-철기시대의 단계를 순차적으로 거치며 발전해왔고, 그렇지 않다면 인류사의 보편적 법칙에서 뒤떨어진 것이라는 생각이 오랫동안 있었다. 즉, 단계 사이에 시간적 공백은 있어서는 안 되며, 만약 한 단계에서 다음 단계로의 소위 '계기적 발전'을 찾을 수 없는 지역과 민족은 역사적 발전 과정에서 뒤떨어졌다고 보았던 것이다. 그러므로 만약 그런 공백이 있다면 그것을 설명할 수 있는 '합리적 이유'를 찾으려고도 했다. 그러나 그런 노력을 기울인다는 것은 그 자체로 역사에 대한 열등의식의 발로일 수도 있겠는데, 고고학이 뒤늦게 출발한 한국 고고학계 역시 그런 노력을 기울였다. 즉, 20세기가 끝날 때까지 한반도에서는 구석기시대가 끝나고 홀로세에 들어서도 아주 긴 시간이 지나서야 다시 신석기시대 사람들이 들어와 살기 시작했다고 여겨졌으며, 그러한 자료의 시간적 공백을 메우기 위해 주민 이동이라는 편리한 가설을 채택해 일종의 '합리적 설명'을 제시하고자 했다. 그런데, 중석기시대란 구석기시대의 기술을 그대로 사용하되 단지 환경변화에 대응한 새로운 도구가 등장한 시기로서, 이 시대는 일부 지역에서만 존재했던 문화단계이며 이의 부재가 문화사적 열등함을 뜻한다는 어떤 이유도 없다. 또한 설령 한반도에서 홀로세 초기의 고고학 자료에 공백기가 있다고 해도, 한반도의 고고학적 과거에 대해 열등감을 가질 이유도 전혀 없을 것이다.

방금 말한 바대로, 20세기 말까지도 많은 연구자는 한반도에는 빙하기가 끝나고 오래도록 사람이 살지 않았다고 생각했다. 이러한 자료의 결여 현상을 두고, 구석기시대 사람들은 기후가 따뜻해지며 사냥감이 되던 큰 동물들이 점차 북쪽으로 사라지자 이것들을 따라 한반도를 떠났을 것이라는 '설명'이 1970년대에 제시되었다. 이런 생각은 이후 수십 년 동안 중고교 교과서에도 그대로 소개된 한민족의 기원에 대한 '설명'의 도입부로서, 이에 따르자면 오랫동안 사람이 살지 않던 한반도에 기원전 3천 년 무렵 북쪽 어딘가로부터 토기를 가진 "고아시아족"이 들어와 신석기시대가 시작했고, 이후 다시 "퉁구스족"이 도래하며 청동기시대가 시작되었다는 것이다. "퉁구스족"이 도착하며 "고아시아족"은 사라졌거나 이들과 섞여버려 사라졌으므로, 오늘의 한민족은 기본적으로 이 "퉁구스족"의 후예라는 것이다.

그런데, "고아시아족"이니 "퉁구스족"이니 하는 이름이 가리키는 생물학적 또는 문화적 집단의 실체는 존재하지 않는다. 이 이름은 단지 "고아시아어"와 "퉁구스어"를 사용했으리라고 가설적으로 추정된 선사시대의 집단을 가리키기 위해 언어학계 일각에서 제시한 개념으로서, 그런 집단의 존재는 전혀 확인되지 않은 막연한 가정에 불과할 뿐이다. 20세기 초에 제시된 이 실체도 없는 "족"들의 이동 역시 어느 러시아계 연구자 한 사람의 상상에 지나지 않는다.

아무튼 1970년대 들어 "민족사관" 확립이 큰 사회적 의미를 지니게 된 상황에서, 한민족의 기원에 대한 설명은 학계의 중요한 과제가 되었고, 또 그러한 설명은 고고학 자료의 '공백 현상'을 합리적으로 설명할 수 있어야만 했다. 그러한 설명을 모색하며, 위의 가설적 용어와 주장은 충분한 검토 없이 차입되었으며, 주민의 이동과 대체로써 한민족의 기원을 설명하고자 한 위의 주장, 즉 〈한반도 주민 대체설〉이 등장하게 되었다. 물론 이 주장을 뒷받침하는 고고학 자료는 지금도 없지만 당시에도 없었다. 또한 이 학설이 전제로 삼았던 기원전 3천 년 이전 고고학 자료의 부재라는 것도 사실이 아님이 밝혀졌다. 이에 따라 이것은 구태여 그 내용을 알 필요조차 없는 낡은 주장이 되어 폐기되었다. 그러나 주장은 비록 폐기되었지만, 이런 생각을 할 수 있게끔 한 배경이 된 식민지 시기의 고고학 연구는 아직도 곳곳에서 영향을 끼치고 있다.

〈한반도 주민 대체설〉은 고고학 자료의 해석에 있어 20세기 초 일본 연구자들이 갖고 있던 단순전파론의 관점을 따랐기 때문에 제시될 수 있었다. 일본인 연구자들은 식민지 조선에서 고고학 조사를 시작하고 얼마 지나지 않아, 선사시대 토기에는 두 종류가 있다고 인식하게 되었다. 그 하나는 1925년 일어난 을축년 대홍수로 지금의 서울 암사동에서 드러난 표면에 기하학적 무늬가 있는 바닥이 뾰족한 토기들이고, 다른 하나는 한강 유역의 구릉지대에서 채집한 무늬가 없고 바닥이 납작한 토기였다. 이 두 종류의 토기는 외형에서 차이가 뚜렷하므로, 동 시기의 두 집단이 남긴 것이라고 여겨졌다. 즉, 한반도의 사정이 기록으로 남겨지기 시작하기 전인 기원전 1천년기의 어느 때에 서로 다른 두 집단이 '북방'에서 한반도로 이주했다고 생각한 것인데, 토기가 발견된 장소를 볼 때 전자의 집단은 강가에서, 후자의 집단은 구릉지대에서 살았을 것이라고 보았다.

당시 북유럽에서는 두 가지 토기 중에서 표면에 무늬가 있는 토기와 유사한 캄케라믹(Kammkeramik)이라 불리는 선사시대 토기가 알려져 있었다. 그런 상황에서 한반도에서 발견된 유사한 토기는 북유럽에서 태평양에 이르기까지 유라시아 대륙 북부의 선사시대가 하나의 문화적 전통을 공유하고 있음을 말해주며, 한반도의 토기는 그런 토기를 만들던 집단이 북쪽에서 이주해온 증거로 여겨졌다. 이에 따라 이것은 〈Kammkeramik〉을 번역한 일본식 한자 어휘인 〈쿠시메몽도키(櫛目文土器)〉라고 불렸고, 해방 이후 이것은 한국식 한자 어휘인 〈즐문토기(櫛文土器)〉로 개칭되었으며, 20세기 말에는 빗살무늬토기라는 한글화된 용어도 만들어졌다. 한편 무늬가 없는 토기는 〈무몽도키(無文土器)〉로 명명되었으며, 유사한 과정을 거쳐 지금은 〈무문토기〉 혹은 〈민무늬토기〉라고 불리고 있다. 이 두 종류의 토기가 서로 다른 시기의 유물로서 각각 신석기시대와 청동기시대의 유물이라는 사실은 해방 이후 유적 조사에 앞서 나갔던 북한에서 1950년대에 먼저 확인되었으며 남한에서도 곧 밝혀졌다.

전형적 즐문토기는 바닥이 둥글고 뾰족하며 아가리는 넓어, 그 모습을 가리켜 포탄형이라고도 한다[그림 3.3]. 표면에는 선이나 점, 원 같은 기하

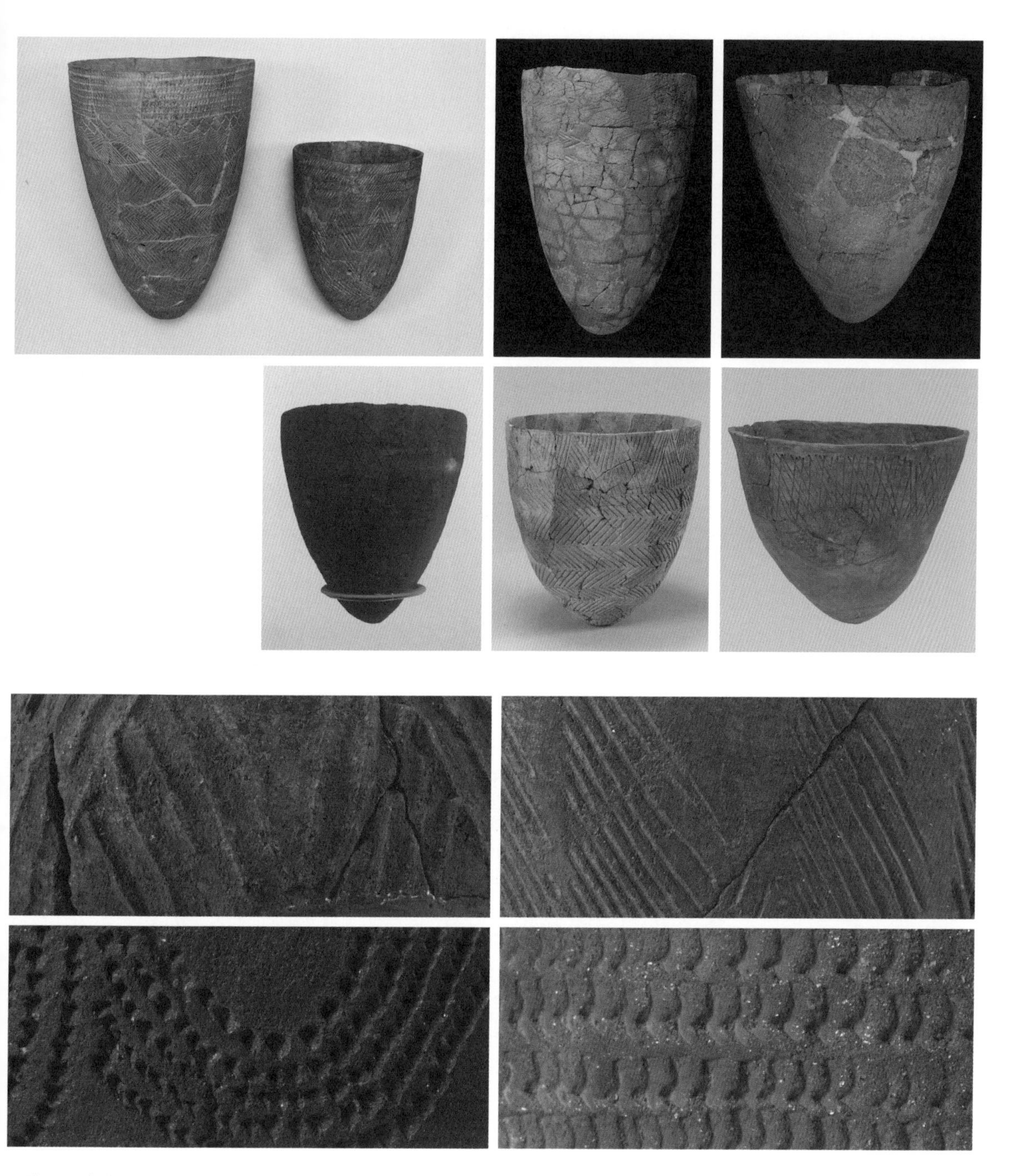

그림 3.3 각지 출토 즐문토기. 윗줄 왼쪽부터 오른쪽으로 각각 서울 암사동, 인천 운북동 및 중산동에서, 아랫줄은 군산 가도, 진안 갈머리 및 청도 오진리에서 수습되었다. 사진의 토기는 모두 높이 25~40cm, 구경 25~30cm 정도이다. 표면의 기하문 장식은 시간이 흐르며 덜 정교하게 변하거나 혹은 장식된 면적이 줄어들었으며, 바닥의 뾰족한 정도도 줄어드는 듯한 인상이다. 토기의 표면 장식 면적과 그 위치의 변화는 토기의 연대를 판단하는 중요한 요소로 다루어지고 있지만, 반드시 정확하다고는 할 수 없다고 여겨진다. © 국립중앙박물관(암사동, 가도, 갈매리, 오진리); 국립문화재연구원(운북동, 중산동)

그림 3.4 신석기시대 토기의 표면 장식 사례. 왼쪽에서 오른쪽으로, 윗줄에는 융기문과 각선문, 아랫줄에는 돌자문과 압인문의 예를 보여준다. © 국립중앙박물관

무늬를 간단한 도구로써 긋거나 눌러 장식하였다[그림 3.4]. 즐문토기는 대동강 유역에서 한강 유역에 이르는 한반도 중서부에 집중적으로 분포하는데[그림 3.5], 약 6,000년 전, 즉 기원전 4000년 무렵 이곳에서 발생해 퍼져나갔다고 보고 있다. 20세기 초 이래 이것은 한반도의 신석기시대를 대표하는 토기라고 여겨졌지만, 토기가 처음 등장한 것은 즐문토기가 만들어지기 훨씬 전이며 〈그림 3.6〉에서 보듯 즐문토기와 동시대의 토기도 여러 가지이다. 그러므로 이제 즐문토기는 한국 신석기시대를 대표하지도 않으며 대표할 수도 없는 토기로서, 단지 여러 신석기 토기 중의 하나로 여겨진다. 즐문토기가 신석기시대를 대표한다고 여겨졌던 것은 신석기시대 전 시기에 걸쳐 표면을 기하무늬로 장식한 토기가 널리 만들어졌다는 사실과 관련된다고 보인다. 한때 신석기시대를 즐문토기시대라고 부르자고 일부 국내외 연구자가 제안하기도 했지만, 즐문토기의 대표성은 이미 무너졌다. 또한 이러한 제안의 연장선상에서 청동기시대를 무문토기시대라고 부르자는 주장 역시 청동기시대 이후에도 무문토기가 계속 만들어졌기 때문에 받아들이기 어렵다.

아무튼 즐문토기가 〈Kammkeramik〉에서 기원했다는 생각은 해방 이후 남한의 고고학 연구에 큰 영향을 미쳤다. 북한에서는 마르크스주의 사회발전론에 따라 한반도의 선사시대도 구석기시대-신석기시대-청동기시대라는 소위 '보편적 진화단계'를 거쳤다는 전제하에 모든 연구가 이루어졌기 때문에, 해방 직후부터 그런 생각은 완전히 폐기되었다. 그 반면, 남한에서는 무엇보다도 전문 연구인력이 부재했고 유적 조사도 미미했기 때문에 즐문토기의 기원에 대한 일본인 연구자들의 주장은 1980년대까지도 제대로 극복하기 어려웠다.

그러한 주장이 안고 있는 한계와 문제를 인지하지 못한 채 과거의 가설을 그대로 답습하던 상황에서 〈한반도 주민 대체설〉은 즐문토기의 기원과 홀로세 초 고고학 자료의 부재를 한꺼번에 설명해줄 수 있는 나름대로 합리적 설명이었다. 나아가 모든 새로운 문화 요소는 문화전파의 결과로 등

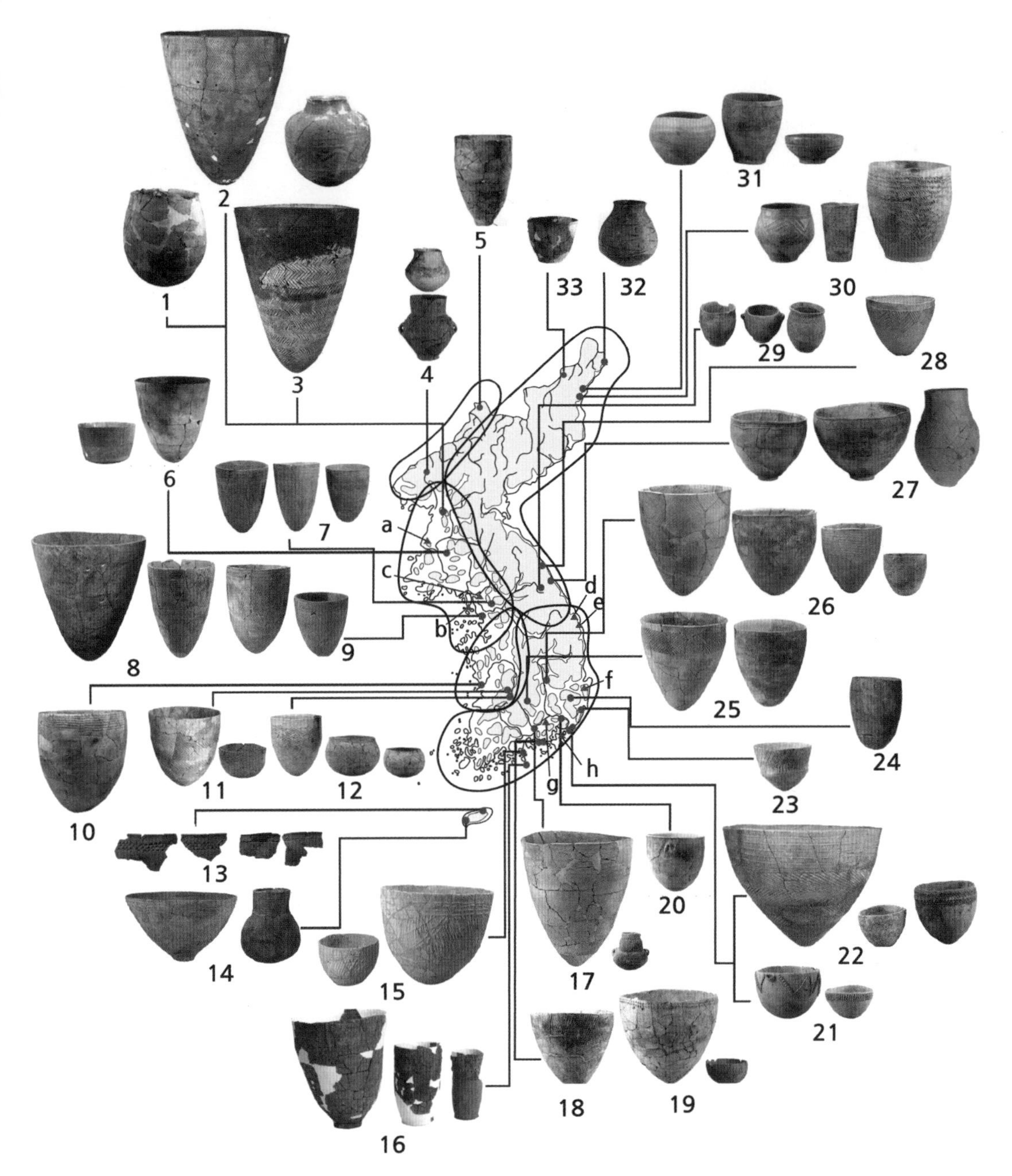

그림 3.5 신석기시대 주요 유적과 토기. 삼각형과 알파벳 문자는 2010년 이후 알려진 몇몇 주요 유적과 그 외 본문에 언급된 유적들을 가리킨다. 폐곡선이 가리키는 지역은 특징적인 토기의 분포를 기준으로 삼아 설정되는 서북부, 중서부, 중남부, 남부 및 동북부의 5개 '문화권'을 가리킨다. 원도: 한국고고학회 2010, 그림 19.

1: 평양 금탄리; 2: 평양 남경; 3: 평양 표대; 4: 용천 신암리; 5: 중강 토성리; 6: 봉산 지탑리; 7: 서울 암사동; 8: 시흥 능곡; 9: 시흥 오이도; 10: 군산 가도; 11: 진안 갈머리; 12: 진안 진그늘; 13: 제주 북촌리; 14: 제주 고산리; 15: 돌산 송도; 16: 여수 안도; 17: 진주 상촌리; 18: 통영 상노대도; 19: 통영 연대도; 20: 김해 수가리; 21: 부산 영선동; 22: 부산 동삼동; 23: 울산 신암리; 24: 청도 오진리; 25: 거창 임불리; 26: 김천 송죽리; 27: 양양 오산리; 28: 고성 문암리; 29: 춘천 교동; 30: 경성 원수대; 31: 청진 농포동; 32: 선봉 서포항; 33: 무산 범의구석

a: 온천 궁산; b: 인천 운서동, 운북동, 용유도, 삼목도, 강화 동막, 삼거리, 안산 신길동, 시흥 능곡동; c: 파주 대능리; d: 울진 죽변; e: 울진 후포; f: 울산 세죽, 황성동; g: 창녕 비봉리; h: 부산 가덕도.

A

B

C

D

그림 3.6 즐문토기로 분류되지 않는 신석기시대 토기의 예. © 국립중앙박물관
A: 태선문토기(부산 동삼동); B: 채색토기(울진 죽변); C: 채색토기(통영 연대도); D: 이중구연토기(부산 동삼동). 태선문토기는 그 형태와 무늬가 즐문토기와 비슷하므로, 입장에 따라 그로부터 파생되었다고 보거나 혹은 그 원형일 것이라고 여겨진다. 또한 이중구연토기는 신석기시대와 청동기시대의 토기를 이어주는 양식이라는 주장도 있다.

장한다고 생각하는 한, 고고학 연구는 한반도 내에서 발견되는 특정 유물이나 문화 요소의 기원을 찾는 데 목표가 있다고 생각하게 되었다. 그 결과, 연구는 유물의 형식분류를 통한 '문화적 관계' 설정과 편년 수립에 매달리게끔 되었다. 자료를 대하는 이러한 생각과 연구 방법이 슬금슬금 퍼져나가 뿌리를 내린 결과, 유감스럽게도 한국 고고학 연구의 시각은 상당한 제약을 받게 되었다.

편년과 지역성

신석기시대의 유물은 전반적으로 빈약하므로 토기는 이 시기의 가장 중요한 자료가 되어 왔다. 더구나 신석기시대 토기의 형태와 표면 장식은 시간과 공간에 따라 조금씩 다르며, 이것은 누구라도 쉽게 알 수 있는 특징이다. 따라서 토기 형태와 표면 장식을 기준으로 한 토기 형식과 편년 설정은 전통적으로 손쉬우면서도 가장 중요한 신석기시대 연구 주제가 되어왔다. 그 결과, 자료가 미미함에도 불구하고 신석기시대의 편년과 분기에 대해서는 다양한 의견이 제시되었다.

지금까지 발견된 가장 이른 시기의 신석기시대 유적은 한반도 본토가 아닌 제주도에서 발견된 고산리 유적이다[그림 3.5, 3.7]. 유적이 처음 만들어진 시점은 단정할 수 없지만, 적어도 토기는 1만 년 전 무렵 이미 만들어졌다. 이 유적이 처음 주목받게 된 것은 이른 시기 층에서 발견된 토기와 주

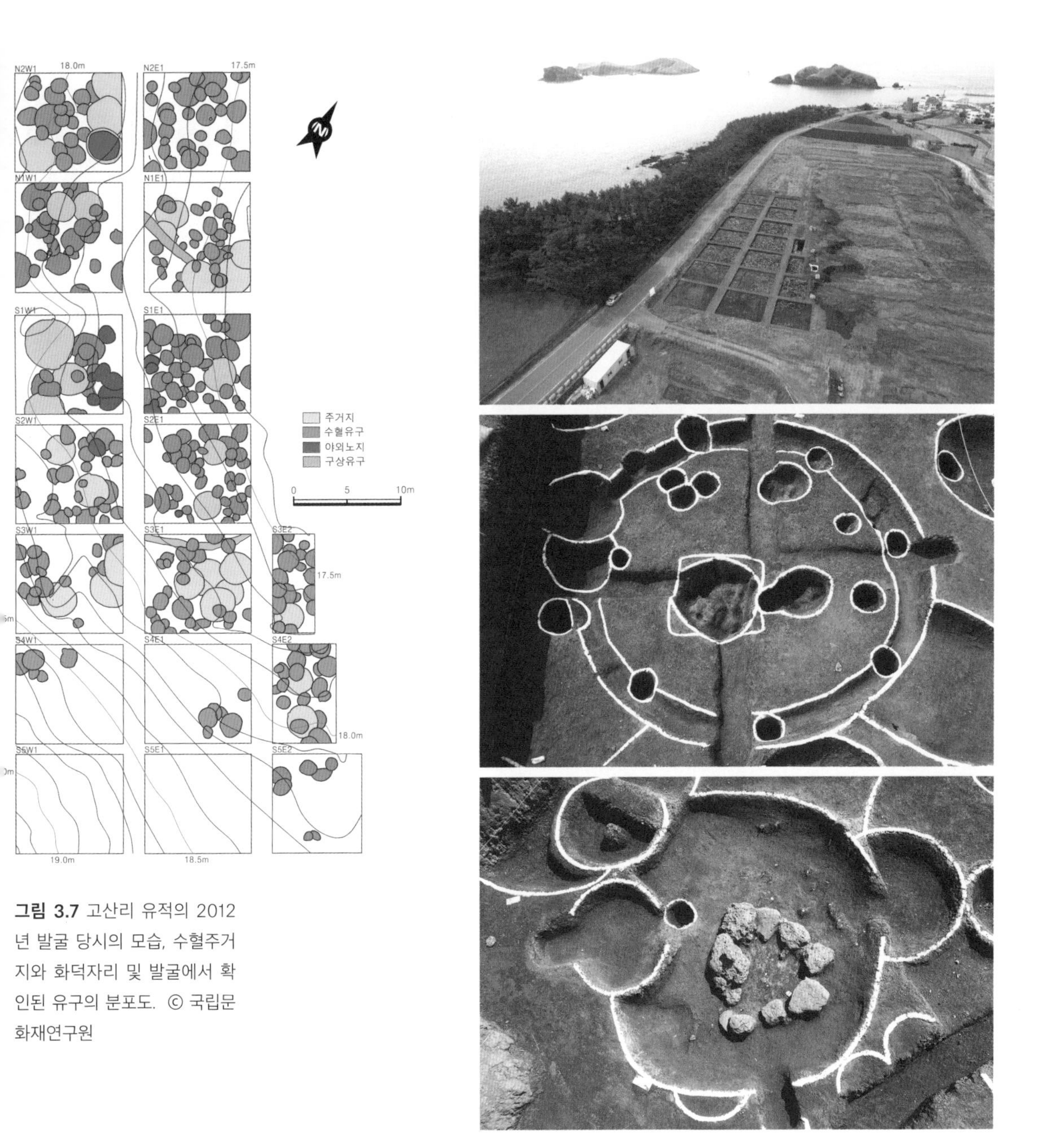

그림 3.7 고산리 유적의 2012년 발굴 당시의 모습, 수혈주거지와 화덕자리 및 발굴에서 확인된 유구의 분포도. © 국립문화재연구원

로 화살촉으로 구성된 석기가 러시아 극동지역의 몇몇 플라이스토세 종말기 유적에서 발견된 유물과 닮았기 때문이다[그림 3.8]. 앞 장에서 언급했듯, 여기서 발견된 화살촉과 유사한 석기는 육지의 플라이스토세 종말기 유적에서도 발견되기 시작하고 있다[그림 2.14 참조]. 그러므로 고산리 유

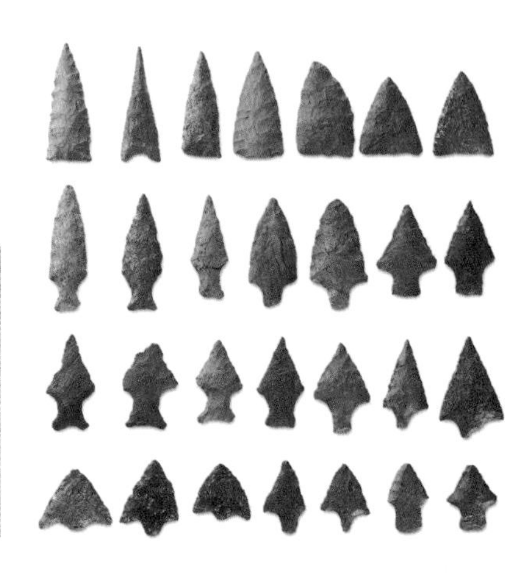

그림 3.8 고산리식 토기와 화살촉. 토기 표면에는 풀이나 기타 유기물 섬유에 눌린 자국이 남아 있다. 석기는 몇 가지 형식으로 분류할 수 있으나, 유적 점유 전 기간에 걸쳐 그 형태가 크게 변하지는 않았다고 보인다. 여기 보이는 것과 유사한 토기와 석기는 15,000년 전 무렵의 연대측정치와 함께 그로마투카 유적을 비롯한 러시아 극동지방에서도 보고되었다. © 국립제주박물관

적은 현재로서 홀로세 초의 빈칸을 채워줄 수 있는 유일한 자료인 셈이다.

고산리 유적은 제주도가 육지에서 떨어진 이후 상당히 긴 시간 동안 일종의 생활근거지로서 너른 범위에 걸쳐 만들어졌다. 현재 유적은 바닷가 해안절벽 위에 있지만, 해안선 변화를 생각할 때 신석기시대의 해안선은 지금보다 조금 멀리 떨어져 있었을 듯하다[그림 3.1]. 앞 장에서도 언급했지만, 플라이스토세 말 종식 이후의 대대적인 지리 변화를 생각할 때, 저 멀리 북쪽에서 발견된 석기 및 토기와 유사한 유물이 제주도에서 발견된다는 사실은 해수면 상승으로 제주도가 섬이 되기 전에 동북아시아 너른 지역에 걸쳐 유사한 적응양식이 공유되고 있었음을 시사한다고 생각할 수 있다. 또 이 유적은 플라이스토세 말의 세석기가 수습된 서귀포 천제연폭포 근처의 상수궤 유적을 비롯한 몇몇 구석기 유적과 더불어 제주도에도 플라이스토세부터 사람이 계속 살았음을 말해준다[그림 2.7 참조].

신석기시대 문화층은 대략 14,000에서 13,000년 전 사이에 쌓인 화산쇄설물 위에 만들어졌고, 그 위로도 퇴적층은 1,500년 전 무렵까지 계속 쌓인 듯하다. 신석기시대 문화층은 유물이 없는 간층을 사이에 두고 크게 두 단위로 나뉜다고 한다. 그렇지만 불량한 퇴적 상태로 시기가 다른 유물이 섞여 있는 곳이 많아, 유적 전체에 걸쳐 명확한 층서 관계를 파악하기는 쉽지 않은 듯하다.

이른 시기의 층에서 발견된 토기는 고산리식 토기와 융기문토기 두 종류이다. 그러나 토기 편에서 직접 얻은 연대측정치는 이 둘이 같은 시기의 유물이 아닐 것임을 보여주며, 고산리식 토기의 연대가 더 이르다. 그런데 고산리식 토기는 이렇게 하나의 형식으로 설정되어 왔지만, 완전한 형태로 발견된 고산리식 토기는 단 1점에 불과하며 나머지 자료는 모두 원형을 알기 쉽지 않은 조각들이다. 이에 따라 고산리식 토기의 실체에 대해서는 아직 많은 점이 해명되지 않았으며, 언제 처음 만들어졌고 언제 사라진 것인지도 분명하지 않다.

토기 편에 붙어 있는 잔류유기물에서는 중앙값이 약 15,000년 전인 방사성탄소연대가 얻어졌는데, 이것이 고산리식 토기와 관련해 얻어진 가장 빠른 연대이다. 그러나 이 연대를 액면 그대로 받아들이기는 조심스럽다. 토기 편 자체에서 측정된 그 외의 연대들은 중앙값이 10,100에서 8,700년 전 사이에 놓여 있으며, 그 평균치는 95.4% 확률에서 약 9,500년 전으로 보고되었다. 이 연대는 발굴에서 드러난 움집과 저장구덩이 유구에서 얻은 연대측정치들의 중앙값 평균치인 9,600년 전 무렵과 비슷하다. 그렇지만

그림 3.9 융기문토기의 사례(사진의 축척은 모두 다름). A: 제주 고산리; B/C: 양양 오산리; D: 울산 신암리; E: 부산 동삼동. 사진에서 보듯, 토기의 크기나 형태 및 장식의 디자인이나 방식이 같지 않아도 단지 단지 표면에 가는 점토 띠를 덧붙였다면 모두 융기문토기로 불리고 있다. © 국립제주박물관(A); 서울대학교 박물관(B, C); 울산박물관(D)

이런 움집이나 저장구덩이에서 고산리식 토기가 발견되었는지 또 고산리식 토기와 동시대의 유구인지는 분명하지 않다. 출토유물의 맥락을 볼 때, 이것들은 오히려 고산리식 토기보다 융기문토기와 관계될 가능성이 커 보인다.

고산리식 토기가 발견되기 이전까지 주로 동해안과 남해안 동부에서 발견된 융기문토기는 약 8,000년 전 한국에서 가장 일찍 등장한 토기로 여겨졌다[그림 3.9]. 융기문은 토기 표면에 가는 점토 띠를 붙여 만든 장식을 가리키는 용어이다. 고산리의 융기문토기에서 얻은 연대측정치는 중앙값이 8,650에서 8,000년 전 사이로서, 그 평균치는 95.4%의 확률에서 8,300년 전 무렵이다. 이러한 연대를 따르자면, 고산리에서 융기문토기는 고산리식 토기보다는 적어도 1,000년 정도 뒤에 나타났으나, 본토에서보다는 일찍 등장한 것처럼 보인다. 여기서는 융기문토기 이외에도 그보다 늦은 시기의 즐문토기와 유사하게 표면을 장식한 토기도 발견되고 있어, 신석기시대 동안 제주도가 문화적으로 고립되지 않았음을 시사해준다.

고산리 유적의 상부 문화층에서는 중앙값이 6,400년 전 전후인 연대측정치가 여럿 얻어졌다. 발굴갱 벽면에서는 유적이 처음 점유되었을 당시에 만들어진 저장구덩이 단면이 노출되었다. 이 구덩이는 상부 문화층이 쌓일 무렵이면 완전히 메워진 듯하며, 하부와 상부 문화층 사이의 층서적 단절 관계를 말해준다. 이 상부층에서는 표면에 어떤 장식도 하지 않은 새로운 토기가 발견되었는데, 이와 비슷한 것이 부산 동삼동 유적을 비롯한 남해

그림 3.10 부산 동삼동 패총에서 수습된 무문토기 각종. 사진에 보이는 토기들은 비슷한 모습이지만 크기에는 매우 큰 차이가 있다. 작은 토기는 점토를 손으로 빚어 만들었으나, 큰 토기는 점토 띠를 쌓아 올리며 내외를 다듬어가며 만들어 내부에는 그러한 다듬은 흔적이 남아 있다. 아가리 부분은 점토 띠를 접어 매끈하게 다듬기도 하지만 특별히 마무리 작업을 하지 않은 채 굽기도 했으며, 표면에는 모종의 풀과 같은 유기질 섬유로 짠 천으로 누른 듯한 자국이 남아 있기도 하다. 이러한 차이가 시간적 의미가 있다는 가정하에 토기 편년이 이루어지기도 하지만, 제작 과정에서 얼마든지 발생할 수 있는 이러한 사소한 차이가 과연 특별한 시간적 의미가 있으며 형식 분류의 기준이 될 수 있는지는 의심스럽다. © 국립중앙박물관

안 유적에서도 발견되고 있다[그림 3.10]. 이런 토기들은 무문양토기 혹은 무문토기로 불리며, 신석기시대 편년에서 이른 시기의 중요한 토기 형식의 하나로 다루어지고 있다. 그렇지만, 이 이름으로 불리는 토기들은 높이가 한 뼘 내외인 것부터 50cm가 넘는 것까지 그 크기가 다양하며, 작은 것은 손으로 빚어 만들었으나 큰 것은 점토 띠를 쌓아 올려 만들었으며, 표면 처리 역시 일률적이지 않다. 이러한 형태와 제작기법의 다양성은 무문양토기를 편년상 의미 있는 하나의 토기 형식으로 설정하는 것이 타당한지 의심스럽게 만들고 있다. 이런 토기들은 언제 어디서든 실용적 필요에 따라 쉽게 만들어 쓰던 것이었을 수 있으므로, 하나의 형식으로서의 의미가 있는지 한 번 생각해볼 만하다.

이러한 몇몇을 비롯해 신석기시대의 토기에 대해서는 많은 형식이 설정되었으며, 그러한 토기 형식들을 꿰어맞춘 여러 편년 안이 일찍부터 제시되었다. 그러나 아쉽게도 어떤 편년 안이 어떤 방식으로 시기를 나누었건, 그렇게 나누어진 시기와 시기 사이에 토기의 외형적 차이 이외에 또 어떤 문화적 차이가 있다는 것인지 잘 알기 어렵다. 아무튼 제시된 다양한 안들을 종합해 본다면, 신석기시대를 크게 조기, 전기, 중기, 후기의 네 단계로 구분할 수 있을 듯하다. 각 단계의 시간적 범위와 관련해서는 몇 백 년 정도의 오차를 인정할 때, 조기는 늦어도 9,500년 전 시작해 8,000년 전 무렵까지, 전기는 8,000년 전에서 6,000년 전, 중기는 6,000년 전에서 4,000년 전, 그리고 후기는 4,000년 전에서 3,500년 전 사이로 볼 수 있을 것이다. 물론 연구자에 따라서는 이러한 시기 설정과 구분에 동의하지 않을 수 있을 것이다.

이 네 단계를 그 대표적 토기로써 규정한다면, 조기는 고산리식 토기, 전기는 융기문토기 단계라고 부를 수 있다. 중기는 즐문토기가 등장하고 확산한 단계로서, 즐문토기와 더불어 형태와 표면 장식이 다양한 여러 토기가 등장했다. 중기에 다양한 토기가 만들어졌기 때문에, 지역 단위의 신석기시대 편년에서는 중기를 중심으로 다시 여러 안이 제시되었다. 마지막으로 후기는 전형적 즐문토기가 쇠퇴하는 단계로서, 잡다한 토기가 각지에서 보고되고 있다. 그런데 신석기시대의 시작을 말해주는 조기와 관련한 증거는 아직 고산리에서만 발견되었으므로, 본토에서는 구석기와 신석기 사이에 수천 년의 시간이 아직 채워지지 않은 셈이다. 마찬가지로 후기에 해당하는 증거도 많지 않아 신석기시대 종말기의 양상도 모호하지만, 아무튼 3,500년 전후가 되면 신석기시대 즐문토기의 흔적은 희미해지고 무문토기가 등장하며 새로운 시대가 시작되고 있음을 알리고 있다.

신석기시대가 수렵채집에 의존했던 사회였기 때문에, 이 시대의 문화변동이 주로 자연환경의 변화에 영향을 받았을 가능성은 예전부터 하나의 가설로서 논의되었다. 이와 관련해, 지난 수만 년 동안 여러 차례 있었던 그린란드 빙하의 발달로 인한 대규모 유빙 발생, 즉 북대서양 유빙 사건(North Atlantic Ice Drifting Event)은 동아시아 여름철 강수량의 급변을 뜻하는 몬순 사건(Monsoonal Event)과 대체로 같은 시점에 발생했음이 밝혀졌으며, 홀로세 동안 동아시아에서의 강수량 감소는 범세계적 차원에서 발생한 기후조건의 악화와 밀접하게 관련되어 일어났다고 한다. 이러한 일련의 기후변화 사건과 대비할 때, 고산리 유적은 제6차 본드 사건(Bond Event 6)이라고 불리는 약 9,400년 전의 기후 변화 사건이 시작할 무렵 처음 점유되었다고 볼 수 있다. 이 사건은 선보리알(Pre-Boreal) 기에서 보리알(Boreal) 기로 이행하는 단계에 발생한 기후조건의 악화 현상을 가리킨다. 그렇다면 비록 확실한 자료는 없을지라도, 고산리 유적이 처음 점유되었을 당시의 기온은 오늘날보다 낮아서 기후를 비롯한 여러 환경조건이 현재의 한반도 중부지방과 비슷했다고 추측할 수 있다[그림 3.2 참조].

또한 신석기시대 각 단계와 단계의 경계도 홀로세에 있던 몇몇 기후 변화 사건의 시점에서 크게 벗어나지 않은 듯하다. 조기와 전기의 경계와 관련해, 고산리 유적에서 융기문토기는 제5차 본드 사건이 발생한 약 8,200년 전에서 그리 멀지 않은 시점에 등장한 듯하며, 그렇다면 이 토기의 등장이 시사하는 문화변화도 기후조건과 관계될 가능성을 의심해볼 수 있겠다.

전기와 중기의 경계는 5,900년 전 발생한 제4차 본드 사건 혹은 6,300년 전 무렵 발생한 동아시아 몬순 위축 사건(Weak Asian Monsoon Event)과도 비슷하다. 전술하였듯, 단계 사이의 경계 설정에 몇 백 년의 오차가 있을 수 있음을 감안한다면, 전기에서 중기로의 이행도 중요한 기후 변화 사건 무렵 일어났을 가능성이 있다고 생각해볼 만하다.

후기의 시작도 제3차 본드 사건이 발생한 4,200년 전과 가까운 시점이다. 4,000년 전 무렵부터 고고학 자료는 갑자기 줄어들고 유물군 구성은 더욱 단순한 양상이 된다. 이러한 현상과 관련, 이 무렵 발생한 기후 변화는 인더스문명과 유럽 신석기문화에도 큰 영향을 끼쳤다고 알려져 있다. 또 중국 중원 신석기문화의 붕괴는 제3차 본드 사건이 가져온 기후 악화와 환경변화의 직접적 결과라는 해석이 제시된 바 있다. 이러한 사정을 감안하면, 비록 아직 확실한 인과관계는 밝혀진 바 없지만 기후 변화가 한국의 신석기시대 문화에도 영향을 끼쳤을 가능성을 무시할 수 없을 듯하다. 그러나 신석기시대 유적의 방사성탄소연대를 분석한 결과, 주요한 기후 변화 사건은 인구의 증감이나 생계경제양식의 변화 시점과 무관하며 문화변동의 유발 요인이 아니라는 견해도 제시되었다. 그러므로 문화변동의 발생과 기후 변화 사이의 인과관계를 주장하려면 자료의 축적과 세밀한 분석이 이루어져야 하겠다.

아무튼 신석기시대의 각 단계를 대표하는 토기로써 신석기시대의 시간표를 다시 요약하자면, 늦어도 9,500년 전 무렵 등장한 고산리식 토기에 이어, 8,000년 전 무렵에는 융기문토기가 등장했으며, 6,000년 전 무렵이 되면 즐문토기가 중서부 지방에서 나타났다고 할 수 있다. 즐문토기는 동북아시아에 널리 퍼졌던 각선문 토기의 하나로서, 한반도에서 만들어진 여러 종류의 각선문 토기를 대표하고 있다. 각선문 토기란 토기의 전체 모습과는 상관없이 표면을 새김무늬로써 장식한 신석기시대의 모든 토기를 가리킨다. 이후 4,000년 전 무렵이면 토기 표면의 장식은 사라지기 시작해 토기가 이전보다 단순화하고 실용적으로 만들어졌다는 인상을 주는데, 약 500

년 뒤에 등장하는 청동기시대의 무문토기가 이것으로부터 발생했다는 의견도 있으나, 아직 결론은 내려지지 않았다.

앞서 말한 바대로 한반도에서 고고학 연구가 시작된 때부터 선사시대의 토기는 '북방'으로부터의 문화전파로 나타났다는 전제가 하나의 믿음으로 자리 잡고 있었으며, 그러한 생각의 연장선상에서 한반도 내에서 발견되는 여러 토기 사이의 조상-후손 관계를 따져보려는 시도가 흔히 이루어졌다. 그렇지만, 그러한 관점에서 제기된 질문으로서, 신석기시대의 여러 토기가 언제 어디에서 등장해 어떻게 퍼졌는가 하는 물음에 대해 딱히 만족스러운 답은 없는 듯하다. 예를 들어, 남동해안에서 특히 잘 보이는 굵은 선으로 표면을 장식한 태선문토기는 즐문토기에서 파생했다고 여겨졌지만, 연대측정에서는 6,000년 전 무렵이나 그 이전의 연대가 얻어졌기 때문에, 오히려 즐문토기보다 일찍 등장했거나 혹은 비슷한 무렵에 독자적으로 등장했다고 생각할 수 있게 되었다.

태선문토기의 문제는 수많은 토기 형식이 혼란스럽게 설정되고 또 그에 따라 신석기시대의 편년으로서 잡다한 안이 제시되고 있는 상황의 한 사례일 뿐이다. 전반적으로 신석기시대 토기는 전체 형태와 표면 장식이 비교적 단순한데, 신석기시대 연구자 사이에서는 그 정도를 불문하고 모든 차이점 하나하나를 형식적 변이로 보는 관점이 사려 없이 유행해왔다. 그에 따라 토기 조각 하나만으로도 토기 형식과 아형식이 설정되기도 했으며, 그 결과 무의미한 토기 편년 안들이 무차별하게 나타나게 되었다. 그러한 관행이 이어지며, 결국 광범위한 동의를 얻을 수 있는 일관된 편년 체계는 등장하기 점점 더 어렵게 되었는데, 특히 다양한 토기가 발견되는 전기와 중기에서 그러한 상황이 두드러지게 보이고 있다. 예를 들어, 신석기시대 편년으로 제시된 안 중에서는 앞의 네 단계를 더 잘게 나누어, 조기 다음에 초기(8,000~6,500년 전), 전기(6,500~5,500년 전), 중기(5,500~5,000년 전), 후기(5,000~4,300년 전) 및 말기(4,300~3,500년 전)로 나누는 6단계 안도 널리 알려진 안이지만 누구나 이를 따르지는 않으며, 이외에도 다양한 안들이 제시되었다.

그러나 그 어느 안도 제시된 바를 충분히 뒷받침할 만큼 자료의 질과 양에 문제가 없다고 말하기 어렵다. 오히려 신석기시대의 편년은 그 목적을 망각한 채 기계적으로 이루어지고 있다는 인상을 받게 된다. 왜냐하면 토기의 형태나 표면 장식무늬의 변화를 제외한다면 각 단계의 경계를 전후해 고고학 자료에서 별다른 변화는 보이지 않고 있는 듯하기 때문이다. 즉, 현재의 신석기시대 편년 연구에서는 주거 양식이나 생계경제를 비롯해 문화상에서 모종의 주목할 만한 변화가 나타났기 때문에 시기를 구분하고 있는 것이 아니다. 그와는 반대로, 단지 토기에서 보이는 약간의 변화를 기준으로 우선 시기부터 나누고, 그렇게 나눈 시기에서 사회문화적 의미를 찾으려 하고 있다. 그렇지만 전술한 바대로 과연 그렇게 나누어진 시기와 시기 사이에 어떠한 유의미한 차이가 있는지 잘 설명하지 못하고 있는 것이 연구 현황이라고 비판할 수 있을 것이다.

전국적 차원의 편년이 이런 상태라면, 지역적 차원에서의 편년은 더 혼란스럽게 느껴진다. 예를 들어, 한강 유역과 서해안을 중심으로 한 중서부 지역에 대한 편년에서, 6,000에서 4,000년 전 사이의 시기는 토기 형식과 연대측정치를 근거로 작게는 두세 단계부터 많게는 7~8단계로까지 나누어지고 있다. 또 동남부 지역의 경우에는 8,000에서 6,000년 전 사이의 시기는 토기 표면에 도구를 눌러 만든 무늬로 장식하는 압인기법의 채택 시점을 어떻게 보는가에 따라 최대 4단계까지 나누어지며, 각 단계의 경계에 대해서도 여러 의견이 있다. 이렇게 편년을 자세히 하고자 하면 할수록 체계적이며 일관된 편년이 제시되기는커녕 오히려 그로부터 점점 더 멀어져 가고 있다는 사실은 아이러니가 아닐 수 없다.

신석기시대 토기 장식에 사용된 무늬의 형태와 기법 및 토기의 전체 형태가 단순하다는 점을 생각한다면, 어쩌면 다양한 형태와 무늬가 각지에서 무작위적이며 독자적으로 등장했고 따라서 형식 사이에는 시간적 선후관계나 문화적 친연관계가 없을 가능성은 얼마든지 있을 것이다. 즉, 그동안 제시된 여러 토기 형식은 연구자들의 기대와는 달리 큰 문화적, 시간적 의미가 없는 것일 수 있다. 신석기시대에 토기 표면을 간단한 기하학적 무늬로써 장식한다는 아이디어가 널리 퍼졌더라도, 당시 인구 규모는 아직 매우 작았음을 상기할 필요가 있다. 양식 요소의 공유와 변화로써 파악되는 문화변화 현상이란 광의의 가치관을 공유할 수 있는 일정 규모의 인구 집단의 존재를 전제로 한다. 그렇지만, 신석기시대의 인구가 구석기시대보다 늘어났다고 해도, 토기를 비롯한 여러 유물의 양식이 널리 공유되며 시간의 흐름에 따라 체계적으로 변화하는 여건을 만든 수준에 다다랐을지는 의문이다. 신석기시대의 인구 규모가 제한적이었다는 사실은 주거유적의 규모와 내용이 말해주고 있다.

주거와 생활양식

우리나라에서는 고인돌을 제외하면 선사시대의 지상 구조물을 찾아보기 어려우며, 주거유적은 땅속에 묻혀 있어 유적이 있는지도 잘 알기 어렵다. 그렇지만 일단 발견하기만 한다면, 주거유적은 움집의 배치를 비롯한 유적의 전체적 짜임새 그 자체만으로도 유적이 속한 사회와 문화에 대한 정보를 얻을 수 있다. 그런 점에서 우리가 신석기시대 주거유적에서 얻을 수 있는 정보는 한마디로 말해 신석기시대 사회가 아주 단순했음을 말해준다.

주거유적에서 드러난 주거지의 규모, 배치와 숫자를 살펴보면, 유적의 모습은 한곳에 정착해 농사를 지으며 살던 집단이 남긴 마을이라고 부르기 어렵다. 신석기시대의 주거유적 혹은 취락유적이라고 불리는 유적은 마을이라기보다는 소규모 집단의 일시적 거처라고 불러야 할 수준이다. 대다수의 유적은 채 10개에도 미치지 못하는 작고 단순한 움집 혹은 반움집으로 이루어져 있으며, 심지어 단 하나 혹은 두세 개의 움집만이 외떨어져 발견되기도 한다. 이런 유적을 포함, 2023년 현재 발간자료에서 확인할 수 있는

그림 3.11 현재까지 남한에서 발견된 신석기시대 유적 중, 가장 많은 수의 움집이 확인된 인천 운서동(영종도) 유적과 파주 대능리 유적. © 국립문화재연구원

주거유적의 총수는 북한에서 보고된 50개소 정도를 합해도 160개소 남짓할 뿐이다. 주거유적만 이렇게 적은 것이 아니라, 패총, 무덤, 야외노지 및 소위 야영지 유적을 비롯해 그간 알려진 신석기시대의 모든 유적을 다 합쳐 보아도 그 숫자는 300개를 조금 넘는 정도에 불과하다. 10개 이상의 움집이 확인된 주거유적의 총수는 채 20에도 미치지 못하며, 규모가 가장 큰 몇몇 유적에서는 수십 개 이상의 움집도 발견되지만, 이것들이 모두 한 시기에 만들어져 함께 사용되지는 않았을 것이다[그림 3.11].

자료가 이러한 수준에 머무르고 있다는 사실은 농경에 기반한 사회의 그림과는 거리가 멀며, 유적의 밀도와 규모는 인구도 작았고 사회조직도 단순했음을 시사해준다. 유구의 상태, 유물군의 구성 및 퇴적의 맥락 등을 종합적으로 살펴볼 때, 주거유적은 일 년 내내 사람이 살던 장소라기보다 단기간 생활근거지로 사용되던 일시적 거주지로서의 성격이 더 크다. 당시 사람들은 농경이나 가축 사육과 같은 생산활동을 통해서가 아니라 자연에서 얻을 수 있는 자원에 의존해 생계를 해결했을 것이라고 보인다.

주거유적이 그러하듯, 주거유적에서 발견되는 움집도 크기가 작으며 단순한 구조이다[그림 3.12]. 이른 시기의 움집은 대체로 땅을 얕게 판 원형 구조로서, 지름이 5m가 넘는 것은 보기 어렵다. 시간이 흐르며 네모꼴 평면 형태의 움집이 늘어나는데, 크기가 약간 커지긴 해도 크게 바뀌지 않았다. 절대다수의 움집은 바닥 면적이 10~20m^2 사이로서, 25m^{2}를 넘는 것은 드물어, 그 크기를 볼 때 4~5명으로 구성된 하나의 핵가족보다 더 많은 인원이 사용하기는 어려웠을 것이다. 심지어 한 변의 길이가 2~3m 미만, 면적 8~9m^2 이하인 작은 것들도 있는데, 그런 움집에서는 화덕자리도 없어 과연 주거용 구조인지 의심스럽다. 이런 것은 주거용이 아닌 다른 용도에 쓰였을 가능성이 있지만, 그 기능이나 목적이 특정된 적은 없다.

화덕자리는 대체로 움집 가운데 만들었으며, 얕게 땅을 파기만 하고 그대로 사용하거나 가장자리에 돌을 몇 개 돌린 정도의 간단한 시설이다. 화덕자리를 중심으로 몇 개의 작은 구멍이 발견되기도 하는데, 이것은 지붕

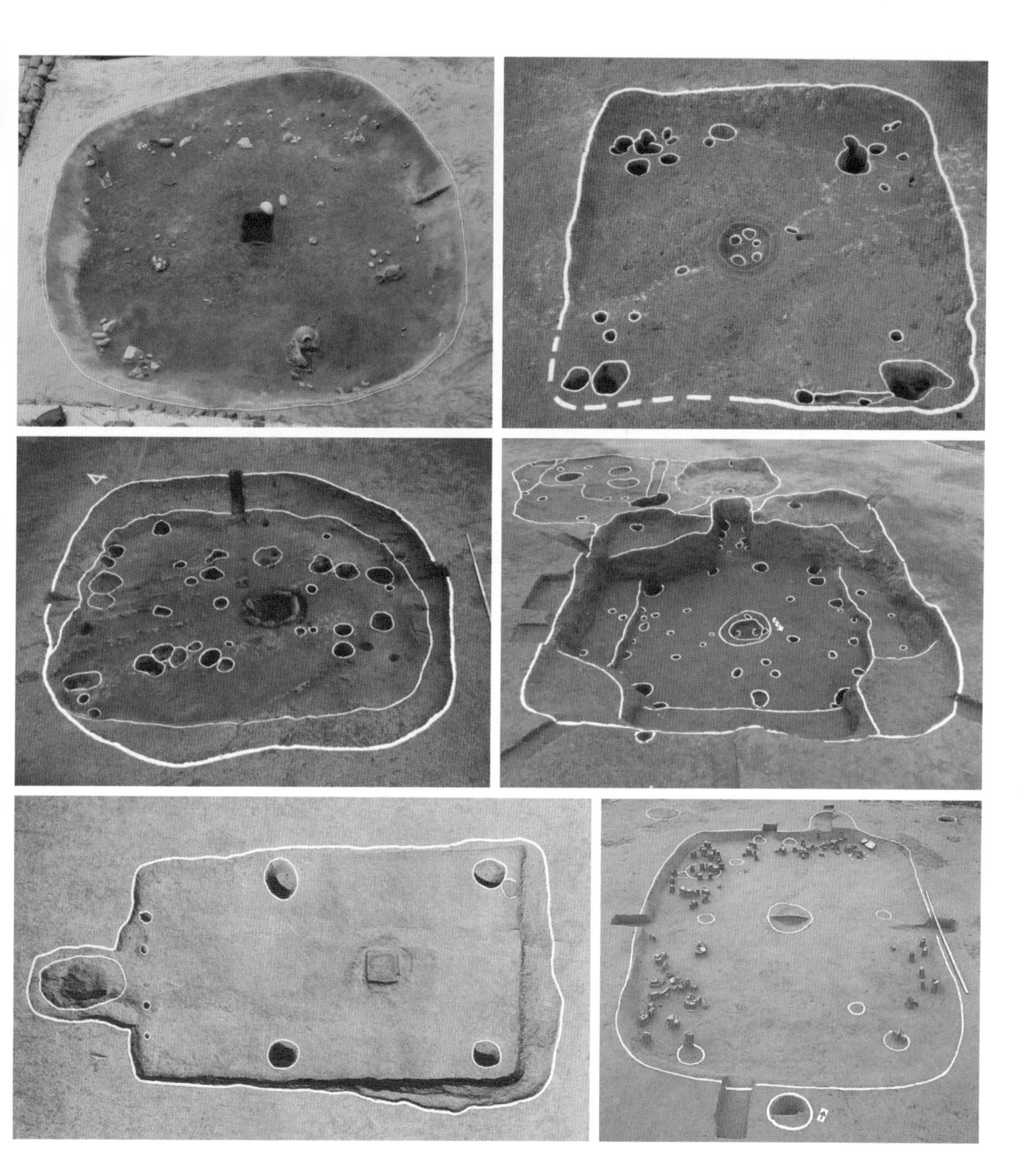

그림 3.12 신석기시대 주거지의 사례. 위에서 아래로 가며 왼쪽에서 오른쪽으로 각각 양양 오산리, 시흥 능곡동, 인천 중산동과 운서동, 대전 관평동 및 진주 상촌리. 원도: 한국고고학회 2010, 그림 30.

을 받치기 위해 기둥을 세웠던 흔적으로 보인다. 또한 움집 한구석이나 움집 바깥 가까운 곳에서는 저장구덩이라고 보이는 흔적도 발견되며, 저장구덩이에는 토기를 박아 놓기도 했다. 탄화된 상태로 발견되는 지붕이나 벽체도 장기간 거주가 가능한 견고한 구조는 아니었다. 집 내부나 외부를 돌아가며 촘촘히 기둥을 세운 사례는 거의 없는데, 아마도 절대다수의 움집은 그 상부구조를 중앙부나 가장자리에 설치한 몇 개의 기둥이 받치게끔 한 구조였을 것이다. 기둥구멍의 깊이나 너비를 볼 때 기둥으로 사용한 나무의 지름은 대체로 10~15cm를 넘지 않았다. 또한 움집 가장자리를 따라 기둥구멍을 파지 않은 채 나무를 서까래 겸 기둥으로 돌아가며 비스듬히 세운 다음, 그 사이사이를 가는 나뭇가지나 질긴 풀로 채워 벽체와 지붕을 겸할 수 있도록 하기도 했으나, 그렇게 만든 벽체 겸 지붕을 강화하기 위해 진흙을 발랐다거나 기타 보강시설을 한 흔적은 보이지 않는다. 1960년대까지 서울 변두리에서도 흔히 볼 수 있던 흙벽에 짚으로 이엉을 이어 얹은 초가집도 몇 년을 그대로 살기 어려워 부수고 새로 짓기 일쑤였는데, 이렇게 엉성한 지붕과 벽체를 기둥 몇 개로 지탱하는 단순한 구조물에서 여러 해 동안 계속해 살기는 어려웠을 것이다.

현재까지 가장 많은 수의 주거지가 알려진 곳은 인천공항 건설과 관계된 구제발굴이 이루어진 영종도 운서동 유적으로서, 모두 68개의 주거지가 서로 약간 떨어져 2개의 군집을 이루며 드러났다[그림 3.5, 3.11]. 개개 유구의 정확한 사용 시점을 알 수 있는 정보가 없으므로 이러한 주거지 분포의 의미는 여러모로 달리 해석할 수 있을 것이다. 그런데 만약 모든 주거지가 동시에 만들어져 사용되었다면, 주거지의 분포에서는 어느 정도 조직적인 공간 배치를 예상할 수 있지만, 주거지는 아무렇게나 들어선 듯한 양상이다. 그러한 분포로부터, 모든 주거지가 동시에 점유되지 않았으며 아마도 상당한 기간에 걸쳐 몇 개씩 만들어졌을 가능성이 크지 않을까 여겨진다. 다시 말해, 이 운서동 유적은 주거지의 전체 숫자가 시사하는 집단의 규모보다 훨씬 작은 규모의 집단이 남긴 것으로서, 아마도 그 수가 많아야 수십 명을 넘지 못했을 수렵채집 집단이 이곳을 반복적으로 찾아온 결과 만들어졌을 가능성이 크다고 보인다.

그런데 운서동 유적의 주거지 분포와 대비할 만한 양상은 파주 대능리 유적에서 발견되었다. 대능리 유적에서는 주거지가 모종의 계획에 따라 완벽하지는 않으나 조직적으로 배치된 듯한 모습이다. 여기서 드러난 38개의 주거지는 나지막한 구릉 남사면에 등고선을 따라 몇 개의 줄을 지어 나란히 배치된 듯한 양상으로서, 전부는 아닐지라도 상당히 많은 것이 같은 시점에 만들어졌거나 점유되었을 가능성이 있다고 보인다[그림 3.11].

두 유적은 토기를 기준으로 암사동 유적과 비슷한 신석기시대 중기의 이른 시기에 속한다고 여겨지지만, 점유 시기나 기간 혹은 개별 주거지의 건설과 폐기 시점을 확실히 알기는 어렵다. 그런데 대능리 유적의 모든 주거지가 동시에 점유되었다고 해도 이곳에 살던 사람의 수는 아무리 많이 잡아도 2~3백 명 수준이었을 것이다. 물론 이것은 최대치로서, 어느 특정 시점에 살던 사람의 수는 이에 훨씬 미치지 못했을 것이다. 이 유적이 백 명 단위의 집단이 살던 유적일 수도 있지만, 운서동의 경우와 마찬가지로 소규모 수렵채집 집단이 계속 이곳을 찾아와 생활근거지로 이용한 결과 만들어진 유적이었을 가능성도 얼마든지 있다. 남한에서 발견된 가장 큰 두 주거유적의 사정이 이렇다면, 10개 내외나 그 미만의 주거지로 이루어진 대부분의 소위 마을 유적은 많아야 불과 수십 명을 넘기 어려운 사람들의 거처였을 것이다.

그림 3.13 인천공항에 맞닿은 용유도 동쪽 해안의 사주에서 발견된 신석기시대 야외노지. 이곳에서는 모두 82개의 신석기시대 야외노지가 발견되었다. © 서울대학교 박물관

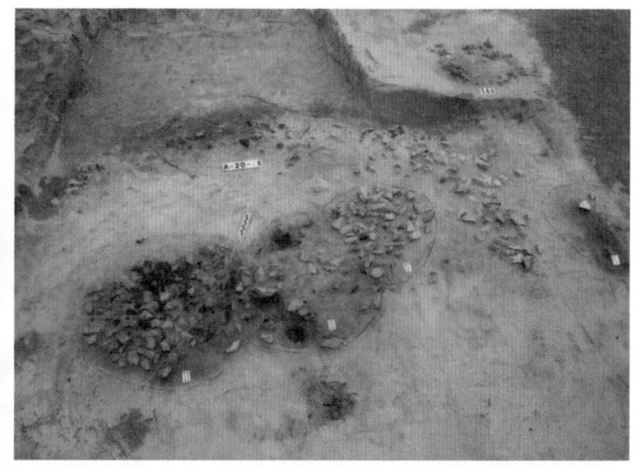

운서동 유적에서 대략 반경 20km 범위 이내의 섬이나 해안지대 구릉 사면에서는 20여 개의 움집이 발견된 비교적 큰 주거유적도 몇 군데에서 알려졌고, 이보다 작은 규모의 주거유적과 패총 및 야외노지 유적도 여러 군데에서 발견되었다[그림 3.13]. 즉, 이 경기도 서해안 일대는 우리나라에서 신석기시대 유적의 밀도가 가장 높은 지역의 하나이다[그림 3.5 참조]. 이렇게 해안에 유적이 밀집해 있다는 유적 분포 양상 그 자체는 신석기시대 사람들이 곡물 농사나 삼림자

원을 경영하기 위해 이곳에 오지는 않았을 것임을 말해준다.

중부 서해안 지대에 있는 유적 하나하나의 형성과 폐기 시점을 정확히 알 수는 없지만, 그중 다수는 토기 편년과 방사성탄소연대 측정에서 대체로 같은 시기라고 평가되고 있다. 만약 여기서 발견된 유적 중에서 상당수가 같은 시점에 점유되었다고 가정할 때, 비록 신석기시대의 개인과 집단의 이동 생활의 양상이 본격적으로 연구되지는 않았지만, 이곳에서 알려진 유적의 종류와 규모 및 위치와 분포는 민족지 조사를 통해 알게 된 여러 수렵채집사회의 모습을 생각하게끔 해준다. 즉, 이동성이 높은 수렵채집 생활을 하는 집단은 사회적 융합과 분열이 일상적으로 자유롭게 일어나고, 생계-주거체계는 규모와 조직에서 서로 차이가 나기 마련인 생활근거지와 자원확보 활동 거점들로 구성된다. 일상적 생계 활동은 흔히 가족이나 가까운 친족 단위로 이루어지지만 그러한 소집단들이 특정 시점에 모두 모여 지내기도 하는데, 따라서 생활근거지는 시점에 따라 위치도 달라지며 공간적 범위와 조직도 달라진다. 이러한 모델을 따른다면, 이 일대에서 보이는 소규모 주거유적은 가족이나 가까운 친족 단위로 흩어져 살며 생계를 영위하던 소집단의 근거지였으며, 규모가 큰 유적은 그런 집단들이 모였을 때 만들어진 유적일 가능성은 없을지 한번 의심해봄 직하다. 혹은 그런 큰 유적은 많은 인원이 함께 지내던 생활근거지였으며, 일상적인 생계 활동은 몇 사람씩 소규모 집단으로 흩어져 해결하였을 수도 있었을 것이다. 그러한 생계-주거체계에서, 패총이나 야외노지 유적은 실제로 자원을 획득, 조리, 섭취한 생계 활동이 있던 장소로서의 의미를 지니는 곳이라고 생각할 수 있겠다.

신석기시대의 주거유적에서 특정 집단이 얼마나 오래 거주했건, 또 운서동이나 대능리 유적 같은 큰 유적이 여러 소집단이 모이던 곳이었거나 아니면 큰 집단의 생활근거지로서 유지되던 곳이었건, 민족지 사례를 생각해볼 때 어느 유적에서도 사람들이 수백 년은커녕 잘해야 수 세대 정도 계속해서 살기도 쉽지 않았을 것이다. 이것은 무엇보다도 작물을 재배하지 않는 한 어쩔 수 없이 닥치기 마련인 생계자원의 고갈에 대처하기 위해서는 다른 장소로 이동해야만 하기 때문이다. 생존을 위한 이동은 자연히 인구와 사회조직에 일정한 제약을 주기 마련일뿐더러, 아마도 신석기시대 주거유적에서 발견되는 유물이 대체로 빈약한 것도 그런 사정과 관계될 수 있을 것이다.

신석기시대에 사람들이 마을을 이루며 정착해 농경 생활을 했다는 주장은 단지 약간의 곡물이 실물 혹은 흔적으로서 발견된다는 사실 이외에는 내세울 만한 증거가 없다. 그런데 유적에서 발견된 곡물이 야생종을 수확한 것이든 아니면 재배종을 경작한 것이든, 그런 자료만으로 신석기 사회에서 농경이 중요했다고 말하기는 어려우며, 그 외 농경의 중요성을 말해주는 증거도 찾기 어렵다. 동해안 고성 문암리 유적에서는 주거유적 옆에서 신석기시대의 밭이 발견되었고 따라서 농경이 본격적으로 이루어졌다는 주장도 있지만, 이곳의 밭 유구가 과연 신석기시대의 것일지는 여러모로 생각해볼 여지가 있다.

생계경제에서 농경의 상대적 중요성이 그리 높지 않았음은 경작에 적합한 비옥한 충적토가 발달한 내륙에 그다지 유적이 없다는 사실 그 자체가 말해주고 있다. 유적은 해안지대에 더 많이 분포하고 있는데, 중부 서해안에서 보는 바와 같은 유적의 밀집 현상은 동남해안 지역에서도 볼 수 있다. 특히 울산 일대에서는 대략 30km 정도 해안을 따라 신암리, 황성동, 세죽 유적을 비롯해 10여 개소의 신석기시대 전기 유적이 알려졌다[그림 3.5]. 유적들은 주로 야외노지를 중심으로 토기나 석기 등의 유물과 함께 생계활동의 흔적이 모여 있는 유구의 집합체 같은 모습이다. 개개 유구는 아마도 하나의 독립적인 활동을 말해준다고 볼 수 있겠으며, 모종의 행위가 이곳에서 반복적으로 일어났음을 말해준다. 주거지라고 생각할 만한 거주용 구조는 없거나 있더라도 아주 간단하게 만들어진 것뿐이어서, 유적은 수렵채집 집단이 생계자원 확보를 위해 해당 지점에서 반복적으로 짧은 기간 머물고 간 결과 만들어졌을 것임을 유추하게 해준다[그림 3.14]. 특히 유적에

그림 3.14 울산 신암리 일대에서는 해양자원을 이용하던 신석기시대 사람들이 남긴 자취가 여러 지점에서 확인된다. 사진은 2014년 발굴된 한 지점의 모습으로서, 움집이나 저장구덩이 같은 시설 대신, 일상적인 생계 활동의 중심이었던 화덕자리가 좁은 구역 내에 밀집한 양상을 보여주고 있어, 아마도 사람들이 이 특정 지점을 잠시 이용하기 위해 빈번히 찾아왔을 것임을 말해준다. 사진에 보이는 두 돌칼의 길이는 각각 약 44cm와 7cm로서, 다른 여러 정황증거와 더불어 큰 칼은 아마도 고래와 같은 큰 해양 동물의 처리에 사용했을 가능성이 있다(그림 3.23 참조). 여기에서는 또 꽤 큰 토기들이 화덕 주변에서 발견되었는데, 토기의 용도를 명확히 말할 수 있는 과학적 분석자료는 없지만, 여러 민족지 사례를 보면 고래의 지방층을 끓여 기름을 얻는 데 쓰였을 가능성을 생각해볼 만하다.

서 발견되는 고래를 비롯한 바다 포유동물과 물고기의 뼈를 비롯한 여러 증거는 해양자원 획득 활동의 중요성을 말해준다.

그런데 만약 해안지역에서 연중 풍부한 생계자원을 확보할 수 있다면, 수렵채집 생활을 할지라도 굳이 이동 생활을 할 필요없이 얼마든지 한곳에 정착해 살 수 있었을 것이다. 신석기시대의 시작을 말해주는 고산리 유적에서 비교적 제한된 범위에서 11개의 움집과 다수의 저장구덩이가 발견된 것은 그러한 가능성을 시사해준다고 보인다[그림 3.7]. 유구의 중복상태를 볼 때 이 유적은 꽤 오랫동안 점유되었을 것이다. 그런데 흥미롭게도 유적에서 석기를 제작한 흔적은 아직 확인되지 않았으며, 일부 석기는 제주도에서 구할 수 없는 원석으로 만든 것처럼 보이는데, 바닷가임에도 물고기잡이와 관계된 증거도 그리 발견되지 않았다. 이러한 점은 당시의 생계경제 활동이나 유적 이용방식과 관계된 여러 가능성을 생각하게끔 해준다. 예를 들자면, 유물군이 화살촉이라고 보이는 투사용 첨두기 위주로 구성되어 있다는 사실로부터 이곳은 해양자원뿐 아니라 육상동물과 조류 등의 동물자원을 이용하기에도 적합했던 곳이었다고 추정해볼 수도 있겠다.

그 실상이 무엇이건, 아무튼 고산리 유적은 장기간에 걸쳐 집중적으로 이용되었다. 이러한 장기간에 걸친 집중적인 유적 점유는 양양 오산리 같은 동해안 신석기시대 유적에서도 찾을 수 있다. 오산리에서는 상부층에서 즐문토기가 발견되고 있어, 이곳도 신석기시대 전기부터 중기의 늦은 시기까지 점유되었다고 보인다. 오산리도 그렇지만, 두만강에서 낙동강에 이르기까지 동해안을 따라서는 많은 신석기 유적이 석호 가장자리에 놓여 있다. 이것은 염수와 담수가 교차하는 석호에서는 다양한 생계자원을 얻을 수 있었기 때문일 텐데, 그런 곳에서는 신석기시대는 물론이려니와 역사시대에 이르기까지 시대를 달리하는 여러 종류의 유적을 종종 찾을 수 있다.

오산리에서 1980년대 초반에 실시한 제한적 규모의 발굴에서는 모두 11개의 원형 주거지와 7개의 야외노지가 드러났는데, 유적 전체를 발굴할 수 있다면 아마도 운서동이나 대능리보다 적지 않은 주거지가 드러날 것이다. 유적의 연대 판단과 관련해, 북한에서 발견된 유사한 토기가 8,000년 전으로 평가되기 때문에 오산리도 8,000년 전의 유적이라고 일컬어져 왔다. 그러나 방사성탄소연대는 대략 7,000년 전 이전부터 6,000년 전 사이에 놓여 있다. 유적이 층서의 역전이 흔히 발생하는 사구 내에 만들어져 연대측정 시료도 뒤섞였을 가능성이 있으므로 측정치는 조심스럽게 해석해야 하겠지만, 사실 8,000년 전이라는 평가의 근거는 취약하다. 2020년에는 사구 아래의 퇴적층이 플라이스토세의 마지막 2천 년 동안 만들어졌다는 지형학 연구가 보고된 바 있는데, 퇴적 단면의 층서는 그 위로 모래층이 시차 없이 계속 쌓였음을 보여준다. 그렇다면 이곳은 9,000에서 5,000년 전 사이의 홀로세 기후 온난기(Holocene Climatic Optimum) 중에서도 가장 따뜻했던 8,000년 전을 전후해 바람에 날려 쌓인 모래가 안정화되고 식생과 토양 발달이 이루어지기 시작한 다음에야 사람들이 살 수 있을 만한 조건이 갖추어졌을 가능성이 있다고 짐작할 수도 있다. 그렇다면 방사성탄소연대는 어느 정도 믿을 만하다고 생각해볼 수 있다.

오산리에서 발견된 주거지는 모두 지름 6m 정도의 원형으로서, 중앙에는 돌을 돌린 화덕자리가 있다[그림 3.12]. 토기는 동해안에 널리 퍼져 있는 평저의 융기문토기로서, 목 달린 항아리와 넓적한 주발 두 가지 형태가 대표적이다[그림 3.5의 27; 그림 3.15]. 석기로는 낚싯대와

그림 3.15 동해안 신석기시대 유적의 특징적 유물군 구성을 보여주는 고성 문암리 유적의 토기와 석기. 토기는 크기와 형태가 다양하며, 모두 납작한 바닥을 하고 있다. 동해안의 다른 여러 유적에서 보는 바와 마찬가지로, 석기 중에는 다수의 낚시 부품과 함께 흑요석 조각들이 포함되어 있다. © 국립문화재연구원

그림 3.16 여수 안도 패총에서 발견된 북규슈 지방의 조몬토기와 흑요석. 이러한 일본산 유물은 남해안 여러 곳에서 발견되며, 한국 신석기시대 유물도 북규슈 여러 곳에서 발견되고 있다. © 국립문화재연구원(흑요석)

화살촉을 비롯해 주로 어로와 수렵을 위한 도구로 구성되어 있다. 동해안의 여러 유적에서는 오산리와 거의 같은 형태의 주거지와 유물이 발견되는데, 이런 유적들의 전체 규모와 주거지의 면적 및 유적의 점유기간을 고려할 때, 어느 한 시점에 50명 이상이 한곳에 거주하지는 않았을 듯하며, 전기와 중기 신석기시대 내내 인구 규모에는 큰 변화가 없었을 것이다.

이러한 동해안 신석기시대 물질문화의 동질성은 친족 관계나 상호 혼인 등, 모종의 사회적 유대 관계가 없었다면 유지되기 어려웠을 것이다. 동해안 신석기 주민들 사이에 그러한 사회관계망이 유지되었음을 전제로 한다면, 백두산 흑요석이 구석기시대 유적에서는 겨우 수십이나 수백 그램 정도 발견되지만, 오산리에서는 현무암질 유문암 껍질에 둘러싸인 약 5kg 무게의 흑요석 원석이 덩어리째 발견된 사정을 이해할 만하다. 구석기 유적에서 발견되는 소량의 흑요석은 구석기시대 사람들의 광역적 이동 과정에서 교환을 통해 획득할 수 있겠지만, 오산리에서 발견된 덩어리 같은 것은 최종 목적지와 산지 사이에 존재하는 여러 집단 사이에 모종의 협력 관계가 없었다면 옮겨지기 어려웠을 것이다.

신석기시대 들어 백두산과 규슈 흑요석은 구석기시대보다 제한적인 범위에서 발견되고 있다. 즉, 백두산 흑요석은 동해안을 따라 부산 지역까지, 또 규슈 흑요석은 남해안을 따라 발견되고 있으며, 동남부 해안지대 유적에서는 양자가 같이 발견되고 있다. 남해안 유적에서도 발견되는 규슈 흑요석은 구석기시대에 비해 상대적으로 많은 양으로서, 흑요석의 운반과 이동행위가 구석기시대보다 조직적으로 이루어졌음을 말해준다. 남해안과 규슈 북부지역 사이의 이동과 교류는 양 지역에서 상대방 측의 유물이 자주 발견된다는 사실이 말해주고 있다[그림 3.16].

농경과 농경 마을

신석기시대 조기와 전기의 수렵채집 생활양식은 중기에도 계속 이어지지만, 즐문토기의 등장과 더불어 경작의 증거도 미미하나마 나타나기 시작한다. 경작의 증거로서는 탄화 곡물이나 비록 신뢰도가 낮은 증거이지만 토기에 찍힌 낟알의 흔적을 들 수 있으며, 주로 조와 기장이 경작되었다. 이런 자료는 남북한을 합해 모두 10여 개소에서 보고되었다. 낟알 자체를 시료로 한 연대측정치는 시흥 능곡동, 아산 안강골, 부산 동삼동, 진주 상촌리 어은 유적 등지에서 알려졌는데, 중심연대는 대략 4,700에서 4,000년 전 사이에 있다. 그런데 동삼동에서 수습된 융기문토기 편에는 조와 기장의 흔적이 찍혀 있으므로, 조와 기장은 이러한 연대측정치보다 앞선 시점에 알려졌다고 추정하기도 한다. 그러나 물론 이것은 흔적 증거의 신뢰도와 융기문토기의 편년을 어떻게 생각하느냐에 따라 받아들일 수도 그렇지 않을 수도 있는 생각이겠다.

아무튼 조와 기장은 흥륭와(싱룽워[興隆窪]) 유적을 비롯해 내몽고(네이멍구[內蒙古])에서 요하(랴오허[遼河]) 상류에 걸친 지역에서 세계에서 가장 일찍 작물로 경작되기 시작했다. 한반도와의 지리적 관계를 볼 때, 이러한 작물은 요동(랴오둥[遼東])을 거쳐 빠르면 기원전 4천년기의 시작 무렵 한반도에 알려졌을 것이다. 작물과 더불어 경작 도구도 함께 전해졌을 텐데, 실제로 한반도에서 발견되는 괭이나 갈돌 같은 석기 중에는 중국 쪽에서 발견되는 것과 닮은 것들이 있다. 그러나 그런 도구들이 반드시 작물 재배나 가공에만 사용되지는 않았을 것이다.

조와 기장 이외에도 몇 유적에서는 콩과 팥도 발견되었다. 특히, 비옥한 남강 충적대지에 있는 진주 평거동 유적에서는 4,300~4,200년 전 정도의 중심연대를 갖는 연대측정치가 낟알에서 얻어졌다. 이 측정치는 토기를 기준으로 평가된 유적의 연대인 4,500년 전 전후와 대략 일치하며, 신석기시대 중기 말에는 콩과의 여러 작물도 재배되었다고 보인다. 콩과 작물도 조나 기장과 함께 전파된 것일 수도 있지만, 이것들은 한반도를 비롯한 동북 아시아 일원에 야생종으로 존재해왔으므로 자생적으로 재배종이 되었을 가능성도 있으며, 그 사실 여부는 앞으로 밝혀야 할 과제이다.

농경과 관련해 일찍부터 언급된 유적은 서울 암사동 유적이다. 1925년에 처음 알려진 이 유적에서는 1960년대부터 1980년대까지 여러 대학과 국립박물관이 소규모 조사를 거듭해, 모두 30개 이상의 주거지를 발굴했고 탄화된 조 등이 발견되었다. 그러나 1960년대 이루어진 조사의 내용은 잘 알려지지 않았다. 토기를 기준으로 비슷한 시기라고 여겨지는 운서동이나 대능리 유적 등과 마찬가지로 암사동의 주거지도 원형에 가까운 둥근 네모꼴인데, 가장 큰 것은 길이 7.9m, 너비 6.6m에 이르지만, 대부분 길이와 너비가 모두 6m 미만이다. 주거지 주변에서는 야외노지, 저장구덩이 및 토기를 구웠다고 보이는 흔적 등이 발견되었다. 토기 이외의 유물로서는 돌로 만든 괭이, 쟁기, 칼, 갈판과 갈돌 등이 발견되었다[그림 3.17]. 이렇게 탄화

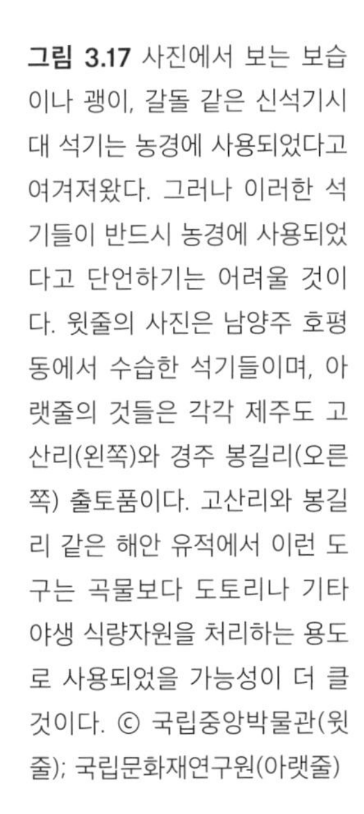

그림 3.17 사진에서 보는 보습이나 괭이, 갈돌 같은 신석기시대 석기는 농경에 사용되었다고 여겨져왔다. 그러나 이러한 석기들이 반드시 농경에 사용되었다고 단언하기는 어려울 것이다. 윗줄의 사진은 남양주 호평동에서 수습한 석기들이며, 아랫줄의 것들은 각각 제주도 고산리(왼쪽)와 경주 봉길리(오른쪽) 출토품이다. 고산리와 봉길리 같은 해안 유적에서 이런 도구는 곡물보다 도토리나 기타 야생 식량자원을 처리하는 용도로 사용되었을 가능성이 더 클 것이다. © 국립중앙박물관(윗줄); 국립문화재연구원(아랫줄)

된 곡물과 더불어 농경 도구라고 판단한 석기가 발견되었기 때문에, 암사동 유적은 북한의 황해도 봉산 지탑리나 평양 남경 유적 등과 더불어 신석기시대의 '농경 마을'로 다루어졌고, 그로부터 한국의 신석기시대는 농경사회였다는 생각을 각인시켰다.

그러나 이러한 인식에는 몇 가지 문제가 있다. 우선, 이러한 '농경 마을' 유적은 신석기시대가 시작되고 상당히 긴 시간이 흐른 뒤인 신석기시대 중기의 유적이라는 점이다. 신석기시대의 초기농경이 화전 농경이나 경작지를 순환 이용하는 이동 경작 혹은 삼림자원 관리와 겸해 이루어지는 병농임업 등 어떤 방식으로 이루어졌건, 기원전 4,000년보다 앞서 이루어졌음을 말해주는 증거는 찾기 어렵다. 따라서 한국에서 신석기시대가 시작되며 농경을 시작했다는 생각부터 우선 버려야 한다.

만약 농경이 중요한 생계 수단이었다면, 모두는 아닐지라도 대다수 유적은 상당히 긴 세월 동안 점유되었을 것이다. 그러나, 실제로 그런 주거유적은 찾을 수 없다. 1990년대 이후 정밀하게 발굴된 유적에서 수습된 증거는 농경이 생계에서 중요했음을 뒷받침해주지 못하고 있다. 이미 말한 바대로 개별 주거지는 영구적 혹은 반영구적으로 사용되었다고 할 정도로 여러 해 동안 거주하기 위한 시설이라고 보기에는 많은 점이 미비하다. 물론, 평양 남경 유적은 각종 곡물과 대형 저장용 토기도 발견되는 등, 농경과 관련되어 중요한 자료가 많이 수습된 큰 유적이라고 하므로 북한 지역의 사정은 단언할 수 없다. 그러나 아무튼 남한에서 곡물이 발견된 유적들은 주거지의 수에서 운서동이나 대능리보다 작으며, 아마도 암사동 유적이라고 더 많지는 않을 것이다. 즉, 경작이 이루어졌다고 해도 경작의 규모와 강도는 생활근거지의 주기적 이동이 필요한 수렵채집 생활을 포기하고 정착 생활로 유인할 수 있을 만큼의 수준이 되지는 못했을 것이다.

암사동 이외에도 경작이 이루어졌다고 보이는 주거유적은 여럿이지만, 모두 예외 없이 작은 수의 주거지로 구성되어 있다. 그러한 사례의 하나로서 보존상태가 좋으며 유적 점유 당시의 전모가 드러난 사례로는 김천 송죽리 유적을 들 수 있다. 여기서는 다른 유적에서도 흔히 보이는 소규모의 주거지 10개와 함께 15개의 야외노지, 1개소의 석기 가공장과 초보적 형태의 토기 요지가 발견되었다. 유구의 배치와 분포를 볼 때, 이곳은 많으면 30~40명 정도의 사람이 살던 공동체였을 것이다. 비록 곡물은 채집되지 않았지만, 사람들은 비옥한 충적대지에서 작물을 경작하기도 했을 것이다. 그렇지만 이 유적 역시 주거지를 비롯한 유구의 전반적 양상을 볼 때 농경에 의존해 생활하던 마을은 아니었으며, 작물을 경작했다면 그것은 단지 생계의 보조적 수단이었다는 인상을 받게 된다. 그런데 주거유적의 다수는 송죽리보다도 더욱 규모가 작은데, 특히 언덕 위나 사면에 주거지가 달랑 하나만 있거나 2~3개가 있는 유적은 설령 곡물이 발견된다 해도 작물 경작에 의존해 살던 사람들의 마을이라고 생각하기 어렵다.

신석기시대 사회가 주거의 이동이 잦은 소수 인원으로 구성된 소집단으로 구성되어 있다는 인상을 더욱 갖게 해주는 유적으로는 야외노지나 야영지 같은 자원 채취와 같은 특정 활동이 이루어진 장소들이 있다. 야외노지는 〈그림 3.13〉에서 보듯 돌 조각이나 자갈 더미를 둥그렇고 얕은 구덩이에 쌓아놓은 시설로서, 대개 불 맞은 흔적을 보여준다. 어떤 경우에는 그 속에서 토기나 석기 조각이 발견되기도 하지만 대개 아무 유물도 찾을 수 없다. 이미 말한 바와도 같이, 야외노지는 주거유적에서도 발견되며 혹은 일종의 독립 유적으로 발견된다. 독립 유적에서 노지는 서너 개 이하일 수도 있지만, 100개 이상이 모여 있기도 하다. 많은 노지가 함께 모여 있는 사례는 특히 바닷가에서 잘 발견되는데, 아마도 특정 계절에 해양자원을 채취하기 위해 사람들이 이곳을 반복적으로 찾아왔음을 말해준다. 몇몇 야외노지를 구성하는 돌에서 채취한 잔해물과 지방산 흔적의 분석에서는 이런 유구가 실제 조리용 시설이었음이 드러났다. 아마도 해안가에서 발견된 노지는 어패류를, 내륙에서 발견되는 것은 육상동물이나 식물 자원의 조리에 사용되었을 것이다. 그런데 야외노지는 내륙 깊숙이 급경사를 이루는 산 사면처럼 전혀 예기치 못한 장소에서 주변에 아무런 다른 유구도 없는 상태로 하나 혹은 두세 개가 발견되기도 하는바, 먹을 것을 구하러 돌아다니던 신석기시대 사람들의 모습을 그려 보게끔 해준다.

그림 3.18 동해안을 잘 내려다볼 수 있는 고성 철통리의 한 야산 위에 열을 지어 배치된 신석기시대 움집. © 국립문화재연구원

동해안의 낮은 언덕 위에서 발견된 고성 철통리 유적은 소규모 수렵채집 집단이 이동 생활 중에 일시적 생활근거지로 잠시 머무르던 '마을'의 모습을 그릴 수 있게끔 해주는 좋은 예이다[그림 3.18]. 유적의 연대는 토기를 기준으로 대략 5,000년 전 무렵이거나 이보다 조금 늦은 시기라고 보인다. 이 유적이 흥미로운 것은 무엇보다도 해안 평야를 잘 조망할 수 있는 전략적 위치에 예닐곱 개의 자그마한 네모꼴 움집이 능선을 따라 일렬로 둥그렇게 배치되어 있다는 사실이다. 유적 일대는 농경을 생계로 삼는 사람들이 생활근거지로 택하지는 않았을 법한 경사지가 이어진 지역으로서, 유적 지점 그 자체는 그리 높지는 않으나 길게 펼쳐진 해안을 한눈에 조망할 수 있어, 수렵채집 생활에 여러 이점을 제공할 수 있었을 것이다. 여기서 발견된 움집 중 가장 큰 것은 바닥 면적이 25m² 정도지만, 작은 것은 8m² 정도에 불과하다. 이러한 규모의 차이는 많은 유적에서 볼 수 있는데, 큰 것과 작은 것 사이에는 사용 목적이나 기능에서 차이가 있으며 어떤 것은 주거용이 아닐 수도 있다고 추측된다. 한 움집에서는 작은 돌도끼 6점이, 또 다른 움집에서는 11점의 그물추와 용도를 알 수 없지만 아마도 그물추 제작용이라 여겨지는 잔자갈 16개가 발견되었지만, 그 외의

유물로는 몇 점의 토기 편밖에 발견되지 않았다. 이러한 유물 구성도 이곳이 장기적인 거처는 아니었을 것임을 말해준다.

한편, 일견 철통리와 대비되지만 동시에 유사한 성격의 주거유적들이 2천년대에 들어와 충청도 내륙지방에서 알려지기 시작했다. 즉, 이 지역에서는 1~2개의 주거지가 주변을 잘 볼 수 있는 구릉 정상부에 만들어진 사례가 20개소 가까운 지점에서 보고되었다. 이런 주거지의 크기는 길이 7~10m, 폭 5~7m 정도로서, 〈그림 3.12〉의 아랫줄 왼쪽에 보이는 사진과 같은 모습이다. 이렇게 크기도 상대적으로 크며 구조도 정형화된 주거지가 꽤 널리 이곳저곳에 흩어져 분포하는 현상은 핵가족보다 조금 더 큰 규모의 이동 생활 집단으로 구성된 수렵채집경제 사회의 생계-주거체계에서 충분히 기대할 수 있다.

이상의 내용을 다시 요약하자면, 초기농경의 증거라고 해석할 수 있는 자료가 내륙 유적에서 더러 발견되지만 그 내용은 상대적으로 초라하다. 유적이 말해주는 당시 사회의 이미지는 많은 사람이 모여 살며 각자 제 일로 바쁘던 농업공동체와는 거리가 멀다. 중근동 지역의 번성하던 신석기시대 마을이나 유럽의 거석문화와 굳이 비교할 필요도 없이, 이웃한 일본의 조몬 문화에 보이는 많은 사람을 수용할 수 있는 공공건물의 흔적이라던가 각종 시설이 복합적으로 발견되는 중국 신석기시대의 대형 주거유적의 단서는 찾을 수 없다. 주거유적에서는 단지 소수의 사람이 살아가기에 필요한 자그마한 움집을 비롯해 생활에 필요한 최소한의 시설과 유물만이 발견되고 있을 뿐으로서, 각종 유구의 전반적 상태와 유물의 내용은 장기간 거주에 적합한 조건을 갖춘 상태가 아니다. 유적에서는 나이나 계급 혹은 성에 따른 노동 분화를 가리키는 어떠한 증거도 찾을 수 없으며, 모종의 사회적, 종교적 행위를 비롯한 조직적 활동이 있었다는 증거는 찾기 어렵다. 다만, 조직적 활동이 있었다면, 그것은 뒤에서 살펴보겠지만 고래와 같은 해양 동물의 포획을 위해 일시적인 생계경제 활동에서의 협동 수준에 그쳤을 것으로 여겨진다.

인구와 매장유적

이렇듯, 비록 작물 경작이 신석기시대 중기에 퍼졌다고 해도 생계경제 양식은 그리 달라지지 않은 듯하다. 또한 설령 주거유적의 규모와 개별 주거지의 형태와 크기가 시대와 지역에 따라 약간 다르다고 해도, 사람들이 오래 한곳에 정착해 살았다고 볼 수 있는 근거는 신석기시대 내내 뚜렷하지 않다. 되풀이하자면, 주거 생활과 관련된 자료는 신석기시대 사회가 서로 멀리 떨어져 있는 작고 고립된 소수의 작은 '마을'들로 구성되어 있으며, 그러한 '마을'은 대부분 단지 몇 개의 움집과 생계에 필요한 최소한의 시설만이 갖추어진 곳으로서, 심지어 한 해 혹은 한 계절만 지나도 쓸모가 다했을 법한 일시적 생활근거지였을 것이다. 그러한 주거유적이 의미하는 공동체란 복잡한 사회적 행위를 수행할 수 있을 만한 수준의 인구 규모에 턱없이 모자라는 수의 성원으로 구성되었을 것이다. 사람들은 반정주 이동 생활을 하며 동식물과 어패류를 사냥하거나 채집에 의존했고, 만약 어떤 방식이었건 작물이 경작되었다면 거기서 얻을 수 있는 수확물은 단지 생계를 보충하는 역할에 그쳤을 것이다. 다시 말해, 신석기시대는 인류학의 문화진화론이 지칭하는 소위 밴드(band) 사회, 즉 수렵채집생활에 의존해 계절적 이동을 하는 생활양식에 따라 단순한 물질문화를 유지하며 인구 규모가 작고 공동체의 구성이 유동적인 사회조직의 특징을 보여준다.

신석기시대의 인구 규모를 주거지와 주거유적의 규모로부터 추정한다면, 전술한 바대로 주거지가 가장 많은 곳일지라도 아무리 넉넉히 잡아도 어느 한 시점에 이, 삼백 명 이상 거주하지 않았을 것이다. 즉, 운서동 유적에서 드러난 68기의 움집이 모두 5 내지 6인이 거주했던 곳이라고 가정하면 이곳에서는 아마도 삼, 사백 명이 살았다고 추정할 수 있지만, 그러나 유구의 분포와 배치를 볼 때 모든 움집이 동시기의 것은 아니며, 어느 특정 시점에 거주했던 인원은 아마 그 절반에도 훨씬 미치지 못했을 것이다.

운서동 유적을 포함해 그간 알려진 160개 남짓한 모든 주거유적을 발굴에서 드러난 주거지의 수를 기준으로 살펴보면, 대체로 세 등급으로 분류해볼 만하다. 그중 상등급은 모두 15기 이상의 주거지가 발견된 유적으로서, 미처 발굴이 이루어지지 못한 부분에 주거지가 더 있다고 추정할 수 있는 암사동 유적 같은 경우를 포함해도, 이에 해당하는 유적의 총수는 채 20에 미치지 못한다. 송죽리나 철통리 유적처럼 주거지가 6기 이상 15기 미만인 중간급 유적은 약 50개소 정도이며, 절반이 넘는 나머지 80여 유적에서는 5기 이하의 주거지가 발견되었다. 중간급 유적은 아마도 많아야 수십 명, 또 그보다 아래 등급을 이루는 소규모 유적은 10~20명 정도의 거처였을 것이다.

이러한 수치를 놓고 생각한다면, 신석기시대 인구는 막연하나마 매우 작은 규모였음을 짐작할 수 있을 것이다. 더구나, 신석기시대의 인구를 추정하며 잊지 말아야 할 점은 이런 주거유적들은 적어도 4천 년 이상의 긴 시간에 걸쳐, 다시 말해 200세대나 그 이상에 걸쳐 만들어졌다는 사실이다. 그렇다면 신석기시대의 어느 시점에서도 한반도 전체의 인구는 만 명 단위로 평가하기 어려운 수준이었을 것이다. 주거유적의 등급과 규모가 신석기시대 내내 위와 같이 구성되었다면, 고고학 유적의 생존율을 어떻게 잡느냐에 따라 계산 결과가 달라지긴 하지만, 간단한 곱셈과 나눗셈을 해보면 아무래도 신석기시대 어느 한 시점을 보더라도 인구가 수천 명 이상이었다고 보기는 어렵다.

인구가 작았던 만큼, 무덤이 많지 않은 것도 놀라운 일은 아니다. 신석기시대 주민의 무덤은 그리 많이 발견되지 않았으며, 부산 가덕도 장항 패총과 통영 연대도 패총에서 각각 48구 및 15구의 유해가 발견되기 전까지 남한 전역에서 알려진 신석기시대 무덤은 10개 남짓이다. 거의 모든 매장유적은 단순한 토광묘 아니면 옹관묘 형태로서, 탄산칼슘이 풍부해 뼈가 잘 보존되는 환경을 갖춘 패총에서 발견되었다. 이러한 인골 자료의 계측치를 볼 때, 신석기시대 사람들의 체구는 현대 한국인의 신체 크기 범위 내에 들어갔을 것이라고 보인다. 가덕도 장항 패총 인골의 계측치를 보면 남

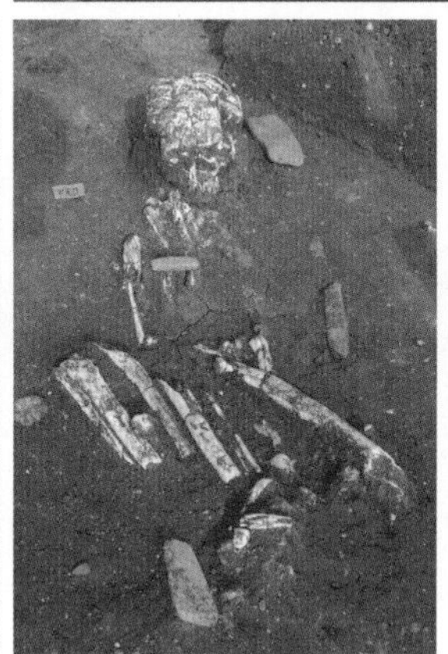

그림 3.19 부산 가덕도 장항 패총 전경과 그곳에서 확인된 신석기시대 무덤. 시신은 다양한 자세로 매장되었다. © 국립문화재연구원

성과 여성 키의 평균치는 각각 158cm 및 147cm이며, 연대도 남성 키의 평균치는 164cm이다[그림 3.19]. 한편, 여수 안도 패총에서 발견된 남녀 한 쌍은 키가 각각 165cm 및 160cm로 계측되었다. 안도 인골의 두 주인공과 연대도에서 수습된 한 여성의 유해에서는 보호구 없이 심해 잠수를 반복할 때 발생하는 잠수병의 일종인 외이도 골종이 확인되었다. 당시 이곳에 살던 사람들은 아마도 오늘날의 해녀처럼 잠수에 능했으리라 짐작할 수 있으며, 해양자원 채취가 중요했음을 시사해주는 듯하다.

세계 각지의 선사시대 매장유적에서는 장신구나 호신용 물품이 발견되는 사례가 많다. 우리나라 신석기시대 매장유적에서도 그리 복잡하지 않은

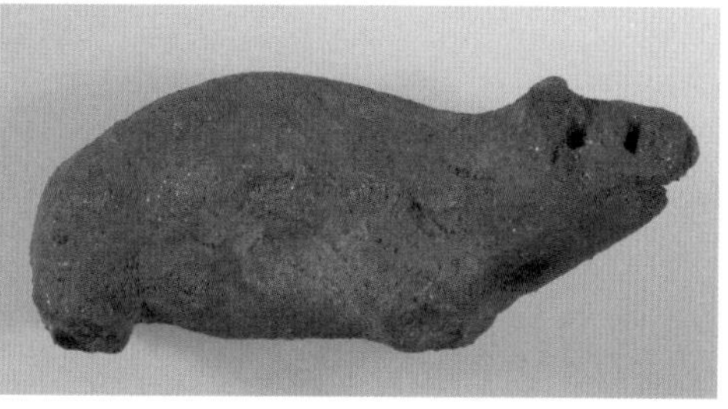
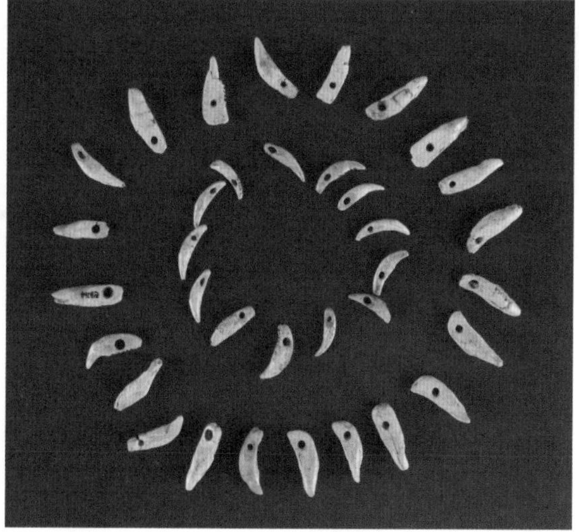
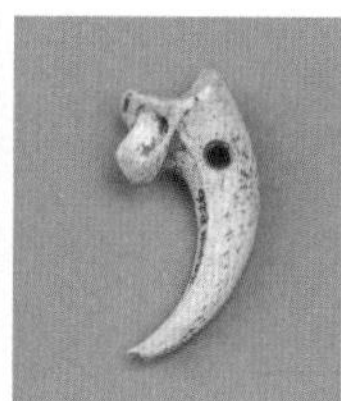

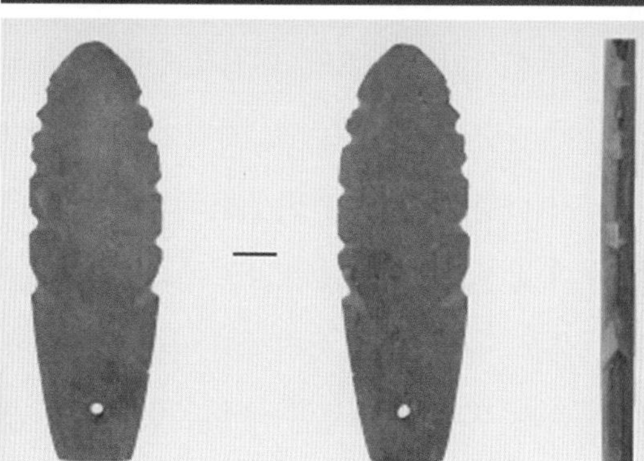

그림 3.20 신석기시대 유적에서 수습된 비실용적 유물의 사례. 윗줄 왼쪽에 보이는 울산 신암리 출토 3.6cm 크기의 흙으로 빚은 자그마한 여성의 몸체는 신석기시대의 유일한 인물상이다. 그 옆의 2점은 통영 욕지도와 창녕 비봉리에서 수습한 것으로서, 멧돼지를 묘사했다고 보인다. 가운데 줄의 동물 이빨로 만든 '발찌'와 '귀거리'는 각각 통영 연대도와 부산 동삼동에서 수습되었다. 이와 같은 장신구 이외에도 주거지나 무덤에서는 원시 집단에서 흔히 볼 수 있는 일종의 '호신부'나 '행운의 부적' 혹은 '신분증'이라고 여길 만한 석기가 발견되기도 한다. 가운데 오른쪽 사진에 보이는 6점의 자그마한 석기는 <그림 3.19>의 가덕도 장항 패총 무덤에서 수습한 것들이며, 아랫줄의 것들은 파주 대능리에서 발견되었다. © 국립중앙박물관(신암리, 욕지도, 비봉리, 연대도, 동삼동); 국립문화재연구원(가덕도); 경기도자박물관 2017, 사진 144(대능리)

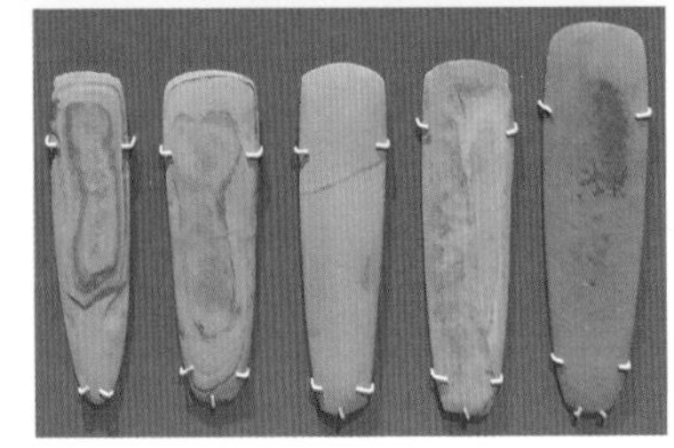

그림 3.21 울진 후포에서 발견된 신석기시대 무덤의 발견 당시 모습 및 국립경주박물관에 진열된 일부 석기. © 국립중앙박물관(유적)

방식으로 가공한 유물이 발견되는데, 주로 조개, 동물 뼈와 뿔 혹은 이빨 및 돌이나 옥으로 만든 팔찌나 발찌, 귀걸이, 목걸이 등의 장신구가 발견되고 있다. 한편, 주거유적에서도 이와 대비할 만한 유물로서 간단히 흙을 빚어 만들었거나 토기에 선으로 그린 동물과 사람 형상이 발견되기도 하며, 대능리에서는 실용도구가 아닌 '호신부' 내지 '신분증'이라고 해석할 여지가 있는 돌을 가공한 일종의 상징유물이 발견되었다[그림 3.20].

한편, 신석기시대의 유물 중에서는 그 용도가 무엇인지 호기심을 자아내게끔 하는 것도 있는데, 북유럽 신석기시대의 유물을 닮은 긴 돌도끼 형태의 석기가 그것이다. 이런 석기는 처음 1962년 춘천 교동의 신석기시대 동굴 매장유적에서 몇 점이 발견되었고, 20년이 지나 울진 후포에서 다양한 길이의 것이 모두 180여 점이나 발견되었다[그림 3.21]. 이 후포 유적은 유물만이 아니라 아직까지 비교할 상대를 찾을 수 없는 독특한 매장유적으로서, 많은 점이 수수께끼로 남아 있다. 유적은 공사 중 우연히 발견되었는데, 원래 얕은 동굴 입구에 만들어진 무덤으로 보인다. 그 성격은 일종의 2차장 유적으로서, 길이 4.5m, 폭 3.5m의 구덩이에 최소 개체수로 약 40인분에 달하는 인골 파편들이 뒤섞인 상태로 발견되었다. 신석기시대의 인구 규모가 매우 작았을 것임을 생각한다면, 여기에 묻힌 사람들이 누구이며 왜 이렇게 함께 재매장된 것인지 궁금하지 않을 수 없다. 석기들은 뼈를 묻은 다음 그 위에 올려져 있었는데, 외형도 특이하지만 사용 흔적도 뚜렷하지 않기 때문에 아마도 모종의 의례를 위해 특별히 만든 것은 아닌가 추측만 할 뿐이다. 그런데 확실한 근거는 없지만, 약간의 상상력을 동원하고 비슷한 유물의 사례를 세계 각지의 민족지 사례에서 찾아본다면, 이것들이 혹시 석경이나 석종 같은 악기로 사용되었을 가능성은 없을지 모르겠다.

생계경제

이미 말한 바대로, 유적의 입지와 분포는 해안환경이 신석기시대 내내 생계경제자원의 공급처로서 중요했음을 시사해준다. 그에 비해 내륙 지역은 신석기시대 중기에 작물 경작이 시작되었음에도 해안지대보다 중요성이 낮았던 듯하다는 인상을 받게 된다. 수렵채집사회에서의 생계경제 양식은 자연환경과 밀접한 관계를 갖지 않을 수 없는데, 홀로세 초의 자연환경과 관련해 제주도의 꽃가루 분석자료는 고산리에서 토기가 등장할 무렵의 기후조건은 현재보다 다소 기온이 낮았음을 시사해준다. 즉, 대략 제6차 및 제5차 본드 사건 사이에 해당하는 시기인 9,400에서 8,200년 전 사이에 제주도의 식생은 약간의 침엽수종이 포함된 광엽활엽수종이 우세한 양상으로서, 〈그림 2.1〉에서 B 내지 C 구역으로 표시된 현재 한반도 북부의 식생과 유사하다. 고산리 유적의 유물이 러시아 극동지방 유적과 유사한 것은 어쩌면 이렇게 환경조건이 현재보다 추운 조건이었다는 사실과 관련될지도 모른다.

홀로세 중기의 기후 온난기가 시작하며 기온이 상승하자, 제주도의 식생은 8,100년 전 무렵 상록활엽수종과 온대성 활엽수종이 섞인 모습이 되었으며, 곧이어 8,000년 전 무렵에는 오늘날과 같은 아열대성 식물상이 만들어지기 시작했다. 이미 언급한 바대로, 이러한 식생 변화는 고산리식 토기가 융기문토기로 대체되는 시기와 비슷한 시점에 일어났다. 본토에서 전기 신석기시대로 평가되는 많은 유적에서는 그물추 같은 어로용 도구가 화살촉보다 더 흔한데, 이러한 유물군의 특징은 홀로세 중기 기후 온난기의 기온 상승과 더불어 생계경제양식도 변화했음을 말해주는 것일지 모른다.

8,000년 전 무렵 동해안을 따라 주거지들이 여러 곳에 들어선 것도 이렇게 기후조건이 완화하며 해양자원을 이용할 기회가 늘어났기 때문일 수도 있다고 추측해볼 만하다. 당시에 실제로 이용한 생계자원의 잔해가 발견된 사례는 드물지만, 주거유적에서 발견된 유물군이 동해안을 따라 높은 동질성을 보여주는 것은 생계자원 이용 양식의 동질성을 간접적으로 말해준다. 그런 유물 중에서도 특히 형태와 크기가 거의 같은 결합식 낚시는 러시아 연해주 남부에서 동남해안에 이르기까지 한반도 동해안 전체에 걸쳐서 발견되고 있어 해양자원 이용의 중요성을 시사해준다[그림 3.15, 3.22].

동해안에서의 해양자원 이용을 잘 보여주는 유적으로서는 울진 죽변리를 비롯해 울산의 세죽, 황성동 및 신암리 유적 등을 꼽을 수 있다[그림 3.5, 3.14]. 이 유적들에서는 7,000년 전 이전의 연대측정치가 얻어졌으며, 다양한 종류의 육상동물과 식물 및 해양자원의 유해가 발견되었다. 해양자원으로서는 각종 물고기와 조개뿐만 아니라 고래와 강치 같은 대형 해양 포유동물이 이용되었으며, 토기 내부 표면에 붙어 있는 잔존물 분석에서는 어류의 지방탄화물이 확인되었다. 육상과 해양자원을 함께 이용한 생계전략은 그러한 방식을 채택할 수 있는 곳이라면 어디에서나 이루어졌을 것이다.

죽변리 유적에서는 특히 당시 환경이 현재보다 훨씬 따뜻했음을 말해주는 증거로서, 한국에서는 지금 제주도 남쪽 해안지대에서만 볼 수 있는 아열대성 식물인 장뇌 나무를 파서 만든 통나무배와 노의 파편 여러 점이 늪지 퇴적층에서 발견되었다. 세죽 유적에서도 그러한 환경을 말해주는 증거로서 산호 조각이 발견되었는데, 산호 조각은 세죽 유적과 거의 같은 위

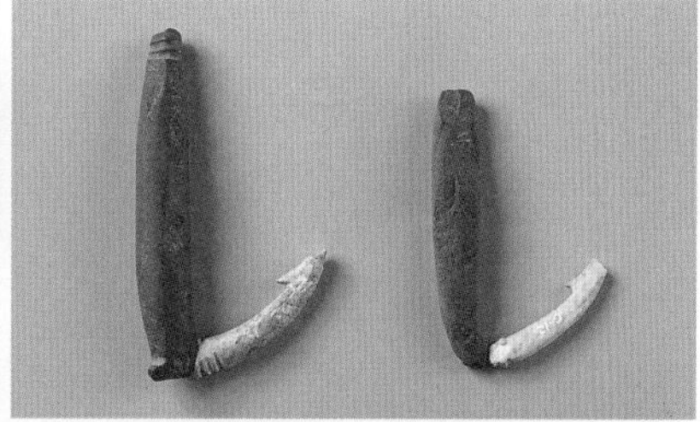
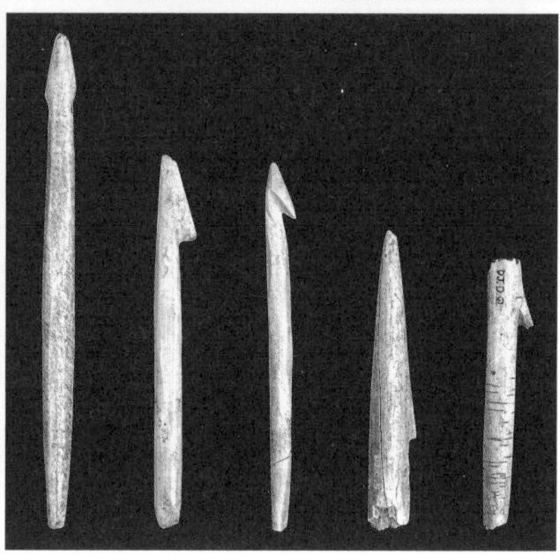

그림 3.22 신석기시대의 생계경제에서 물고기 등의 수생자원의 중요성을 시사해주는 도구의 사례. 나무를 파서 만든 배와 낚시 및 작살은 여러 유적에서 발견되고 있다. 사진에 보이는 배는 창녕 비봉리에서 발견된 소나무를 파서 만든 카누의 발견 당시 모습으로서, 하나가 더 발견되었다. 남아 있는 부분은 길이 310cm, 폭 60cm이며, <그림 3.23>에 보이는 반구대 암각화 속의 배 그림을 참조할 때 원래 길이는 최소 4m 이상이었을 것이다. © 국립문화재연구원

도에 있는 서해안 가도 패총에서도 발견되었다. 가도 유적에서는 보정하지 않은 중심연대가 5,000년 전 무렵의 절대연대가 얻어졌으므로 세죽 유적보다 약간 늦은 시기라고 보이지만, 아무튼 이런 자료는 홀로세 중기의 기후 온난기에는 한반도의 기온도 현재보다 높았음을 보여준다.

유적에서 발견된 고래를 비롯한 대형 해양 포유동물의 뼈는 이런 동물의 사냥이 중요한 생계활동임을 말해주는데, 이런 뼈에는 작살 끝이 박힌 채 발견되기도 한다[그림 3.23]. 정확한 제작연대는 아직 모르지만, 각종 동물 모습과 더불어 선사시대의 고래잡이 광경이 생생히 그려진 암각화로 유명한 반구대 유적은 이 울산 해변의 신석기 유적들로부터 태화강을 따라 불과 20km 남짓 떨어진 상류에 있다. 이런 지리적 관계에서 반구대 암각화는 고래 사냥을 중요한 생업으로 삼던 울산 지역의 신석기시대 사람들이 그렸다는 해석이 유력하게 되었다. 반구대 벽화에는 표범이나 멧돼지, 사슴 종류를 비롯한 각종 육상동물과 더불어 고래, 돌고래, 거북과 아마도 강치라고 보이는 동물이 그려져 있다. 암벽에 새겨진 고래는 모두 58마리로

그림 3.23 신석기시대의 고래잡이 활동은 작살을 맞은 고래 뼈 실물이 잘 말해주고 있다. 고래와 기타 해양 포유동물의 뼈가 다수 발견된 울산 황성동 유적에서는 윗줄 사진에서 보는 바와 같이 사슴 뼈로 만든 작살이 박혀 있는 고래 어깨뼈와 척추뼈와 함께 칼로 자른 흔적이 있는 뼈들이 발견되었다. 그러한 고래잡이 활동과 여러 고래와 여러 야생동물의 모습은 울산 반구대 암각화에 잘 묘사되어 있는데, 사진에 보이는 탁본은 서울대학교 박물관에 소장된 원본의 축소판을 찍은 것이다. 잘 알려졌듯, 울산 지역은 현대에 들어서도 고래잡이의 중심지였던바, 이제는 금지된 지난날의 고래잡이를 회상하듯 사진의 정자동 포구와 같은 여러 작은 포구에서는 고래 모습의 조각상과 등대를 볼 수 있다. © 울산박물관(어깨뼈), 울산암각화박물관(칼자국 있는 뼈, 척추)

서, 외형과 숨 쉬는 모습을 비롯한 여러 종류 고래의 특징이 사실적으로 묘사되었다. 개중에는 작살이 꽂혀 있는 고래라던가 대여섯 명에서 20여 명이 타고 있는 배가 고래를 쫓고 있는 모습도 그려져 있는데, 작살을 맞은 고래에 끌려 따라가는 배를 묘사하는 듯한 그림도 있다.

시베리아의 축치 혹은 알래스카 이누이트 사람들의 고래잡이 관련 기록을 참조해보면, 작은 고래는 2~3명이나 4~5명의 인원이 잡을 수도 있었겠지만, 혹등고래나 향유고래 같은 큰 고래를 잡기 위해서는 임무를 달리하는 수십 명의 인력이 동원되었을 것이다. 앞서 살핀 주거지와 인구 규모에 대한 추정치를 생각한다면, 고래잡이는 여러 '마을'의 주민이 함께 협동해야만 성공할 수 있었을 것이다. 또한 고래는 어느 한 군데 버릴 것 없이 식용이나 기타 용도로 이용할 수 있으므로, 회유기를 기다려 고래를 잡는 일은 당시 이 지역 사회에서 가장 크고도 중요한 연중행사였을 것이다. 그런 의미에서 반구대 벽화는 동해안 남부 지역의 5천여 년 전 신석기 사회에서 고래잡이라는 특별한 행사의 성공을 기념하기 위해서, 아니면 행사의 성공을 기원하는 의미에서 그리지 않았을까 추정하고 있다.

한편, 서해와 남해 서부는 수심이 얕고 해안에는 갯벌이 잘 발달해 있다. 다양한 연체동물을 비롯한 자원의 보고인 갯벌은 신석기시대에도 중요한 생계자원의 공급처였을 것이다. 갯벌이 발달한 바다는 대형 해양 포유동물의 서식에 적합한 곳이 아니지만, 서해안 곳곳에서 찾을 수 있는 패총은 해양자원의 중요성을 말해준다. 서해의 패총은 대부분 동해안 주거유적보다 조금 늦은 시기에 만들어졌다고 여겨지나, 해수면 변동 때문에 보다 이른 시기의 유적이 현재 해저나 뻘 속에 묻혀 있을 수 있다. 아직 서해에서는 지형 특성상 그런 사례가 확인되지 않았지만, 울산 신암리에서는 패총이 해수면 아래로 이어지고 있다. 남해안에서도 크고 작은 패총이 곳곳에서 발견되고 있는데, 특히 동해안 신석기문화와 적응양식 분포의 남단이라고 할 수 있는 부산-김해 일대에는 동삼동이나 수가리 패총처럼 비교적 규모가 큰 패총이 만들어졌다.

그러나 패각층의 두께와 면적을 점유기간과 대비해본다면, 그러한 패총도 역시 소수의 인원이 장기간에 걸쳐 만들었을 수 있음을 생각해야 한다. 예를 들어, 가장 큰 패총인 동삼동 유적의 경우를 생각해보자. 현재 남아 있는 패총은 옛 모습과 매우 다르며 원 규모를 정확히 알 수 없지만, 넉넉히 가정해 사적으로 지정된 11,811m^{2}의 면적 전체가 평균 2m 두께의 신석기시대 퇴적층으로 덮여 있었으며, 퇴적이 3,000년 동안 이루어졌다고 가정해보자. 퇴적물의 부식이나 토양화 등의 요인으로 인한 퇴적 상태의 변형은 일단 고려하지 않는다면, 이것은 매년 평균 약 8m^{3}의 퇴적물이 쌓였다는 뜻이다. 만약 이곳에서 생계 활동이 매년 100일 동안 이루어졌다면, 하루에 약 80리터의 조개와 뼈 등이 쌓였다고 계산할 수 있다. 하루에 사방 1m 면적에 8cm의 퇴적물이 쌓이려면 물론 무엇을 얼마나 먹었는가에 따라 다르겠지만, 퇴적물의 주종이 굴 껍데기인 만큼, 매우 넉넉히 계산해 10명에서 20명 내외의 인원이면 그만한 양은 충분하고도 남을 만큼 찌꺼기를 배출할 수 있었을 것이다. 이 계산에서, 유적의 규모나 활동 일수 등의 여러 변수는 어디까지나 가정이지만, 요점은 패총이 오랜 기간에 걸쳐 만들어졌으므로 웬만한 패총은 생각보다 매우 적은 인원에 의해 만들어진 것일 수 있다는 사실이다. 동삼동을 비롯한 소수를 제외한 거의 모든 신석기시대 패총은 규모가 불과 수십에서 수백 m^2 이내이며 두께도 1m 미만이다. 따라서 위의 계산법으로 따져보면 평균적인 패총은 불과 서너 명만으로도 얼마든지 만들어졌을 것이다.

앞서 말한 바대로, 신석기시대 전기 유적은 내륙에서는 거의 발견되지 않았다. 정확한 양상을 알 수 없는 북한 지역을 논외로 할 때, 해안에서 30~40km 이상 떨어진 내륙에서 6,000년 전 이전으로 연대가 평가되는 유적은 찾기 어렵다. 북한에서 조사된 서해안의 평안남도 온천군 궁산 유적과 내륙의 황해도 봉산군 지탑리 유적은 1950년대부터 신석기시대의 농경과 관련한 증거가 발견되었다고 일컬어진 유적으로서, 여기서 발견된 자료를 근거로 즐문토기 제작과 작물 경작이 대동강 유역에서 8,000년 전에 나타났다고 말하고 있다. 그렇지만 이미 말한 바대로 남한학계에서는 일반적으로 즐문토기와 곡물의 경작은 이보다 늦은 6,000년 전 무렵 등장했다고 여기고 있다.

신석기시대의 초기농경은 아마도 매해 새로 화전을 만들거나 아니면 경작지를 돌아가며 초본과 작물을 기르는 방식으로 이루어졌을 것이며, 아무리 좋은 조건을 갖춘 곳에서도 경작지는 식생을 태워 확보했을 것이다. 그러나 어떤 방식으로 이루어졌건, 초기농경은 자생적으로 시작되지 않았고 중국 동북지역에서 전파되었을 것임도 이미 말한 바 있다. 주거유적에서 곡물과 함께 발견되는 석기가 중국에서 발견되는 것들과 유사하므로, 작물과 도구 및 경작에 관한 지식은 생계경제 기술과 관련한 일종의 세트로서 퍼져나갔을 가능성도 있으며, 어쩌면 조를 재배하던 사람들이 한반도에 이주했을 가능성도 있을 것이다. 그런 점에서 중국 중원지역의 여러 신석기문화에 위기를 가져온 제4차 본드 사건이 발생했을 무렵 농경이 한반도에 등장한다는 사실은 주목할 만하다. 그러나 아무튼 작물 경작이 시작한 다음에도 주거 양식이나 물질문화에 큰 변화가 일어났다는 증거는 보이지 않으며, 수렵채집 생활양식은 계속되었다고 보인다.

신석기시대 중기의 패총에서 발견되는 물고기와 조개류는 서해안 지역에 살던 사람들이 식량자원 획득을 위해 해안지대에서 일정한 범위로 이동하며 생활했음을 시사해준다. 즉, 일정한 지역에서 발견되는 여러 패총에서 발견되는 물고기나 조개의 종류는 패총마다 다르게 나타나고 있어, 각 지점에서는 계절에 따라 획득한 자원이 서로 달랐음을 보여주고 있다. 아마도 당시 사람들은 자원 획득을 최적화하기 위해 계절마다 가장 풍부하게 식량자원을 구할 수 있던 곳을 선택해 살았기 때문에 패총의 구성에서도 그러한 차이가 보인다고 해석할 수 있다. 그런데 설령 그것이 사실이더라도 과연 얼마나 많은 사람이 얼마나 멀리, 또 얼마나 자주 이동했는지는 아직 계량적으로 파악되지 않았다. 다만 짐작하건대, 그러한 이동 생활은 하나의 섬 내에서, 혹은 자원을 찾아 그리 멀리 떨어지지 않은 지점 사이를 계절적으로 오가는 방식이었을 것이며, 이동 거리도 그리 길지 않아 하루 이내에 다다를 수 있을 정도가 아니었을까 여겨진다. 아무튼 각지의 해안지역에서 발견되는 패총과 야외노지 유적은 작물 경작이 알려진 신석기시대

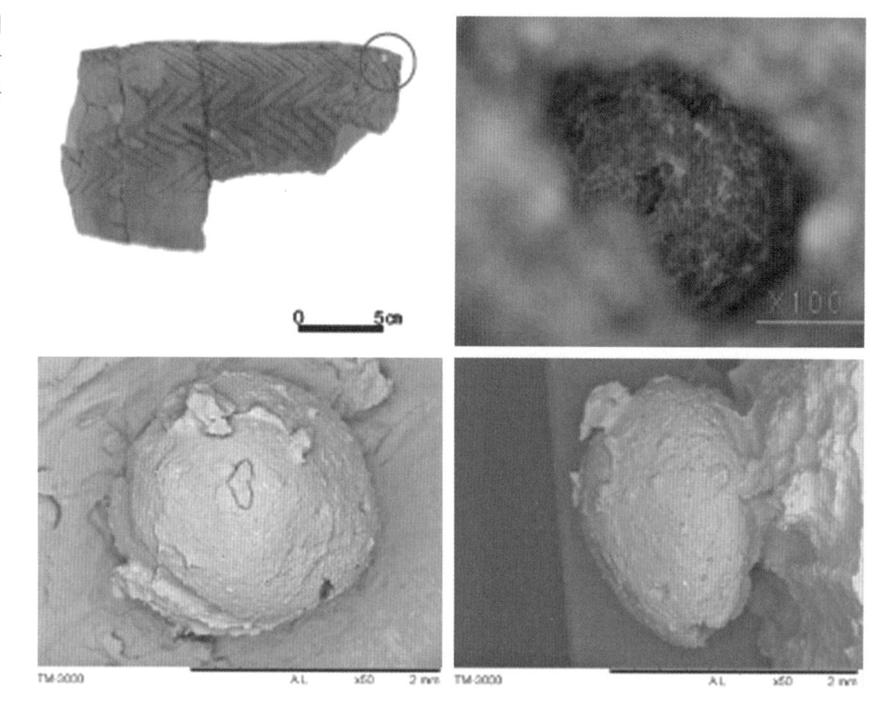

그림 3.24 고성 문암리 유적에서 수습한 토기 편에 찍힌 기장(*Panicum miliaceum*) 낟알 사진. © 국립문화재연구원

중기에도 해양자원이 생계경제에서 계속 중요했음을 말해준다.

한편, 일단 도입된 다음 작물 경작은 비교적 빠르게 각지로 퍼진 듯하다. 작물 경작의 물증인 낟알이나 토기 편에 찍힌 낟알 흔적은 내륙과 해안을 가리지 않고 발견되었다[그림 3.24]. 이러한 증거의 분포는 적어도 4,500년 전 무렵이면 작물 경작이 남해안까지 퍼졌을 가능성을 시사해주며, 그런 과정에서 송죽리 유적과 같은 경작에 적합한 생태 적소를 이용하려는 내륙 주거유적이 등장했을 것이라고 짐작할 만하다. 다만 송죽리처럼 농경의 흔적이 발견된 유적들은 전술한 바대로 주거지의 수, 즉 거주 인구수를 기준으로 할 때 대체로 최상급 규모의 유적은 아니다. 이러한 사정은 아마도 작물 경작의 생산성이 더 큰 규모의 인구를 유지할 수 있는 수준에 미치지 못했음을 말해주는 듯하다.

실물이 확인된 재배작물로는 전술한 바대로 조와 기장이 있으며, 드물지만 피, 콩, 팥도 보고되었다. 수수와 밀, 보리가 발견되었다는 보고도 있는데, 이것들이 정말로 신석기시대 작물인지에 대해서는 논란이 있다. 밀과 보리가 만약 재배된 것이라면, 아마도 중동 지역에서 중앙아시아와 중국을 통해 전파되었을 것이다. 한편, 쌀도 신석기시대에 경작되었다는 주장도 있으며, 심지어 청원 소로리 유적에서 발견된 쌀은 플라이스토세 말에 경작된 재배종이라는 주장도 있다. 그러나 이와 유사한 주장들에서 증거로 제시된 자료는 모두 출토 맥락이나 수습과 관계된 문제를 안고 있다. 한편 북한에서 보고된 여러 자료에 대해서는 층서, 출토 맥락이나 연대측정치를 객관적으로 검증할 수 없다는 문제가 있다.

선사시대 유적에서 발견된 낟알의 연대 판정에서의 신뢰성 문제는 쌀에 국한되는 것이 아니다. 발견된 곡물을 직접 측정해서 얻은 연대가 아니라면 측정치와 작물의 연대는 아무 관계도 없을 가능성은 늘 있는데, 특히 낟알은 크기가 작으므로 퇴적층 형성 과정이나 퇴적 이후에 상하로 움직이거나 원래의 층이 아닌 다른 층에 섞이는 일이 쉽게 일어날 수 있다. 밀과 보리 및 수수가 신석기시대에 경작되었음이 확실하다고 단언하기 어려운 것은 바로 이러한 문제가 해명되지 않았기 때문이다. 그러므로 신석기시대에 재배된 곡류 작물로는 단지 조, 기장과 피 셋만이 널리 인정받고 있다. 다만, 거듭 말하지만 이런 작물이 실제 일상의 식생활에서 차지하는 중요성은 제한적으로서 단지 자연에서 얻은 음식물을 보충하는 데 그쳤을 것이다.

이것은 왜냐하면 인구 규모가 농업생산에 의존해 살 수 있을 만큼 노동력을 집중적으로 투입할 수 있을 만한 정도가 아닌 한, 생산량은 미미한 수준에 그칠 수밖에 없었을 것이기 때문이다. 또한 작물은 생산성이 매우 낮아 예외적으로 비옥한 토양이 있는 곳에서만 수확할 가치가 있었을 뿐, 웬만하면 경작을 시도할 필요조차 없었을지 모른다. 그러므로 예를 들어 화성 석교리 유적처럼 조나 피 같은 곡물이 꽤 발견된 유적에서도 다른 야생자원, 특히 도토리는 중요한 자원이었으며, 이러한 사정은 아마도 예외가 아니었을 것이다.

주거유적에서 발견되는 생계자료의 구성을 보면, 신석기시대 사람들의 식단에서 도토리를 포함한 견과류는 곡류 작물보다 더 중요한 탄수화물의 공급원이었다. 한반도에서 도토리를 맺는 나무는 참나무아속에 속하는 떡갈나무, 신갈나무, 상수리나무, 갈참나무, 졸참나무, 굴참나무 6종이 있으며, 이것들은 고산지대를 제외한 한반도 어디에서나 볼 수 있다[그림 3.2]. 신석기시대 동안 한반도는 현재보다 훨씬 무성한 온대성 활엽수림에 뒤덮여 있었을 것이므로, 도토리는 더욱더 쉽게 또 많이 구할 수 있는 자원이었을 것이다. 오늘날 도토리묵은 한국인이 즐겨 먹는 음식이듯, 신석기시대에도 도토리는 중요한 식량자원이었으며, 생활유적에서는 떫은맛을 내는 타닌산을 제거하기 위해 축축한 곳에 저장해 놓은 상태 그대로 혹은 그릇이나 구덩이에 저장된 상태로 발견되고 있다[그림 3.25]. 도토리를 먹으려면 타닌산을 제거하고 말린 다음 가루로 만들어 녹말을 추출해야 하는데, 도토리 알갱이나 껍질의 상태와 함께 발견되는 도구를 볼 때 당시에도 그러한 가공 과정을 거쳐 섭취했을 것이다.

도토리의 중요성과 관련, 태안 고남리 유적 출토 자료의 안정동위원소 분석에서는 중기 신석기시대의 늦은 시기에도 조나 수수 같은 C4 식물은 도토리나 기타 견과류 같은 C3 식물보다 덜 중요했음을 시사해주는 결과가 보고되었다.[1] 몇몇 야외노지에서 채취한 돌에 붙어 있는 잔존물의 아미노산 분석 또한 해당 시설이 C3 식물 가공에 사용되었음을 보여주고 있다.

그림 3.25 도토리는 신석기시대 동안 중요한 생계자원으로서, 그 실물이 여러 유적에서 발견되고 있다. 사진은 김해 율하리 유적에서 발견된 도토리의 저장된 모습 및 창녕 비봉리에서 수습한 도토리이다. © 국립문화재연구원; 국립중앙박물관

신석기시대 동안 병농임업 내지 의도적인 삼림 관리가 있었음을 말해주는 직접적인 증거는 없지만, 일본의 조몽시대에는 그러한 사례가 보고되고 있는바 어쩌면 신석기시대 동안 한반도에서도 참나무아속이나 기타 견과류 나무들이 식용자원으로서 관리되었을 수도 있을 것이다.

탄수화물이 도토리를 비롯한 야생식물에서 얻어졌다면, 패총에서 발견되는 다양한 동물 유해가 말해주듯 지방과 단백질은 당연히 각종 야생동물로부터 획득했을 것이다. 동삼동 패총에서는 조와 기타 식물 유체도 발견되었지만, 인골에 대한 C-N(탄소-질소) 동위원소 비율 분석은 물고기를 비롯한 해양 동물이 식량으로 중요했음을 말해준다.[2] 그와 관련해, 여기서 발견된 강치의 정강이뼈 끝단에는 고기를 떼어낼 때 만들어진 여러 개의 칼흔적이 남아 있다[그림 3.23 참조]. 또 〈그림 3.19〉에 보이는 가덕도 장항 패총의 인골에서 얻은 C-N 동위원소 비율은 강치가 중요한 식량이었을 수 있음을 말해준다. 한편, 외이도 골종이 발견된 인골을 비롯한 연대도 패총에서 수습된 인골에서는 스트론튬과 아연 함량이 높게 나타났는데, 이것은 식물과 더불어 물고기와 조개류가 모두 중요했음을 시사해준다.

패총은 물론 압도적으로 많은 각종 조개류의 껍질로 구성되어 있는데, 그 속에는 또 물고기와 해양 포유동물 및 육상동물의 뼈도 종종 들어가 있다. 조개 종류로는 굴, 홍합, 바지락, 백합, 피뿔고둥, 대수리, 떡조개, 소라 등의 껍질이 많이 발견되지만, 기본적으로 연안에 서식하는 거의 모든 종이 다 발견된다. 그러한 여러 조개류의 상대빈도와 개체의 크기 등 전반적

....

1 식물은 광합성을 하며 이산화탄소를 수용체인 5탄당과 결합해 6탄당을 만들며, 6탄당은 즉시 3탄당(C3)이나 4탄당(C4)으로 분해하는데, 3탄당으로 분해하는 식물을 C3 식물, 4탄당으로 분해하는 식물을 C4 식물이라고 한다. C3 식물은 대사 과정으로만 탄소를 고정하는 식물로서, 벼, 밀, 보리, 콩 등을 비롯해 대부분의 식물이 이에 속한다. C4 식물은 4탄당 화합물이 관여하는 추가적인 경로(C4회로)를 이용해 이산화탄소가 부족한 환경에서도 광합성의 암반응(광비의존성반응)을 계속할 수 있는 식물로서, 조, 수수, 기장, 옥수수 등이 C4 식물이다.

2 탄소(C)와 질소(N)는 유기화학적으로 가장 흔히 접합해 다양한 접합체를 구성하는데, 생물에 따라 또 섭생에 따라 만들어지는 접합체가 다양하다. 따라서 생물 개체의 몸체에 포함된 두 원소의 동위원소 함량과 접합 상태를 분석함으로써 해당 개체의 종적 특성과 환경을 파악할 수 있다. 예를 들어 인골의 C-N 분석을 하게 되면 해당 인물의 섭생과 관련한 여러 정보를 얻을 수 있게 된다.

인 이용 양상은 지역과 주변 환경에 따라 조금씩 차이가 있지만, 어디에서나 굴은 압도적으로 많으며 그 껍질은 대부분 우리가 지금 시장에서 볼 수 있는 것보다 서너 배 이상의 크기이다.

물고기 뼈도 연근해에서 잡히는 모든 종이 망라되어 있어 40여 종의 어류가 확인되었는데, 농어, 방어, 대구, 넙치, 참돔, 감성돔, 가오리, 매가오리, 상어, 복어 등이 포함된다. 조개의 경우에도 그렇지만, 예를 들어 웅기 서포항 패총의 명태, 부산 동삼동 패총의 다랑어, 군산 노래섬 패총의 민어처럼 위치와 주변 환경에 따라 많이 발견되는 어종에는 조금씩 차이가 있다. 해양 포유동물로서는 고래, 돌고래, 강치, 물개 등이 보이는데, 사냥과 해체 흔적을 그대로 간직한 뼈도 발견되고 있음은 이미 말한 바와 같다. 육상동물과 각종 조류도 자주 발견되는데, 식량자원으로서 중요했으리라 짐작되는 동물로는 역사시대에도 계속 중요한 사냥감이던 사슴, 노루, 고라니와 멧돼지가 있다. 토기 편에 선으로 그렸거나 흙으로 간단히 빚은 사슴과 동물과 멧돼지의 형상을 보건대 이 두 종류가 특히 중요했으리라 짐작되며, 이를 뒷받침하는 증거로서 멧돼지 이빨과 사슴뿔로 만든 도구와 장신구가 발견되고 있다[그림 3.20]. 그 외에도 오소리, 너구리, 호랑이, 곰, 여우와 같은 육식동물의 뼈도 발견되는데, 이런 동물을 사냥했다면 가죽과 털을 얻기 위해서였을 것이다. 한편 이런 야생동물 뼈와 함께 개 뼈도 발견되는데, 개는 늦어도 신석기시대 중기에는 사육되었다고 보인다. 그러나 개 이외에는 가축이라고 인정할 만한 동물의 뼈는 알려진 바가 없으며, 생활근거지를 자주 옮기며 생활하던 수렵채집 집단에 걸맞게 가축 사육에 필요한 시설물이라고 인정할 만한 구조물도 보이지 않고 있다.

종말기의 수수께끼

비록 북한 지역의 상황에 대해서는 무어라 말하기 어렵지만, 고고학 자료에는 4,500년 전 무렵에서 얼마 지나지 않아 흥미롭지만 당황스러운 변화가 나타난다. 그것은 바로 주거유적이 사라진다는 사실이다. 즉, 신석기시대 후기에는 종류를 막론하고 생활근거지라고 생각할 수 있는 유적 그 자체가 매우 드물며, 신석기시대 최후 수백 년에 해당하는 시기에 만들어진 소위 '마을' 유적은 전혀 발견되지 않고 있다. 그와 동시에 신석기시대의 마지막 시기와 관련된 자료는 거의 전적으로 한반도 동남부에서만 발견되고 있다.

이러한 변화는 종래의 신석기시대 생활양식이 유지될 수 없는 상황이 갑자기 발생했을 것이라고 짐작하게끔 만들고 있다. 비록 신석기시대의 주거유적이 아마도 특정 계절 내지 특정 시기에 사용되던 단기적이며 임시적이고 비영구적인 거처였다고 할지라도, 아무튼 일상생활의 근거지 역할을 했던 곳이다. 그렇지만 신석기시대 종말기가 되면 움집으로 구성된 주거유적은 전혀 확인되지 않고 있으며, 단지 얇은 퇴적층으로 구성된 패총이나 야외노지 혹은 야영지 유적과 같은 소위 '한정행위장소'라고 부르는 유적, 즉 잠시 사냥이나 어로와 같은 제한된 목적의 행위 결과 만들어진 소규모 유적 몇 개만이 발견될 뿐이다. 주거유적에 어느 정도나마 가까운 유적이 있다면, 단지 동굴이나 바위그늘 아래에 만들어진 임시 거주처의 흔적이 몇 개 있을 뿐이다. 이런 유적은 단지 하루나 며칠, 길어야 수개월 동안 몇 사람이 잠시 머무르던 단순한 유적이다. 유적 분포와 공간 배치를 볼 때, 이때가 되면 그리 크지도 않았던 규모의 집단들이 영구적으로 흩어져버렸거나 혹은 더욱 작아진 것 아닌가 여겨진다. 이런 상황이 지속되다 3,500년 전 무렵이 되면 새로운 토기를 가진 새로운 주거유적이 나타나기 시작하며, 이로부터 청동기시대가 시작한다고 여기고 있다.

이렇게 미미한 자료와 더불어 신석기시대의 종식은 안개 속에 가려져 있다. 파편과도 같은 증거들은 무언가 중요한 변화가 일어났음을 시사해주기는 하지만, 그것이 과연 무엇인지는 아직 알 방도가 없다. 이 시기의 수렵채집 생활양식이 아직 우리가 파악하지 못한 어떤 이유로 인해 천천히 조용하게 끝나며 신석기시대가 종식된 것인지 아니면 갑작스럽게 단절된 것인지조차 파악하기 어렵다. 출간된 자료를 살펴보면, 약간의 지역적 변이를 제외한다면 5,000년 전부터 시작해 토기를 비롯한 물질문화라던가 기타 고고학 자료에서 어떠한 갑작스러운 변화가 있었다는 징후를 찾기 어렵다. 또한 서해안의 태안 고남리 유적처럼 환경조건이 적절했던 곳에서는 신석기시대의 수렵채집 생활이 변화와 단절 없이 그대로 청동기시대로 이어져 나갔다.

이 무렵 한반도에 이웃한 중국 동북지방에서는 즐문토기와 유사한 각선문 토기들이 중원지역의 토기 양식을 따르는 토기로 대체되는 등, 종래의 신석기문화가 중원 신석기문화의 영향으로 변화하긴 하지만 기본적으로 계속 유지되었다. 두만강 하류 너머 연해주에서도 종래의 소위 패총문화가 그대로 유지되며 물질문화의 구성에서 큰 변화는 나타나지 않는다. 그러므로 한반도의 신석기문화가 이렇게 갑자기 위축되고 소멸하는 것은 동북아에서도 한반도에서만 나타나는 현상이다.

그러한 이유로는 여러 가능성이 거론되고 있는데, 예를 들어 모종의 이유로 발생한 인구 소멸, 생태조건의 변화로 인한 생계경제 전략의 변화, 사회조직의 붕괴 혹은 재구성, 혹은 이 모든 것의 총합 등과 같은 것이다. 그렇지만 아직 그 어느 것도 확실하지 않으며, 단지 막연하게 그 가능성만이 논의될 뿐이다. 앞서 신석기시대의 최후 몇 백 년은 대체로 제3차 본드 사건에 해당하는 시기로서 기후조건이 좋지 않았으며 또한 중국 중원지역 신석기문화가 전반적으로 쇠락한 때였다고 하였다. 어쩌면 그러한 환경변화로 한반도에서도 기존의 생계경제 생활을 지속하는 것이 대체로 불가능하게 되었기 때문에 신석기시대는 쇠락하게 되었을지 모른다. 물론 현재로서는 기후 변화와 신석기시대의 종식 사이에 과연 인과관계가 있는지 또 있다면 그 관계는 어떤 것이었는지 말할 수 없다. 이에 대한 결론을 얻기 위해서는 자세한 내용의 고기후와 고환경 자료 및 고고학 자료의 연대가 축적되기를 참을성 있게 기다려야 할 것이다.

제4장

사회분화의 진행과 발전

청동기시대와 남북한

신석기시대 끝 무렵의 모습은 희미한 자료와 더불어 안개 속에 가려져 있지만, 곧이어 기원전 2천년기 후반에 들어와 사정은 눈에 띄게 달라진다. 무엇보다도 눈에 띄는 변화로서, 남한에서는 주거유적이 각지에서 등장하며 신석기시대 말 그 자취가 거의 사라졌던 일상생활의 흔적이 다시 발견된다. 사람들은 표면에 선각 장식이 없는 새로운 토기인 무문토기를 비롯해 여러 새 도구를 사용하며 생활의 터전을 닦아 나갔다.

무문토기는 청동기가 등장하기 훨씬 전부터 나타났다. 그런데 1970년대에는 청동기와 무문토기는 같이 등장한다고 여겼으며, 청동 유물의 비교 평가를 기초로 청동기시대가 기원전 700년 무렵에 시작한다고 보았다. 그렇지만 1980년대 말부터 무문토기를 산출하는 주거지로부터 얻은 방사성탄소연대가 축적되며 무문토기가 기원전 700년 이전에 등장했음이 알려졌고, 청동기시대의 시작 연대도 조금씩 더 이른 시점으로 설정되기 시작했다. 그 결과, 2010년 무렵이면 무문토기가 기원전 1500년 무렵 등장했으며, 따라서 청동기시대도 이때부터 시작했다고 보는 견해가 일종의 정설이 되었다.

기원전 2333년 단군 할아버지가 나라를 세웠다고 어려서부터 교육받은 평균적인 대한민국 국민은 청동기시대가 그때 시작했다면 이 시대는 고조선이 있던 시기의 일부라고 생각하게 될 것이다. 고고학 자료와 고조선의 관계와 관련, 지지하는 이는 그리 없지만 학계 일각에서는 고조선의 영역이 만주와 한반도 전역에 걸쳤다고 주장하기도 하며, 소위 재야 사학계에서는 요하 상류와 내몽고의 신석기시대 홍산문화(훙산원화[紅山文化])가 바로 초기 고조선이라고도 하고 있다. 개천절이 공휴일로 있는 한, 기록이 거의 없는 고조선의 실체를 어떤 방식으로건 고고학 자료에서 찾고자 하는 노력이나 주장은 앞으로도 끊이지 않을 것이다. 전술하였듯, 북한에서도 정치적 목적 때문에 역사적 실체로서의 고조선과 단군은 역사 서술의 출발점이 되고 있다.

『사기』를 비롯한 중국 고대의 역사 기록에는 〈조선〉, 즉 고조선이 아무리 늦어도 기원전 300년 이전부터 존재했음을 말해주며, 『제왕운기』 등의 문헌은 단군과 고조선이 민족의 조상이라는 생각은 과거부터 있었음을 말해준다. 그러나 고조선이 어떤 나라이며 어디에 있었는지를 자세히 말해주는 기록은 없으며, 고고학 자료라고 고조선의 실체를 밝혀준다거나 언제 어떻게 어디에서 등장했는지 말해주는 것은 아니다. 고조선의 위치에 대해서는 요동이나 평양에 있다거나 혹은 요동에서 평양으로 이동했다는 의견이 오래전부터 제시되었다. 그러나 그 중심지가 요동이었다고 해도 정확히 어디인지 알 수 없고, 오늘날 북한이 주장하듯 수천 년 전부터 평양이 고조선의 도읍지였음을 수긍하게끔 해주는 증거도 없다. 더구나 남한 지역에서 청동기시대가 역사적 실체로서의 고조선과 어떻게 연관되는지 판단할 수 있는 근거도 희박하다.

물론 소위 중원계나 북방계 유물과 다른 유물, 특히 청동 단검이 부장된 무덤의 분포를 볼 때 기원전 1천년기 초에 고조선 중심지가 요동 어딘가에 있었을 것이라는 생각에 반대하는 목소리는 잘 들리지 않는다. 또 유적 규모나 유물군 구성을 볼 때, 예를 들어, 심양 정가와자(센양 청쟈워즈[瀋陽 鄭家窪子]) 같은 유적이 고조선 유력자의 묘지일 가능성도 있다. 그렇지만 그런 가능성만으로 고조선의 실체를 알 수 있는 것은 아니며, 고조선의 영역이 광대했음을 말해주는 증거도 될 수 없다. 그러한 유적들은 서로 간에 수백 km 이상 떨어져 있기 일쑤인데, 이렇게 산재하는 무덤이 모두 고조선 지배계급의 무덤이라면 그러한 넓은 영역을 조직적으로 다스렸을 나라에 대한 기록은 분명 자세히 전해졌을 것이지만, 그런 기록은 없다. 어쩌면 이런 매장유적들은 문화적 유사성을 느슨하게 공유하더라도 정치나 사회적으로는 특별한 관계가 없는 여러 집단에 속할 수도 있으며, 혹은 '유사하나 서로 다른 문화'일 수도 있으며, 그 외에도 여러 가능성이 있을 수 있다.

청동기시대와 고조선에 대한 우리 사회의 관심은 20세기 초의 불행한 역사적 경험으로 기형적으로 커진 면이 있다. 일제를 겪으며, 식민사관에 대항하고자 한 입장에서는 마르크스주의 사회발전단계설이 내세운 바처럼 원시에서 현대에 이르는 일련의 단계를 한국사도 거쳤음을 밝힘으로써, 소위 한국사의 역사적 보편성을 확립하는 것이 중요한 과제로 인식되었다. 그러므로 근현대사 연구자들에게 자본주의가 조선 말기에 싹텄다는 자본주의 맹아론의 제시와 증명이 중요했다면, 고대사와 고고학 분야에서는 앞서 이미 말했듯 구석기시대와 청동기시대가 존재했음을 밝혀 한국사 역시 구석기-신석기-청동기시대라는 '인류사의 보편적 발전단계'를 거쳤음을 밝히는 것이 핵심 과제로 여겨지게 되었다. 특히 청동기시대는 선사시대에서 고대국가로 이행하는 단계이므로 이의 존재를 밝히는 것은 '민족사의 정통성 확립'과 직결된다고 남북한 모두 여기게 되었다.

해방 이후 여러 해 동안 한국의 선사시대 연구에서 앞서간 북한에서는 1950년대부터 청동기시대와 고조선을 체계적으로 연구하기 시작했다. 그 결과 1960년대가 시작할 무렵이면 요동과 한반도는 대략 기원전 2000년에서 기원전 500년 무렵까지 하나의 청동기 문화권을 형성했으며, 고조선의 중심지는 요동에 있었으나 중국 세력의 팽창에 따라 평양으로 옮겼다는 해

그림 4.1 비파형동검, 비파형동모, 선형동부. 한반도에서 발견되는 비파형동검 중에는 손잡이를 장착하는 몸체 아래 끝의 꼭지 부분에 홈이 있는 것이 많다. 원도: 한국고고학회 2010, 그림 62.

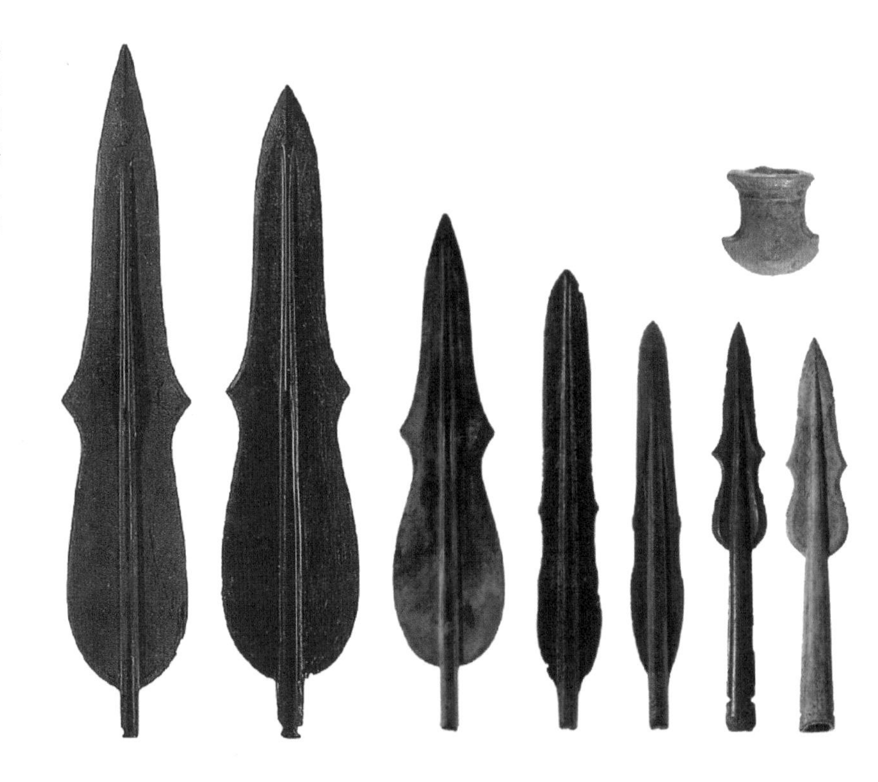

석이 확립되어 1980년대까지 크게 바뀌지 않은 채 계속 유지되었다.

이 해석에서는 요동과 한반도를 포괄하는 청동기 권역을 압록강 하류와 요동반도 남단, 압록강 중상류와 송화강(쑹화장[松花江]) 유역, 대동강 유역 및 두만강 유역의 네 지역으로 나누며, 지역별로 대표 유적을 기준으로 문화 발전단계와 순서를 설정하였다. 이 네 지역 중에서 가장 중요한 곳은 물론 고조선이 있었다고 여긴 압록강 하류와 요동반도 남단 지역이다. 이곳에서 청동기시대는 다른 지역과 달리 기원전 2000년에서 기원전 1000년 사이로 설정되었으며, 기원전 1000년부터 고조선시대가 시작한다고 설정하였다. 이러한 고조선의 위치와 시대 설정은 기본적으로 비파형동검[그림 4.1]과 미송리형 토기[그림 4.2]라는 두 독특한 유물의 분포를 기준으로 한 것이다.

북한에서 1980년대까지 유지되던 이러한 비파형동검과 미송리형 토기가 고조선을 말해준다는 생각은 남한의 연구자들에게도 받아들여졌다. 따

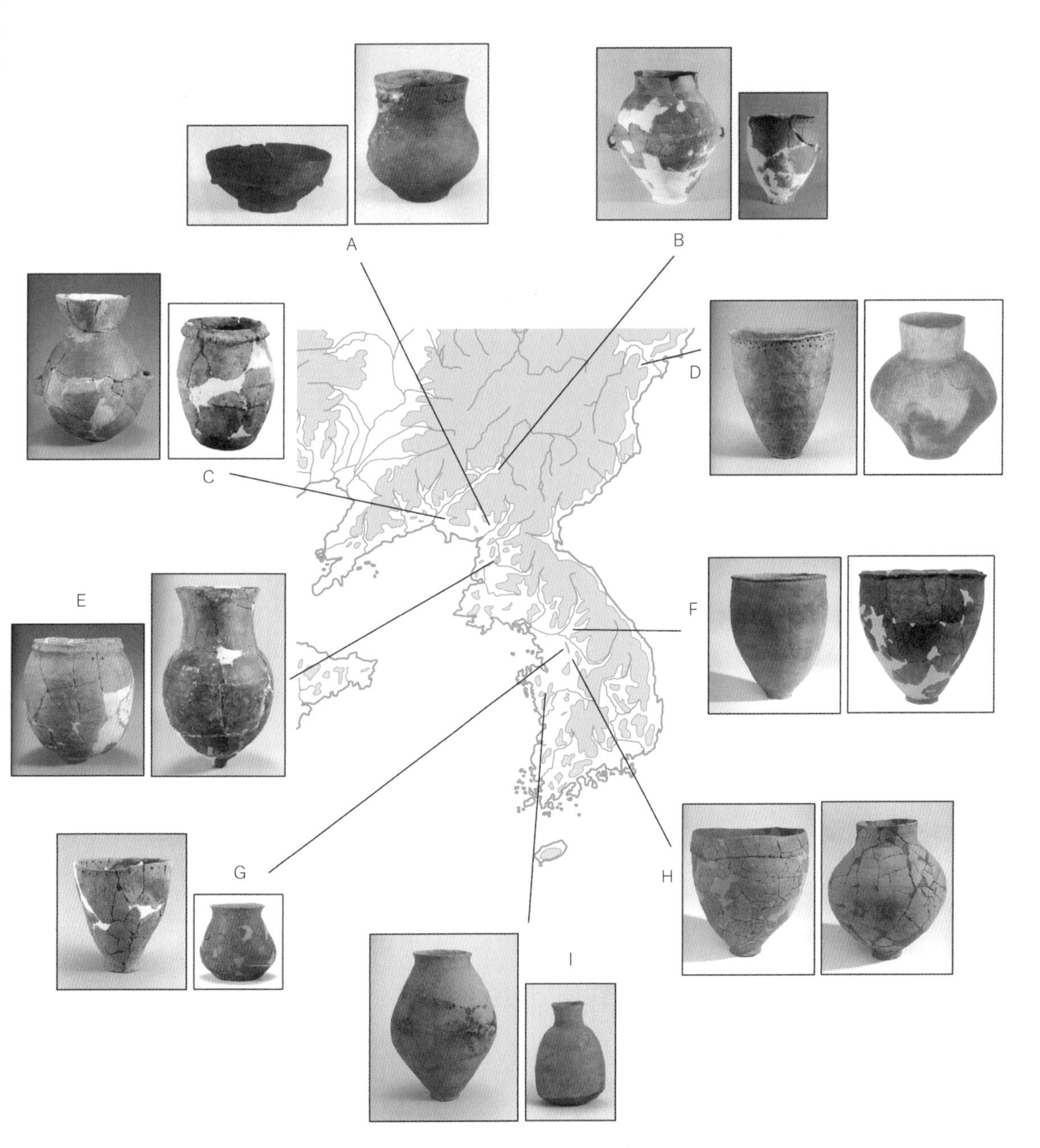

그림 4.2 무문토기 각종. 무문토기의 형태와 표면 처리 방식은 지역과 시간에 따른 특징을 보여준다. 원도: 한국고고학회 2010, 그림 68.

A: 신암리토기; B: 공귀리식토기; C: 미송리식토기; D: 구멍무늬토기/채문토기; E: 팽이형토기; F: 돌대각목문토기; G: 역삼동식토기; H: 가락동식토기; I: 송국리식토기

라서 남북한 사이에는 비록 개별 유물과 유적의 연대 평가라던가 청동기시대의 시작과 종식 시점을 비롯한 몇몇 구체적 사항에 대해 견해 차이가 컸

지만, 청동기시대와 고조선의 관계에 대해 합의에 이를 만한 여지가 충분히 있었던 셈이다. 그러나 물론 두 유물의 분포가 고조선의 영역과 어느 정도 관계될 가능성이 있더라도, 그것만으로 고조선의 실체가 밝혀졌다고 하는 것이 아니라는 점은 굳이 부연할 필요가 없겠다.

그런데 제1장에서 말했듯, 1990년대가 되며 청동기시대와 고조선에 대한 북한의 입장은 도저히 이해할 수 없는 내용으로 하루아침에 바뀌었다. 그러한 극적 변화는 김일성 개인의 신격화와 김정일로의 권력 승계와 깊은 관계를 맺고 있는데, 그 요체는 단군을 실존 인물로 규정하고 신화를 사실로 선포한 것이다. 이 새로운 주장에 따르자면 고조선은 완성된 고대국가로서 기원전 3000년에 등장해 세계 4대문명과 맞먹는 대동강 문명을 꽃피웠다는 것이며, 청동기시대는 고조선 등장 이전 시기인 기원전 4000년에서 3000년 사이라고 설정되었다. 물론 이러한 주장은 전혀 받아들일 수 없는 상상과 허구에 찬 내용이다. 슬프게도, 이로부터 북한에서 고고학은 학문으로서의 의미를 완전히 상실해버렸다고 생각하지 않을 수 없게 되었다.

한편, 남한에서 청동기시대는 1970년을 전후해 그 존재가 비로소 널리 인정되기 시작했으며, 중고교 역사교과서에서 금속병용기시대라는 말이 사라지고 청동기시대가 서술되기 시작했다. 오늘날 많은 이들이 청동기시대의 시작을 방사성탄소연대를 근거로 기원전 1500년 무렵으로 여기지만, 이에 대해서는 이견도 있다. 즉, 기원전 1500년보다 앞선 측정치를 볼 때 더 이른 시기로 잡아야 한다는 주장도 있고, 반면에 연대측정 시료의 맥락이나 방사성탄소연대 해석에 따른 문제를 생각할 때 이것은 너무 이른 연대라는 비판도 있다.

청동기시대의 종식과 관련해서는 철기가 등장한 것은 과거에 생각했듯 기원전 300년 무렵이 아니라 이보다 100년 정도 앞서므로 청동기시대와 초기철기시대의 경계를 기원전 400년으로 설정해야 한다는 생각이 우세하다. 그러나 청동기시대의 생활과 물질문화는 기원전 400년 이후에도 달라지지 않았으므로, 초기철기시대를 청동기시대의 마지막 단계로 보아야 한다는 의견이 사라지지 않고 있다. 필자는 이미 언급한 바대로 철기가 등장했다면 그냥 철기시대라고 불러도 좋다고 생각하고 있다.

그런데, 적어도 남한 지역에서 청동기시대는 시작부터 신석기시대 말과는 전혀 다른 모습이다. 다른 무엇보다도 큰 차이는 유적 분포 그 자체에서 보인다. 유적의 숫자도 매우 늘어났으며, 많은 유적이 신석기시대 유적이 잘 보이지 않는 곳에서 발견되고 있다. 즉, 청동기시대 사람들은 생활근거지로서 해안 환경보다 내륙을 선호한 듯하며, 많은 생활유적이 하천을 끼고 있는 곳에서 발견된다. 그러한 차이는 아마도 생계경제 양식의 변화, 즉 수렵채집보다 작물 경작에 더 크게 의존했다는 사실과 관계될 것이다. 이러한 차이를 들어 적어도 남한 지역에서는 청동기시대가 주민의 이입과 더불어 시작했을 것이라는 생각도 묵시적으로 퍼져 있다.

또한 청동기시대 주거유적은 처음부터 훨씬 큰 규모로서, 움집의 수도 월등히 많다. 개개 움집의 크기도 훨씬 크며, 평면 형태는 대체로 직사각형이다. 집 내부에 만들어진 화덕자리는 평면 중심축을 따라 여러 개를 배치하기도 했다. 화덕자리는 대체로 표준화된 형태와 크기로 바닥을 파서 만들었고, 주위에 납작한 돌이나 자갈을 돌린 것이 많다. 집의 한쪽 구석에는 저장용 구덩이를 파기도 했고, 많은 주거지에서는 벽과 지붕을 받치던 기둥을 세운 흔적인 기둥구멍이 가장자리를 돌아가며 촘촘히 발견된다. 전반적으로 볼 때, 움집은 신석기시대보다 견고한 구조로서, 아마도 연중 상시 거주가 가능했을 것이다.

이 새로운 주거지에서 사람들은 우리가 집합적으로 무문토기라고 부르는 토기를 사용했다[그림 4.2]. 경작과 사냥 등의 생계 활동에는 석기와 목기가 사용되었으나, 청동기가 생활용 도구로 사용된 흔적은 없다. 그 외에도 물고기를 잡기 위한 그물과 낚시의 부품, 실을 잣는 도구인 가락바퀴(방추차), 옷을 만들기 위한 뼈바늘을 비롯한 여러 일상생활용 도구도 흔히 발견된다[그림 4.3]. 무문토기는 즐문토기와 달리 토기 표면에 아무 장식이 없거나 최소한의 장식만 보인다는 점이 큰 특징인데, 연구자 사이에는 아마

그림 4.3 청동기시대의 일상생활에 쓰이던 석기와 목기(국립중앙박물관 전시) 및 정선 아우라지 유적에서 드러난 그물추와 반월형석도. © 국립문화재연구원(그물추, 반월형석도)

도 어딘가에서 전파되었을 것으로 여기는 경향이 있다. 그렇지만, 북한에서 무문토기가 언제 어떻게 등장하고 변화했는지 분명하게 아는 것이 없는 상황에서, 무문토기의 기원에 대해서는 여러 가설만이 가능할 뿐이다. 일부 연구자는 북한지역을 건너뛴 채 압록강이나 두만강 너머에 있는 유적에서 보이는 유사한 유물을 들어 무문토기의 기원이라 말하기도 한다.

이렇게 한반도 및 한반도와 연한 중국 동북지방과 연해주에서는 청동기와 무문토기를 비롯해 공통적인 물질문화 요소가 발견되기 때문에, 이 너른 지역을 하나의 청동기시대 문화권으로 묶어 생각하게 해준다. 우리가 한국 문화권역이라 불러도 좋을 이 권역의 중심지가 아마도 고조선이 있던 지역으로서, 압록강 너머 요동반도에서 압록강 하류에 걸쳐 있다. 따라서 한반도의 대부분은 고조선 주변 지역이었을 텐데, 청동기시대 동안 평등했던 사회관계가 점차 무너져 계층화 사회로 나아갔으며 사회문화도 더 복잡하게 발전했다. 그러한 사회적 복합성의 증거와 사회적 불평등의 발생을 추정할 수 있게 해주는 증거로서는 단검을 비롯한 각종 청동 유물이 흔히 거론되고 있다. 그 희소성과 발견 맥락을 볼 때, 아마도 남한에서 발견된 청동기는 그것이 발견된 곳이 아닌 다른 어디에서 제작된 것으로서, 일종의 사회적 지위의 표지로서 대를 이어 물려받았을 가능성이 크다고 여겨지고 있다. 청동기를 비롯한 여러 고고학 자료는 시간이 흐르며 사회 계층화가 계속 진행되었고, 사회적 중심지도 형성되었음을 말해준다. 이러한 사회문화적 진화의 과정에서 권력도 서서히 발생했을 것으로서, 청동기시대 사회는 국가 단계로 조금씩 발걸음을 떼며 나아갔을 것이다.

편년의 문제

한반도에서 발견된 가장 이른 시기의 청동 유물이 무엇이냐는 질문을 받게 되면, 아마도 많은 연구자가 1966년 압록강변의 의주 신암리에서 발견된 전체 길이 10cm 정도의 칼을 떠올릴 것이다. 이 칼은 자그마한 청동단추와 함께 발견되었는데, 이 두 점의 청동기와 매우 유사한 유물은 중국 하남(허난[河南])성 은허(인쉬[殷墟]) 유적의 한 무덤에서 발견되었으며, 요녕(랴오닝[遼寧])과 내몽고(네이멍구[內蒙古]) 지역에서도 비슷한 것들이 보고되었다. 이런 유물의 연대는 기원전 13~12세기로 평가되고 있으므로, 신암리에서 발견된 청동 유물의 연대도 기원전 1200년 정도가 그 상한일 것이라고 평가되고 있다.

남한에서 발견된 청동기는 전반적으로 이 신암리 발견품보다 늦은 시기라고 여겨지지만, 어쩌면 그보다 앞서거나 같은 시기일 가능성도 있는 유물이 두 곳에서 보고되었다. 즉, 강원도 정선 아우라지 유적의 한 움집에서는 목걸이의 부품이라고 보이는 4점의 자그마한 청동 편이 수습되었다[그림 4.4]. 그 연대와 관련, 움집에서는 대략 기원전 1250에서 1050년 사이의 방사성탄소연대가 얻어졌으므로 유물의 나이도 그 정도라고 보는 견해와 더불어, 함께 발견된 토기의 연대를 기원전 1500년으로 볼 수 있으므로 이 청동 유물의 연대도 그럴 것이라는 주장도 있다. 또 다른 유물은 청원 학평리 유적의 움집 바닥에서 수습한 청동 단검이다[그림 4.5]. 이 칼은 기원전 1000년 이후라고 평가하는 견해가 우세하지만, 청동 단검 형식에 대한 관점에 따라 기원전 1200년 무렵으로 보기도 한다.

그런데 이 두 사례는 연대뿐만 아니라 발견의 맥락도 예외적이다. 이 둘

그림 4.4 정선 아우라지 유적과 제1호 주거지. 이 주거지에서는 여러 점의 원통형 옥과 작은 청동 조각으로 구성된 목걸이가 수습되었다. 네 점의 청동 조각은 길이 1cm 내외이다. 방형 주거지 내부에서는 네 가장자리를 돌로 두른 화덕자리와 기둥을 세웠던 주춧돌들을 볼 수 있다. © 국립문화재연구원(유적 전경, 발굴); 국립청주박물관(유물)

을 제외한다면, 남한에서 발견된 청동기시대 청동기는 예외 없이 기원전 1000년 이후라고 평가되는 무덤에서 발견되었다. 또한 거의 모든 것이 기원전 700년 이후라고 보는 견해가 지배적이다. 즉, 현재의 편년을 따를 때, 이 단 두 점을 제외한 모든 청동 유물은 주거유적이 각지에서 등장하고 난 다음 적어도 500년 이상 800년 정도에 이르는 긴 시간이 흐른 다음에야 비로소 나타났다고 보는 것이 일반적인 생각이다.

그런데 청동 유물은 청동기시대 내내 매우 희소한 물건이었다. 유물의 종류나 크기, 보존 상태, 출토 위치나 맥락을 불문하고, 학술적으로 보고된 유물의 총수는 100점 미만이며, 발견 지점과 맥락이 자세히 알려진 유물만을 꼽자면 그 수는 정말 얼마 되지 않는다. 더구나 청동기의 제작과 관련된 직접적인 증거로서, 광물의 채취나 제련 및 가공의 흔적이 있는 유적은 아직 발견되지 않았으며, 관련된 작업 도구로는 단지 몇 점의 거푸집만이 발견되었을 뿐이다. 즉, 청동기의 제작과 관련한 자료는 알려진 바가 없다고 해도 과언이 아니다. 사실 적어도 남한 지역에서는 청동기의 제작은 철기가 알려진 기원전 400년 무렵 이후에야 비로소 본격화되었다고 보인다.

그림 4.5 청원 학평리의 주거지에서 수습된 비파형동검. 상당히 부식되었지만, 비파형동검의 특징인 곡선 형태를 볼 수 있다. © 국립청주박물관

청동기시대의 시작을 청동기의 사용이나 제작과 관계된 증거가 아니라 무문토기의 등장으로써 정의해온 것은 바로 이러한 청동기의 희소성 때문이라고도 할 수 있다. 그런데 그러한 관행이 시작된 이유를 조금 더 깊이 생각해 보면, 그 배경에는 한국 문화권역에 대한 인식이 작용하고 있다고 생각할 수 있다.

즉, 청동기시대의 한반도와 그 이웃 지역을 하나의 문화권역으로 묶을 수 있다면, 이 문화권역은 하나의 편년 체계로 묶어 설명해야 옳다고 생각할 수 있을 것이다. 그런 생각의 연장선상에서는 또 권역 내의 어느

한 곳에 청동기가 등장하면 그것을 근거로 청동기가 없는 나머지 지역 모두를 포함해 권역 전체를 청동기시대로 불러도 좋다고 생각하게 될 것이다. 그렇다면, 요동을 비롯해 한반도와 같은 문화권역에 속하는 중국 동북지역의 자료는 한반도의 청동기시대 설정을 결정할 수 있는 자료로서 항상 중요하지 않을 수 없었다. 20세기 후반기의 한국 고고학계에서는 일제 식민사관의 한 중요한 요소인 소위 만선사관에 대한 우려로 이러한 생각은 명확히 표출되지 않았고, 현재도 이에 대해 누구도 명시적으로 말하고 있지 않지만, 한반도 밖의 자료로써 한반도의 청동기시대를 설정할 수 있다는 생각은 알게 모르게 지난 50여 년 동안 청동기시대와 관련한 논의의 근저에 깔려 있었다고 할 수 있다.

그런데, 한국 고고학 편년 체계를 모색하던 1970년대와 1980년대에 중국에서 보고된 한반도 관련 청동기시대 유적과 유물의 연대는 남한의 몇몇 무문토기 주거유적의 연대와 같거나 비슷함이 알려지게 되었다. 그에 따라, 같은 문화권역인 한반도에서 비록 청동기가 없더라도 중국 쪽의 그러한 청동기 유적에서도 무문토기가 발견되는 만큼, 무문토기 유적을 청동기시대 유적으로 다루어야 한다는 생각이 확고해졌으며, 결국 청동기시대의 시작을 설정하며 무문토기가 언제 등장하는가를 살펴보는 일에 집중하게 만드는 결과를 가져왔던 것이다.

청동기시대의 편년과 관계된 이러한 인식은 명시적으로 표출되지 않았으며 그 논리적 타당성이 검토된 바 없지만, 아무튼 청동기가 발견되지 않는 상황에서 무문토기로써 청동기시대를 정의하는 관행은 그대로 굳어져 버렸다. 그러므로 지난 수십 년 동안 새로운 연대 자료가 나올 때마다 무문토기의 등장연대가 계속 상향 조정됨과 더불어 청동기시대의 시작 또한 계속 더 이른 시점으로 설정되어 나갔던 것이다. 후술할 여러 의문점에도 불구하고 기원전 1500년이란 아마도 남한에서 무문토기가 등장한 시점에 어느 정도 가까운 연대일 것이다. 그렇지만, 앞서 말했듯 남한에서 발견된 청동기로서 그 연대가 기원전 1000년 이전일 가능성이 있는 자료로는 단지 두 점만이 있을 뿐이며 더구나 그 연대는 아직 불확실하다.

청동기는 없어도 무문토기의 등장으로써 청동기시대의 시작 시점을 잡음으로써, 청동기가 등장한 시점과 최소 수백 년 이상의 시차가 있는 때에 청동기시대가 시작했다고 보는 것이 논리적으로 타당한지에 대해서는 진지하게 생각해볼 필요가 있을 것이다. 이와 관련, 중국 동북지방을 포함해 한국 문화권역 전체에 걸쳐 출토한 관련 청동 유물 중에서 그 연대를 아무리 빨리 잡아도 기원전 13세기 전반보다 이른 시기라고 평가되는 것은 없는 듯하다는 사정도 잊지 말아야 할 것이다. 즉, 청동 유물이 이렇게 드문 사정에서, 한반도, 보다 좁게는 남한 지역에서 무문토기의 등장을 기준으로 청동기시대가 기원전 1500년부터 시작한다고 할 수 있는지에 대해서는 신중하게 생각할 때가 온 듯하다. 만약 그런 생각에 동의한다면, 이는 요하와 송화강 유역에서 남해안에 이르기까지, 또 발해만에서 연해주 남단에 이르기까지, 이 광대한 문화권역이 기원전 2천년기 중반부터 기본적으로 동일한 문화 진화 단계에 돌입했다는 생각에 동의한다는 의미이기도 하다. 그러나 필자는 이에 동의하기 어렵다.

이상의 내용을 요약하자면, 2020년대의 한국 고고학계는 그간의 관행에 따라 청동기시대의 시작을 무문토기의 등장으로써 규정하고 있다. 청동기시대의 시작을 둘러싼 토론이 있다면 그것은 방사성탄소연대 측정치의 평가를 둘러싼 기술적 논의만이 있을 뿐이다. 청동기시대 연구에서 무문토기는 청동기시대의 시작 문제뿐만 아니라, 청동기시대 문화단계를 정의하는 기준도 되고 있다.

무문토기, 고인돌, 마제석기와 청동단검

무문토기에 이어, 한반도와 이웃한 너른 지역에서 공유되고 있는 청동기시대 물질문화의 중요한 공통적 요소는 다름 아닌 비파형동검이다. 비파형동검의 분포범위를 비파형동검 문화권이라고 부르기도 하는데, 이렇게 하나의 유물로써 문화권을 설정할 수 있다고 생각할 만큼, 이 동검의 형태는 매우 독특하다. 비파형동검을 근거로 요동과 한반도 서북지역을 하나로 묶어 고조선의 영역으로 규정할 수 있다는 주장도 고고학 연구자 사이에 있지만, 동검과 무덤의 분포가 바로 고조선의 영역을 뜻한다는 생각에 문제가 있음은 전술한 바와 같다.

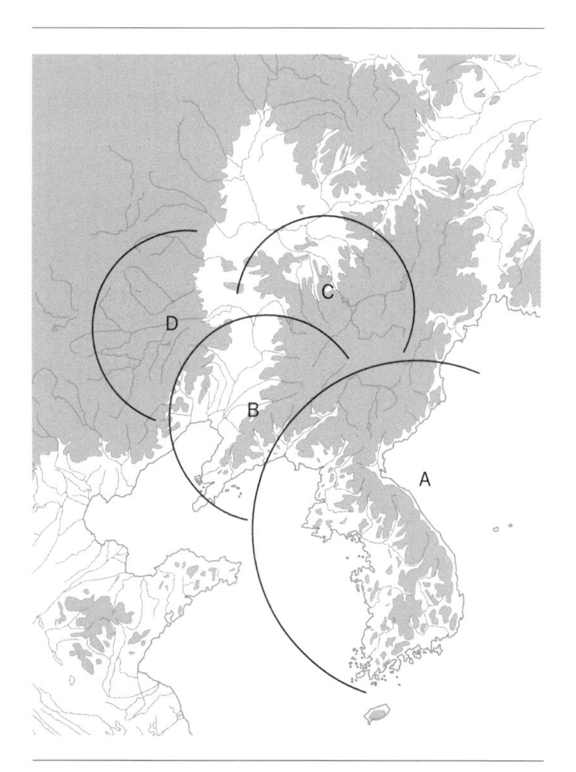

그림 4.6 비파형동검의 분포 권역. 원도: 한국고고학회 2010, 그림 61.
A: 한반도 권역; B: 요동반도-요하 중하류 권역; C: 송화강 중상류 권역 서단산(시두안산[西團山])문화; D: 요하 상류 권역 하가점(샤쟈디엔[夏家店])상층문화

다만, 비파형동검 문화권이란 한국 문화권역을 다른 방식으로 표현하는 용어라고 생각해도 좋을 것이다. 비파형동검 문화권은 유물 종류와 분포의 집중도를 고려해, 한반도, 요동반도-요하 중하류, 송화강 중상류 및 요하 상류의 네 권역으로 나누기도 한다[그림 4.6]. 네 권역은 1990년대 이전까지 북한에서 설정하던 청동기시대 문화권역들과 어느 정도 유사하지만, 요서, 한반도, 요동을 각각 권역으로 설정했다는 점에서 차이가 있다. 그런데 권역 사이에는 전체 유물 조합에서 약간의 차이를 볼 수 있지만, 권역 사이의 경계를 분명히 설정하기는 어렵다.

얼핏 모든 비파형동검은 비슷하게 보이지만, 개개 동검의 크기나 형태 및 제작 기법에는 차이가 있다[그림 4.1 참조]. 예를 들어, 한반도 발견품 중에는 손잡이를 장착하는 몸체 밑부분에 작은 홈을 만든 것이 많지만, 그런 특징은 압록강 너머에서 잘 보이지 않는다. 그 반면, 중국 쪽에서는 동검과 함께 마치 알파벳 문자 〈T〉를 뒤집어 놓은 듯한 모습의 손잡이가 발견되는 사례가 많지만, 이런 손잡이는 한반도에서 보기 어렵다. 이러한 몇몇 차이점은 칼의 전체 형태에 대한 인식이 넓은 지역에 걸쳐 공유되었으나 실제 제작은 지역이나 집단 혹은 장인에 따라 독자적으로 이루어졌음을 시사한다고 여겨진다.

지역에 따른 차이와 더불어, 동검의 전체 형태는 시간이 흐르며 조금씩 바뀌었다. 즉, 비파형동검은 궁극적으로 양변의 날이 직선화되고 폭이 좁아져 결국 세형동검으로 바뀌어 나갔다. 세형동검은 남한에서는 거의 전부 초기철기시대 무덤에서 발견되지만, 평양 일대의 대동강 유역에서는 기원전 5세기에 등장했다는 주장에서 알 수 있듯, 세형동검은 한반도 북서부 내지 요동에서 먼저 등장했다고 여겨진다. 동검의 형태 변화는 동검 그 자체 및 관련 유적과 유물의 연대 평가에서 가장 중요한 기준이 되고 있다. 시간에 따른 동검의 형태 변화에 대해서는 세부 속성의 평가에서 차이가 있는 여러 의견이 있지만, 종합해 볼 때 크게 두 가지 관점으로 요약할 수 있다. 즉, 한쪽은 칼의 길이가 짧아지고 양변의 돌기가 줄어들어 날이 직선화함에 따라 폭도 좁아진다고 보고 있으며, 다른 쪽에서는 그와 반대로 시간이 흐르며 길이가 늘어났다고 보는 것이다[그림 4.7]. 이렇게 상반된 의견이 있다는 사실 그 자체는 비파형동검의 연대 평가가 쉽지 않음을 뜻하는데, 칼의 형태 변화 및 공반 유물에 대한 관점에 따라 개개 유물의 연대에 대한 판단도 다르다.

2023년 현재, 출토맥락을 알 수 없는 몇 점을 제외하면, 남북을 합쳐 한반도에서는 모두 37개소에서 40점 정도의 비파형동검이 수습되었다고 알려졌다[그림 4.8]. 전술한 학평리 유물과 춘천 중도의 청동기시대 후기 주거지에서 출토한 두 점을 제외하면, 남한에서 발견된 비파형동검은 모두 고인돌이나 석관묘에서 발견되었다. 동검의 형태는 양변의 돌기가 두드러진 전형적인 비파형도 있지만, 중도 출토품처럼 세형동검에 가깝게 상대적으로 길고 좁은 모습도 있다. 그런 형태의 차이는 모든 비파형동검이 한 시기의 유물이 아닐 가능성을 말해준다.

대체로 모든 비파형동검은 그 연대가 기원전 700년에서 500년 사이라고 여겨지고 있다. 이런 평가는 주로 유물 형태를 기준으로 내려진 것으로서 아마도 해당 유물의 제작 시기에 대한 평가라고 생각되지만, 연구자들이 연대를 평가하며 제시한 연대가 무엇을 의미하는지 분명히 밝히는 경우

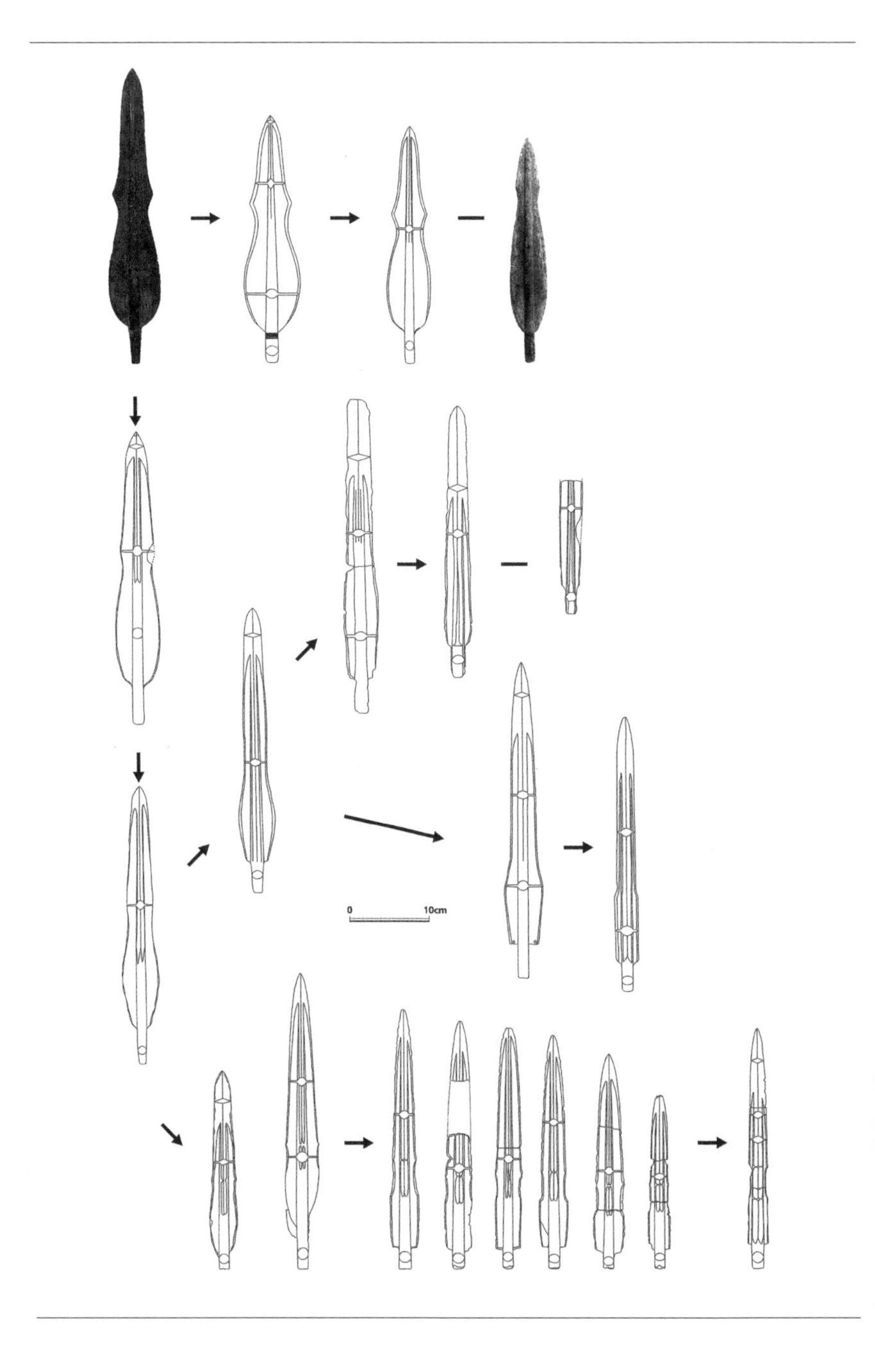

그림 4.7 비파형동검과 세형동검의 형식 변화에 대한 한 의견. 도표는 윗줄 왼쪽의 '전형적' 비파형동검이 화살표가 가리키는 두 방향으로 그 형태가 바뀌며, 한국형 동검은 그러한 과정의 마지막 산물로서 만들어졌다는 주장을 보여준다. 이에 대비되는 주장은 '전형적' 비파형동검은 길이가 짧은 것에서 발전했다는 의견으로서, 대체로 윗줄의 화살표 방향이 반대쪽으로 그려져야 한다는 것이다. 원도: 오강원 2020, 그림 3.

는 보기 어렵다. 즉, 유물의 제작 시점은 예를 들어 유물이 무덤에 매납된 시점과도 같이 고고학적 맥락에 포함된 시점보다 빠를 수밖에 없으므로, 고고학 자료의 연대 평가에서는 제시하는 연대가 유물의 제작에서 매장에 이르기까지의 과정에서 어느 시점을 뜻하는지 분명하게 인식해야 한다. 그렇지 않으면 제시된 연대의 의미는 모호하기 마련이며, 청동기의 연대에 대한 논의에서는 이러한 인식이 특히 필요하다고 보인다.

비파형동검의 수가 그리 많지 않고 또 거의 모두 무덤에서 발견되었으므로, 이것은 실용 목적의 도구라기보다 소장자가 사망하며 함께 묻힌 일종의 위세품이자 귀중품으로서 여러 대에 걸쳐 물려 내려왔으리라고 여겨진다. 그러한 추측을 뒷받침하듯, 발견품 중에는 조각도 많으며 그런 조각을 동검 형태에 가깝게 간 것들도 있다. 보존 상태가 좋은 매장유적에서는 동검을 표면에 옻을 칠한 나무 칼집에 넣어 매장했음을 알 수 있다. 아직 우리나라에서는 청동기시대 이전의 옻칠 증거는 보고되지 않았지만, 옻은 동아시아에서 신석기시대부터 토기, 목기, 철기 등 각종 기물의 표면 보호와 장식 효과를 위해 널리 사용되었다.

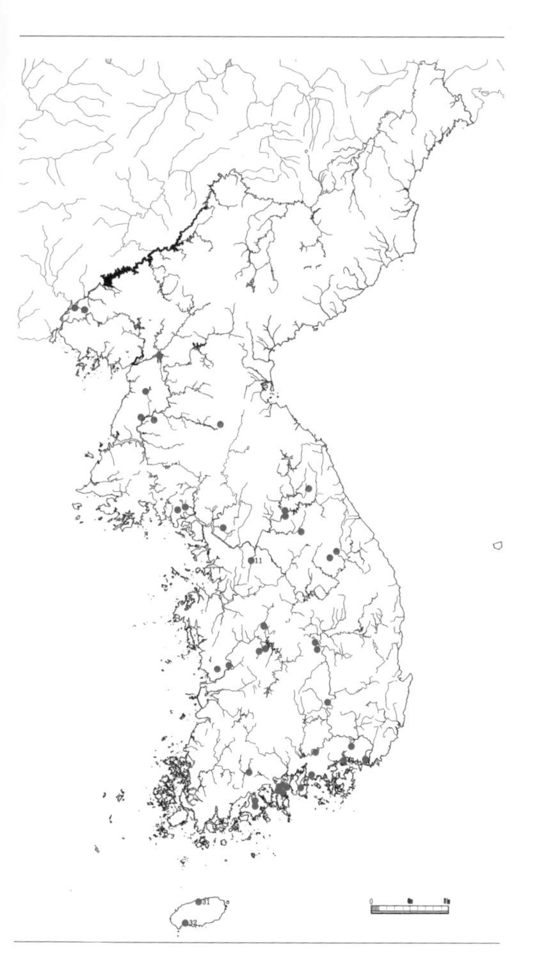

그림 4.8 한반도의 비파형동검 출토지점. © 국립청주박물관

비파형동검 이외에도 한국 문화권역에서는 청동제 창, 화살촉, 도끼, 거울, 단추 등이 발견된다. 이런 청동 유물의 수량과 분포 및 발견 맥락 역시 비파형동검과 그리 다르지 않다. 유물의 총수는 조각으로 발견된 것을 모두 포함해도 한반도 전체를 통틀어 단지 200점 남짓할 뿐이다. 더구나 그중 상당수는 해방 이전에 발견된 것으로서 정확한 출토지점이나 출토맥락을 알기 어려운데, 유물의 출토와 관련해 자세한 정보를 알 수 있는 유물은 전체의 3분의 1에도 미치지 못하고 있다.

그중 거울은 비파형동검 다음으로 중요한 청동기로서, 뒷면에는 단순한 기하학적 무늬의 장식이 있으며 끈을 달기 위한 꼭지를 둘 혹은 세 개 만들었다[그림 4.9]. 이른 시기의 거울은 거친 선으로 만든 간략한 무늬를 가진 거울이라는 뜻에서 조문경이라고 부르는데, 시간이 흐르며 선은 점점 가늘

그림 4.9 청동기시대의 다뉴경. 한국 문화권역의 청동거울은 꼭지가 하나 달린 중국식 거울과 달리 꼭지가 둘 혹은 세 개 달려, 그 명칭에 <다뉴>라는 접두사가 붙고 있다. 처음 등장한 거울은 뒷면을 거친 기하무늬로 장식한 거울인 다뉴조문경으로서, 기원전 700년 무렵 요동 지방에서 처음 만들어졌다고 여겨진다. 시간이 지나며 기하무늬가 가늘고 정교하게 변한 다뉴세문경이 나타났으며, <그림 5.4> 및 <5.12>에서 보는 바와 같이 극도로 정교한 무늬의 다뉴정문경이 초기철기시대에 만들어졌다. © 국립청주박물관

고 정교하며 복잡해져 세문경으로 변하다가, 철기가 보급되며 가히 초정밀 무늬 장식으로 가득 찬 정문경이 등장한다. 조문경은 한반도와 중국 동북 지방 및 연해주에서 걸쳐 모두 50여 점 발견되었으며, 세문경은 한반도에서 약 50점 그리고 일본에서 10여 점 발견되었다. 용도와 관련해 청동거울도 실용적 도구라기보다 모종의 상징적 의미를 지녔거나 혹은 제의에 사용되었을 것이라고 여겨진다.

청동기의 제작과 관련, 한반도에서 제련이나 채광과 관련한 증거는 아직 발견되지 않았으며, 다만 돌로 만든 거푸집 몇 개만이 있을 뿐이다. 청동기 제작 기술에 대한 정보는 실험 제작을 통해 어느 정도 알게 되었지만, 생산 과정의 전모나 수리 기술의 세부 사항에 대해서는 밝혀져야 할 점이 많다. 청동기가 한반도 내에서 제작되었을 가능성도 있지만 청동기가 매우

드물다는 사실을 생각하면 고조선 중심지인 요동이나 한반도 서북부에서 만들어진 것들이 교환이나 거래를 통해 입수되었거나 혹은 선물로서 받았다고 여기는 경향이 있는 듯하다.

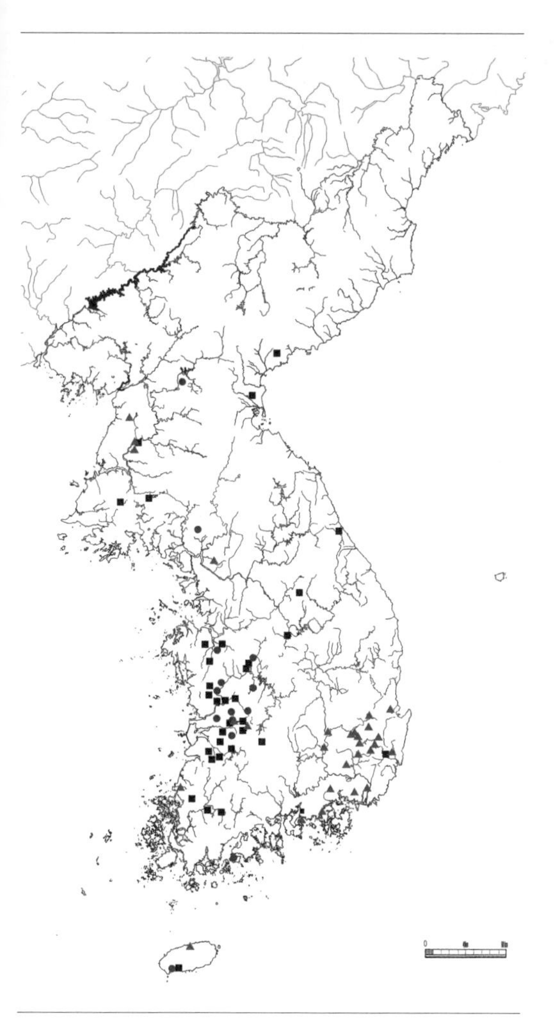

그림 4.10 청동기시대 및 그 이후 시기의 청동거울 출토지점. 원은 조문경, 네모는 세문경, 삼각형은 초기철기시대와 원삼국시대 유적에서 발견된 중국식 거울의 출토지점이다. © 국립청주박물관

무문토기와 청동기만큼 중요한 청동기시대의 유물은 마제석검, 즉 돌을 갈아서 만든 칼이다. 마제석검을 비롯한 마제석기는 원석을 적당한 크기와 형태로 때리고 다듬은 다음, 입자가 굵고 가는 여러 숫돌로 갈아 그 형태를 완성하였다. 주거유적이나 무덤에서는 마제석검 이외에도 도끼, 괭이, 가래, 곤봉대가리, 화살촉, 칼, 창끝, 대팻날, 끌, 가락바퀴, 어망추 등, 생활에 쓰인 여러 종류의 석기가 발견된다. 그중에서도 마제석검은 무문토기와 더불어 한반도에서 청동기시대의 지표 유물로서 여러 형태가 만들어졌다.

마제석검은 크게 유병식이라고 불리는 손잡이와 몸체를 하나로 만든 것과 나무 손잡이 장착을 위해 몸체 아래에 작은 꼬리가 달린 유경식으로 나뉜다[그림 4.11]. 유경식 석검은 손잡이가 장착된 상태로 발견되기도 하며, 일부 석검은 큰 화살촉이나 창끝으로 사용했을 듯하다. 유병식 석검은 몸체에 소위 '혈구', 즉, '피홈'이라고 부르는 한 쌍의 세로 홈이 있는 것도 있으며, 몸체에 이어지는 손잡이 부분의 가운데에 얕은 홈을 가로로 파 단을 만든 듯한 효과를 낸 것이 있다. 후자 중에는 몸체에 작은 둥근 홈을 여러 개 파서 일종의 장식 효과를 내기도 했는데, 특히 영남지방의 무덤에서 종종 발견된다. 이러한 몇 가지 특징은 석검의 형식을 설정하고 시간적 서열 관계를 매기는 기준으로 사용되는데, 예를 들어 손잡이에 홈을 만든 것이 홈이 없는 것보다 먼저 나타나 오랫동안 공존했다고

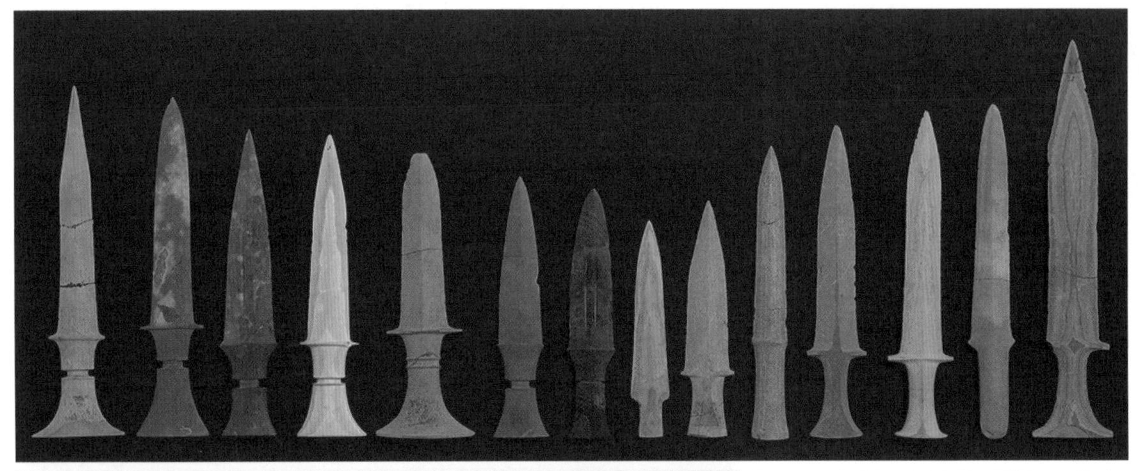

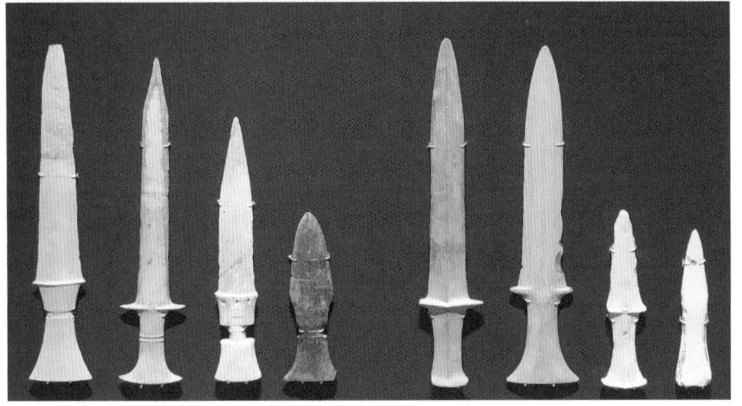

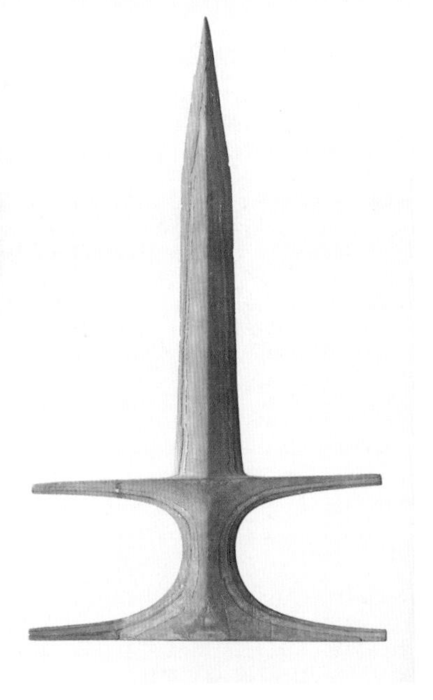

그림 4.11 마제석검 각종. 몸체와 손잡이를 통으로 만든 석검이 청동기시대 전기에 만들어졌으며, 별도의 손잡이를 몸체에 끼울 수 있도록 꼭지가 달린 것은 후기에 등장했다고 보인다. 후자는 특히 송국리문화의 표지 유물이라고 부를 만큼 충청도와 전라도의 송국리문화 유적에서 흔히 발견되며, 경상도에서도 발견사례가 늘고 있다. 석검 중에는 아랫줄 오른쪽 사진의 김해 무계리 고인돌 수습품과 같이 매우 과장된 크기와 형태로 만들었거나 몸체 아래와 손잡이에 실용성과 상관없는 작은 원형 홈을 잔뜩 파놓은 것도 발견되고 있다. 그러나 거의 모든 석검은 주거지에서 발견되건 무덤에서 발견되건 대개 비슷비슷한 크기와 형태로서, 실용품으로 사용되었다고 보이며, 석재는 다르더라도 외형의 유사도가 높아 넓은 지역에 걸쳐 형식학적 요소들이 공유되었음을 보여준다. 윗줄은 국립전주박물관 소장품, 아랫줄은 국립경주박물관 전시품으로서, 가장 긴 석검들은 길이 30cm 내외이며, 무계리 석검의 길이는 이보다 두 배가량 길다. © 국립전주박물관; 국립중앙박물관(무계리)

일컬어진다. 다만 그렇게 분류하고 설정한 돌칼의 형식이 과연 청동기시대 사람들에게 어떤 의미가 있었을지는 알 수 없다.

그런데 마제석검은 당시 사람들에게 도구로서의 실용성뿐만 아니라 무

그림 4.12 여수 오림동 고인돌에 새겨진 마제석검. 그림의 길이는 35cm이다. 석검 옆에는 두 사람의 모습이 보인다. © 전남대학교박물관(고인돌); 국립문화재연구원(탁본)

덤에 묻힌 부장품으로서 모종의 상징성도 지녔을 것이다. 그러한 가능성은 전체 형태를 과장되게 만든 석검이 부장된다거나[그림 4.11], 고인돌에 석검의 모습을 새기는 사례로부터 추정할 수 있다[그림 4.12]. 고인돌에 석검을 새긴 경우에는 외곽선만이 아니라 석검 표면에 보이는 돌의 결도 표현하고자 했다.

마제석검의 기원과 관련, 과거 일본인 연구자들은 '피홈'이 있는 세형동

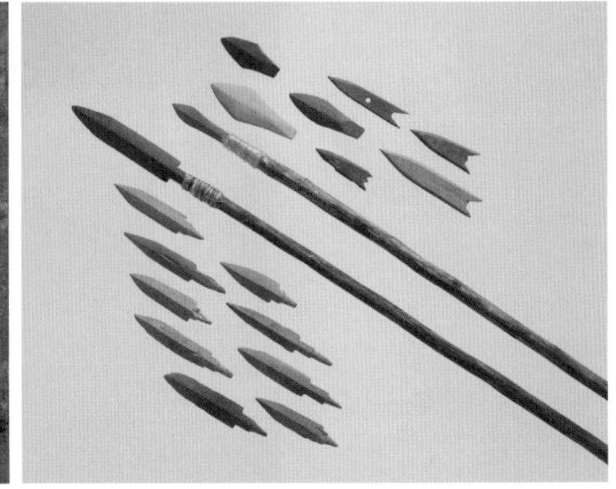

그림 4.13 춘천 천전리에서 발굴된 화살통과 화살 및 그 복원품. 화살대는 버드나무를 다듬어 만들었다. © 국립문화재연구원(출토 광경); 국립춘천박물관(복원품)

검을 모방해 마제석검이 만들어지기 시작했다고 추정했다. 이때 동검은 한의 고조선 침공 이후 나타났을 것이므로, 마제석검은 한반도가 역사시대에도 석기시대가 지속되었고 청동기시대가 존재하지 않았다는 증거라고 보았다. 전술했듯, 해방 전후 남북한 모두에서 청동기시대의 증거를 찾고자 애써 노력했던 것은 이러한 왜곡된 해석의 극복이 중요한 원인의 하나로 작용했다고 할 수 있다. 남한에서 마제석검이 세형동검의 모방품이 아니라는 사실은 1960년대에 세형동검보다 앞선 시기의 유적에서 마제석검이 발견됨으로써 증명할 수 있었다.

마제석검 이외의 여러 석기도 시대와 지역에 따라 조금씩 형태가 다르다. 예를 들어, 이른 시기의 대표적인 석촉은 납작한 삼각형인데, 시간이 흐르며 이를 대신해 다양한 석촉이 나타났다[그림 4.13]. 즉, 전체 길이에 있어서 길고 짧은 여러 가지가 있으며, 몸체에 단을 지어 화살대 장착용 부위를 따로 만들기도 하고, 따로 단을 만들지 않고 몸체 밑 부분을 가늘게 해 화살대를 장착하도록 한 것도 있으며, 화살대 장착 부위도 중간에 단을 만들기도 하고 없기도 하며, 몸체 단면도 마름모이거나 렌즈형 아니면 납작한 것도 있다. 그러한 다양한 형태의 석촉은 목적에 따라 특화된 것이라고 보인다. 마제석검과 마찬가지로, 석촉 형태의 여러 속성은 형식 분류의 기준이 되고 있으며 그에 따라 설정된 형식 사이의 시간적 관계도 설정되고 있다.

그림 4.14 반월형석도 각종. 국립경주박물관 및 국립제주박물관 전시품. 적절한 원석을 구하기 어려운 제주도에서는 오른쪽 아래 사진에서 보듯 전복 껍데기로 만들기도 했다. © 국립제주박물관(전복 껍데기 칼)

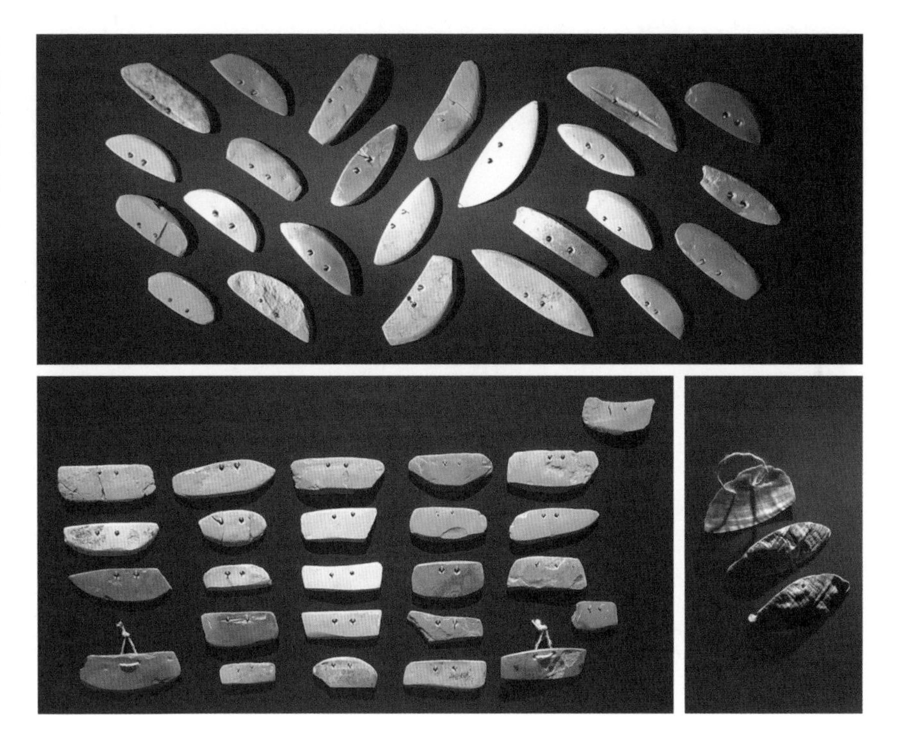

예를 들어, 중간에 단이 있는 석촉이 몸체를 그대로 화살대에 장착할 수 있는 형태의 것보다 먼저 만들어졌다고 여겨진다.

형태적 다양성은 반월형석도(반달돌칼)에서도 보인다[그림 4.14]. 그런데 반달이라는 이름이 무색하게, 이 돌칼 중에서 정말로 반달 같은 모습은 보기 어렵다. 반월형석도는 대개 긴 몸체에 둥근 날이나 곧은 날을 갖고 있는데, 몸체에는 거의 예외 없이 끈을 꿰어 손잡이를 만들기 위해 뚫었다고 보이는 구멍이 둘 있다. 즉, 이 석기는 손에 쥐고 이삭 따기에 사용했던 도구라고 여겨진다. 시간이 흐르며 반월형석도는 폭이 점점 좁아져 삼각형으로 바뀌는데, 이 삼각형석도는 충청도 이남의 청동기시대 후기 주거유적에서 특히 자주 발견된다.

마지막으로, 한국의 청동기시대를 상징하는 또 다른 중요한 유산은 바로 지석묘, 즉 고인돌이다[그림 4.15]. 고인돌은 그 어떤 선사시대 유물이나 유적보다 눈에 확연히 들어오는 고대의 유산으로서, 공업화와 도시화가 본

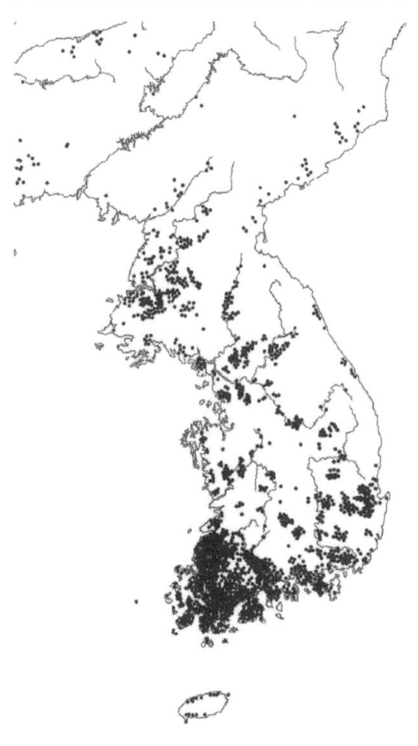

그림 4.15 은율 운화동 소재 탁자형 고인돌. 아마도 이런 고인돌들이 100여 년 전 한국을 찾은 서양인들의 호기심을 자아냈을 것이다. © 국립중앙박물관
그림 4.16 고인돌 분포도. 고인돌은 공업화와 도시화가 시작되기 전에는 전국 어느 곳에서도 찾을 수 있었다. 원도: 국립중앙박물관 2010, p.70.

격적으로 진행되기 전까지는 도심을 벗어나면 어렵지 않게 볼 수 있었다. 필자만 하더라도, 유소년기를 보낸 서울 변두리 동네 언덕배기에도, 외외가(어머니의 외가) 마을 앞에도, 증조부 산소 앞에도 고인돌이 있었지만, 1970년대부터 차례로 사라져 버렸다. 지난 50여 년 동안의 도시화와 공업화 과정에서 사라진 고인돌의 수는 족히 최소한 만 단위로 셈해야 할 것이다. 비록 그 형체는 사라졌지만, 곳곳에 남아 있는 지석리, 즉 고인돌 마을이라는 지명은 한때 그곳에 고인돌이 있었음을 말해준다[그림 4.16]. 고인돌이 상대적으로 잘 보존되었던 전라남도의 경우, 기록과 실물로서 확인되는 고인돌의 총수는 4만여 개에 달한다는 조사 결과가 있다. 이 수치를 참조하고 지형적 여건 등을 생각한다면, 아마도 남한 전역에는 고인돌이 원래 최대 30만 개 정도는 있지 않았을까 추정할 만하다. 아마도 한반도의 청동기시대 경관은 고인돌이 압도하고 있었을 것이다.

이상 요약했듯, 한국의 청동기시대는 무문토기, 비파형동검, 마제석검과 고인돌로써 대표된다고 할 수 있다. 청동기시대에 관한 논의에서는 이러한 요소들이 물질문화의 여러 측면과 어떤 관계 속에서 변화해 나갔는지를 밝히는 것이 중요한 주제가 되고 있다. 아래에서는 먼저 1,000년 이상 지속되었다고 여겨지는 청동기시대 문화상의 개요를 남한 지역을 중심으로 살펴보겠다.

시대구분과 지역성

이미 말한 바와도 같이, 한국 고고학계의 다수 의견으로서 청동기시대는 기원전 1500년에서 400년 사이의 시기라고 여겨진다. 20세기 말부터 주거 유적의 절대연대 측정치가 축적되며, 무문토기의 연대도 점차 잘 알게 되었고 토기 형식 사이의 시간적 순서 관계도 밝혀지게 되었다. 즉, 무문토기는 신석기시대 토기와 달리 표면에 무늬가 없으므로 편년을 시도하기 쉽지 않지만, 같이 발견된 유기물 시료나 토기 그 자체의 연대측정으로부터 토기 형식의 변화도 어느 정도 파악할 수 있게 되었다. 그 결과, 청동기시대는 무문토기의 변화를 기준으로 다시 몇 단계로 구분할 수 있다고 여기게 되었다. 즉, 〈그림 4.17〉에 보이는 무문토기 형식의 모식적 변화는 청동기시대를 다시 구분하는 근거로 사용되고 있다.

남한 지역에서 무문토기의 등장과 관련해, 이것은 '북쪽'에서 전파되었다는 가설이 1970년대에 제시되었으며, 지금도 청동기시대 연구에 큰 영향을 미치고 있다. 이 가설의 요체는 서북한 지역으로부터는 팽이형토기의 작은 바닥과 아가리 부위의 짧은 빗금무늬가, 그리고 두만강 유역으로부터

그림 4.17 남한 지역 청동기시대 편년의 지표로 사용되는 무문토기 양식. 가장 위에는 청동기시대 조기의 돌대각목문 토기로서, 단면 형태에 따라 <1>과 <2>두 종류로 구분되며, <1>이 <2>에 앞선다고 주장되기도 한다. 전기의 토기로는 <3>의 가락동식, <4>의 흔암리식 및 <5>의 역삼동식이 있으며, <6>은 후기의 송국리식 토기이다. 사진에 보이는 토기들의 크기는 실물과 비례하지 않는다. 원도: 한국고고학회 2010, 그림 45.

는 구멍무늬토기(공렬토기) 구연부에 만든 작은 구멍이라는 속성이 남쪽으로 전파되었고, 두 요소가 한강 유역에서 결합해 남한 지역의 무문토기가 만들어졌다는 것이다. 한국에서 고고학이 아직 모든 면에서 걸음마 수준에 머무르고 있던 당시, 이 가설은 탁견으로 받아들여졌다.

그런데 이 가설은 거의 전적으로 해방 이전 수집된 지표 채집자료에 기초하고 있고, 그 논리 구조 역시 캄케라믹과 즐문토기의 관계처럼 해방 이전 주장되었던 한국의 선사시대 토기의 기원에 관한 전파론적 논리를 따르고 있다. 즉, 선사시대의 문화 요소는 '북쪽'에서 전파되었으며 이것은 무문토기의 발생에서도 예외가 아니라는 생각을 선험적 전제로 하고 있다. 즐문토기의 경우에서도 그렇듯, 이 가설은 무문토기의 기원과 확산을 쉽게 설명해주는 편리한 답으로서 오랫동안 별다른 의심 없이 통용되어왔다. 비록 연구자에 따라 구체적인 전파의 기원지나 시점, 경로 등에 대해서는 조금씩 생각이 다르긴 했지만, 이 가설의 등장 이후 남한 지역에서 무문토기는 전파의 결과로 발생했다는 생각은 청동기시대 연구자 사이에서 의심없이 받아들여져 왔던 것이다. 그러나 공렬토기와 팽이형토기의 형태 요소가 남쪽으로 전파되었을 가능성은 물론 배제할 수 없겠지만, 북한 지역의 자료를 제대로 알 수 없는 상황에서 지금도 그렇지만 앞으로도 오랫동안 그 진위의 검증은 불가능할 것이다.

타당성 여부는 일단 차치하고, 위 가설이 남한 무문토기의 발원지로서 한강 유역을 지목하는 데에서 알 수 있듯, 20세기에는 무문토기 연구가 주로 한강 유역의 자료를 근거로 이루어져 왔다. 이러한 한강 유역의 토기를 가리켜 아마도 고전적 무문토기라고 부를 수 있을 텐데, 이 고전적 무문토기의 기본형식으로는 심발형토기라고 부르는 속이 깊은 주발처럼 생긴 토기와 호형토기, 즉 항아리 모습의 토기 두 종류가 있다.

심발형토기란 아가리가 상대적으로 넓고 몸체의 측선은 직선에 가까우며 바닥은 상대적으로 작은 높이 30~60cm 정도의 토기이다. 그런데 심발형토기라는 용어는 차츰 무문토기뿐만 아니라 시대가 다른 토기에도 적용되기 시작해, 지금은 용어가 가졌던 무문토기에 대한 형식학적 개념이 많이 퇴색하였다. 무문토기로서 전형적 심발형토기는 〈그림 4.17〉의 〈5〉번과 같은 것인데, 〈그림 4.2〉에서 〈D〉, 〈F〉, 〈G〉, 〈H〉의 왼쪽에 있는 토기는 각각 서로 다른 형식으로 분류되지만 그 형태를 가리켜 모두 심발형토기라고 부를 수 있다. 즉, 심발형은 단순히 토기의 형태를 가리키는 형용사로도 널리 사용된다. 형식 명칭으로서의 호형토기 역시 이와 비슷한 과정을 겪었는데, 원래는 〈그림 4.17〉의 〈3〉이나 〈6〉의 오른쪽에 있는 것 같은 토기에 붙여진 명칭이었으며, 지금은 둥근 몸체에 목이 달린 토기를 가리키는 일반 용어로 쓰인다. 많은 청동기시대 움집에서는 벽을 따라서 혹은 한 구석에 서 있거나 땅에 박아놓은 제법 큰 호형토기를 볼 수 있는데, 그 안에서는 종종 탄화된 곡물이 발견되기도 하는바 그 용도를 짐작하게 해준다.

그런데 1990년대부터 절대연대 측정이 활발히 이루어지며, 한강 유역의 고전적 무문토기가 등장하기 전에 만들어진 무문토기의 존재가 드러나기 시작했다. 이것은 아가리 부분에 가장자리를 따라 짧은 빗금을 친 얇은 띠를 돌렸다는 특징을 갖고 있어 돌대문토기라고 불린다. 이 토기는 원래 즐문토기 유적으로 잘 알려진 서울 동쪽에 있는 미사리(현 하남시 미사동) 유적의 청동기시대 움집에서 처음 발견되었고, 곧이어 〈그림 4.4〉의 정선 아우라지 유적을 비롯해 전국 각지에서 비슷하게 생긴 움집에서 발견되기 시작했다. 이 돌대문토기 주거유적들은 주로 경작에 적합한 비옥한 충적토에 쉽게 접근할 수 있는 내륙 깊숙한 곳 하천의 자연제방 위에 자리를 잡은 청동기시대 마을의 흔적이다. 이런 유적에서 기원전 1500년 무렵의 방사성탄소연대가 얻어짐에 따라, 돌대문토기는 청동기시대의 시작을 알리는 신호탄으로 여겨지게 되었다. 그에 따라 청동기시대의 편년은 고전적 무문토기의 전기 청동기시대에 앞서 돌대문토기의 조기 청동기시대를 설정해야 한다고 보게 되었다. 돌대문토기는 띠의 형태를 기준으로 시대를 달리하는 두 가지로 나누어야 한다고 주장되기도 한다[그림 4.17].

돌대문토기의 기원과 관련, 이것은 신석기시대 말의 토기 중에서 구연부 형태가 비슷한 토기로부터 기원했다는 관점이 있다. 이것은 신석기시대와 청동기시대의 문화적 연속성을 은연중 강조하고 있는 견해이다. 그런데 이 신석기시대 토기에 대한 정보는 질과 양 모두에서 아직 미미한 형편이다. 이에 대비되는 생각은 일종의 주민 이주설이라고 부를 만한 일련의 주장으로서, 돌대문토기와 신석기시대 토기 사이의 연속성은 확인하기 어려우며, 돌대문토기 관련 유적과 유물은 한반도와 가까운 중국 동북지방의 농경민이 사람이 아주 적었던 한반도에 이주하고 빠르게 각지로 퍼져나갔다는 증거라는 것이다. 심지어 일각에서는 몇몇 유물의 형태적 유사성을 근거로 한반도 남단의 특정 유적은 요동의 특정 유적 주민이 한반도 남단으로 이주해 만들어졌다고까지 주장하기도 한다.

그러한 극도의 단순 논리에 따른 전파 혹은 이주의 가설은 받아들일 수 없지만, 아무튼 요하 유역이나 두만강 대안의 일부 유적에서는 남한의 조기 청동기시대 유물과 유사한 유물이 발견되고 있다. 그에 따라 한반도 밖에서 거주하던 농경민 집단이 남쪽으로 이주하거나 확산했을 가능성은 무시할 수 없으며, 청동기시대의 한국 문화권역은 그러한 과정을 통해 점차 확대되어 나갔으리라고 생각할 수도 있다. 물론 아직 그러한 확산의 구체적 과정에 대해서는 무어라 말할 수 없으며, 몇몇 유물의 형태적 유사성 이외에 또 어떠한 유사성이 이런 유적들과 조기 청동기시대 유적 사이에 있는지도 아직 확실하지 않다. 참고로, 중국 동북지방에서 발견된 관련 유적들은 규모도 크고 유적 구성도 상대적으로 복잡해 사회분화가 어느 정도 진행되었음을 유추하게끔 해주는데, 그러한 특징은 남한의 조기 청동기시대 유적에서 보기 어렵다.

그런데 2010년대 중반부터 청동기시대의 편년과 관련한 문제는 복잡해지고 있다. 즉, 새로 얻어지고 있는 방사성탄소연대는 돌대문토기가 그렇게 빨리 등장하지 않았을지도 모른다고 생각하게끔 만들고 있다. 돌대문토기가 심발형토기보다 반드시 더 이른 시기에 만들어진 토기가 아닐 수도 있다는 생각과 더불어 청동기시대 전기에 앞서 조기를 설정하는 것이 타당한가에 대한 의문이 제기되고 있는 것이다. 또한 더욱 중요한 문제로서, 토기와 함께 발견된 유물들을 종합적으로 살펴본다면, 돌대문토기와 고전적 무문토기 사이에 큰 차이를 볼 수 없다는 지적이 나타나기 시작했다.

돌대문토기의 연대와 조기 청동기시대 설정의 타당성을 둘러싼 논란은 앞으로도 계속될 테지만, 방사성탄소연대가 축적되며 회의론이 조금 더 힘을 얻고 있는 듯하다. 만약 조기 청동기시대 유적에서 전기 청동기시대의 연대가 얻어진다면 조기의 설정은 당연히 타당하지 않을뿐더러, 청동기시대의 시작 역시 생각보다 훨씬 늦은 시점으로 잡아야 할지도 모른다. 왜냐하면 그러한 절대연대 측정치란 대부분 유적의 형성과 관련해 '생각할 수 있는 최고치'라고 보이기 때문이다. 따라서 비록 청동기시대가 무문토기가 등장한 기원전 1500년 시작한다는 생각이 그간 널리 퍼졌지만, 조기 청동기시대의 설정과 관계된 문제로 청동기시대의 시작은 아직 명확히 정리되지 않았다.

한편, 전기 청동기시대에 대해서도 논란이 있다. 이 시기는 앞서 말한 청동기시대의 네 가지 주요한 문화 요소인 무문토기, 비파형동검, 마제석검 및 고인돌이 널리 퍼진 시기로서, 보통 고전적 무문토기의 등장과 더불어 대략 기원전 1200년 무렵 시작한다고 여겨져 왔다. 그러나 대기에 포함된 방사성탄소 C^{14} 함량의 변화 및 연대측정 시료의 맥락 해석과 관계된 문제로 인해, 이 시기 유적에서 보고된 방사성탄소연대는 액면 그대로 받아들일 수 없다. 그에 따라 모든 연구자가 기원전 1200년을 청동기시대 조기의 시작 연대로 보고 있는 것은 아니다. 상황은 혼란스러운데, 그 시작이 기원전 1100년이라는 의견도 있고 800에서 700년 사이라는 의견도 있으며, 이외 다른 견해도 있다. 그러나 시점에 대한 이견에도 불구하고 이 시기에 농경이 확립되었고 사회분화가 상당히 진행되었다는 생각은 널리 공유되고 있다. 이 시기의 주거유적은 전국 방방곡곡에서 발견되고 있는데, 당시 사람들이 살던 움집의 크기와 수를 볼 때 인구는 꾸준히 증가했다고 여겨진다[그림 4.18].

그림 4.18 화천 용암리 유적의 청동기시대 전기 마을유적에서 노출된 장방형 주거지. 주거지가 서로 가까이 있거나 복잡하게 겹쳐 있는 상황은 이곳이 오랫동안 점유되었음을 말해준다. 사진에서 보는 바와 같은 큰 주거지에서는 대체로 여러 개의 저장구덩이와 화덕자리와 함께 다수의 기둥구멍이나 주춧돌이 발견된다. © 국립문화재연구원

전기 청동기시대의 고전적 무문토기는 1960년대와 70년대에 서울 역삼동과 가락동 유적 및 여주 흔암리 유적이 발굴되며 그 모습이 드러났다 [그림 4.17]. 이 세 유적은 이 시기를 대표하는 유적으로서, 역삼동과 가락동 유적은 단발성 조사에 그쳤지만 흔암리 유적은 당시로서는 획기적으로 1970년대 동안 여러 해에 걸쳐 매해 서너 기의 주거지가 꾸준하게 발굴되었다. 이런 과정에서 흔암리에서는 남한에서는 처음으로 청동기시대의 쌀이 1977년 발견되었으며, 2019년 실시된 재조사에서도 쌀과 더불어 탄화된 콩과 들깨가 움집 내에서 수습되었다.

이 세 유적에서 발견된 자료를 기준으로 삼아, 전기 청동기시대의 유물군에는 크게 역삼동-흔암리 유형과 가락동 유형이 있다고도 여겨지고 있다. 두 유형은 주로 토기에서 보이는 차이를 기준으로 구분되며, 그러한 차

이는 전술했듯 북쪽에서 전파되었다고 하는 토기 요소와 관계된다고 일컬어진다. 즉, 역삼동-가락동 유형에서는 한반도 동북 지방의 공렬토기 요소가, 가락동 유형에서는 서북 지방의 팽이형토기 요소가 두드러진 심발형토기 중심으로 유물군이 구성되어 있다는 것이다. 그런데 이 두 유형에 속하는 토기들은 한때는 한강 유역에서만 발견된다고 여겨졌으나, 지금은 남부지방 여러 곳에서도 발견되고 있어 그 기원에 대한 전파론적 설명의 타당성에 대해서는 의문이 일고 있다.

이러한 토기들이 발견되는 전기 청동기시대 주거지에서는 쌀이나 기타 잡곡이 저장용 토기에서 발견되고 있어, 곡물의 경작이 중요했음을 말해준다. 경작은 후기 청동기시대에 들어와 더욱 중요해졌고 인구도 더욱 늘어나게 되었다. 그런데 초기철기시대를 청동기시대의 마지막 단계인 후기 청동기시대로 보는 입장에서는 이 후기 청동기시대는 후기가 아니라 중기 청동기시대라고 부른다. 이런 관점은 과거 초기철기시대를 청동기시대 2기라 부른 이유를 상기시키는데, 새로 철기가 등장했어도 무문토기, 마제석기, 고인돌을 비롯한 청동기시대의 특징적 지표는 하루아침에 사라지지 않았으므로 청동기시대가 연속되었다고 볼 수 있다는 것이다. 이렇게 현재 통용되는 청동기시대의 편년에는 약간의 혼란이 있는데, 이 책에서는 통설을 따라 초기철기시대를 청동기시대와 구분하고, 청동기시대를 조기, 전기 및 후기로 구분하겠다.

후기 청동기시대는 흔히 송국리유형문화 혹은 줄여서 송국리문화 시기라고 불리기도 한다. 송국리유형문화 혹은 송국리문화라는 이름은 부여 송국리 유적에서 발견된 독특한 형태의 토기[그림 4.17]와 주거지[그림 4.19]에서 명명되었다[그림 4.17, 4.19; 그림 4.23 참조]. 송국리문화의 유적은 남한에서 너른 지역에 걸쳐 분포하며, 거의 똑같이 생긴 토기, 석기와 주거지로 구성되어 있다는 점에서 매우 특징적이다. 1970년대 송국리 유적이 처음 조사된 이래, 송국리문화는 고전적 무문토기 단계를 잇는 청동기시대 후기를 규정한다고 여겨져왔다.

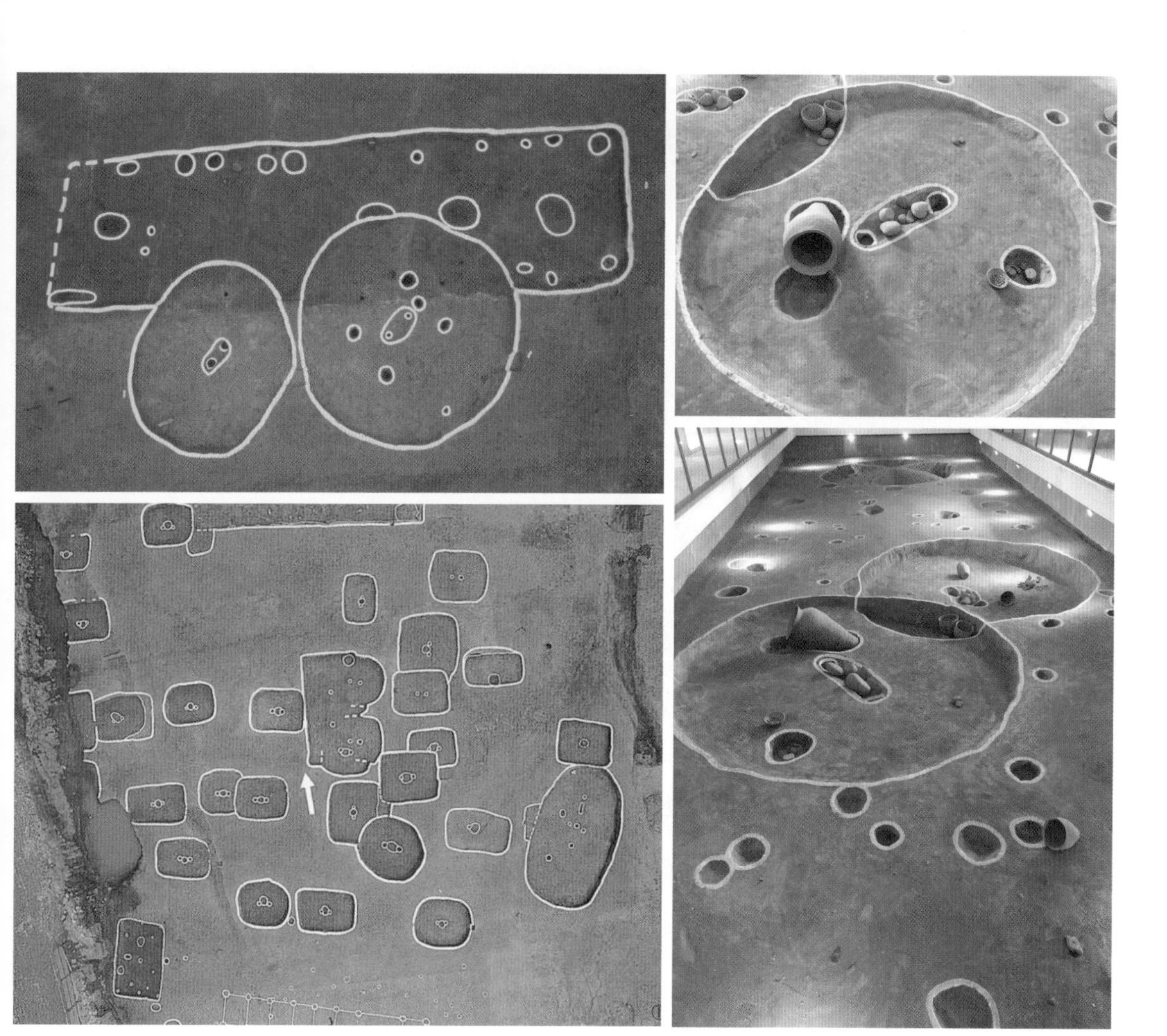

그림 4.19 송국리식 주거지는 대다수가 직경 5m 내외의 평면 원형으로서, 둥근 구석의 네모꼴 평면도 약간 있다. 가운데에는 흔히 작업시설이라고 여겨지는 야트막한 구덩이가 있는데 그 좌우 끝에는 둥글게 구멍을 파기도 했으며 그런 구멍이 없는 것도 많다. 많은 주거지에서는 그 내부나 가장자리에서 지붕을 지탱하던 기둥구멍을 찾을 수 없어 아마도 벽이 지붕 역할을 함께 한 원추형 구조였을 가능성이 있으며, 내부에 기둥구멍이 있는 경우에는 4~6개 정도의 기둥을 중앙부에 세웠던 것처럼 보인다. 윗줄 왼쪽은 천안 불당동 유적으로서, 송국리식 주거지가 그 이전 시기의 세장방형 주거지 위에 만들어진 양상을 보여준다. 그 아래의 사진은 청도 진라리 유적으로서, 주거지가 밀집하고 중복되어 있어 송국리문화 마을이 오랫동안 있었음을 말해준다. 오른쪽에는 제주도 삼양동 유적전시관에서 볼 수 있는 송국리식 주거지의 모습으로서, 본토에서 물질문화의 양상이 크게 바뀌고 삼국시대가 본격적으로 전개된 시기에도 송국리식 주거지가 계속 만들어졌다. © 충남역사문화연구원(불당동); 영남문화재연구원(진라리)

그런데 송국리문화 유적의 절대다수는 충청, 전라, 경상 지역에 모여 있으며, 북위 37도 이북에서는 매우 드물어 임진강이나 한강 유역에서는 아직 발견되지 않았다. 다만 2010년대에 들어와 휴전선 바로 아래 동해안의 강원도 고성 송현리와 서해안에 가까운 인천 구월동과 화성 수영리에서 송국리식 주거지가 발견되었다. 특히 구월동 유적은 전형적인 송국리식 주거지가 다른 형태의 움집들과 함께 발견되었으며, 움집들은 도랑이 둘러싸고 있었던 듯하다. 이러한 새로운 증거는 송국리문화가 경기도와 강원도 북부까지 분포했을 가능성을 시사해준다. 그런데 이 세 유적에서는 송국리식 토기가 아니라 점토대토기가 발견되어, 그 연대가 초기철기시대일 수도 있다고 보기도 한다.

아무튼 송국리식 유적의 절대다수는 충청, 전라, 경상 지역에서만 발견되며, 전형적인 송국리문화 유적은 대체로 아산만과 영일만을 잇는 선을 경계로 그 남쪽에 집중되어 있다. 즉, 한강 유역을 중심으로 한 한반도 중부에서는 고전적 무문토기로 대표되는 전기 청동기시대의 문화상이 시간이 흐르며 어떻게 변했으며 혹은 무엇으로 이어졌는지 아직 분명하지 않다. 그에 따라 후기 청동기시대를 송국리문화와 동일시하는 관점은 너무 단순한 생각일 수도 있다. 다시 말해 중부지방에서는 토기를 기준으로 전기와 후기를 구분할 수 있는지 아직 확실하지 않다. 중부지방에서는 송국리문화 혹은 고전적 무문토기 유적의 뒤를 이으며 그와 성격을 달리하는 그 어떤 자료도 뚜렷이 발견되지 않기 때문에, 혹시 시간이 흘렀어도 중부지방에서는 전기 청동기시대의 물질문화가 그다지 변하지 않은 채 계속 유지되고 있었을 가능성은 없을까 하고 생각할 여지가 있다.

이에 비해 송국리문화의 핵심 지역에서는 송국리문화의 등장과 더불어 유물군 구성에서 분명한 변화가 보인다. 이에 따라 송국리문화는 외부로부터 전파되어 나타났을 것이라고 여겨지는 경향이 있다. 그렇지만 돌대문토기나 고전적 무문토기의 경우와 마찬가지로, 설령 이것이 사실이라고 해도 전파의 기원지와 시점은 전혀 뚜렷하지 않으며 단지 추측만이 제시될 뿐이다.

송국리문화의 등장 시점에 대해 1990년대까지는 이것이 기원전 500년 무렵이나 이보다 늦게 등장했다고 여기는 경향이 있었다. 그렇지만, 지금은 기원전 500년 이전에 등장했다는 의견도 제시되고 있으며, 그런 의견 중에는 기원전 1000년 무렵 등장했다고 보는 극단적 의견도 있다. 현재 가장 유력한 의견은 종래처럼 기원전 500년 무렵이라는 생각과 이보다 빠른 기원전 700년으로 보는 두 견해이다. 초기철기시대가 기원전 400년 무렵 시작하기 때문에, 이 두 의견이 뜻하는 것은 송국리문화가 겨우 100년 정도만 지속되었다고 보거나 아니면 300년 정도 유지되었다고 보는 것이다. 기원전 700년에 시작했다고 보는 연구자 사이에서는 전기 청동기시대가 기원전 1000년 이전에 시작했다고 보는 견해가 우세하다. 그러나 기원전 500년 무렵 송국리문화가 시작했다고 보는 관점에서는 전기가 기원전 1000년보다 늦게 시작했다는 생각이 우세하며, 청동기시대 그 자체의 시작, 즉 돌대문토기의 등장도 기원전 1500년이 아니라 빨라야 기원전 1300년이나 1200년이라고 주장하는 경향이 있다.

이렇게 송국리문화의 연대에 대해서도 조기나 전기와 마찬가지로 전술한 절대연대 측정의 한계로 결론을 내리기 어려운 상황인데, 사실 위의 두 견해는 모두 약점이 있다. 송국리문화가 기원전 700년 무렵 시작했다는 견해의 경우에는 이것을 지지해주는 연대측정치라던가 기타 자료가 거의 없다는 약점이 있다. 또 기원전 500년이라고 생각하는 견해와 관련해서는 송국리문화의 무덤에서 발견되는 비파형동검의 연대는 이보다 이른 시기라고 여겨지고 있으며, 초기철기시대 개시까지 불과 100년이라는 짧은 시간 동안에 송국리문화가 그토록 널리 퍼져 나갈 수 있었을지 의문시된다는 지적이 있다.

그런데 두 견해 사이에 200년의 시차가 있다고 하지만, 제시된 시점에는 상당한 오차가 있을 수 있음도 대체로 인정되고 있다. 나아가 송국리문화의 분포도 공간적으로 명확한 경계를 이루고 있지 않음도 사실이다. 만약 그렇다면, 전기 청동기시대의 물질문화는 지역에 따라 서로 다른 시점에 서로 다른 양상으로 변했을 가능성도 생각해볼 만하다. 예를 들어, 중부지역의 중기 청동기시대 물질문화에는 전기의 특징이 많이 남아 있을 수도 있고, 그 반면 남부 지방에서는 새로운 요소를 갖춘 송국리문화가 등장한 다음 현재의 능력으로는 그 시차를 확인할 수 없는 상대적으로 짧은 시간 내에 널리 확산했을 수도 있다고 짐작해볼 수 있겠다.

송국리문화를 정의하는 요소 중에서 토기는 특히 중요하다. 전형적인 송국리식 토기는 전체 높이가 한 뼘 남짓한 것에서 두어 자를 훌쩍 넘는 것에 이르기까지 크기에 상당한 차이가 있지만, 그 전체 형태는 놀라울 정도로 유사하다[그림 4.17]. 움집도 그 크기와 구조에서 매우 표준화된 모습이다[그림 4.19]. 즉, 송국리식 주거지는 대부분 지름 5m 내외의 원형 평면이며 그 변형인 모가 둥근 사각형 움집도 모두 비슷한 크기로서, 크기와 형태에서 지역이나 시간에 따른 변화를 보기 어렵다. 또 대부분의 움집 가운데에는 소위 '작업시설'이라고 불리는 독특한 구조가 있다. 이것은 양쪽으로 한 쌍의 구멍을 판 얕은 타원형 구덩이 형태의 시설로서, 그 형태 변화는 해당 주거지의 상대연대 평가의 단서가 되고 있다.

후기 청동기시대 동안 인구가 빠르게 증가했음은 주거유적의 수와 규모가 급증한다는 사실이 말해준다. 인구 증가는 아마도 농업 생산성이 늘어난 덕분에 가능했을 텐데, 이것은 또 관개 농법을 채택한 벼농사에 힘입은 바가 컸을 것이다. 인구 증가는 인구의 확산과 이동을 가져왔으며, 특히 제주도에서 그 뚜렷한 증거를 볼 수 있다. 제주도에서는 육지와의 접촉 흔적이 신석기시대부터 계속 나타나지만, 송국리문화의 모든 징표를 보여주는 마을들이 북쪽 해안에 갑자기 나타났다. 즉, 삼양동 유적 같은 증거는 후기 청동기시대의 주민들이 송국리문화의 물질문화를 고스란히 갖고 무리를 이루어 들어왔음을 잘 보여준다. 제주도에서 송국리식 문화는 시간이 흐르며 본토와 달리 점차 고유하게 변해 나갔다. 그러나 움집만큼은 본토에서 송국리식 주거지가 이미 사라지고 나서도 긴 세월이 지난 6세기 무렵에도 계속 만들어졌다. 송국리문화 주민의 이주파는 일본 규슈에도 다다랐는데, 규슈 북부 해안에 도착한 이주민과 그들이 가져온 송국리문화는 서부 일본에서 벼농사의 확대와 야요이 문화 확립에 중요한 역할을 하였다.

청동기시대의 편년과 관계된 이상의 내용을 요약하자면, 남한 지역에서 청동기시대는 초기철기시대를 논외로 할 때 흔히 조기, 전기 및 후기의 세 단계로 구분되고 있다. 그렇지만 그러한 시대구분은 토기 양식의 획일적 변화를 묵시적으로 전제하며, 시대구분의 기준으로서 토기 형식 변화와 특정 토기 형식의 유무를 기계적으로 적용하고 있다는 약점을 안고 있다. 당연한 말이지만, 특정 형식의 토기를 비롯한 물질문화의 여러 요소는 한 곳에서 처음 등장해 시차를 두고 차츰 퍼져나가며 기존의 요소를 대체하거나 함께 섞일 수도 있을 것이다. 혹은 고고학 자료에서는 그 등장 시점의 차이를 판단하기 어려운 시간 내에 시차를 두고 여러 요소가 각지에서 새로 등장해 각자 외연을 넓혀나갔을 수도 있고, 발생지에서는 이미 사라진 것도 전파된 곳에서 늦게까지 지속될 수 있는 법이다. 편년과 관련한 논의에서 이러한 상식은 늘 충분히 고려되어야 하며, 아마도 통용되는 편년의 틀에 끼워넣기 어려운 '변칙적' 자료는 그러한 상식적 관점에서 다시 살펴볼 필요가 있다고 보인다.

아무튼 아직 많은 점이 밝혀져야 하지만 청동기시대 동안 전반적인 물질문화의 양상이 대체로 어떻게 변화한 것인지, 그 경향성은 이제 어느 정도 알려진 셈이다. 초기철기시대의 설정과 청동기시대 각 단계의 시간적 경계에 대한 의견은 분분하지만, 아직 다수 의견은 청동기시대를 기원전 1500년 무렵 시작한다고 여기고 있으며, 조기와 전기의 경계는 대체로 기원전 1300에서 1200년 무렵으로 설정되고 있다. 그렇지만 이 두 단계를 과연 구분할 수 있는지 확신하기는 어려운 형편이다. 마찬가지로 전기와 후기 단계의 시간적 관계도 역시 불분명하며, 그 경계로서는 기원전 700년과 기원전 500년의 두 안이 제시되고 있다. 물론 송국리문화 그 자체가 어떻게 시작했고 어떻게 끝났는지에 대해서도 정확히 말하기 어려운 형편으로서, 송국리문화 유적의 핵심 분포지역을 벗어나 한반도 중부지방의 사정에 대해서도 잘 알고 있지 못하다. 그에 따라 송국리문화를 기준으로 설정된 후기 단계가 과연 남한 전역을 아우를 수 있는가 하는 의문도 나오고 있다.

농경 마을의 모습

청동기시대의 시작과 끝이 언제이며 전 시기를 어떻게 나눌 것인가 하는 편년과 관련된 여러 문제가 아직 미해결로 남아 있지만, 청동기시대의 사회와 문화가 그 전 시대와 전혀 다른 모습이었음은 명백하다. 그 차이를 한마디로 요약한다면 신석기시대는 수렵채집을 위한 이동 생활 위주의 소규모 반정착적 사회였지만, 청동기시대는 영구 정착 생활을 하던 농업공동체 사회였다. 주거유적의 수도 그러려니와 유적을 구성하는 주거지의 수도 꾸준히 늘어났으며, 주거유적에서 보이는 움집과 기타 구조물의 중첩 현상과 상대적으로 밀집된 분포 상태는 신석기시대 주거유적에서 보지 못했던 모습으로서, 인구도 매우 늘어났으며 사회가 여러 면에서 달라졌음을 분명히 보여준다.

청동기시대의 주거지와 주거유적의 숫자를 체계적으로 검토해본 연구는 아직 이루어지지 않았다. 그렇지만 여러 조사보고서나 기타 자료를 근거로 추측해본다면, 그동안 적어도 2만 개 이상의 주거지가 발굴되지 않았을까 짐작되는데, 그중 80% 이상이 21세기 들어와 조사되었다고 보인다. 조사된 주거지는 청동기시대 후기에 속하는 것이 압도적으로 많으며, 조기와 전기에 속하는 움집은 각각 전체의 10%와 30%를 넘지 않을 것이다. 이러한 숫자는 청동기시대의 인구가 신석기시대보다 단위를 최소 한 자릿수 달리하는 규모로 시작했으며, 증가 속도도 점점 빨라졌음을 시사해준다. 그에 따라 청동기시대 농업공동체 사회의 규모는 시간이 흐르며 더욱 커졌으며, 이를 반영하듯 주거유적의 공간적 구성도 점점 더 복잡한 모습이 되었다.

이미 말한 바대로, 청동기시대의 주거유적은 가장 이른 시기부터 농경에 유리한 하천 가장자리의 자연제방에 자리 잡았다. 곧이어 청동기시대 전기부터는 유적은 자연제방뿐 아니라 농경지에 쉽게 접근할 수 있으며 대체로 비고가 50m를 넘지 않는 낮은 구릉과 사면에도 자주 만들어졌다. 이러한 청동기시대 마을이 들어선 지점은 많은 경우 현대에 이르기까지 사람들의 생활 근거지로 선택되기 좋은 조건을 갖춘 곳이었으므로, 과거 도시화와 공업화가 진척되기 전에는 도시를 벗어나면 거의 어디에서나 쉽게 청동기시대 유적을 찾을 수 있었다고 해도 과언이 아니다.

주거유적에서는 움집 형태의 주거지뿐만 아니라, 토기를 굽던 요지와 도구 제작을 위한 작업장처럼 특정 목적과 기능을 수행하기 위한 여러 종류의 유구가 발견된다. 후기가 되면 주거유적의 크기와 규모 및 내부 공간 구성의 양상에서 꽤 큰 차이를 볼 수 있으며, 이것은 마을 사이에도 위계가 발생했음을 시사해준다. 그러한 위계에서 최상위에 있다고 보이는 주거유적은 이 시기에 들어 서서히 그 모습을 드러내기 시작하는 복합사회, 즉 계층사회의 중심지였을 것이라고 해석되고 있다.

주거지는 움집 형태로서, 여러 구조 요소는 신석기시대와 크게 다를 것이 없지만 신석기시대보다 모든 점에서 훨씬 견고하게 만들어졌다. 움집의 크기와 모습은 시대와 지역에 따라 차이가 있지만, 기본적으로 구덩이를 얕게 파고 벽과 지붕을 얹은 구조이며 출입에 필요한 사다리나 기타 시설물의 흔적을 찾기 어렵다. 조기와 전기의 움집은 평면 네모꼴로서, 네 구석이나 벽을 따라서 배치했거나 주거지 내에 한두 줄 열을 지어 세운 기둥이 지붕을 떠받치는 구조였다. 기둥 사이는 잔가지나 풀더미 혹은 짚으로 메워 벽을 삼았다고 보이며, 그렇게 메운 위에 흙을 발랐다거나 아니면 흙벽을 쌓았다는 증거는 발견되지 않았다. 또한 움집 내부에 공간 분할을 위한 벽을 쌓은 증거도 없다. 따라서 만약 내부 공간을 분할하기 위해 만든 벽이 있었다면 그것은 마치 과거 농촌에서 보던 외양간처럼 나무나 풀 같은 유기물을 엮어 만들었을 것이다. 바닥은 불을 피워 다지거나 나무껍질이나 풀로 만든 자리를 깔기도 했지만, 대체로 맨바닥 그대로 사용하였다. 물이 잘 빠지지 않는 곳에서는 움집 바닥 가장자리를 돌아가며 홈을 파기도 했는데, 이런 배수용 도랑은 집 밖으로까지 길게 연결되기도 한다.

주거지 내에서는 가구 단위의 일상적 가정생활을 추론할 수 있는 증거는 잘 찾기 어렵다. 물론 주거지 바닥에서 수습되는 유물의 분포와 시설의 배치로부터 성에 따른 노동의 분화와 공간의 차별적 이용에 대한 초보적 추정을 내릴 수는 있지만, 일상생활을 자세히 말해줄 만한 증거는 그다지 없다. 3세기 말 편찬된 중국의 역사서 『삼국지』의 『위서』에 있는 「동이전」에는 읍루의 움집과 그 안에서의 생활에 대한 기록이 있다. 그에 따르면, 읍루 사람들은 땅을 깊게 팔수록 더 좋은 집이라고 생각했고, 사람들은 옷도 변변히 입지 않은 채 움집에서 돼지와 섞여 살았고, 추위를 막기 위해 겨울에는 피부에 돼지기름을 두껍게 발랐다고 한다. 비록 이 기록은 시간적으로도 공간적으로도 멀리 떨어진 시대와 장소에 대한 것이지만, 청동기시대의 삶이 이와 크게 다르지는 않았을 것이다.

청동기시대 조기의 움집은 〈그림 4.4〉에서 보듯 대체로 길이 9에서 12m 정도로서, 길이 대 폭의 비율은 2 대 1 정도이거나 그보다 작다. 평면적이 가장 작은 움집일지라도 그 크기는 부모와 자식으로 구성되었거나 조부모, 부모, 자식으로 구성된 가족이 거주할 만한 정도는 될 것이다. 여러 개의 화덕자리가 있으며 평면이 큰 집에서는 함께 거주했던 가구 구성원의 수도 더 많았을 것이다. 흥미롭게도 이 시기의 많은 주거지는 내부에 평면 장축을 따라 2열로 주춧돌을 놓고 그 위에 기둥을 세웠다. 주춧돌은 신석기시대 궁산 유적에서 발견되었다는 보고가 있지만, 여기 움집은 크기도 작고 임시방편으로서 주춧돌을 놓은 듯하다. 그러나 청동기시대에 주춧돌을 체계적으로 채용한 것은 건축상의 혁신을 의미하는 것으로서, 그만큼 지붕 및 그와 연결된 상부구조가 무거웠음을 말해준다. 이런 변화는 움집이 이제 연중 상시 거주할 수 있는 든든한 구조가 되었음을 시사해준다. 유사한 구조의 주거지는 토기와 더불어 중국 쪽 압록강과 두만강 유역의 몇 유적에서 발견되었다고 하는데, 이것은 청동기시대가 주민이 이입됨으로써 시작했다는 주장을 뒷받침하는 증거의 하나로 내세워지기도 한다.

청동기시대 전기에 움집은 평균적으로 더 커졌다[그림 4.18]. 이 시기의 주거지 중에 특히 소위 세장방형 주거지라고 불리는 움집은 그 특이한 모

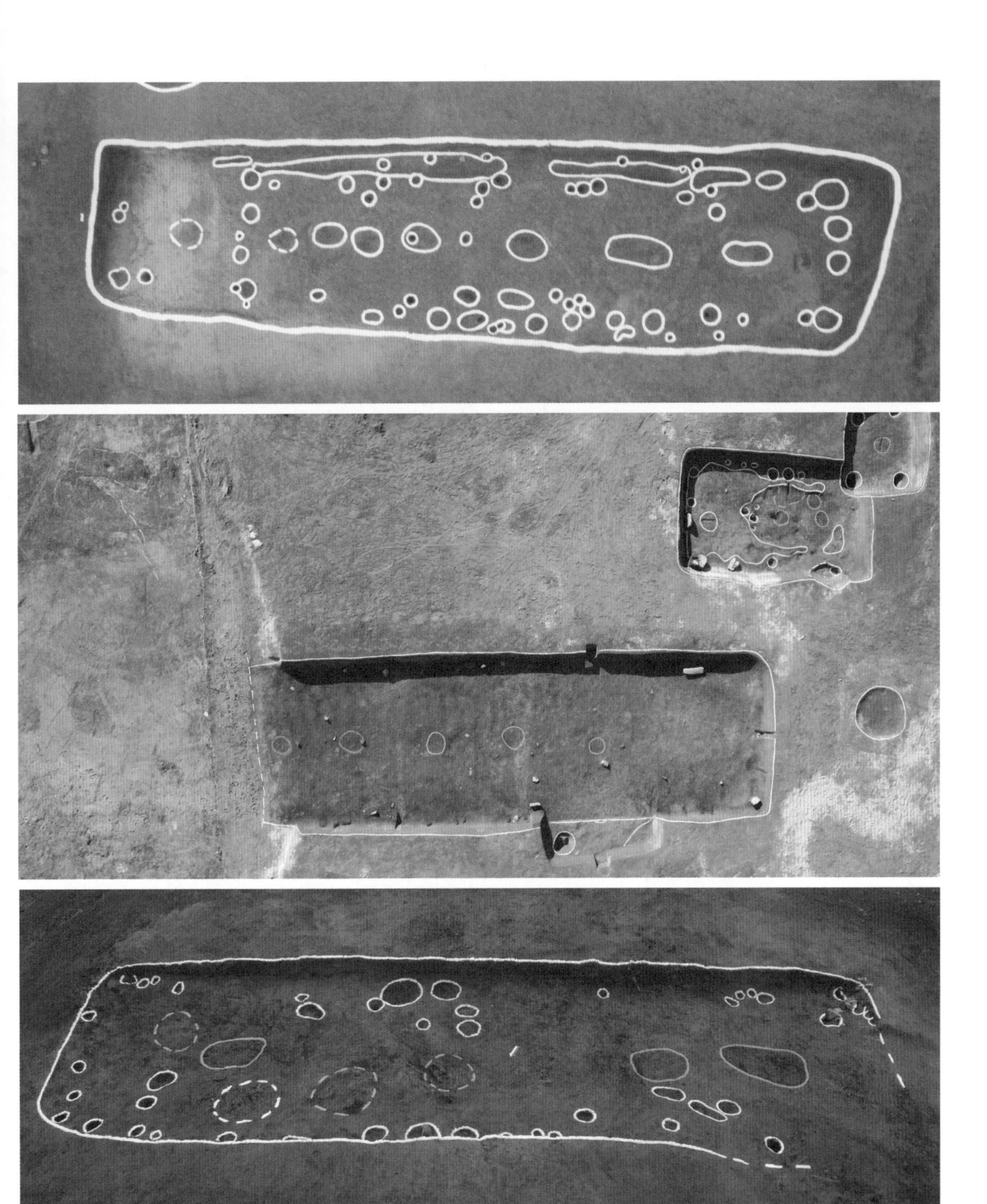

그림 4.20 세장방형 주거지. 사진에 보이는 것들은 길이 25m 이상, 폭 4~5m에 달하는 크기이다. <그림 4.21>에도 세장방형 주거지가 보인다. 위: 천안 불당동; 가운데: 양구 고대리; 아래: 화성 쌍송리. © 충남역사문화연구원(불당동); 국립문화재연구원(고대리, 쌍송리)

습이 관심을 끈다. 즉, 이것은 길이가 20~25m 정도이거나 심지어 그보다 도 길지만, 폭은 단지 수 미터에 불과해 길이가 폭의 5~6배를 넘고 있다[그림 4.20]. 이러한 긴 평면은 동 시기의 다른 움집들과 대조되는데, 일반적으로 다른 주거지들은 길이가 폭의 3배를 넘지 않고 있다. 또한 세장방형 움집에서는 평면 중앙선을 따라 일정한 간격으로 여러 개의 화덕자리가 배치되어 있다.

그러한 화덕자리의 분포로부터, 화덕 하나를 중심으로 하나의 가구가 거주했고 따라서 세장방형 주거지에서는 여러 가구가 함께 살았을 것이라는 추측도 제기되었다. 이것은 당대의 사회조직에 대한 흥미로운 가정이지만, 단지 여러 화덕자리가 일정 간격으로 배치되어 있다는 사실만으로 제시된 추측에 불과하다. 만약 여러 세대가 함께 살았다면 개개 화덕을 중심으로 독립된 세대의 주거와 관련한 흔적과 유물이 발견되겠지만 그러한 증거는 없으며, 화덕과 화덕 사이에 공간을 구분하는 어떤 시설이 있던 흔적도 보이지 않고 있다. 그러므로 그러한 화덕자리의 배치가 반드시 거주 양식을 반영한다고 보아야 할 이유는 없으며, 이 특이한 형태의 주거지의 기능과 관련해서는 여러 대안적 설명도 생각해 볼 수 있다. 하나의 예로서, 이것이 다른 형태의 움집들과 함께 섞여 둘이나 셋이 평행하게 배치된 듯한 사례가 종종 있는데, 그러한 공간 배치는 이것들이 일상적인 주거 용도를 위해 만든 구조물이라기보다는 민족지 사례에서 보듯 모종의 사회적 기능을 하기 위해 만든 것이라고 주장할 수도 있을 것이다. 세장방형 주거지의 용도와 기능에 대한 결론은 아직 내릴 수 없지만, 중요한 점은 인구 규모가 일정한 수준에 다다르지 않았다면 이러한 구조는 만들어지지 않았을 것이라는 사실이다.

청동기시대 조기나 전기의 주거유적에서는 재화가 불평등하게 분포되었음을 시사하는 뚜렷한 증거는 잘 보이지 않는다. 사회적 불평등 발생의 증거로서 고고학에서는 흔히 유물군 구성이나 분포 혹은 주거지의 크기와 구조의 차이 같은 점을 생각하게 되는데, 아직까지 그런 차이는 드러나지

그림 4.21 춘천 중도 유적의 부분 사진. 사진 속에는 시기를 달리하는 여러 가지 크기와 형태의 청동기시대 주거지들이 보이고 있으며, 한때 마을을 둘러싼 구덩이인 환호의 흔적도 보인다. 주거지와 기타 유구들의 복잡한 중복 관계는 이곳의 비옥한 충적대지에 청동기시대의 이른 시기부터 오랫동안 농경 마을이 들어섰음을 말해준다. © 춘천 중도유적 연합발굴조사단 2020, 화보

않고 있다. 또한 유적과 유적을 비교할 때, 유적의 전체 크기와 구성도 대체로 서로 비슷하므로 마을 사이의 상하관계도 없다고 보인다. 전술한 학평리 유적에서 발견된 청동검의 존재는 전기 청동기시대 초에 사회적 분화가 시작되었을 가능성을 뜻할 수도 있겠지만, 이것은 현재까지 알려진 유일한 관련 증거이다. 그런 만큼 사회적 분화가 널리 진행되고 있었다고 생각할 근거는 아직 없다. 즉, 주거유적에서 움집의 공간적 분포와 조직이나 유물 구성은 사회적 복합화와 계층화의 과정이 아직 본격적으로 시작하지 않았음을 말해주는 듯하다.

그런데 춘천 중도 유적에서는 청동으로 만든 단검과 도끼가 각각 한 점씩 서로 다른 움집에서 발견되어, 전기 청동기시대가 끝날 무렵이면 공동체 내에서 사회적 계층화가 일어났을 가능성을 말해주고 있다. 〈그림 4.21〉은 춘천 중도 유적의 부분을 보여준다. 평면 형태가 다른 여러 시기의 움집

이 서로 겹쳐 있는 모습이 말해주듯, 이곳에서는 비옥한 충적토의 생산력에 힘입어 청동기시대 전기에 농업공동체가 들어서 오랫동안 계속 유지되었다. 사진에서는 출입구를 제외한 사방을 방어시설이라고 보이는 긴 구덩이인 환호가 둘러싼 마을의 모습을 볼 수 있는데, 청동기는 이 마을 내의 두 움집에서 수습되었다. 유적 여기저기서 발견되는 유사한 긴 구덩이의 흔적은 시간의 흐름에 따라 청동기시대 농경 마을의 규모와 평면적 위치가 조금씩 바뀌었음을 보여준다.

전술한 학평리의 경우에도 그렇지만, 이곳에서 발견된 두 점의 청동 유물은 동일한 시기의 다른 움집들과 전혀 다를 것 없는 수혈주거지에서 발견되었다. 그것이 현지에서 생산되었음을 말해주는 증거도 없는데, 아마도 외부에서 만들어졌을 것이다. 인류학 조사사례에 근거해 이러한 사실이 당대의 사회조직과 구성에 대해 의미하는 바를 추측하자면, 아마도 당시의 중도 공동체에서는 사회적 강제력을 구사할 수 있게끔 하는 힘, 즉 권력은 아직 발생하지 않았으나, 사회 성원 그 누구도 함부로 무시할 수 없는 결정을 내릴 수 있는 권위를 가진 개인이나 가계 혹은 사회 하부조직은 존재했을 가능성이 있다고 가정해볼 만하다. 즉, 농업 생산이 가져다준 경제적 풍요와 그에 따른 인구 증가와 더불어, 청동기시대 전기의 사회에서는 어느 정도 체계적인 사회적 규제와 규율을 확립할 필요성이 서서히 대두했을 것이다.

사회 계층화를 말해주는 보다 분명한 증거는 청동기시대 후기에 들어오며 나타난다. 그러한 증거로서는 매우 큰 규모의 주거유적을 들 수 있으며, 그 대표가 바로 송국리 유적이다. 여기에서는 공공 목적을 위해 만들었다고 보이는 대형 구조물과 도구 제작 시설이 여럿 발견되었는데, 가히 다른 모든 당대 유적을 압도하는 '초대형 공동체' 유적이라고 일컬어진다. 그러한 유적 규모의 큰 차이는 중심지와 가장자리로 구성된 모종의 위계적 주거체계의 존재를 말해준다고 해석되고 있다. 주거유적의 규모가 해당 공동체의 위계 구조를 말해준다고 할 때, 당시의 주거체계는 아마도 3단계의 위

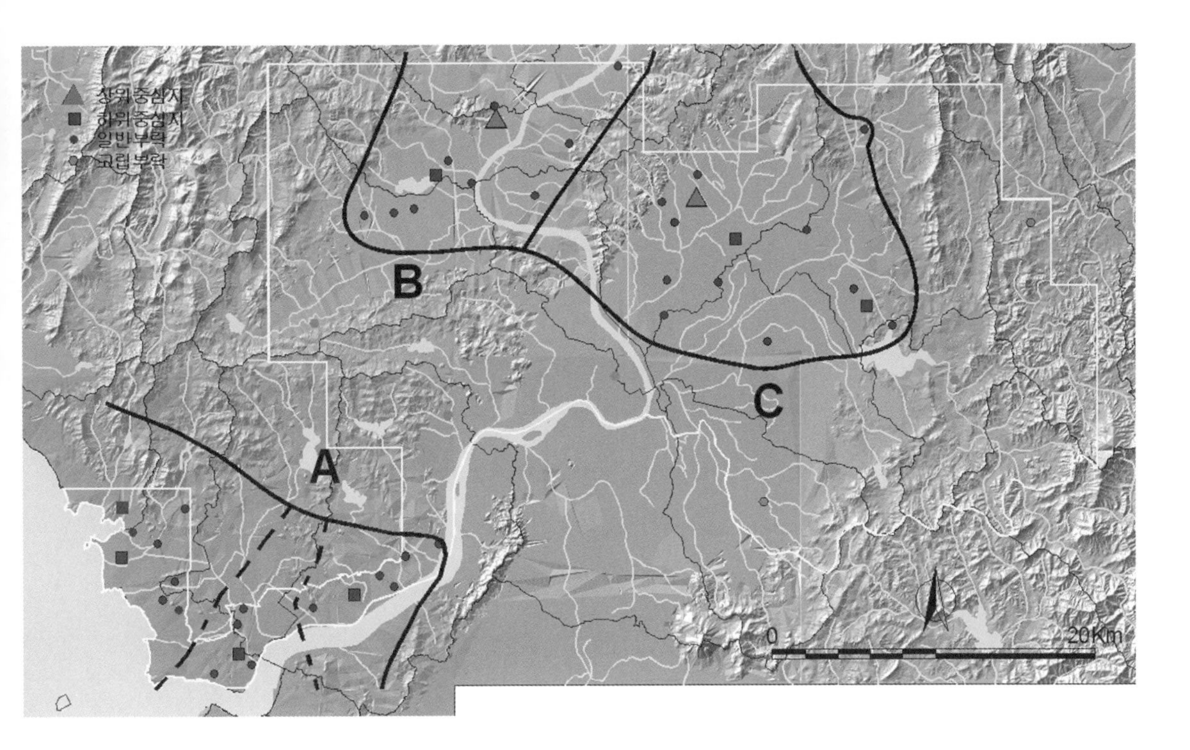

그림 4.22 충남 서부지역 송국리문화 단계의 주거체계 모식도. 그림은 송국리문화의 주거 유적은 크기와 복합도에서 차이가 있는 세 계급으로 나눌 수 있으며, 중심 마을을 하위 단계의 마을이 둘러싼 A, B, C 세 개의 독자적 주거체계 망이 형성되었다고 해석하고 있다. 송국리 유적은 C의 삼각형이다. © 김범철 2005

계로 구성되었을 것이며, 각 위계에 속하는 공동체는 위계에 따라 서로 다른 역할과 기능을 담당했으리라고 추정할 만하다. 또한 유적의 분포를 볼 때, 주거체계 내에서는 하위의 여러 공동체가 최상위의 중심지를 둘러싸고 보위하는 방식으로 공동체가 공간적으로 배치된 양상이라고 해석된다. 그러한 주거체계의 공간적 조직의 사례로서는 충남 서부 지역의 송국리문화 유적 분포가 흔히 인용된다. 당시 이 지역에는 아마도 엇비슷한 규모의 중심지가 서너 개 있었다고 보이는데, 각각의 중심지가 대표하는 주거체계의 공간적 범위 내에서는 하위 위계의 공동체가 중심지를 에워싸고 있는 양상으로 유적이 분포하고 있다[그림 4.22].

송국리 유적에서 당대 사회의 중심적 기능을 했던 곳은 주위에 목책을 쳐 보호되고 있었으며, 그 안에는 공공건물과 거주용 구조 및 토기 요지를 비롯한 각종 시설을 배치했음이 드러났다[그림 4.23]. 그 반면, 중심지에서 떨어진 가장자리에 있는 최하위급의 작은 유적은 단지 움집 몇 개와 저장 구덩이만으로 이루어져 있다. 이러한 차이를 볼 때, 중심지 역할을 한 공동

그림 4.23 송국리 유적. 송국리 유적은 1970년대 흔암리와 더불어 쌀이 발견됨으로써 유명해졌다. 추정 면적이 53헥타(약 16만 평)에 달하는 이 유적에서는 계속해서 현재까지 발굴이 꾸준히 이루어졌지만, 많은 지역이 아직 조사되지 않았다. 사진에 보이는 곳에서는 제의나 기타 특별한 행사를 치렀을 것이라고 여겨지는 견고한 통나무 담장이 있는 건물지가 발견되었다. © 국립문화재연구원

체는 식량과 재화의 생산과 분배를 조정하는 기능을 했을 것이며, 배후 지역 공동체의 주요한 기능은 중심지가 필요로 하는 각종 물품의 공급이었을 것으로 해석되고 있다. 그러한 관계가 유지되며 사회 계층화가 진행됨에 따라, 중심지는 하위의 공동체에 대해 모종의 사회적 요구를 강요할 수 있는 위치에 서게 되었을 수도 있을 것이다.

이러한 사회문화적 조직은 특히 쌀을 비롯한 곡물의 생산이 늘어나 잉여물이 축적되지 않았다면 유지가 어려웠을 것이다. 즉, 잉여물이 점차 축적되어감에 따라 인구도 늘어나고 사회적 복합도도 커질 수 있었을 것이며, 그러한 변화는 궁극적으로 사회 계층화와 중심지의 발달을 가져왔을 것이다. 사회적 위신을 표상하는 청동기 같은 귀중품이 부장된 무덤도 점점 늘어난다는 사실은 사회 상층부를 구성하는 정치적 엘리트 집단이 서서히 등장하기 시작했음을 추정할 수 있게 해준다.

이러한 변화에 발맞추어 공동체에서 공간 이용의 기능적 분화가 일어났

을 가능성은 유적의 입지에서도 추정할 수 있다. 주거유적의 위치를 보자면, 일부 유적은 중요한 자원을 적절하게 이용할 수 있는 장소를 선택해 들어선 것처럼 분포하고 있다. 예를 들어, 울산 태화강을 따라서는 농경에 적합한 비옥한 충적대지를 이용할 수 있을 뿐 아니라 석기 제작을 위한 원석인 고품질의 혼펠스를 채취할 수 있는 전략적 위치에 주거유적이 놓여 있다. 이 일대의 여러 유적에서 발견된 석기들은 형태뿐만 아니라 석질도 흡사한데, 맨눈으로는 한 지점에서 채취한 원석으로 만들어진 것처럼 보인다. 석재를 비롯한 여러 종류의 원료 획득의 용이성은 아마도 마을의 입지 결정에서 중요한 고려사항이었을 것으로, 여러 조건을 잘 따져 전략적으로 위치를 선택했을 것이다. 비록 청동기시대 석기의 원석 산지를 체계적으로 분석한 연구는 아직 없지만, 송국리문화의 석기, 특히 마제석검 중에는 석질이나 외형이 놀라울 만큼 서로 닮은 것들을 종종 볼 수 있다. 이런 석기는 그렇게 전략적으로 선택한 위치에 들어선 유적에서 제작된 것은 아닐까 생각하게끔 만든다.

사회적 복합도의 진전으로 사회 기본단위의 구성에도 변화가 일어났을 가능성은 움집 형태의 변화에서도 가늠할 수 있을 것이다. 즉, 앞서 말한 바대로 송국리문화의 주거지는 그 전 시기의 상대적으로 크고 넓은 네모꼴 움집 대신에 신석기시대 움집처럼 작고 둥근 모습이다[그림 4.19]. 이러한 변화는 움집에 거주하던 가구 구성원의 숫자가 줄어들었음을 뜻하며, 나아가 가족과 친족 차원의 사회조직에 모종의 변화가 있었음을 시사해준다. 주거구조의 크기가 작아진 것은 아마도 넓은 구조를 공유하던 확대가족을 대신해 핵가족이 사회조직의 기초단위로서 더욱 중요해졌기 때문에 발생한 변화일 가능성을 생각하게 해준다.

그러한 사회조직의 변화는 벼 재배의 확산과 관계될 것이라고 주장되기도 한다. 이에 따르자면, 벼농사에서 무엇보다도 중요한 일은 예나 지금이나 적시에 물을 공급하는 일인데, 당시의 작고 불규칙한 형태의 논을 관리함에 있어서는 개인이 단위 논을 개별적으로 맡는 것이 효율적이었을 테므로, 노동력 동원방식이 그에 맞추어 바뀌게 되었다고 가정할 수 있다는 것이다. 그러한 변화는 결국 사회적 기초단위로서의 가구의 구성에서 이전 시기의 확대가족이 해체되고 핵가족으로 변하게끔 했으며, 가구 구성원 수가 줄어들자 주거용 구조의 크기도 줄어들게 되어 크고 넓은 네모난 움집 대신 작고 둥근 송국리식 주거지가 만들어졌다고 설명할 수 있다는 것이다. 나아가 이러한 과정에서는 아마도 논의 소유권이 확립되어 사유화되었을 가능성도 있다고 한다. 그렇지만 단위당 크기가 논보다 훨씬 컸던 밭은 아마도 사유화되지 않았으며 공동체 차원에서 소유하고 관리했을 가능성이 더 크다고 볼 수 있다고 한다[그림 4.24]. 이러한 설명은 한때 고고학에서 유행하던 고전적 유물론의 관점에서 내려진 해석으로서, 제시된 인과관계에 대한 가정이 모두 사실이라고 단정하기는 어렵다. 그러나 이러한 해석은 송국리문화 단계의 청동기시대 사회 성격을 이해하기 위한 논의의 출발점 역할을 할 수 있는 가설로서 그 가치가 충분히 있다.

주거지 구조에서 한 가지 흥미로운 점으로서, 크기가 작아진 송국리식 움집의 내부에서는 저장구덩이나 저장용 항아리 같은 저장시설을 찾아보기 어렵다. 그 대신, 그러한 시설은 움집 바깥에 만들어졌으며, 때로는 바닥을 땅에서 띄워 만든 창고라고 여겨지는 지상 구조물의 흔적도 발견된다[그림 4.25]. 그런 구조는 기둥구멍의 흔적으로 판단할 수 있으며, 상당히 큰 규모의 창고도 종종 확인되고 있다. 아마도 대형 창고는 공동체 차원에서의 잉여물 관리를 위해 만들어졌을 것이다. 한편, 땅을 파서 만든 저장시설 중에서도 꽤 큰 것들이 발견된다. 지하 저장시설은 입구는 좁고 안은 넓어 마치 비커와 같은 모습으로서, 아마도 잘 썩지 않는 음식물이나 각종 원료 혹은 도구를 저장하기 위한 시설일 것이다. 위에서 요약한 가족 구조의 변화와 재산권의 성립과 관계된 주장의 연장선상에서, 개별 움집 내에는 저장시설이 없지만 대형 저장용 구조물이 건립되었다는 사실은 공동체 차원에서 농업생산물이 공유되었거나 아니면 잉여물을 사회 엘리트가 독점적으로 통제했을 가능성을 말해준다는 해석도 나온 바 있다. 이러한 주장

그림 4.24 청동기시대의 경작지는 마을에서 가까운 곳에 만들어졌다. 사진은 남강 변에 있는 진주 대평리 유적의 밭 유구(위, 가운데)와 평거동의 논 유구(아래)의 모습이다. 밭은 집에 바로 붙어 있으며, 고랑과 이랑의 모습은 오늘날과 같은 모습이다. 이에 비해 논은 한 사람이 그 안에서 일할 수 있을 만한 작은 크기로서, 사진에 보이는 작은 것들은 면적이 겨우 1~2m^2 정도밖에 되지 않는다. © 국립문화재연구원

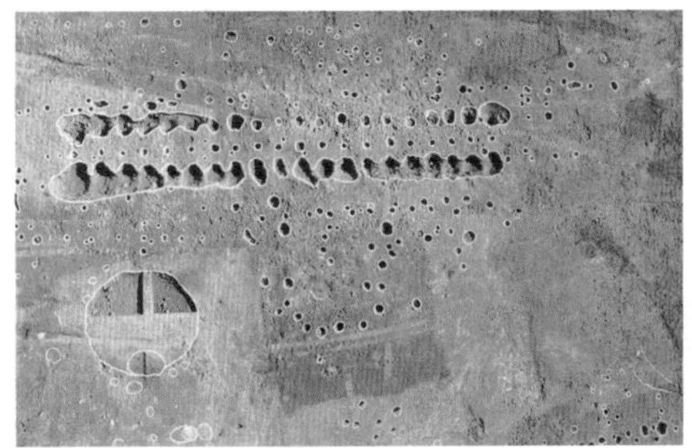

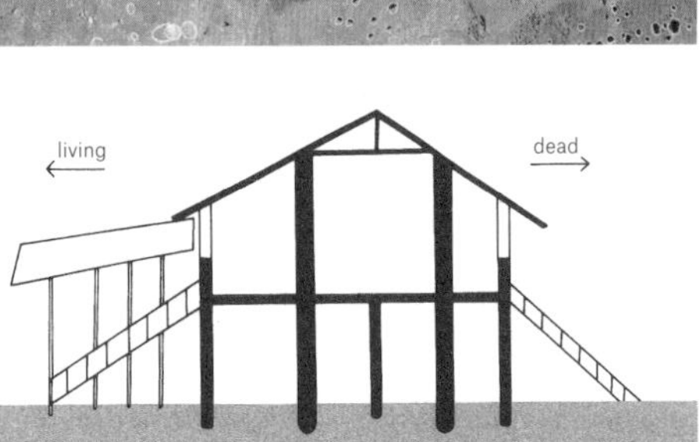

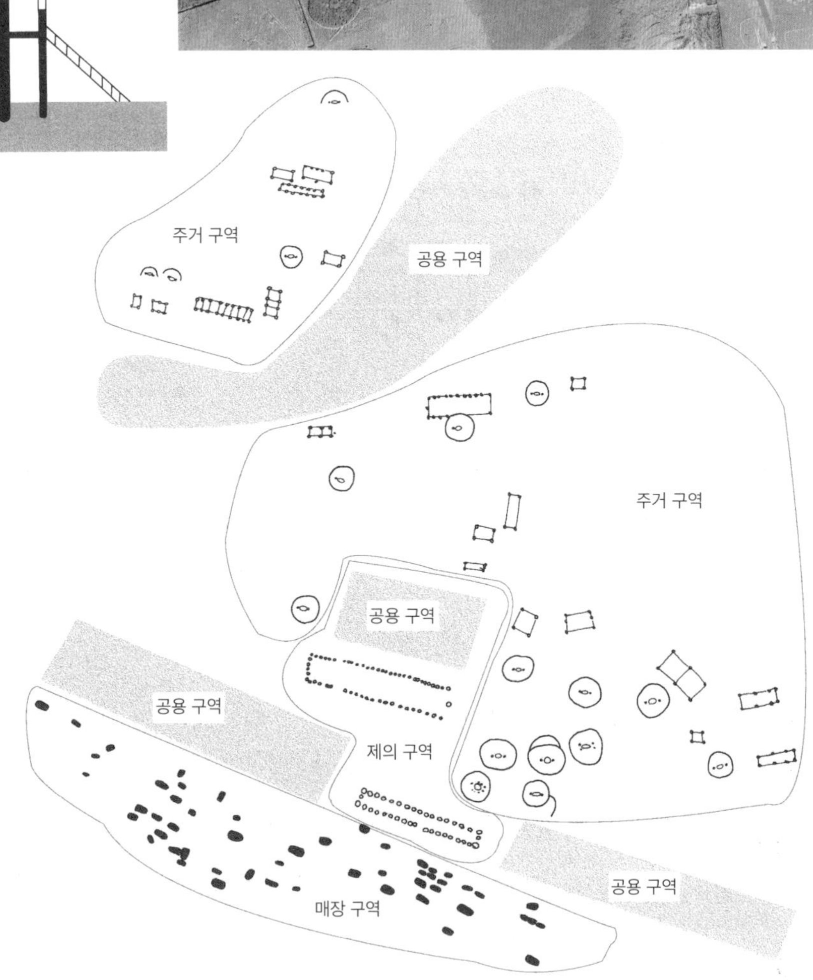

그림 4.25 사천 이금동 유적의 유구 배치와 대형 건물 복원도. 청동기시대 후기의 마을 모습은 주거지와 무덤이 가까이 있었으며 공동 활동이나 의례 행위를 위한 건물이나 공간도 마련되었다고 보인다. 도면에서 무덤 구역은 아래쪽에 있는데, 무덤 구역과 주거 구역 사이에는 공터와 길이 약 25m의 건물 유구가 놓여 있다. 위 왼쪽 사진은 이 건물의 복원도로서 의례 행위를 하던 건물이라고 해석되고 있으며, 오른쪽 사진은 이것과 무덤 구역 및 주거 구역 일부의 모습이다. 도면에 보이는 작은 규모의 지상 건물지는 아마도 저장 시설이었을 것이라고 여겨진다. © 경남고고학연구소

은 당대 사회가 계층화되었으며 정치권력이 발생했을 것이라고 보는 관점과 밀접하게 연관된 생각이다.

청동기시대 주거유적에서는 〈그림 4.25〉에 보이는 것처럼 마을의 공간을 조직적으로 이용했음이 드러난다. 그림에서, 마을 공동체 내부와 주변의 공간은 거주 구역, 공용 구역, 묘지 등, 용도에 따라 조직화된 듯한 양상이다. 이 유적에서는 발견되지 않았지만, 공방이나 토기 요지 같은 생산시설도 특정 구역에 배치된 듯한 모습을 볼 수 있다. 그림에서는 기둥구멍의 배치를 근거로 그려본 대형 지상 건물의 모습을 볼 수 있는데, 이것은 아마도 종교행사나 제의와 같은 사회적 모임을 위한 장소였을 것이다. 이러한 공공 구조물도 여러 유적에서 발견된다. 이 그림에서는 공간의 조직적 사용과 기능적 배치를 말해주는 또 다른 증거도 볼 수 있는데, 그것은 바로 공용공간의 존재이다. 즉, 이 시기 주거유적에서는 마을 복판이나 구석에 일부러 공터를 남겨놓은 경우가 많은데, 이런 공간은 아마도 추수라던가 공동체 차원의 행사나 놀이 혹은 모임의 장소였을 것이다. 그런 전통은 20세기까지 이어져 농촌뿐 아니라 심지어 서울 사대문 안에서도 1970년대까지 곳곳의 주거 구역에는 공터가 남아 있어, 초겨울 김장 시장이 열리거나 대보름 불놀이의 장소가 되곤 했다.

그림 4.26 울산 검단리 유적. 환호가 에워싼 구릉 정상부의 청동기시대 후기 마을 유적으로서, 환호 밖에도 사람들이 거주했다. 환호 안쪽에는 무덤과 생산시설도 발견되었다. © 부산대학교 박물관

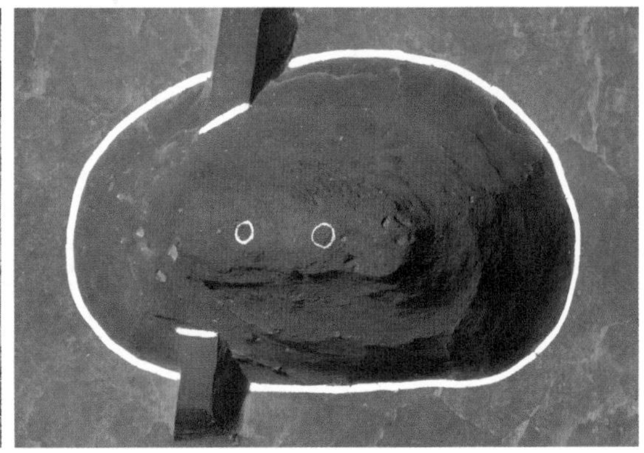

그림 4.27 진주 평거동 유적 외곽에 설치된 함정의 모습. 함정에서는 날카로운 말뚝을 박았던 흔적이 발견된다. © 국립문화재연구원

한편, 주거유적 주변에는 야생동물의 침입이나 적의 공격에 대비해 깊은 도랑을 주위에 길게 파거나 나무 울타리를 세워 일종의 방어시설로 삼았다. 특히 송국리문화 시기의 대형 주거유적에는 꽤 공을 들여 만든 그러한 보호용 방어시설을 볼 수 있다[그림 4.26]. 방어시설 밖에 사는 주민들도 긴급상황에서는 그 안쪽의 공간으로 대피할 수 있었을 텐데, 뼈에 화살이 박혀 있는 등 외상을 입어 비정상적 죽음을 맞은 사람의 유해가 말해주듯, 그러한 상황은 집단 사이의 경쟁이 점차 깊어지며 심심찮게 발생했을 것이다. 한편, 청동기시대 전기부터 마을 주변에는 바닥에 날카롭게 끝을 다듬은 말뚝을 박아 세운 함정을 만들기도 했다. 이런 함정은 전기 유적에서는 배치가 불규칙하지만, 〈그림 4.27〉에서 보듯 송국리문화 유적에서는 체계적으로 배치되어, 도랑이나 울타리에 버금가는 역할을 하도록 한 듯한 모습이다.

청동기시대의 종교활동이나 제의가 어떤 내용인지는 알 수 없다. 그렇지만, 그러한 행위와 관련한 증거라고 생각되는 흔적도 주거유적에서 발견되고 있다. 예를 들어, 화성 쌍송리에서는 그리 높지 않은 언덕 위에 서로 약간의 거리를 두고 능선을 따라 양쪽에 자리 잡은 두 무리의 주거지가 발견되었다. 두 주거지군 사이의 구릉 정상부에는 세 방향으로 출입구가 열려 있고 남북 방향으로 길이가 약간 긴 원형 구덩이를 판 흔적이 발견되었다. 구덩이의 안쪽 지름은 약 25m로서, 그 중심부에는 나무 막대를 여럿 세

그림 4.28 화성 쌍송리 유적. 능선을 따라 형성된 주거지군 사이의 구릉 정상부에서는 소도의 원형이라고 보이는 흔적이 발견되었다. 유사한 유구는 최근 들어 경기도 중부지역에서 조금씩 발견 사례가 늘어나고 있다. © 국립문화재연구원

웠던 흔적이 남아 있다[그림 4.28]. 이와 유사한 원형 구덩이 유구는 쌍송리 이외에도 평택 용이동, 구리 교문동, 부천 고강동, 서울 구로구 천왕동 등, 서울 주변의 여러 청동기시대 유적에서 발견되었다. 이 중에서 여러 시기에 걸쳐 형성된 고강동 유적 같은 경우에는 청동기시대가 아니라 초기철기시대의 유구라고 보기도 하지만, 전반적인 유구의 배치와 출토 유물로 보아 전기 청동기시대에 만들어졌으리라 보인다. 이러한 유구는 원의 내부

지름이 24~35m 사이이며 주거지와의 거리도 약간씩 다르지만, 모두 주거유적 중심부에 있으며 내부에 구멍의 흔적이 있다는 공통점을 보여주고 있어, 유구의 기능과 목적은 같았던 것 아닌가 여겨진다.

이러한 흥미로운 흔적은 전술한 『삼국지』의 「동이전」에 있는 〈소도〉에 대한 내용을 연상시킨다. 즉, 삼한에는 신을 섬기던 소도라는 성스러운 구역이 있는데, 감히 일반인이 들어갈 수 없는 곳이기에 도적이 그 안으로 피신해도 잡을 수가 없었다고 하며, 소도 구역 안에는 기둥을 세우고 종과 북을 달았다고 한다. 쌍송리 등지에서 발견된 원형 유구 가운데에 보이는 구멍의 흔적은 그러한 종과 북을 달던 기둥의 흔적으로서, 『삼국지』가 묘사하고 있는 행위와 공간의 원형은 그로부터 천 년도 더 이전부터 한반도에 존재하지 않았을까 하고 조심스럽게 추측할 만하다. 선사시대 종교와 제의의 흔적은 혹시 서낭당이나 장승과 솟대 등의 형태로 지금까지 전승되어 온 것인지도 모르겠다.

벼농사의 확산

주거유적의 위치가 말해주듯, 청동기시대가 시작할 때부터 사람들은 작물을 경작하며 살았다. 움집 바닥이나 저장용 항아리에서 탄화된 상태로 발견되는 곡물을 보면, 쌀, 조, 수수, 기장, 보리, 밀 그리고 몇 종의 콩과 식물을 재배했음을 할 수 있다. 이러한 작물은 처음에는 중요성에서 서로 차이가 없었으나, 시간이 흐르며 쌀이 점점 더 중요해진 것처럼 보인다. 청동기시대의 탄화미가 처음 발견된 1970년대 이래, 각종 곡물이 경작되었음은 낟알뿐 아니라 껍질과 줄기의 실물과 토기 표면에 남겨진 낟알의 흔적이 말해주고 있고, 토양분석으로 추출한 꽃가루나 식물 규산체도 증거가 되고 있다. 예를 들어, 2019년 실시한 흔암리 유적 조사에서 수습한 토기편, 갈돌과 돌칼에 묻어 있는 미량의 전분 입자를 분석한 결과, 조(*Setaria italica* ssp.

italica) 입자 12개, 조와 같은 기장아과(Panicoideae)에 속하지만 종은 판정할 수 없는 식물 입자 148개 및 쌀이 속한 포아풀아과(Pooideae)에 속하는 식물 입자 12개가 확인되었다. 포아풀아과 식물의 입자가 반월형석도 날 부위에서 확인되었다는 사실은 이것이 벼 이삭을 따는 용도로 쓰였으리라는 추측의 가능성을 높여주는 듯하다.

과거에는 일반적으로 발굴은 유물이 출토하는 유적만을 대상으로 이루어졌지만, 1990년대부터 선사시대의 경작지 그 자체에 대한 조사가 시작되었으며[그림 4.24], 이를 통해 농경의 기술적 측면을 이해하기 위한 연구가 시작되었다. 작물을 재배한 밭의 흔적은 오늘날에도 그러하듯 청동기시대 주거지 가까이에서 발견되기도 하지만, 논은 물의 공급과 조절이 매우 중요하므로 저지대에 등고선과 지형을 따라 만듦으로써 물이 수월하게 흐를 수 있도록 하였다. 그에 따라 논의 크기와 모습은 이미 말한 바처럼 작고 불규칙할 수밖에 없는데, 아마도 축력을 논갈이에 이용하기 전까지 논의 형태는 청동기시대 이래 그리 달라지지 않았을 것이다. 『삼국사기』에 따르자면 소는 6세기 신라 지증왕 때 농경에 처음 사용되었다고 한다.

청동기시대 논의 안팎에서는 20세기에도 천수답에 사용하던 자그마한 물막이나 간단한 수로 같은 수리시설과 우물이나 샘의 흔적도 발견된다[그림 4.29]. 우물 중에는 나무틀로 벽을 짠 것도 있으며, 그런 것은 아마도 여러 해 동안 사용되었을 것이다. 우물이나 샘에서는 토기 조각이나 새 모습의 나무 조각품이 수습되기도 하는데, 이것은 물이 마르지 않기를 바라며 지낸 의례의 흔적이라고 여겨진다. 논흙의 높은 습도 덕분에, 그런 유물을 비롯해 여러 종류의 목기도 원형을 유지한 채 발견되기도 한다. 청동기시대의 그런 목기는 20세기 말 기계화가 이루어지기 전까지 농촌 어디에서나 볼 수 있던 것들과 다름없는 모습이다. 써레나 괭이같이 경작에 없으면 안 되는 도구는 청동기시대의 모습 그대로 수천 년 동안 계속 사용되었으며, 수확한 작물에서 껍질을 제거하고 알곡을 얻는 데 쓰였을 절구통이나 공이도 〈그림 4.3〉의 전시품에서 볼 수 있듯 20세기의 그것들과 그리 다르지 않

그림 4.29 청동기시대 유적에서 발견된 탄화된 쌀과 보리, 조, 팥 등의 곡물 및 수리시설. 쌀은 연기 송담리 유적에서 수습한 것이며, 나머지 곡물은 진주 대평리 옥방 유적에서 발견되었다. 쌀 재배를 위해 물 흐름의 방향과 속도를 조절하거나 가뭄 때 필요한 수리시설은 각지에서 발견된다. 왼쪽 사진은 안동 저전리에서 발견된 둑과 저수지, 오른쪽 위 사진은 고창 봉산리의 송국리문화 유적 옆의 하천을 따라 만들어진 수리시설, 그 아래는 마산 망곡리에서 발견된 수로의 출수부 모습이다. © 국립문화재연구원

다. 다만, 이삭에서 낟알을 털 때 쓰던 탈곡 도구나 알곡과 불순물을 고르기 위한 키 같은 도구는 아직 발견되지 않았다.

청동기시대의 농업 생산량은 아직 계량적으로 제시할 수 없다. 그렇지만 현대의 통계치와 청동기시대의 저장용 토기를 변수로 삼아 당대의 쌀 생산과 소비에 대해 한번 생각해보자. 주거지에서 발견되는 저장용 호형토기는 물론 크기가 다양한데, 흔암리의 경우 대체로 높이와 폭이 각각 70cm, 50cm 정도로서, 그 용량은 60~70리터 정도이다. 그러므로 정미 20kg은 부피가 22.5리터 내외이니까 60kg 정도의 쌀을, 벼는 그 $\frac{2}{3}$ 정도를 저장할 수 있었을 것이다. 쌀의 소비와 관련, 4인 가구 기준으로 정부 통계는 1970년 농가에서 하루에 평균 2,280g의 양곡을 소비했으며, 그중 약 60%(약 1,350g)가 쌀이었다고 한다. 청동기시대의 쌀 소비량은 물론 이보다 훨씬 적었을 것이다. 그러나 만약 흔암리의 청동기시대 사람들도 같은 양의 쌀을 소비했다면, 항아리 하나에 가득 담긴 쌀은 4인 가족의 45일분 식량이며, 1년에는 항아리 8개분인 480kg을 소비했다고 셈할 수 있다. 벼의 경우에는 항아리 하나가 30일분이 되었을 것이다.

쌀 생산에 필요한 논의 면적과 관련, 1910년의 통계에서 전국의 쌀 생산량을 논 면적으로 나누면, 논 100m^{2}당 약 11kg, 즉 평당 약 360g 혹은 한 마지기(200평)당 약 72kg이 생산되었다고 하므로, 60kg를 넣을 수 있는 항아리 하나를 채우려면 약 550m^2, 즉 약 160평의 논이 필요하다고 계산할 수 있다. 농법이 뒤떨어졌던 청동기시대에 같은 양의 쌀을 얻으려면 물론 이보다 넓은 면적이 필요했겠지만, 일단 당대의 농업 생산성을 이러한 수준이었다고 가정해보자. 경작 면적을 발굴된 고고학 자료만으로 정확히 알기도 어렵고 〈그림 4.24〉에서 보듯 청동기시대의 논배미는 크기도 작았지만, 가구당 관장하는 논의 총면적이 300평 정도는 되어야 쌀항아리 2개를 채울 수 있었을 것이다. 청동기시대 전기의 움집에서는 저장용 토기가 2~3개 발견되는 것이 보통이다.

청동기시대 사회에서 쌀의 중요성과 관련해 이러한 수치를 생각해본 것은 사회 발전의 경제적 토대를 구체적으로 생각하지 않는다면, 청동기시대 사회에 대한 논의는 원론적 수준이나 막연한 추정을 벗어나기 어려움을 강조하기 위해서이다. 아무튼 주거지 내에서 발견되는 저장용 항아리에 채워진 곡식은 아마도 해당 가구의 생활에 필요한 최소량의 양식을 제공하지 않았을까 여겨진다. 또 그러한 양의 쌀은 가구 차원에서 자급자족할 수 있었으리라 짐작된다.

한편, 논과 비교할 때 밭은 단위당 규모가 상당히 크고 정연하게 배치된 외형을 볼 때, 그 소유권은 논과 달리 개인이 아닌 공동체에 속했을 것이라는 주장도 제시되었다. 〈그림 4.24〉에 보이는 밭의 모습은 고랑과 이랑의 형태를 비롯해 여러모로 우리에게 익숙한 모습이다. 식물 유체로 확인할 수 있는 밭작물의 종류도 오늘날과 그리 다르지 않다. 밭에서는 곡물 수확용 일년생식물 이외에도 채소나 유실수 등도 길렀을 테지만, 후자로는 구체적으로 무엇을 심었는지 다만 추측할 뿐이다. 주거유적에서는 곡물과 더불어 신석기시대 이래 이용되던 밤이나 도토리, 가래 등의 견과류도 발견되는데, 신석기시대의 경우와 마찬가지로 견과류를 얻으려 나무를 심거나 삼림을 경영했음을 뒷받침하는 증거는 없고 단지 그 가능성만이 이야기되고 있다.

당시 사람들의 섭생과 영양과 관련해 한 가지 중요한 점은 팥, 녹두와 대두라는 세 종의 콩과 식물을 널리 재배했다는 사실이다. 이것들의 탄화입자는 각지에서 발견되고 있다. 앞 장에서 말한 바대로 콩과 식물은 이미 신석기시대부터 재배되었지만, 본격적인 재배는 청동기시대부터 이루어졌다고 보인다. 현대 한국인의 식단에 비추어볼 때 대두 재배의 보편화는 흥미로운 일이다. 대두가 없다면 메주를 만들 수 없으므로, 간장이나 된장, 고추장, 청국장 같은 소위 한국의 전통음식이란 존재할 수 없는 셈이다. 『삼국유사』의 김유신 일화에 나오는 〈장〉이 정확히 무엇인지 알 수 없지만, 이 기록은 대두를 발효해 만든 식품이 7세기 말 경주 지배층의 식단에 오르고 있었음을 시사해준다. 대두를 청동기시대부터 심었다는 사실에서 장류 제조의 역사는 아마도 신라시대보다 훨씬 더 오래전인 청동기시대까지 거슬러 올라가는 것은 아닌지 상상해봄 직하다.

그러나 물론 청동기시대 사람들이 만들어 먹던 음식의 종류나 조리법에 대해서는 아직 우리가 말할 수 있는 내용이 없다. 중국에서는 신석기시대부터 다양한 요리에 필요한 각종 기물과 식료품이 발견되어 식생활에 대한 논의가 활발하지만, 우리나라 청동기시대의 그릇은 요리 방법을 추정할 만큼 다양하지 않으며 식료품 자료도 없다. 다만 토기 내부에 묻어 있는 음식물 찌꺼기의 탄화 흔적이나 그릇의 크기로부터 추정하건대, 쌀을 비롯한 곡물은 온 가족이 먹을 만큼 한꺼번에 조리하지 않고, 개인별로 필요에 따라 소량씩 먹었던 것처럼 보인다. 곡물이나 기타 식료는 아마도 삶는 방식으로 조리했을 것 같은데, 찜기로 쓸 수 있는 용기는 청동기시대에는 없었던 듯하다. 찜기에 가장 가까운 그릇을 구태여 찾자면 바닥 가운데 구멍을 뚫은 심발형토기 정도로서, 그 수도 드물거니와 아마도 조리용이 아닌 다른 용도에 사용했을 것이다. 찜기가 없었으므로 떡이라든가 기타 찜 요리를 청동기시대 사람들은 알지 못했을 것이다. 오늘날 보는 것과 같은 모습의 시루는 기원 전후 무렵부터 그 원형이 나타났다[그림 6.33 참조].

이렇게 곡물을 비롯한 식물성 식재료에 대한 증거는 어느 정도 있지만, 동물 사육에 대한 증거는 전혀 발견되지 않고 있다. 물론 구석기시대부터 시작해 동물 유체가 전반적으로 드물긴 하지만, 청동기시대의 자료는 특히 더 드물다. 청동기시대에는 그 앞이나 뒷 시기와 달리 뼈의 보존에 유리한 환경인 패총 같은 유적이 거의 만들어지지 않아, 동물 유해는 더욱 희귀하다. 또한 가축화와 동물 사육의 간접적 증거로 볼 수 있는 우리나 사육장 흔적도 찾아볼 수 없다. 청동기시대 전 시기에 걸쳐 사냥과 물고기잡이에 필요한 도구가 주거지에서 흔히 발견된다는 사실은 이전 시기와 마찬가지로 동물성 단백질과 지방은 야생동물에 의존했을 것이라는 추정을 간접적으로 뒷받침해준다. 한반도의 야생동물 중에서 신석기시대 토기에도 묘사되어 있고 오늘날에는 도심에도 출몰하는 멧돼지와 고라니는 청동기시대에도 주요한 단백질 공급원이었을 것이다. 또한 주거유적 주변에 함정을 설치한 것이 주로 방어용 목적 때문이었다고 해도, 거기에 어쩌다 빠지는 동물도 있었을 것이다. 일본에서는 함정을 이용한 선사시대의 조직적 동물 사냥의 사례가 잘 알려져 있으며, 사냥을 위한 함정의 배치와 형태는 생계-주거체계와 일정한 관계가 있음이 밝혀졌다. 한반도에서도 〈그림 4.27〉과 같은 함정을 방어용 목적뿐 아니라 동물 포획을 위해 설치했을 가능성에 대해서도 생각해볼 만하다.

계층화와 매장유적

무덤의 구조와 망자의 처리는 피장자의 사회적 신분과 사회 구조를 유추함에 필요한 정보를 제공해주는 자료이다. 한반도의 청동기시대 무덤을 대표하는 고인돌이나 이와 관계가 깊은 석관묘 같은 매장유적은 청동기시대 조기와 전기에는 주거유적 가까이 있는 사례는 드물며, 독립된 유구로서 외따로 발견되거나 아니면 주거유적에서 떨어진 곳에 하나의 묘역을 이루고 있다. 그렇지만 후기에 들어와 주거지와 무덤은 서로 가깝게 붙어 있으며, 〈그림 4.24〉나 〈그림 4.25〉의 사례와 같이 묘지 자체가 주거체계 일부를 이루고 있는 사례도 흔히 있다. 그러므로 고인돌과 석관묘는 주거 구역과 구역 사이의 공간을 차지하고 배치될 수도 있고, 주거유적의 한 귀퉁이에 있기도 하며, 심지어는 움집 바로 옆에서 발견되기도 한다.

고인돌과 석관묘 이외에도 청동기시대의 무덤으로는 옹관이 있다. 옹관은 독립된 무덤으로 발견되기도 하지만 고인돌 아래나 석관묘 내부에 안치되기도 한다. 옹관은 청동기시대 후기에 들어 부쩍 늘어나는데, 흥미롭게도 옆으로 눕히지 않고 똑바로 혹은 비스듬하게 세워 묻은 것이 많다[그림 4.30]. 옹관으로 쓰기 위해 따로 장례용 토기를 제작하지는 않았으며, 일상생활용 항아리를 그대로 사용했다. 크기를 보아 옹관에는 아마도 대부분 때 이른 죽음을 맞이한 유아 혹은 태아를 묻었다고 추측된다. 1960년대까지도 그렇게 죽음을 맞이한 아이나 태아를 일상용 항아리에 안치해 묻는 풍습은 전국 각지에 남아 있었다. 옹관은 소형 석관묘와 더불어 사람들이 살던 주거지 가까이에서 자주 발견되는데, 이를 두고 죽은 사람을 기리는 의미라고 해석하기도 한다.

고인돌이 청동기시대의 경관에서 빼놓을 수 없는 요소임은 이미 말했지만, 그 외형은 〈그림 4.15〉처럼 거대한 덮개돌과 높은 고임돌이 주변을 압도하는 것부터 높이 1m도 채 되지 않는 것까지 그 크기와 모습이 매우 다양하다. 거대한 고인돌은 덮개돌의 무게가 수백 톤에 달하기도 하며, 주변 일대를 잘 조망할 수 있는 지점에 웅장한 모습으로 홀로 서 있는 것도 있다. 이런 것들은 무덤이라기보다 모종의 상징성을 지닌 건축물이나 제단이었을 가능성이 있다고 추정되기도 한다.

그러나 평균 크기의 고인돌은 대체로 높이가 사람 키를 넘지 않으며 여럿이 모여 군집을 이루고 있다[그림 4.32]. 군집을 이루고 있는 경우, 고인돌은 하나씩 차례대로 만들어져 하부구조가 서로 연접한 경우가 흔히 보인다[그림 4.32]. 덮개돌 밑에 마련된 매장공간 주위로는 돌을 정연히 깔아 일

그림 4.30 달성 평촌리 유적 1호 옹관묘. 높이 54cm, 너비 32cm의 항아리를 관으로 사용하였다. 이 유적에서는 <그림 4.35>의 석관을 비롯해 모두 28개의 석관묘와 함께 옹관이 3개 발견되었다. © 국립문화재연구원

그림 4.31 고인돌의 세 유형. 고인돌은 주로 고임돌의 유무와 형태 및 숫자를 기준으로 서너 형식으로 분류되고 있다. 고인돌 가까이에서는 입석, 즉 선돌이 발견되기도 하는데, 이것은 묘지의 표지석이었을 가능성이 있다. © 국립광주박물관(고인돌); 국립문화재연구원(선돌)

종의 보호구역을 만들기도 했으며 그러한 구역은 제의나 의례를 행하는 공간으로 쓰였을 수도 있었을 것이다. 또한 고인돌에는 마제석검의 모습이나 그 의미를 알 수 없는 기하문을 새기기도 했다[그림 4.12]. 한편 고인돌 주변에서는 형태나 크기가 다양한 선돌이 발견되기도 하는데[그림 4.31], 무덤 주변에 돌을 세우는 것은 유라시아대륙 선사시대에 널리 퍼져 있던 풍습이다.

고인돌의 외관과 크기는 다양하지만, 고인돌은 크게 세 가지로 분류되는 경향이 있다[그림 4.31]. 20세기 전반기에 고인돌을 처음 본 일본인 연구자들은 고인돌에는 크게 탁자식과 바둑판식의 두 형태가 있다고 생각했다. 이 둘은 각각 한반도 북쪽과 남쪽에 분포한다고 생각해 북방식고인돌과 남방식고인돌이라고 부르기도 했지만, 지금은 양자가 지리적으로 뒤섞여 분포함이 밝혀져 북방식과 남방식이라는 용어는 더 이상 쓰이지 않는다. 한편 1960년대에 들어 남북한 모두에서는 이러한 두 전형에 들어맞지 않는 구조와 외관의 고인돌이 발견되기 시작했다. 이런 고인돌은 변형 고인돌, 개석식 고인돌, 묵방리식 고인돌 등의 여러 이름으로 불릴 만큼 내외구조가 다양하며, 남부지방에서는 바둑판식과 뒤섞여 발견되는 경우가 흔히 있다.

그림 4.32 고인돌은 군을 이루고 있는 사례가 보통이다. 두 사진은 고인돌 유적의 표토를 제거하고 주변을 정리한 모습으로서, 위는 진안 여의곡 유적, 아래는 산청 매촌리 유적이다. 많은 고인돌에서는 매장 유구를 보호하며 또한 모종의 제의 공간으로 사용할 수 있도록 주변에 포석을 깔았다. © 전북대학교 박물관; 국립문화재연구원

탁자식 고인돌에서 인골이 발견된 사례는 없는 듯하다. 이것은 아마도 매장 주체부가 지상에 노출되었기 때문일 수도 있고 혹은 위에서 말한 바대로 탁자식 고인돌은 무덤이 아니기 때문인지도 모른다. 그 외의 고인돌 중에는 그저 땅을 파고 아무 시설도 하지 않은 채 매장 구덩이, 즉 묘광을 덮개돌이 바로 덮고 있는 것도 더러 있지만, 대부분의 고인돌에서는 덮

개돌이나 고임돌 아래에 뚜껑이나 벽을 돌로 쌓아 만든 묘광 혹은 기타 묘역 시설이 어떤 모습이건 만들어져 있다. 묘광은 그저 구덩이만을 팠거나 구덩이 주위에 돌 몇 개로 윤곽을 표시하기만 한 것에서부터 아주 잘 다듬은 판석으로 짜임새 있게 만든 것까지, 역시 다양한 모습이다.

고인돌은 한반도 밖의 요동지방에도 있는데 주로 거대한 탁자식 고인돌이 분포하고 있다. 비록 증거는 미약하지만, 이것들은 조기 내지 전기 청동기시대의 것으로서 비파형동검이 그 아래에서 발견된 사례가 있으므로 고조선과 연관된다고 여겨지기도 한다. 그 반면, 규슈 북부에서는 바둑판식 고인돌과 그 변형의 것들이 발견된다. 이런 고인돌은 제주도에서도 발견되며, 앞서 말한 송국리문화 단계에 이주한 이들이 만들었다고 여겨진다. 제주도와 규슈의 고인돌은 크기도 작고 덮개돌 아래에 있는 고임돌의 숫자도 많다는 특징이 있다.

한반도, 특히 남한 지방의 고인돌에서 보이는 한 가지 흥미로운 사실은 고인돌의 외관과 그 아래에서 발견되는 유물의 질과 양 사이에는 뚜렷한 상관관계를 찾을 수 없다는 사실이다. 즉, 엄청난 덮개돌 아래 매장 부위를 큰 돌로 수십 겹 덮고 주변에 큰 묘역을 조성한 거대 고인돌일지라도 부장품이 전혀 없거나 혹은 단 몇 점의 토기나 석기 조각만이 발견되는 것이 보통이다. 그 반면, 외형은 그저 초라하고 평범하지만, 발굴에서는 전혀 예상치 못했던 비파형동검 같은 당대의 가장 귀중한 유물이 발견되기도 한다. 〈그림 4.33〉은 한국 문화권역 전체를 통틀어 가장 큰 비파형동검인데, 이것은 평범한 고인돌군 속에 있는 초라한 외형의 고인돌에서 발견되었다. 이 예를 비롯, 상대적으로 크기가 작으며 군집을 이루고 있는 고인돌은 송국리식 주거지와 가깝게 있는 경우가 많아서, 청동기시대 후기에 만들어졌다고 여겨지고 있다. 또한 고인돌 하부에서는 삼국시대나 고려시대의 토기나 장식품 같은 유물이 발견되기도 한다. 이러한 사례는 해당 고인돌에서 후대 사람들이 모종의 의례를 지낸 다음 그 아래에 제물을 묻었음을 말해주는바, 일종의 고인돌이 '재사용'된 흔적이다.

그림 4.33 여수 월내동 상촌에는 송국리식 주거지에 인접해 고인돌이 군을 이루며 분포하는데, 그중 116호 고인돌에서 길이 43.4cm의 칼이 두 조각으로 부러뜨려져 묻힌 상태로 발견되었다. © 국립문화재연구원

공식기록에 따르면 고인돌은 1915년에 처음 발굴되었는데, 그로부터 100여 년의 세월이 흐르는 동안 조사된 고인돌의 수는 셀 수 없이 많다. 그러나 1970년대까지는 무거운 덮개돌을 들어 옮길 수 있는 마땅한 수단이 없었기 때문에, 발굴조사에서는 지레를 이용해 큰 덮개돌을 옆으로 당겨 세우거나 그것도 힘들다면 그대로 둔 채 그 아래의 지극히 제한된 부분만

을 파보는 것으로 만족해야 했으나, 1980년대부터 중장비가 발굴조사에 동원되며 조사가 수월해졌다. 이후 고인돌의 구조에 대해 자세히 알게 되었지만, 아직도 고인돌에 대해 우리가 알고 있는 바는 만족스럽지 못하다. 즉, 예를 들어 고인돌이 언제, 어디에서 처음 만들어졌으며, 누가, 어떤 방법으로 만들었는가 하는 단순한 질문에 대해서도 흡족하게 답하지 못하고 있다. 그런 만큼 고인돌은 아직도 수수께끼의 고대 건조물로서 우리 주변에서 있다고 하겠다.

고인돌의 등장에 대해 흔히 들을 수 있는 답은 청동기시대 전기에 '북쪽' 어디에선가 등장했을 것이라는 설명 아닌 설명이다. 그러나 이 상투적인 답변 아래에는 실로 다양한 의견이 숨어 있다. 고인돌 안팎에서는 그 축조 시점을 확인할 수 있는 연대측정 시료를 찾기 어렵다. 따라서 그 연대는 대개 부장품을 통해 간접적으로 추정하고 있으며, 이때 중요하게 다루어지는 유물은 청동기, 특히 아주 드물게 발견되는 비파형동검이다. 그러나 이것을 제외한다면 고인돌의 등장 시점을 추정할 만한 마땅한 유물은 사실상 그리 없다. 이미 말한 바처럼 비파형동검의 연대와 형태 변화에 대해서는 여러 의견이 있으며, 그에 따라 비파형동검이 발견된 고인돌의 연대에 대해서도 확고하게 결론을 내리기는 쉽지 않다.

거대한 구조이지만 유물도 발견되지 않고 연대측정을 할 마땅한 수단도 없는지라, 연대 평가를 위한 대안적 접근으로서 고인돌의 외형과 구조를 분류해 고인돌의 형식을 설정하고 그 변화 과정을 살펴보려고도 해왔다. 그러나 그간 여러 사람의 노력에도 불구하고, 그 결과는 신통치 않다. 이것은 왜냐하면 고인돌의 구조는 세부적으로 너무나 다양해, 과연 어떤 요소가 형식 설정에 중요하며 혹은 시간적 의미를 지니고 있는지 평가하기 어렵기 때문이다.

그런데, 고인돌이 언제까지 만들어졌는가 하는 질문에 대해서는 상당한 정도로 의견이 모아졌다. 즉, 고인돌과 그 사촌 격이 되는 석관묘는 기원전 4세기 초 무렵이면 거의 모든 곳에서 더 이상 만들어지지 않는다고 여겨지고 있다. 다시 말해, 돌로 만든 이런 무덤들의 건조는 철기가 알려질 무렵이면 대체로 중단되었다고 보인다. 물론 그렇다고 모든 곳에서 완전히 건조가 중단되지는 않았다. 섬진강 상류처럼 다소 고립된 지역서는 기원 전후 무렵까지도 만들어졌고, 제주도에서는 이후로도 수백 년 이상 삼국시대에도 만들어졌다고 여겨진다.

청동기시대의 사회 성격과 관련해, 고인돌은 '추방사회', '추장사회', '족장사회' 또는 '군장사회'라고 번역되는 소위 'chiefdom society'의 증거라는 주장이 1980년대에 등장해 한동안 유행하였다. 이 용어는 계급화가 진행되어 지배계급과 권력이 상당한 정도로 확립해 국가 단계에 돌입하기 시작한 준국가 단계의 사회를 가리킨다. 이러한 해석은 고인돌을 건조하기 위해서는 막대한 노동력이 필요했을 것이고, 그러한 노동력의 동원은 권력이 발생했기 때문에 가능했다고 보았기 때문이다.

그런데 문제는 고인돌 중에는 단지 수 명 정도의 인원이면 충분히 만들 수 있는 것들도 매우 많으며, 다중의 노동력을 동원해야만 만들 수 있는 큰 고인돌이 오히려 예외적이라는 사실이다. 더구나 고인돌의 수가 만 혹은 그보다 큰 단위로 헤아려야 할 만큼 워낙 많으므로, 단순히 그 숫자만을 보더라도 고인돌이 소위 '추장'이나 그 가족 같은 소수 지배계급의 무덤일 수 없다는 반론이 나올 수밖에 없다. 다시 말해, 많은 고인돌은 지배자의 무덤이 아닐 것이다.

그렇지만 청동기시대 후기에 만들어진 고인돌 중에는 권력자를 위해 만든 특별한 것이 분명히 있다고 여겨진다. 송국리문화의 사회가 여러 계층으로 구성된 체제였을 가능성이 큼을 생각한다면, 그러한 고인돌의 존재는 놀라운 일이 아니다. 이런 고인돌은 돌로 쌓은 담장을 둘러 상당한 규모의 묘역을 만든 다음, 그 안에 거대한 고인돌을 단지 몇 개만 배치했거나, 혹은 주변에 돌을 정연히 깐 대형 고인돌 몇 개를 서로 가까이 붙여 만들고 그 주변을 소형 고인돌이나 석관묘가 에워싸도록 배치하였다[그림 4.34]. 이런 고인돌들은 묘역을 의도적으로 계획하고 만들었다는 뜻에서 묘역식 고인

그림 4.34 창원 덕천리(좌)와 보성 동천리(우)의 거대 고인돌. 덕천리에서는 고인돌이 놓인 묘역을 에워싼 담장과 외곽시설의 흔적이 발견되었다. 이러한 대형 고인돌은 매장 유구 위로 돌을 겹겹이 쌓았으나, 발견되는 유물은 없거나 매우 빈약하다. © 경남대학교박물관(덕천리); 국립광주박물관(동촌리)

돌이라고 불리기도 한다.

그러나 앞서 말했듯, 묘역식 고인돌 역시 압도적 외관과는 달리 부장품은 없거나 있더라도 매우 초라할 뿐이다. 이러한 부장품의 양상은 그 이후 시기의 무덤에서 보이는 바와 극적으로 대조되는데, 다음 장에서 살펴볼 초기철기시대의 무덤은 그 존재조차 알 수 없을 정도의 외관이지만 부장품은 상대적으로 풍부하다. 또한 묘역식 고인돌은 그 옆에 배치한 평범한 고인돌이나 석관묘를 외관에서 압도하지만, 실제 청동기 같은 상대적으로 귀중한 유물은 후자에서 발견되기도 한다. 그렇다면 혹시 이 거대한 고인돌에 묻힌 사람들의 권력과 부는 아마도 부장품을 통해서가 아니라 거대한 고인돌 그 자체의 외관을 통해, 혹은 그런 고인돌을 세우는 과정을 통해 과시하려 했던 것은 아닐까 추측해볼 수도 있다. 그러한 건축 행위는 사회적 결속력과 지배력을 다지고 과시하는 중요한 정치적 의미를 가졌을 수 있겠다.

흥미롭게도 이런 초대형 고인돌들은 남해안 가까이 동서 방향으로 하나의 띠를 이루며 분포하는 양상이다. 만약 이런 무덤들이 그것을 만들기 위한 노동력을 동원할 수 있는 권력을 행사할 수 있던 엘리트의 신분을 표상하기 위해 만들어졌다면, 그 분포는 당시 남해안을 따라 정치적으로 어느 정도 독립성을 지닌 집단들이 존재했을 가능성을 시사해준다. 남해안 지역은 문화의 확산이나 집단의 이동에 있어 일종의 막다른 골목이었다고 볼 수 있다. 만약 당시에 자체 인구 증가로 인한 인구압으로 사회적 위기가 발생했다거나 혹은 외부로부터의 인구 유입이나 모종의 사회문화적 압력이나 정치군사적 위협이 커지는 상황이 발행했다면, 지리적 확장이 불가능한 토착 공동체들로서는 위기 돌파를 위해 사회 계층화를 더욱 공고히 하려 했을 수 있을 것이다. 이 거대 고인돌의 등장은 어쩌면 그러한 사회문화 과정이 진행되고 있었음을 시사해주는 단서일지 모르며, 이것들을 남긴 여러 공동체는 후대에 삼한 소국이라는 정치체의 씨앗이었을 것이다. 아무튼 남해안 지역에서는 종래의 자그마한 청동기시대 농업공동체가 점점 발전해, 철기가 알려지기 직전 기원전 5세기에는 대형 묘역식 고인돌 건립과도 같은 공공토목사업을 경쟁적으로 벌일 수 있는 수준의 인구와 생산력을 갖춘 계층사회가 되었다고 추측된다.

한편, 고인돌의 사촌 격인 석관묘, 즉 돌상자무덤도 청동기시대 전기에 등장했으며[그림 4.35], 송국리문화의 확산과 더불어 남부지방에서 유행하였다. 석관묘는 하나의 독립 유적으로 발견되거나 혹은 여러 개가 함께 군을 이루고 있기도 하며, 또 이미 말한 바와도 같이 고인돌의 하부구조 혹은 그 주변의 배장묘로도 사용되었다. 따라서 원래는 고인돌의 하부구조였지만 덮개돌이 사라져 독립된 무덤처럼 보이는 석관묘가 있을 수도 있다. 유적의 위치와 주변 정황을 볼 때, 1970년대에 비파형동검이 발견되어 유명한 부여 송국리 석관묘도 혹시 석관묘라기보다 원래 고인돌 하부구조가 아니었을까 하는 의심도 든다.

고인돌과 마찬가지로 석관묘의 구조와 형태도 다양하다. 석관의 여섯

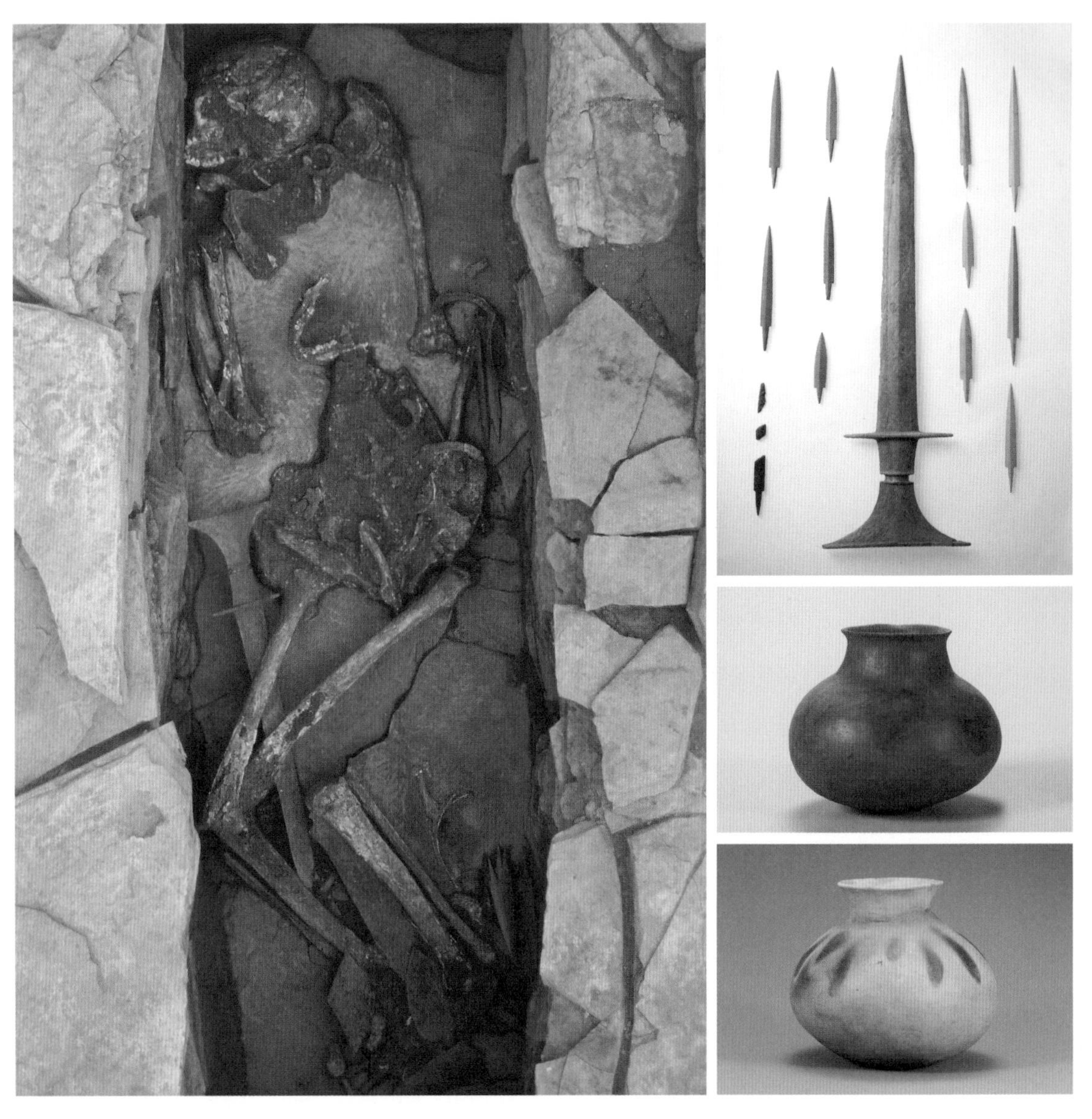

그림 4.35 달성 평촌리 22호 석관묘(왼쪽)와 부장품으로 발견된 석검과 석촉(오른쪽 위). 이 석관에서는 발견되지 않았지만, 특히 청동기시대 후기의 석관묘에서는 홍도, 즉 붉은간토기(오른쪽 가운데) 및 홍도의 변형이라고 할 수 있는 가지무늬토기(오른쪽 아래)가 흔히 발견된다. 석관묘에서 부장품으로 발견되는 석검 중에는 과장된 형태이거나 몸체에 여러 개의 동그란 작은 홈을 만든 것도 있으며, 일부러 조각을 내 묻거나 뿌리기도 했다. 사진에 보이는 석검은 길이 63cm로서, 그간 발견된 것 중 가장 긴 것의 하나인데, 아마도 실용 도구는 아니었을 것이다. © 국립문화재연구원(석관묘, 석기); 국립중앙박물관(토기)

면을 아주 정연하게 얇은 판석으로 잘 짜서 만든 것부터 구덩이 벽에 자갈돌이나 다듬지 않은 돌 몇 개만을 여기저기 세운 것에 이르기까지, 그 모습은 전혀 일률적이지 않다. 마찬가지로 부장품의 질과 양 및 배치도 석관묘마다 다르다. 또한 사회 지배계급의 무덤으로서 석관묘가 사용되었음을 시사해주는 사례로서, 사방에 긴 도랑을 파서 만든 묘역 가운데에 석관묘를 배치하기도 했다. 〈그림 4.36〉은 그러한 석관묘가 발견된 춘천 천전리 유적으로서, 사진에서 가로로 놓인 가장 긴 묘역을 에워싸고 있는 도랑은 길이 40m가 넘는다. 그러나 이 유적을 비롯해, 도랑으로 구분된 묘역의 가운데에 배치된 매장 유구는 예외 없이 매우 평범한 모습이며, 피장자는 간단한 석관묘 아니면 토광묘에 묻혔고 부장품도 특별히 다르지 않다.

석관묘에서는 인골이 발견되는 경우, 시신은 대체로 곧바로 뉘어 묻었거나 옆으로 구부려 묻었다. 아주 드물게는 시신을 석관묘 내에 안치하고 화장 처리를 한 흔적도 발견된다. 부장품은 고인돌보다 상대적으로 자주 발견되는데, 특히 홍도라고 불리는 자그마한 붉은 항아리가 특징적이다[그림 4.35]. 홍도는 바닥이 둥글며 표면에 붉은색 안료를 바르고 문질러 광을 내도록 한 토기로서, 대체로 높이 20~25cm 내외이다. 또 홍도와 함께 마제석기나 석촉 등의 석기가 부장되기도 했는데, 이런 부장품은 온전한 모습으로 발견되기도 하지만 일부러 조각을 내어 묻기도 했다. 무덤 안이나 그 위 혹은 주변에서는 그렇게 일부러 부순 조각들이 뿌려진 듯한 상태로 발견되기도 하는데, 아마도 매장을 하며 모종의 의례를 했음을 말해주는 증거일 것이다. 부장품은 주거유적에서 발견되는 것과 다를 바 없는 형태지만, 앞서 말한 바대로 마제석기, 특히 석검 중에는 간혹 크기와 형태가 일상용도에 맞지 않는 과장된 모습이거나 작은 구멍으로 과도하게 장식한 것도 발견되고 있다. 그런데 이런 소위 '상징유물'이 부장된 무덤은 일정한 지리적 범위 내에 분포하고 있는 듯한데, 크게 보아 소백산맥과 노령산맥을 잇는 선을 경계로 그 이남에서 자주 발견되고 있다. 특히 과장된 비례의 비실용적 마제석검은 주로 남해안을 따라 발견되고 있어, 묘역식 고인돌의 분

그림 4.36 춘천 천전리 유적의 석관묘. 도면에서 보듯, 이곳에서는 대규모의 마을과 그 가까이 배치된 무덤들이 발견되었으며, 일부가 발굴되었다. 무덤 중에서 석관묘군은 고인돌군과 따로 떨어져 만들어졌는데, 양자가 분리된 사실과 함께 석관묘의 특이한 구조는 무덤 주인공의 사회적 지위에 차이가 있거나 혹은 두 무덤이 시기를 달리하고 있을 것임을 추정하게 해준다. 사진은 도면에 붉은 화살표로 표시된 석곽묘군으로서, 석관묘 사방을 도랑이 길게 에워싸고 있는 모습으로 발견되었다. © 국립문화재연구원

포와 어느 정도 비슷한 양상이다.

복합사회 등장의 전야

해방 이후 한국 고고학 연구에서 청동기시대는 고대국가의 탄생이 준비되던 단계로서 그 중요성이 계속 강조되어왔다. 청동기시대는 기원전 2천년기 말 평범한 소규모의 농업공동체로부터 시작해, 시간이 흐르며 보다 복잡한 사회가 되었고 인구도 점차 늘어났다. 청동기시대를 정의할 때 사용되는 가장 중요한 고고학 자료는 무문토기로서, 무문토기 제작 전통은 철기가 도입된 다음에도 한참 동안 이어져 기원후에도 상당한 시간 동안 완전히 사라지지 않았다. 그런데 연대를 기원전 2천년기 말로 비정할 수 있는 청동기 자료는 한국 문화권역 전체를 보더라도 극히 드물며, 남한 발견 자료 중에 이 시기의 것이 있다고 단언하기 어렵다. 청동기시대를 대표하는 청동기라고 할 수 있는 비파형동검이 처음 제작된 시점은 잘 알 수 없지만, 이것이 한국 문화권역에서 고고학 자료에 편입되기 시작한 시점은 일부 이견도 있으나 대체로 기원전 1000년 이후로서 늦어도 기원전 700년보다는 이전이라고 여기는 연구자가 많다. 청동기 연대 판정과 관련, 대부분의 유물은 무덤에서 발견되었다. 그런 유물이 무덤에 부장된 시점은 당연히 제작 시점보다 늦을 것인데, 그 어떤 것에 대해서도 제작에서 사용과 폐기에 이르는 생애주기 전반의 시간표를 명시적으로 설명하고 있는 경우는 보기 어렵다. 예를 들어, 비파형동검의 연대는 흔히 유물의 외형에 대한 형식학적 판단에 따라 내려지는데, 그렇게 판단한 연대가 유물의 제작 시점을 가리키는지 혹은 유물이 부장된 시점, 즉 무덤의 연대를 가리키는지 연구자가 자신의 생각을 확실히 밝히는 사례는 보기 힘들며, 그저 두루뭉술하게 넘어가고 있다. 만약 두 시점이 차이가 없다면, 유물의 제작 시점을 폐기 시점으로 보아야 하는 이유가 무엇인지 분명하게 설명해야 할 것이다.

한국 청동기시대에서 청동기는 극히 소수에게만 허용되었으며, 사람들의 일상생활은 석기와 목기에 의존해 이루어졌다. 그러나 비금속 도구만으로도 상대적으로 풍요로운 농경 사회는 만족스럽게 유지되었다고 보인다. 작물 중에서 쌀의 중요성은 점점 더 커졌으며, 쌀의 수확량이 증가함과 더불어 인구도 늘어났다. 유적의 숫자를 놓고 보면, 청동기시대는 시작할 무렵부터 인구 규모가 신석기시대 말보다 훨씬 컸던 것처럼 보인다. 그러한 차이는 외부로부터의 인구 이입 가능성을 시사해준다. 기원전 1천년기 중반 무렵이면 수많은 고인돌과 주거유적이 말해주듯 인구는 더욱 크게 늘었으며, 그 결과 청동기시대 후기에 이르러서는 바다 건너 제주도와 규슈로 대규모의 이주가 일어났다. 청동기시대 후기의 인구 규모는 아마도 신석기시대보다 높은 단위로 따져야 할 것인데, 주거유적과 매장유적의 숫자와 분포를 고려할 때, 한반도 전체의 인구는 10만 단위에 다다랐으리라고 보인다.

국가 등장에 관한 고고학 연구나 많은 민족지 사례를 볼 때, 청동기시대 동안 진행된 인구 증가는 사회 계층화를 유발하는 압력으로 작용했을 것이며, 청동기시대 후기에는 사회적 불평등 관계가 매우 커졌던 것처럼 보인다. 주거유적의 규모에서 보이는 차이는 당대 사회가 다층화되었으며, 중심지와 주변부로 구성되었음을 시사해준다. 중심지에는 주변부의 공동체로부터 물자를 공급받으며 많은 주민이 거주했을 것이다. 당대 사회의 여러 구체적 면모는 앞으로 밝혀져야겠지만, 공공건물, 저장시설, 방어용 구조물, 경작지의 체계적 관리, 제의 혹은 종교 행위의 증거, 석기를 비롯한 도구 생산의 집중, 물질문화 양식의 광역적 공유를 비롯한 여러 증거는 적어도 한반도 남부지방의 후기 청동기시대 사회는 계층화가 상당히 진행되었고 준국가단계의 복합사회로 나아갈 준비가 되었음을 시사해준다.

거듭 말하거니와, 청동기시대의 사회상에 대한 이상의 요약은 주로 남한 지역의 사정에 대한 것이다. 남쪽에서 사회 계층화가 진행된 청동기시대 후기는 북쪽 멀리에서 고조선이 등장하고도 한참 시간이 흐른 뒤였다.

이 무렵 고조선 사회는 전국시대 중국에서 끊임없이 발생하던 크고 작은 무력 충돌과 여러 사회적 혼란과 갈등의 물결을 조금씩 맞기 시작했을 것이다. 유감스럽게 청동기시대 동안 한반도 북부와 그 너머에 존재하던 사회와 문화의 실상에 대해 우리가 확실하게 말할 수 있는 바는 그리 없다. 그러나 아무튼 고조선이 중국 세력의 대규모 침입을 받아 역사적 실체로서의 기록이 남겨지기 시작한 기원전 300년 무렵보다 이삼백 년 앞선 시점에 한반도 남부지역에서는 벼농사를 짓던 공동체들이 번성하며 커나가고 있었다. 이제 철기 등장의 무대는 갖추어졌으며 이 공동체들은 곧 철기라는 새로운 기술을 받아들이고 뛰어난 청동기를 제작하게 된다.

제5장

고대국가의 여명

철기의 확산과 정치체의 등장

앞서 살펴보았듯, 대략 기원전 500년 무렵이면 한반도 남부지방에는 다수의 공동체가 번창하고 있었다. 송국리 유적과 같은 대형 주거유적이나 남해안의 거대 고인돌 유적은 그러한 공동체 내에서 사회 계층화가 어느 정도 진행되었음을 시사해준다. 늘어난 유적의 숫자 그 자체는 인구 증가를 말해주며, 이것은 주거지 내에서 발견되는 쌀을 채운 저장용 토기가 말해주듯 성공적인 벼농사의 확산에 힘입은 바 컸을 것이다. 무덤에서 발견된 인골 중에는 비정상적 죽음을 맞이한 상처의 흔적이 남겨진 사례가 있어, 집단이나 개인 사이에 모종의 충돌이 일어나고 있음을 엿볼 수 있다. 그렇지만 그러한 문제는 아마도 국지적 차원이나 개인적 관계에서 발생했을 뿐, 사회질서 전반이 혼란에 빠질 수준의 갈등은 발생하지 않았을 것이다. 한반도 남부지역에 살던 사람들은 아마도 청동기를 통해 북쪽 어딘가에는 〈조선〉이 존재함을 알고 있었을 수 있지만, 이후에 부여와 고구려로 발전한 집단이 더 먼 북쪽의 송화강과 압록강 유역에서 있었음은 몰랐을 것이다. 이런 상

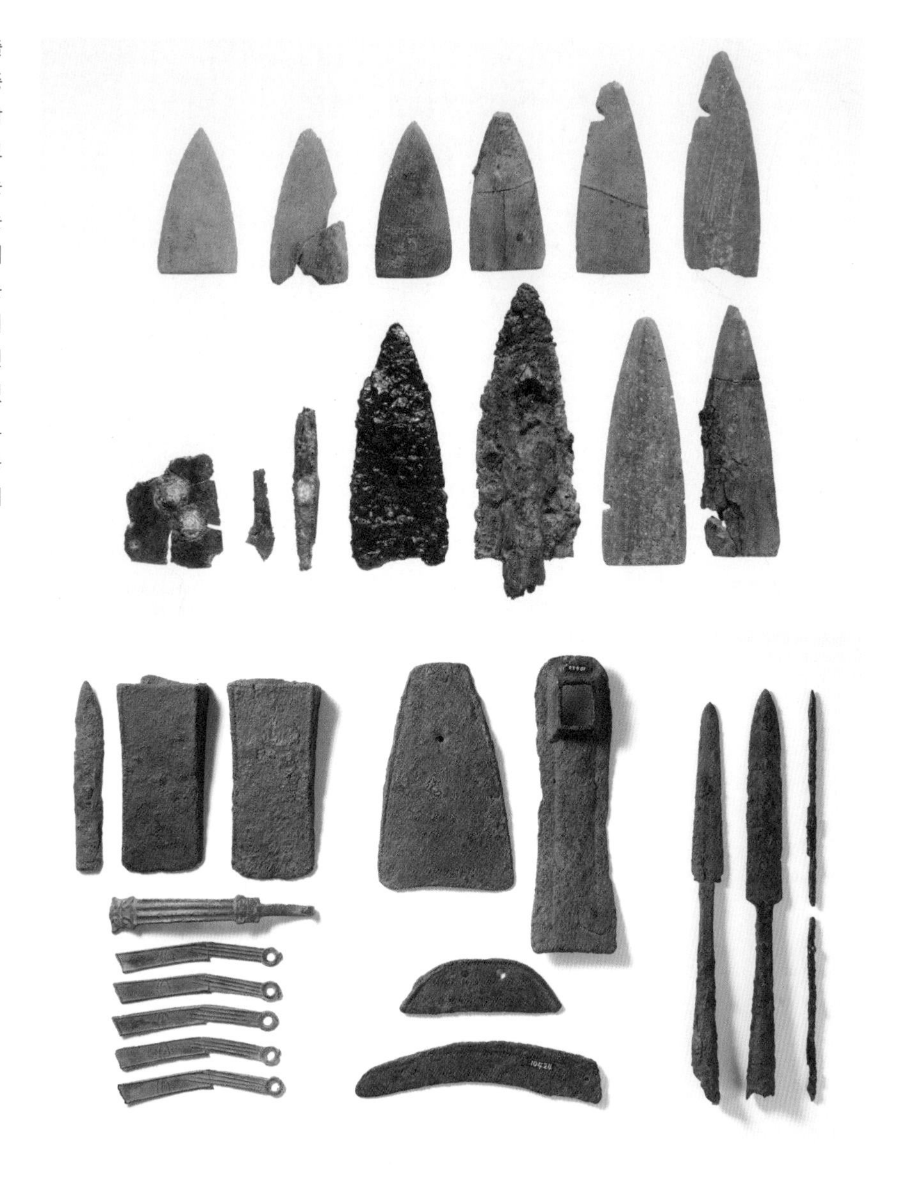

그림 5.1 안성 만정리 토광묘 출토 유물과 위원 용연리 발견 중국 연나라식 철기와 명도전. 남한 지역에서는 철기가 알려지고도 한동안 철은 귀한 소재였는데, 사진에서 보듯 만정리에서는 철제 화살촉과 돌 화살촉이 함께 발견되었다. 압록강 유역에서는 다수의 명도전과 철기가 항아리 속에 담겨 발견되고 있다. 이런 유물은 아마도 후일을 위해 숨겼으나 후에 찾지 못한 것이라고 여겨진다. © 국립중앙박물관(용연리); 만정리 원도: 경기문화재단 2009

황에서 기원전 400년 무렵 철기가 한반도 중부지역에 등장하였다[그림 5.1].

기원전 400년에서 100년에 이르는 초기철기시대 300년은 동아시아 고대사의 격동기였다. 철기가 한반도 중부지방에 등장할 즈음, 중국에서는 춘추시대가 끝나고 전국시대로 넘어가고 있었으며, 안정적이던 주변 지역의 정치사회 정세도 영향을 받게 되었다. 『사기』와 『삼국지』 등의 기록에 따르자면, 기원전 4세기에서 기원전 108년 사이에는 고조선을 둘러싸고 다음과 같은 사건들이 이어졌다. 즉, 기원전 320년 무렵, 전국칠웅의 하나인 연이 왕을 칭하고 동방을 침략했고, 기원전 300년 무렵이면 연의 소왕이 장군 진개를 시켜 요동을 침략해 고조선의 땅을 크게 얻었으며 전쟁에서 패한 고조선은 그 중심지를 옮기지 않을 수 없었다. 기원전 221년 무렵에는 조선후가 스스로 조선왕을 칭했는데, 기원전 202년 한은 패수를 조선과의 경계로 삼았다고 한다. 그러나 패수가 어느 강을 말하는지는 확실하지 않다. 7년이 지난 기원전 195년 위만이 연나라에서 고조선으로 망명해, 이듬해에 준왕을 쫓아내고 권력을 뺏었으며, 기원전 190년에는 진번과 임둔을 복속시켰다. 이후 60여 년이 지난 기원전 128년 예군 남려가 28만 명을 이끌고 한에 투항했으며, 이로부터 2년 뒤인 기원전 126년에는 창해군이 폐지되었다. 기원전 110년에 고조선의 우거왕이 진국과 한 사이의 왕래를 방해했고 다음 해 한의 요동도위를 공격함으로써 한과의 전면전이 시작되었다. 그러나 이듬해인 기원전 108년 니계상 삼이 우거왕을 죽이고 한에 항복함으로써 고조선은 역사의 무대에서 사라지게 되었으며, 한은 고조선의 땅에 4개의 군을 설치했다고 한다.

전국세력의 팽창과 충돌, 연의 고조선 침입과 그로 인한 고조선의 천사, 진한 제국의 성립, 위만의 등장과 한과의 충돌로 인한 고조선 멸망과 한 군현의 설치에 이르기까지, 북쪽에서 일어난 크고 작은 사태의 여파로 한반도의 주민들은 300여 년 동안 크고 작은 영향을 직간접적으로 받았을 것이다. 물론 한반도 남부지역은 전화에 직접 시달리지 않았지만, 피난민이나 이주민의 끊임없는 유입과 함께 새로운 문물과 제도가 알려지며 큰 자극을 받아 변화가 일어나지 않을 수 없었을 것이다. 아울러 고조선은 사라졌으나 저 멀리에서는 부여와 고구려가 자라나고 있었음도 기억할 필요가 있다. 따라서 초기철기시대라고 명명된 시기는 중국 세력의 확대와 더불어 청동기시대 한국 문화권역이 축소하며 지역에 따른 차별적 발전이 있던 시기이다.

철기가 한국 문화권역에 등장한 과정에 대해서는 인접 지역의 자료도 부족하고 북한에서는 믿을 수 없는 주장을 하고 있다. 다만 기원전 400년 무렵부터 중국 연의 철기라 생각되는 유물이 송화강 중상류에서 요동반도에 이르도록 북동-남서 방향으로 발달한 천산(치엔산[千山])산맥 일대에서 연해주에 이르기까지, 그리고 압록강 양안에서 발견된다. 이러한 정황을 생각할 때, 제철 기술은 이 무렵 한반도에 알려져 곧 남한 전역으로 퍼져나갔을 것이다. 한반도 중부지역에서 발견된 4세기 초의 철기가 연의 철기거나 그것을 그대로 모방한 형태가 아니라는 점은 그러한 추측에 약간의 힘을 더해준다[그림 5.1].

제1장에서 1970년대 초에 초기철기시대라는 용어가 등장한 배경을 간략히 설명했는데, 당시에 개념 설정에서 중요한 역할을 한 고고학 자료는 중국 연나라의 화폐인 명도전과 함께 항아리에 담겨 있는 상태로 발견된 철기이다[그림 5.1]. 압록강 변에서 발견되는 이러한 철기, 명도전과 항아리는 주인이 숨겨 두었으나 결국 찾지 못해 고고학 자료가 된 퇴장유물로서, 기원전 300년 무렵 있었다는 연의 침공을 계기로 남겨졌다고 여겨졌다. 또한 이때 철기는 한반도 북단에만 알려졌고 남쪽에서는 얼마 지나서 사용하기 시작했다고 생각했다. 그러므로 철기를 사용한 것은 기원전 300년부터이지만, 한반도 전체를 볼 때 철기의 사용은 아직 초보 단계였으므로, 초기철기시대라고 부르자고 제안했던 것이다.

그런데 이러한 논리를 따른다면, 청동기시대에도 청동기는 극히 드물었고 신석기시대에도 마제석기보다 타제석기가 더 흔히 발견되므로, 두 시기에 대해서도 '초기'라는 접두사를 붙여 '초기청동기시대', '초기신석기시대'라고 해야 옳을 것이다. 또 만약 '초기'가 있다면 당연히 '중기'나 '후기'도 있어야 하지만, 초기철기시대 다음 시기의 이름으로 역사학의 시대구분 용어를 타협적으로 빌려와 원삼국시대라고 한 것은 결국 편년 체계의 혼란을 가져온 셈이다. 이러한 어정쩡한 시대구분 기준의 채택은 고고학 자료가 절대적으로 부족했던 당시 상황에서는 어쩔 수 없었을 것이라고 이해할 만하다. 그러나 앞서 말한 바대로, 고고학 자료를 기준으로 철기가 알려진 시점부터 시작해 이후의 모든 시기를 철기시대라고 부르는 것은 전혀 문제가 될 일이 아니다.

한편, 초기철기시대의 종식을 기원 전후로 설정한 것은 낙랑의 선진 기술이 이 무렵 널리 퍼져 물질문화에 큰 변화가 일어났다고 생각했기 때문이다. 특히 중요한 증거로 삼았던 것은 청동기시대 이래의 무문토기를 대신하는 새로운 토기의 등장으로서, 경상도 지역에서는 기원 전후 무렵 소위 '김해토기'라 불리던 토기가, 중부지방에서는 '풍납리식 무문토기'라는 경질무문토기가 나타났다고 여겼기 때문이다.

이러한 시기 설정과 함께, 초기철기시대 유적 여부의 판정에서는 점토대토기와 흑도장경호라는 무문토기 계열의 토기가 중요한 근거로 사용되기 시작했다. 왜냐하면 이런 토기는 초기철기시대 유적의 매장유적에서 흔히 발견되지만[그림 5.2], 청동기시대 경우에도 청동기가 귀하듯, 철기는 드물며 없는 경우도 흔히 있다. 이에 따라 이런 토기가 철기를 대신해 초기철기시대를 설정하는 기준으로 여기게 되었으며, 다른 증거가 없더라도 점토대토기가 발견되면 유적을 초기철기시대라고 규정하기 시작했다. 특히 매장유적이 아닌 유적에서는 단지 토기와 석기만이 발견되어 청동기시대와 구분하기 어려운 경우가 종종 있는데, 점토대토기나 흑도장경호가 발견되면 초기철기시대 유적이라고 규정하기 시작했던 것이다.

이로부터 50여 년의 세월이 흐르며, '김해토기'와 '풍납리식 무문토기'라는 용어는 진작에 폐기되었으며 초기철기시대 관련 자료는 질과 양에서 크게 달라졌다. 그렇지만 이상 요약한 초기철기시대에 대한 기본 개념은 그리 변하지 않았으며, 다만 그 시간적 경계만이 100년씩 앞으로 당겨졌을 뿐이다. 즉, 철기는 중국에서 전국시대가 시작할 무렵인 기원전 400년 무렵 알려져 이때부터 초기철기시대가 시작한다고 보고 있으며, 그 끝, 즉 원삼국시대의 시작은 『삼국사기』에 기록된 삼국의 등장 시점보다 조금 앞서 기원전 100년 무렵부터라고 하고 있다.

그런데 21세기 들어 일부 유적, 특히 경상도 지역에서 점토대토기가 초기철기시대의 시점인 기원전 400년보다 앞서 만들어졌다는 주장이 나타나기 시작했다. 그런가 하면, 철기가 발견된 몇몇 주거지에서 얻은 방사성탄소연대를 근거로 강원도나 경기도 북부에서 철기는 기원전 5세기 초에 이미 만들어지기 시작했다는 주장도 나타났다. 또한 일본에서 철기 제작은 한반도에서 기술이 전파된 다음 시작되었다고 일반적으로 여겨져왔는데, 새로운 자료는 일본에서 철기가 기원전 4세기에 제작되었다고 하므로 한반도에서 철기는 기원전 400년 이전에 등장했다고 보는 견해도 있는 등, 철기의 등장과 관련해 다양한 주장이 나타났다. 이런 여러 의견이 모두 타당할 수 없지만, 아무튼 새로운 증거가 쌓이며 초기철기시대에 대한 기존의 생각이 흔들리게 되었다.

그런데 이러한 주장들은 대체로 유물의 외형에 대한 형식학적 판단을 기초로 유적과 유물의 연대를 평가하고 있다. 그렇지만, 상대연대에 기초

그림 5.2 완주 덕동 초기철기시대 토광묘 부장품. 철기는 없으며 흑도장경호와 점토대토기가 청동기와 함께 부장된 무덤도 흔히 발견된다. 출전: https://ko.wikipedia.org/wiki/

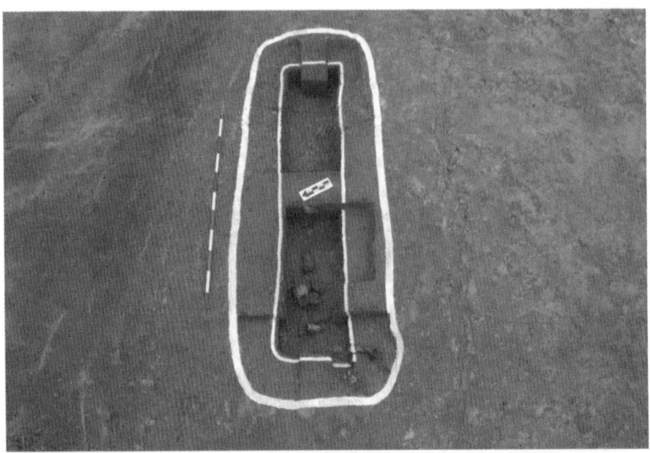

그림 5.3 초기철기시대 토광묘의 예. 위: 완주 신풍; 가운데: 군산 선제리; 아래: 김천 문당동. © 국립문화재연구원

한 편년은 어느 하나의 절대적 시점을 기준으로 삼아 쌓아 올리는 것인데, 제시된 의견들을 자세히 따져보면 순환논리의 오류에 빠져 있거나 편년 구축 시점의 설정이나 자료의 연대 판정에 동의하기 어려운 점들이 있다. 한편, 현대 고고학이 사용할 수 있는 연대측정 방법은 2~3천 년 전의 고고학적 사건에 대해 50년이나 심지어 100년 정도의 오차 범위 이내에서 95% 이상의 확률로 그 시점을 말해줄 만큼 정밀하거나 정확하지 않다. 초기철기시대의 편년에 대한 논의는 2천여 년 전 불과 수백 년 이내의 시간대 내에서 유적과 유물의 시간적 위치를 평가해야 하지만 이를 만족시켜줄 만한 연대측정 방법은 아직 없으며, 연대측정에 따르는 문제는 초기철기시대에 대한 논의를 어렵게 만들고 있다.

그런데 철기가 언제 등장했건, 분명한 사실은 적어도 한반도 남부지역에서 철기는 상당한 시간이 지나도록 평범한 사람들의 일상생활과는 거리가 먼 물건이었다. 철기가 농경을 비롯한 일상생활에 널리 사용되었다는 증거는 없으며, 일상생활에는 여전히 석기와 목기가 사용되었다. 철기는 단지 신분이 높은

그림 5.4 초기철기시대 토광묘 출토 청동기. 위: 아산 남성리; 가운데: 화순 대곡리; 아래: 함평 초포리. 유사한 유물이 앞선 시기 요동 지방의 무덤에서 발견되므로, 이러한 유물의 등장은 고조선 주민의 이입과 연관된다고 일컬어진다. 청동기와 더불어 토기와 약간의 철기가 이 시기 토광묘의 부장품으로 발견된다. © 국립중앙박물관

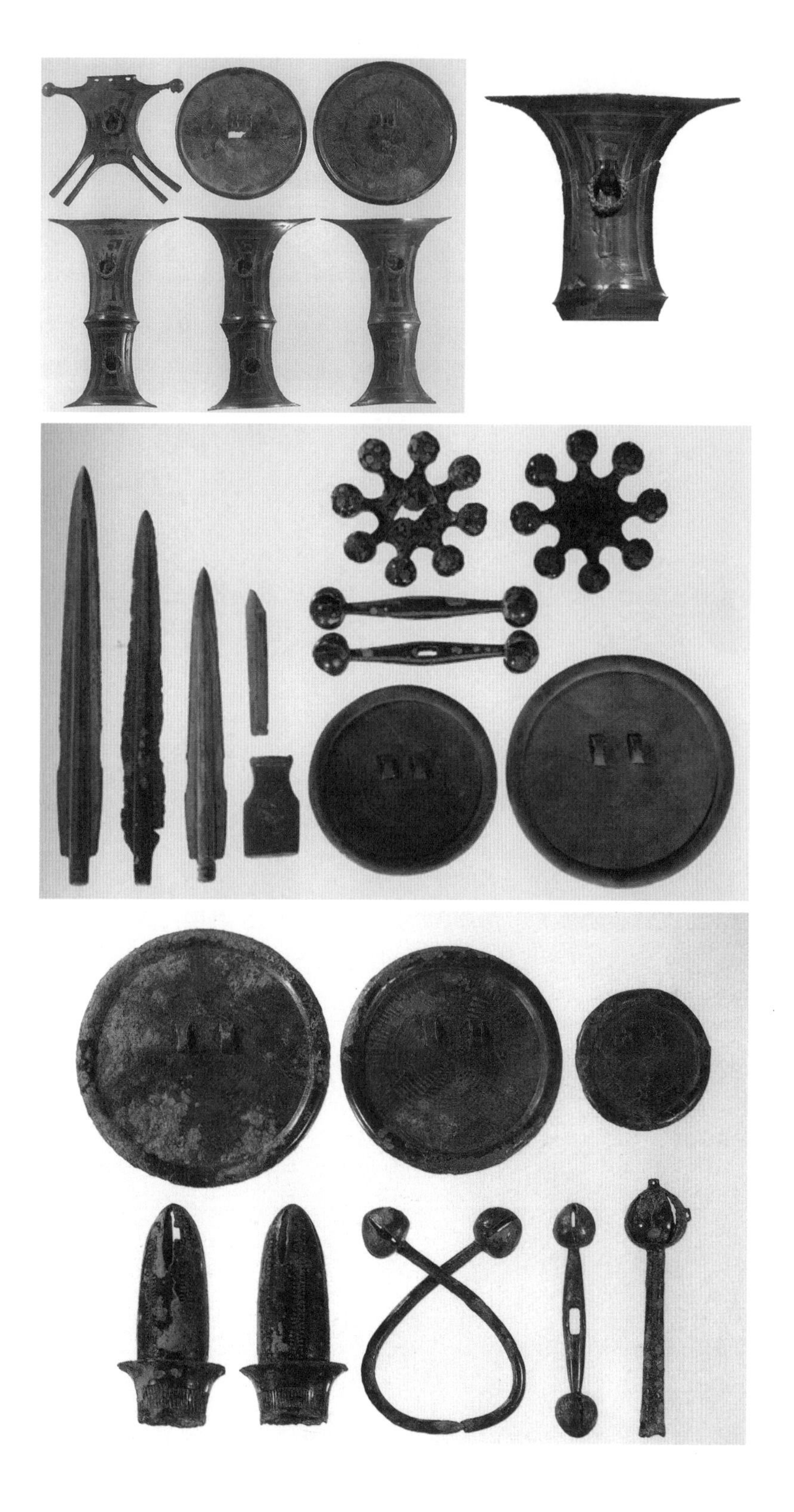

사람의 무덤에 부장품으로서 다른 유물과 함께 소량 부장되었다[그림 5.3].

홍미롭게도, 철기가 등장한 다음 청동기 제작 기술은 크게 발달한 듯하며, 매장유적에서는 매우 정교한 청동기가 발견되고 있다[그림 5.4]. 이런 청동기는 〈그림 5.2〉에서 보듯 철기보다 더욱 중요한 부장품이었으며, 철기 없이 청동기만이 부장된 무덤도 흔히 볼 수 있다. 부장품으로서 철기와 청동기의 발견 빈도는 기원전 2세기에 역전되는데, 아마도 철광석이나 사철 광상이 발견되어 원료공급이 원활해짐에 따라 철기가 보다 많이 제작된 듯하다. 그러나 초기철기시대에 생산도구로서의 철기는 압록강이나 두만강 유역에서 주로 발견되고 있으며, 한반도 나머지 지역에서는 보기 드물다. 남한에서 보고된 이 시기의 주거유적에서는 아직 철제 생산도구는 보고된 바 없으며, 매장유적에서도 도끼를 제외하면 생산도구로 부를 만한 것은 잘 눈에 띄지 않는다.

한국 문화권역의 변화

거시적 관점에서 볼 때, 한반도 남부지방은 초기철기시대에 들어와 동아시아 세계질서와 본격적으로 관계를 맺기 시작한 듯하다. 이러한 추정은 이 무렵부터 한반도 남부지역의 문화, 사회, 환경과 관계된 여러 가지 사정이 중국에 전해지며 후대에 기록으로 남겨졌다는 사실로부터 내릴 수도 있다. 그런데 문헌기록보다 더욱 강력한 증거는 지배계층의 무덤에서 일찍이 보지 못하던 각종 외래품이 부장품으로 발견되고 있다는 사실이다. 그런 유물 중에서 특히 눈에 띄는 것으로는 동남아시아에서 제작된 유리구슬을 꼽을 수 있다[그림 5.5]. 이런 물건이 바닷길을 통해 산지와 직접 접촉을 가진 결과 유입되었을 가능성은 낮을 것이며, 아마도 한반도 남부지방이 중국을 중심으로 한 모종의 광역적 동아시아 사회경제망 내지 세계체제에 포함되었기 때문에 간접적으로 입수할 수 있었을 것이다.

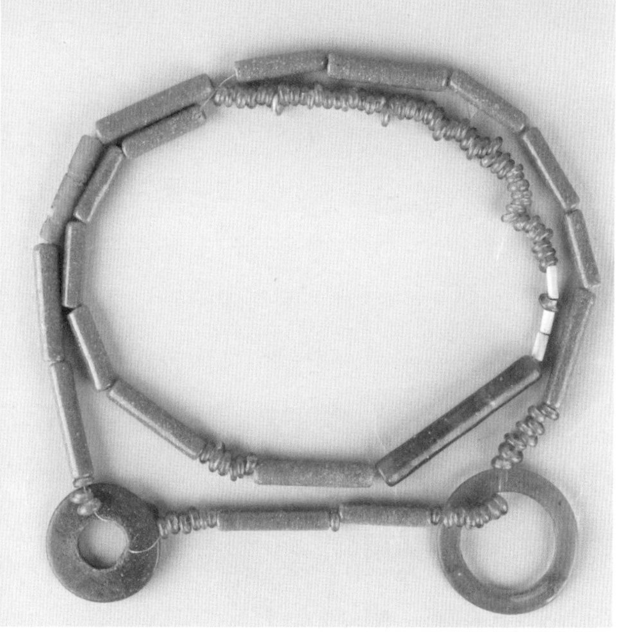

그림 5.5 완주 신풍 유적 토광묘와 유리구슬. 사진의 유리 장신구는 현재까지 발견된 것 중 가장 오래된 유리 제품으로서, 동남아시아에서 만든 납-바륨 유리로 판명되었다. 신풍 유적에서는 기원전 2세기 초에서 기원전 1세기 중반에 걸쳐 조성된 이 지역 엘리트의 무덤이 81기 발견되었다. 이 유적은 유구와 유물의 연속성 때문에 기원전 100년을 기준으로 고고학적 시대를 구분하기 어려움을 말해주는 좋은 사례이다. © 호남문화재연구원(현장 모습); 국립중앙박물관(유리)

이런 거시적 질서의 맥락 속에서 한반도 남부지역에 형성된 청동기시대 후기의 여러 초기 단계 계급사회는 초기철기시대에 들어 국가 단계 사회로 조금 더 나아갔을 것이다. 이 시기의 고고학 자료는 주로 무덤으로서 알려져 있고 생활유적은 드물어 자료 해석에 주의해야 할 점이 많지만, 전반적으로 볼 때 지역에 따른 유적과 유물의 차이는 그리 뚜렷하지 않다. 즉, 남한 지역 전체에 걸쳐 유물과 유적은 서로 매우 닮아 있는 모습으로서, 상당히 동질적인 양상이다. 이런 현상은 강력한 사회문화적 응집력과 정체성을 확보한 정치공동체가 지역별로 등장하지 않았으며, 따라서 국가 단계에 가까운 정치적 실체가 성립할 정도까지 사회적 분화가 아직 진행되지 않았음을 시사해준다.

높은 문화적 동질성을 보여주는 초기철기시대 무덤은 비교적 단순한 구조로서, 적석목관묘(돌무지널무덤) 혹은 토광묘(움무덤)가 만들어졌다[그림 5.3; 5.5]. 이 두 무덤은 구덩이를 파고 관을 안치한 다음, 구덩이 벽과 관 사이의 공간이나 관 위에 깬 돌이나 자갈돌을 채우거나 덮었는가 아니면 관 위에 그대로 흙만 덮었는가 하는 차이가 있을 뿐이다. 돌무지널무덤 중에는 낮은 봉분에 가까운 모습이 될 정도로 돌을 꽤 두껍게 깐 것도 있지만, 돌을 까는 풍습은 시간이 흐르며 점차 사라졌다. 그런데 이 무덤들은 아마도 원래 봉분을 낮게 만들었기 때문이겠지만 현재 지표에서는 무덤이 있는지 확인하기 어렵다. 그러므로 이 시기의 무덤은 우연히 발견되거나 아니면 발굴 지역의 표토를 전면 제거한 뒤에야 그 흔적이 드러나 알게 된다. 이런 무덤에서는 장소를 불문하고 유사한 청동기와 철기, 토기가 발견되고 있다[그림 5.2, 5.4, 5.5, 5.9~5.12].

그런데 이런 무덤들의 구조와 부장품의 구성은 심양 정가와자 유적과 같이 조금 앞선 시기의 고조선 지배층의 무덤이라고 추정되는 중국 동북지방의 몇몇 매장유적과 여러 면에서 유사하므로, 이것들은 고조선 주민의 유입으로 만들어졌다는 의견이 제시되었다. 즉, 앞서 보았듯, 기원전 4세기 이래 고조선은 계속 여러 위기 상황을 맞았는데, 위만의 권력 찬탈에 따른 준왕의 남천이 있기 전부터 전란이나 사회적 혼란을 피하기 위한 망명이나 피난이 있었을 것이고 그에 따라 한반도 남부지방에 고조선 양식의 매장유적이 등장하기 시작했다는 것이다. 마찬가지로, 경기도와 강원도 북부에서 기원전 1세기 초로 볼 수 있는 고조선 양식의 무덤과 유물이 발견되는 것에

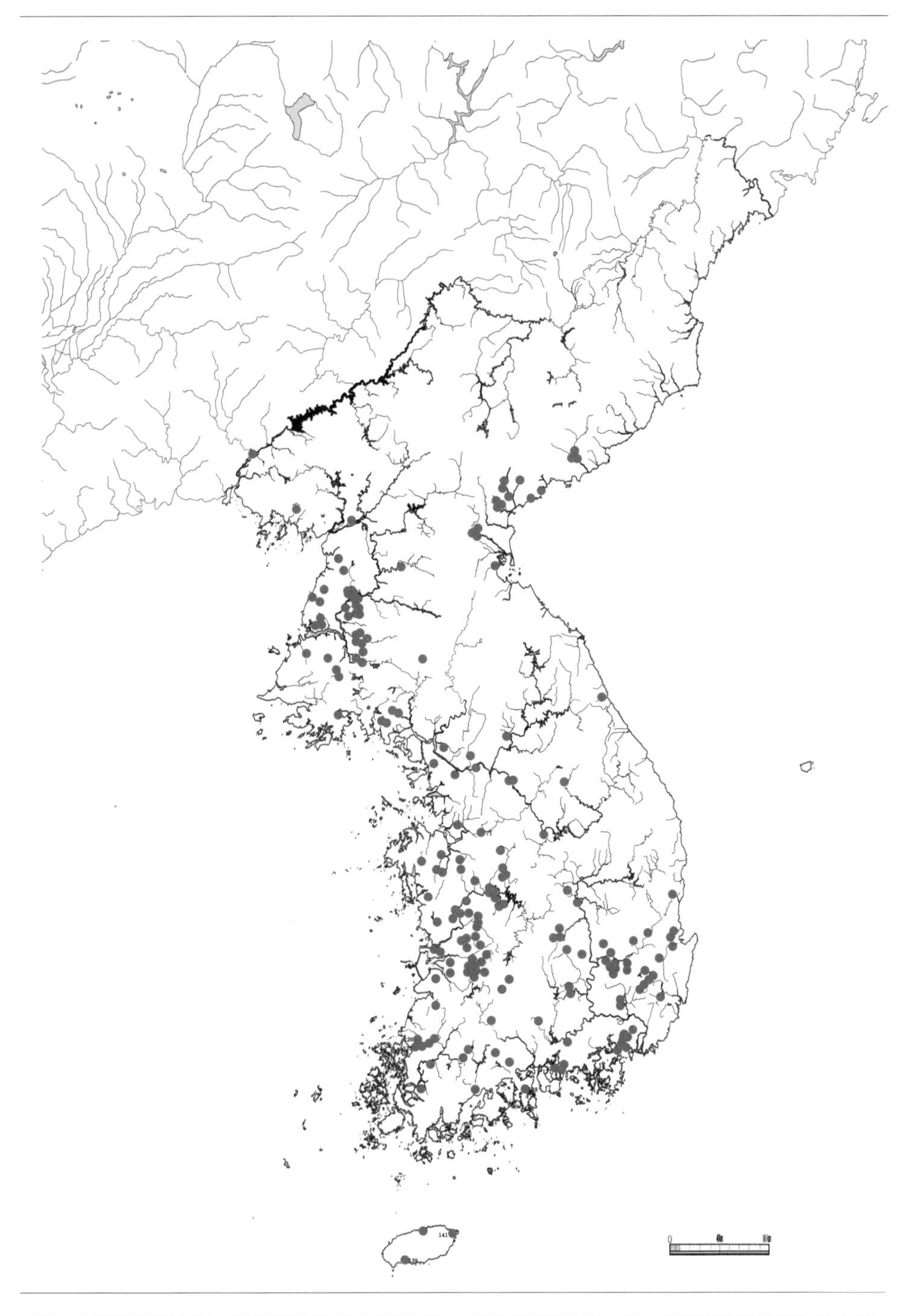

그림 5.6 세형동검의 분포. 세형동검이 이 시기 엘리트의 무덤에서 부장품으로 발견되기 때문에, 그 분포는 그 당시 정치 지형의 간접적 지표로 생각할 수도 있다. 세형동검의 출토지로서는 모두 187군데가 알려졌다. 이 수치는 비파형동검의 4배에 달한다. © 국립청주박물관

그림 5.7 초기철기시대의 한국 문화권역. 지도의 I 과 II 주변에서 자라고 있던 고구려와 부여는 표시되지 않았다. 이 시기 고조선의 영역 내지 중심지는 아마도 I 지역과 중복될 것이다. 원도: 한국고고학회 2010, 그림 71.

대해서도 같은 방식으로 설명되고 있다. 즉, 위만의 새 왕조가 그의 손자인 우거왕 대에 무너지자 많은 이가 남쪽으로 피신했으므로, 그러한 무덤이 만들어졌다는 것이다[그림 6.5 참조]. 그런데 이런 무덤이 고조선 유민의 무덤이라는 주장은 당시의 정세를 생각할 때 수긍할 만하지만 남북 분단 상황에서 고고학 자료로써 사실임을 증명하기는 거의 불가능한 일로서, 획기적인 증거가 발견되지 않는 한 하나의 가설로서만 남게 될 것이다.

아무튼 고조선을 둘러싸고 벌어진 일련의 사건과 그 여파는 초기철기시대와 원삼국시대 초반에 걸쳐 남한 각지에 영향을 끼치며 청동기시대부터 성장하고 있던 여러 정치공동체의 발전 과정을 자극했을 것이다. 동시에 한국 문화권역의 범위 역시 그러한 영향으로 초기철기시대에 들어와 변했을 텐데, 그 범위는 청동기시대보다 줄어들었다는 인상이다[그림 5.7]. 지도는 중국 세력의 확대에 따라 요하 서쪽이 권역에서 탈락했음을 보여주며, 유사한 자료가 발견되는 두만강 하류를 중심으로 한 러시아 연해주 남쪽 지역이 권역에 포함되어 있다.

이 초기철기시대의 한국 문화권역도 이전 시기와 마찬가지로 주로 매장유적 자료에 따른 것이다. 전체 권역은 유물군 구성을 근거로 네 개의 지역 유형 내지 '문화 유형'으로 나누어진다고 여겨진다. 네 유형은 각각 대표적인 유적의 이름을 따라 세죽리-연화보(리엔화바오[蓮花堡]) 유형, 대해맹

(다하이멍[大海猛])-포자연(파오즈옌[包子沿]) 유형, 단결(두안지에[團結])-크로노프카 유형 및 남성리-초포리 유형이라고 하며, 〈그림 5.7〉에서 각각 I~IV로 표시되어 있다. 지도에서 보듯, 네 유형은 각각 요동반도와 압록강 하류, 송화강 상류, 두만강 하류와 연해주 남부, 그리고 한반도 대부분 지역을 대상으로 설정되었다. 그런데 각 유형의 분포범위는 명확하게 정의하기 어려우며, 단지 서로 멀리 떨어진 지역에서 발견된 유사한 무덤들을 공간적 위치에 따라 그저 묶어 놓은 것에 불과하다고 비판할 수도 있다. 즉, 각 유형의 존재와 분포범위를 설정한 근거가 미약하다는 것이다.

네 유형 중에서 초기철기시대에 고조선은 세죽리-연화보 유형과 관계가 있을 것임은 그 지리적 위치에서 쉽게 짐작할 수 있다. 그러나 실제 고조선의 영역이 이 유형의 분포범위와 일치하는지 알 수 없다는 점은 이전 시기의 비파형동검 분포권역의 경우에서 본 바와 마찬가지이다[그림 4.6 참조]. 세죽리-연화보 유형은 고조선과 관련된다고 추정되는 동검 등의 청동기와 점토대토기, 그리고 연에서 도입되었다고 해석되는 각종 철기, 명도전, 타날문 회색토기를 중심으로 하는 유물군이 발견되는 무덤을 근거로 설정되었다. 이렇게 서로 계통이 다른 유물이 혼재하는 이유로서, 전국시대 이래 고조선과 연 사이의 잦은 충돌과 접촉으로 인적 구성도 섞였기 때문이라는 등, 여러 의견이 제시되었는데, 그러한 주장들이 과연 사실인지 증명하기는 어렵다고 보인다. 대해맹-포자연 유형의 유적은 천산산맥 동쪽 지역에서 주로 발견되었는데, 위치로 보아 청동기시대의 서단산문화의 후신이라고 추정된다[그림 4.6 참조].

기원전 4세기에 들며 적석총을 통해 고고학적으로 서서히 그 존재를 드러내기 시작하는 고구려는 대체로 세죽리-연화보 유형의 분포범위 가장자리인 압록강 중상류에서 등장했다. 부여의 위치는 대해맹-포자연 유형 분포의 중심부에 해당하므로, 이 유형은 부여와 직접 연결된다고 보는 의견이 있다. 그렇지만 고구려와 세죽리-연화보 유형 사이의 관계는 무어라 말할 수 없으며 아마도 양자 사이에 별 관계는 없을 듯하다. 사실 적석총이 만들어지기 이전 고구려 발상지 일대의 선주민이 남긴 고고학 자료에 대해서는 거의 알려진 바가 없으며, 고주몽 설화가 시사해주듯 고구려가 북쪽에서 이주해온 집단이 건국했다면 이주 이전의 집단과 문화의 고고학적 실체 역시 오리무중이다.

단결-크로노프카 유형은 사서에 큰 바다에 연해 있다고 기록된 옥저와 관계되리라 추정되기도 하지만, 그 사실 여부 또한 알 수 없다. 이 유형의 분포범위에서 더 북쪽으로 올라가 송화강과 아무르강이 만나는 삼강(산쟝[三江])평원 지역에는 곤토령(군투링[滾土嶺])문화라고 명명된 일련의 유적이 보고되었는데, 아무르강 대안의 러시아 영토에서 발견된 유사한 내용의 유적과 더불어 앞 장에서 언급한 읍루와 관계된다고 여겨지기도 한다. 대해맹-포자연 유형과 단결-크로노프카 유형, 그리고 곤토령 문화는 크게 변하지 않은 채 초기철기시대 다음에도 수백 년 동안 계속되는 듯하다. 특히, 단결-크로노프카 유형과 유사한 토기가 초기철기시대부터 시작해 다음 원삼국시대까지 함경도와 강원도 북부에서 발견된다는 생각을 하는 연구자들은 이 유형의 토기가 원삼국시대 한반도 중부지방 토기의 조형이라고 주장하기도 하며, 동예와 관계될 것이라 주장하기도 한다. 그러나 이런 주장들도 아직 추측 단계를 벗어나지 못하고 있다.

그런데, 이 한반도 최북단과 그 북쪽의 한국 문화권역에서는 추운 북쪽임을 말해주듯 원초적 형태의 온돌 시설이 발견된다. 그러나 이것은 현재 우리에게 익숙한 바닥을 덥히는 난방시설은 아니며, 화덕자리와 굴뚝을 연결하는 연도를 움집의 한쪽 벽을 따라 한두 줄 설치해 거기서 나오는 열기로 실내 난방을 하는 시설로서, 구들의 조상이자 중국 북방지역의 난방시설인 '항(캉[炕])'의 조상이기도 하다. 구조적으로 매우 단순하지만, 이것은 움집 바닥에 만든 화덕자리와는 비할 바 없이 진보한 형태의 난방시설로서, 원삼국시대에 한반도 중부를 거쳐 남부지방에까지 알려졌다[그림 6.20, 6.21 참조].

마지막으로 남성리-초포리 유형은 이미 살핀 바대로 정교한 청동제 거울, 칼, 의례용품이 약간의 철기 및 토기가 부장된 적석목관묘 혹은 토광묘로써 정의되었다[그림 5.2-5.5]. 아산 남성리나 함평 초포리 유적과 유사한 내용의 매장유적은 해방 이후 서울, 경기도와 강원도에서는 아직 발견되지 않았으나, 주로 세형동검을 위주로 한 해방 이전의 수습 유물과 북한에서 이루어진 발견 보고를 볼 때 이 유형의 분포는 한반도 중북부 지방에까지 걸쳐 있었다고 추정할 수 있으므로, 지도에서 보듯 대략 북위 39도선 정도를 경계로 삼을 만하다고 보인다. 전술한 바대로, 이런 무덤들이 만들어질 때 일부 고립된 지역에서 고인돌도 만들어지고 있어 청동기시대의 사회가 변하지 않고 유지되었음을 말해준다.

1970년대 초에 초기철기시대의 개념이 제안된 이유를 생각한다면, 엄밀히 말해 이 용어는 남성리-초포리 유형에 대해서만, 더 정확히는 삼남 지방에서 발견된 이 시기 무덤만을 대상으로 적용해야 한다는 의견도 있다. 무덤의 분포는 아마도 서해안에서 시작해 내륙으로 경상도 쪽으로 확산했을 것이라고 흔히 이야기된다. 한편, 유사한 무덤은 평양 주변의 대동강 하류와 황해도에서도 알려졌는데, 이런 무덤은 대동강 유역에서 이미 기원전 5세기에 만들어졌다고 보기도 한다. 남성리와 초포리 유적을 비롯해 충청도와 전라도에서 발견된 많은 무덤은 해안으로부터 그리 떨어지지 않은 낮은 구릉지대에 독립적으로 만들어졌는데, 21세기 들어서는 그런 무덤이 모여 일종의 묘역을 이루고 있는 사례가 특히 전라북도에서 발견되고 있다.

그런데 초기철기시대의 문화권역과 문화 유형 설정이 무덤에 편중된 자료에 의존한다는 사실은 당시 사람들이 어떻게 살았는지 말할 수 있는 근거가 미미하다는 뜻이다. 또한 발견된 유적의 연대를 정확히 판정하기도 어렵기 때문에 이 시기의 연구는 주로 개별 유적과 유물을 기술하며 형식학적 평가를 통해 유물의 계보를 설정하는 내용이 주를 이루고 있다.

끝나지 않은 청동기시대의 수수께끼

앞서 말했듯, 남한 지역에서 점토대토기와 흑도장경호는 희소한 철기를 대신해 초기철기시대 유적의 지표유물로 여겨지고 있다. 또 철기와 청동기는 초기철기시대가 지나서도 같은 것들이 무덤에 묻히기도 해 유적의 연대 판정에 어려움을 줄 수도 있지만, 점토대토기와 흑도장경호는 이런 금속기보다 시간의 흐름에 더 민감하므로 이 시기의 지표 유물이라고 여겨진다.

연구자 사이에 약간의 이견은 있지만, 점토대토기와 흑도장경호는 남한 지역에서 초기철기시대의 시작 무렵에 나타나 빠르게 퍼졌으며, 지역에 따라서는 기원 전후 무렵까지도 나타났으나 기원전 100년 무렵이면 대체로 사라졌다고 여겨진다. 〈그림 5.2〉에서 보듯, 무덤의 부장품으로서 이 두 토기는 함께 발견되는 경우가 많으며, 둘 중 하나만 부장된다면 흑도장경호만 발견되는 사례가 더 많다.

점토대토기는 구연부에 점토 띠를 돌려 붙인 토기로서, 특별한 표면 처리나 장식은 없다. 흑도장경호는 둥근 몸과 긴 목이 특징이며, 표면에 피막을 입히거나 문질러 광을 내기도 했으며, 마치 쇠뿔을 닮은 듯한 작은 손잡이를 한 쌍 붙이기도 했다. 이 쇠뿔형손잡이는 경상분지에서 그 형태가 조금씩 변해나가며 삼국시대에도 토기의 손잡이로 계속 사용되었다. 점토대토기와 흑도장경호는 형태에 있어 남한 전역에 걸쳐 초기철기시대 내내 기본형이 유지되었지만, 시간이 흐르며 흑도장경호는 목 부위가 상대적으로 길어지고 몸체는 폭이 좁아지는 경향을 보여주며, 점토대토기는 점토대의 단면이 원형에서 삼각형으로 바뀌었다. 이 점토대 단면의 변화는 초기철기시대를 대략 기원전 250년을 기준으로 전후 두 시기로 나누어보는 기준으로 이용되기도 한다.

그 기원과 관련, 점토대토기와 흑도장경호는 늦어도 기원전 5세기에 요동에서 나타나 한반도로 전파되었다는 생각이 유력하게 통용되고 있다. 심양 정가와자 유적에서는 이런 토기와 더불어 늦은 시기의 비파형동검 및 남성리나 초포리 같은 충청·전라지역의 여러 무덤과 평양 신성동 유적에서도 발견된 각종 의례용 청동기가 부장품으로서 발견되었으며, 무덤의 구조 역시 유사하다. 이 유적의 연대는 한반도의 관련 유적보다 조금 앞선 춘추시대 후기로서, 기원전 6세기 말이나 5세기로 여겨지고 있다. 거듭 말하거니와, 무덤의 유사성과 이러한 연대 평가에서 남한의 초기철기시대 무덤은 고조선 유민의 이주 혹은 피난의 결과로 등장했다는 주장이 나온 것이다.

무덤 주인공의 정체와 상관없이, 무덤에서 발견되는 청동기와 철기를 제외한다면 이 시기의 나머지 물질문화는 적어도 남한 지역에서는 그 전 시기와 그리 다를 것이 없다. 즉, 무덤을 제외한 얼마 안 되는 수의 이 시기 유적에서 드러난 물질문화의 양상은 청동기시대와 다를 것이 없다. 철기는 단지 지위를 상징하는 위세품으로서 무덤에 부장되었을 뿐이다. 과연 철기가 한반도 전역에 골고루 동시에 퍼졌을지도 의심스럽고 일상생활에는 전혀 사용되지 않았다. 철기는 분명 새롭고 혁신적인 도구였겠으나 평범한 사람들의 삶은 석기와 목기에 의존했고, 점토대토기와 흑도장경호가 만들어졌어도 일상 용기로는 과거부터 쓰이던 호형토기나 심발형토기를 비롯한 평범한 무문토기들이 계속 사용되었다. 이 시기를 청동기시대의 마지막 단계로 보아야 한다는 의견이 계속되고 있는 것은 바로 이런 이유 때문이다. 또한 초기철기시대의 종식 시점으로 잡은 기원전 100년을 전후로 고고학 자료가 갑자기 크게 변하는 양상도 아니다. 그러므로 초기철기시대라는 용어는 한국 문화권역 전체는 물론이려니와 해당 시기 한반도 남부지방의 물질문화의 내용도 제대로 요약해주지 못하고 있다고 하겠다. 역사시대의 여명기에 해당하는 이 시기는 일련의 큰 사건들과 함께 사회적 구성과 물질문화의 양상이 혼란스럽게 변해나갔을 것이며, 과거 제한적인 고고학 자료에서 설정한 시대 개념이 이러한 복잡한 내용을 잘 정리할 수 없음은 그리 놀라운 일은 아니다.

그간 남한 지역에서 알려진 초기철기시대 무덤은 상태를 불문하고 대략 200개 정도 발견되었다고 보이는데[그림 5.6 참조], 다른 모든 유형의 유적은 모두 합해도 그 수가 채 50이 되지 않을 것이다. 후자는 대체로 소규모 패총과 주거유적으로 구성되어 있다. 이 시기의 패총은 대체로 신석기시대보다 작거나 비슷한 규모로서, 대개 약간의 점토대토기와 석기 조각만이 패각층에서 발견된다. 한편 주거유적은 대체로 소수의 움집으로 구성되어 있으며, 두 토기를 제외한 나머지 유물과 유구의 양상은 청동기시대와 그리 다를 것이 없다.

그런데 한국 고고학에서 사용되는 주거유적이라는 용어가 반드시 사람들이 실제로 살던 곳임을 가리키는 것은 아니다. 즉, 움집이라고 여길 수 있는 유구가 단 하나라도 있다면 해당 유적은 관행적으로 주거유적이라고 불리고 있다. 이때 움집이라는 판정은 그 형태가 어느 정도 규칙적인지, 기둥구멍이나 화덕자리가 있는지, 또는 토기나 석기 등 유물이 있는지 등을 근거로 조사자가 주관적으로 내리며, 실거주 여부를 따지는 것은 아니다. 그러므로 어떤 주거유적은 실제로 사람이 거주하던 곳이 아닐 수도 있다. 그런데 초기철기시대의 주거유적은 그 직전인 청동기시대 말이나 직후인 원삼국시대 초에 비해 숫자도 턱없이 적으려니와 유적의 규모와 구성 등 모든 면에서 비교할 수 없이 초라한 수준이다. 유적은 농경에 유리한 지점이 아니라 거의 예외 없이 고도가 상대적으로 높아 주변 일대를 한눈에 조망할 수 있는 지점, 예를 들어 서울 대모산이나 아차산 정상부 같은 곳에 있다[그림 5.8]. 그런 곳에서 평지의 면적은 제한적이므로 유적 규모도 당연히 클 수 없으며, 이제까지 조사된 이런 초기철기시대 유적은 예외없이 움집의 숫자나 유적의 공간적 크기 등의 여러 측면에서 청동기시대나 원삼국시대의 대형 주거유적은커녕 소규모 유적과 겨우 비슷할 정도이다.

유적을 구성하는 움집은 대체로 평면이 방형이나 원형이며 크기는 송국리식 주거지 정도이다. 발굴된 유적은 그리 많지 않지만, 유적을 구성하는 움집의 수는 아무리 많아도 20~30개를 넘지 못하며, 대부분 이보다 적다. 예를 들어, 보령 교성리 유적의 경우에는 서해안을 조망하는 해발 188m의 산 정상부에서 모두 9개의 움집이 발견되었다. 안성 반제리 유적처럼 30개

그림 5.8 안성 반제리 유적. © 국립문화재연구원

가까운 비교적 많은 움집이 발견된 유적에서도 유구의 중복관계에서 모든 유구가 동시에 사용되지 않았음은 잘 드러나며, 어느 한 시점에 움집이 전체의 절반 정도를 넘어 사용되지는 않았을 것이다. 이런 유적들을 초기철기시대라고 보는 것은 점토대토기나 흑도장경호가 발견되기 때문인데, 만약 이런 것이 없다면 모든 면모가 청동기시대와 다를 바 없으므로 그저 청동기시대의 소형 주거유적이라고 여기게 될 것이다.

그런데 이런 유적이 사람들이 살던 공동체의 흔적, 즉 진정한 의미에서의 주거유적이 틀림없다면, 청동기시대 말의 그 많던 사람은 모두 어디로 간 것인가 하는 의문이 들지 않을 수 없다. 초기철기시대 주거유적의 전체 숫자는 청동기시대 말의 5% 미만 수준으로 급감할 뿐만 아니라, 유적 하나하나의 규모도 크게 줄어들었다. 넓은 평지를 포기한 채 높고 비좁은 장소를 굳이 택해 마을을 만들었다는 것도 이해할 수 없는 일이다. 다시 말해, 남한 지역에서 초기철기시대의 주거유적 자료는 초기철기시대에 들어와 인구가 사라졌다고 해도 좋을 수준으로 갑자기 크게 줄어들었다고 해석할 수밖에 없게끔 해준다.

그렇게 많고 번성하던 청동기시대의 농업공동체가 하루아침에 사라졌고 인구가 절멸 수준에 가깝게 줄어들었다는 것은 설령 어떤 큰 재난이 발생했다고 치더라도 잘 이해하기 어려운 현상이다. 또 그런 엄청난 일이 발생했다면, 어떤 식으로든 증거가 남기 마련이지만, 전혀 단서를 찾을 수 없다. 대전 괴정동 유적에서 발견된 청동기에 새겨진 그림은 당대에도 농경이 중요했음을 상징적으로 말해준다[그림 5.9]. 그렇지만 그러한 경작 활동을 하던 농업공동체 마을의 존재를 말해주는 초기철기시대 유적은 단 하나도 발견되지 않았다. 현재의 편년을 따른다면, 초기철기시대가 끝나자마자 기원전 1세기의 시작과 함께 수십, 수백 채의 주거지가 빽빽이 들어찬 풍족한 농업공동체가 다시 전국 각지에서 갑자기 나타난다고 해야 한다. 이렇게 전후의 고고학 자료를 생각한다면, 초기철기시대 유적의 부재란 매우 이해하기 힘든 현상이다.

청동기시대 내내 인구가 꾸준히 증가하다가 기원전 400년 무렵 갑자기 소멸했다가 300년이 지나자 다시 하루아침에 청동기시대 말 이상의 수준으로 인구가 늘어났다는 것은 상식적으로 이해할 수 없는 일이다. 더구나 앞 장에서 말했듯, 송국리문화 단계는 정치사회적으로 이미 상당히 조직화되었다고 보고 있는 형편이다. 따라서 이 특이한 현상에 대해서는 반드시 무언가 설명이 필요하다. 더구나 철기와 청동기 같은 부장품의 존재는 채광에서 성형에 이르기까지 그 생산과 관련된 각종 단계의 행위에 종사할 인력을 유지하기에 충분한 규모의 인구를 필요로 한다. 또 그런 유물이 부장된 무덤의 존재는 사회 계층화가 과거보다 더욱 진행되었음을 의미하며, 그러한 사회 분화는 인구가 소멸하는 사회에서는 기대하기 어렵다. 시간과 장소를 불문하고, 정치 엘리트의 등장은 그들이 다스릴 수 있는 인구집단이 있었기에 가능한 일이다. 그런데 엘리트가 살던 주거의 흔적도, 또 그들이 거느리던 사람들의 삶의 흔적도 발견되지 않는다는 것은 이해할 수 없는 일이다.

고고학 자료에 보이는 이러한 설명하기 어려운 상황이 정말로 인구가 급감했음을 말해준다거나 혹은 고고학 자료가 대부분 파괴되고 사라졌기 때문에 발생했다고는 생각하기 어렵다. 이런 현상은 아마도 고고학 연구자들에게 그 책임이 있는 것이 아닌가 여겨진다. 즉, 기원전 400년부터 시작해 300년의 시간 동안 주거유적이 마치 사라진 양 보이는 기이한 일은 무언가 고고학자들이 시간표를 잘못 짰으므로 생긴 착시현상이라고 보인다. 다시 말해, 한국 고고학의 유적 연대평가와 편년 방식이 그러한 문제를 일

그림 5.9 대전 괴정동 출토 농경문청동기. 한 면에는 따비로 밭을 갈고 있는 사람의 모습을, 다른 면에는 솟대의 모습을 묘사해 놓았다. © 국립중앙박물관

으켰다고 의심된다는 것이다. 문제의 핵심은 고고학 자료의 부재가 아니라, 고고학 연구자들이 시대 설정을 위해 토기의 변화를 기준으로 삼고 있고, 이때 토기는 획일적이며 단계적이고 불연속적으로 변화했다는 전제를 취하고 있기 때문 아닐까 하는 생각이다. 이러한 현상은 특정 토기의 유무를 근거로 유적의 시대를 단정적으로 나누거나 묶어버리는 관행으로부터 초래된 것 아닌가 의심스럽다.

그러한 방식의 편년은 기본적으로 문화진화가 넓은 지역에 걸쳐 직선적, 단선적, 획일적으로 일어난다는 생각을 고고학 자료로 남은 물질문화에 적용한 것이다. 그렇지만 변화가 그렇게 단순한 방식으로 일어나는 것이 아님은 얼마든지 그 예를 찾을 수 있다. 이러한 가정에 입각한 편년은 자료의 시공적 분포가 그리 조밀하지 않은 신석기시대라던가 문화변화의 속도와 역동성이 상대적으로 낮았던 청동기시대에는 그리 두드러지게 문제를 드러내지 않을 수 있다. 그렇지만, 초기철기시대와도 같은 비교적 단기간에 걸친 역사적 격동기에는 사정이 다르다. 즉, 물질문화의 구성에서 옛것과 새것은 어떠한 규칙성도 없이 시간적, 공간적으로 뒤섞일 수 있고, 새로운 요소와 낡은 요소가 반드시 순차적으로 나타나지도 않게 된다. 특정 토기라는 잣대를 획일적으로 적용해 고고학 자료의 시간적 위치를 흑백논리로써 재단한다면 그러한 복잡한 사정을 엿볼 수 있는 여지는 그대로 묻혀버리기 마련이다.

한국의 고고학 연구자 사이에서는 다른 종류의 토기가 다른 기능과 목적에 사용되었을 가능성에 대한 고려는 도외시한 채, 토기 외형의 차이는 오로지 시간적 의미만을 지니는 것으로 여겨온 경향이 있다. 점토대토기와 흑도장경호 역시 그러한 관점에서 시간의 지표로서만 그 의미가 다루어져 왔던 셈이다. 그런데 초기철기시대에는 물론 다른 토기들도 있지만, 유독 무덤에서는 점토대토기와 흑도장경호만이 발견되고 있다. 그렇다면 하나의 가정으로서, 이 둘은 생활용 토기이기도 했지만 제의나 의례 수행을 위한 중요한 기물은 아니었을지, 또 만약 그렇다면 시간적 지표로서 어떤 의미를 지닐지 한 번쯤 생각해볼 필요가 있을 듯하다.

예를 들어, 초기철기시대를 규정하는 점토대토기와 흑도장경호라는 특이한 토기가 그 기원지인 요동에서의 사회정치적 상황과 맞물려 남한 지역 청동기시대가 끝날 무렵 전파되었고 또 이 시기의 소위 주거유적들이 일반인의 주거지가 아닌 특수한 성격의 유적임을 전제로 한다면, 다음과 같은 가설도 생각해 볼 수 있을 것이다. 즉, 이 토기들은 처음에는 고조선 중심지로부터 선진문물을 안고 도착한 사람들이나 그 주변에 형성된 지배계급을 위한 일종의 위세품으로서 일반 사람들의 생활과는 유리된 채 부장되거나 제의용 목적에 사용되었으나 차츰 일상생활에도 사용되기 시작해, 초기철기시대가 끝날 무렵이면 이것들을 조형으로 삼아 여러 종류의 토기가 각지에서 만들어지기 시작했다고 가정할 수 없을지 모르겠다.

또한 초기철기시대에 인구가 급감하지 않았다면, 청동기시대 말이나 원삼국시대 초라고 여겨지는 주거유적 중에는 초기철기시대 무덤과 같은 시기의 것이 상당수 있을 가능성은 없을까에 대해서도 생각해볼 만하다. 혹은 초기철기시대의 주거유적의 실제 연대는 생각보다 더 이르거나 늦을 수 있는 것 아닌가 하는 질문을 던져볼 수도 있을 것이다. 앞 장에서 본 바처럼 송국리식 집자리 유적에서 점토대토기가 발견되는 사례가 조금씩 늘고 있다는 사실은 이러한 가능성을 시사하는 단서일지도 모르겠다.

이러한 추정의 연장선상에서, 초기철기시대 주거유적이 과연 일상적인 삶의 근거지였던 주거유적이 확실한지, 만약 아니라면 그 성격은 무엇이라고 생각해야 할지 하는 문제도 생각해볼 필요가 있다. 이와 관련해 우선 떠오르는 의문점은, 왜 거의 모든 유적이 하필이면 평지가 아니라 상대적으로 높고 협소하며 일상생활에 불편한 지점을 택해 만들어졌을까 하는 점이다. 이 질문에 대한 답을 추정함에 있어 어쩌면 환호의 존재가 단서가 될 수도 있을지 모르겠다. 즉, 발굴된 소위 주거유적에서는 〈그림 5.8〉에서도 볼 수 있듯, 지름 30여 미터 남짓한 원이나 타원형의 도랑, 즉 환호가 있으며, 그 내외부에는 움집의 흔적이나 지상 건축물이 있었음을 말해주는 기둥구멍이 발견된다. 환호 그 자체에서도 구덩이 내에서 청동기나 토기 편들이 발견되기도 해, 모종의 의례 행위가 치러졌음을 짐작하게 한다. 앞 장에서 청동기시대에도 유사한 모습의 환호가 발견되며 이것이 혹시 소도의 전신은 아닐까 의심해봤는데[그림 4.28], 환호가 있는 이런 유적들은 전 시기의 것이 더 발전해 평지의 주거지역을 벗어나 특별한 곳에 만들어진 소도나 소도의 전신은 아닐까 의심해볼 만하다는 생각도 든다.

이상의 여러 추정과 가정은 당시 사회는 주거체계가 일상생활이 이루어지던 구역과 특별한 제의 구역 및 지배계급의 무덤 구역이 공간적으로 분리되어 있을 정도로 계급화와 분화가 진행되었다고 추정해볼 만하다는 뜻이기도 하다. 또 이것은 사람들이 거주하며 일상생활이 이루어지던 마을의 흔적은 송국리문화 단계 혹은 원삼국시대 초기라고 생각하는 주거지와 구분하기 어려움을 가정할 필요가 있으며, 초기철기시대와 그 전후의 유적의 연대 평가와 편년은 전면적으로 재평가할 필요가 있다는 주장이기도 하다. 이러한 추정과 가정이 장차 사실이라고 밝혀질 것인지 여부는 알 수 없지만, 요점은 고고학 자료란 과거에 사람들이 남긴 것인 만큼, 〈사라진 주민〉의 수수께끼를 풀기 위해서는 고고학 자료를 획일적으로 바라보는 관점이 바뀌어야 한다는 것이다.

제정일치사회의 등장?

초기철기시대의 무덤은 봉분을 크게 만들지 않은 비교적 단순한 구조였기 때문에, 많은 무덤이 미처 모르는 사이에 파괴되었을 것이다. 그렇지만 일단 발견되면 부장품은 원래 묻혔던 상태 그대로 발견되곤 하는데, 남성리와 초포리 두 유적도 그런 사례이다. 무덤의 부장품으로는 시간이 지나며 청동기보다 철기가 늘어나는 경향이 있다.

무덤의 구조가 상대적으로 단순하므로, 매장유적 연구의 관심은 무덤의 구조가 아니라 부장품에 몰려 있다. 그간 간행된 보고서나 논문은 무덤에 부장된 청동기와 철기의 형식과 편년을 중요 주제로 다루고 있으며, 특히 해당 유물의 기원과 확산 및 지역별 차이와 비교에 관심이 몰려 있다. 또한 이러한 금속 유물의 제작 기술 및 사용과 관련된 연구가 실험고고학과 유물의 과학적 분석을 통해 이루어지고 있다.

비록 청동기나 철기의 제작과 관련한 유적은 아직 발견되지 않았지만, 제작에 필요한 거푸집은 여러 개가 발견되어 실제로 이런 도구가 남한 지역에서도 제작되었음을 말해준다[그림 5.10]. 그러한 유물 중에서 가장 큰 관심거리가 되어 왔던 것은 청동제 단검이다[그림 5.11]. 앞 장에서 언급했듯, 청동기시대의 비파형동검은 기원전 5세기나 그 이전부터 조금씩 폭이 좁아지고 측면이 직선으로 바뀌며 세형동검으로 바뀌어 나갔으며, 후자는 초기철기시대가 되면 제주도를 포함, 한반도 전역에서 발견되고 있다[그림

그림 5.10 완주 갈동 출토 청동기 제작용 석제 용범. 하나의 용범으로 동시에 두세 개의 청동기를 제작할 수 있게끔 만든 것이 흔히 발견된다. © 국립중앙박물관

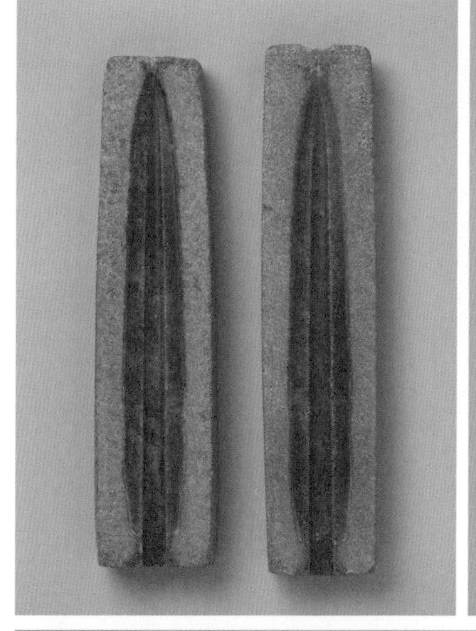

5.6; 그림 4.8 참조]. 또한 단검의 소재도 청동에서 철기로 서서히 바뀌어 나갔으며, 철검은 동검에 만들었던 피홈이나 측면 날의 홈이 사라지며 보다 단순한 모습으로 변해나갔다. 비파형동검과 마찬가지로 세형동검도 손잡이와 몸체를 별도로 만들었으며, 무덤에서는 동검의 몸체가 발견되지 않아도 손잡이를 구성하는 부품만이 발견되기도 하며, 몸통의 재질이 철일지라도 손잡이는 청동제인 경우가 흔히 있다.

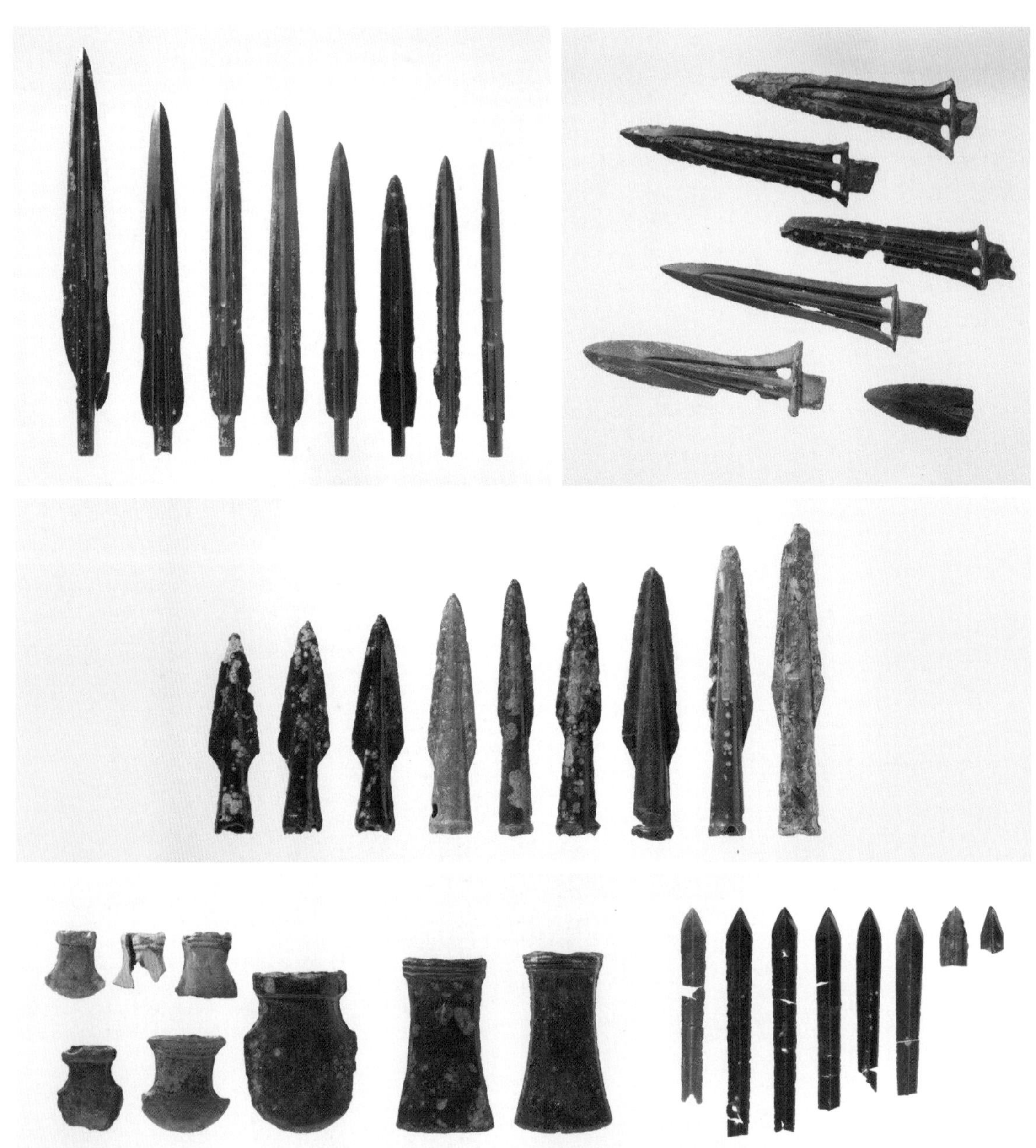

그림 5.11 세형동검, 동과, 동모, 동부 및 동사(끌). 사진의 세형동검은 부여 동서리의 한 무덤에서 함께 발견되었다. © 국립청주박물관

청동 거울의 경우, 뒷면의 장식은 청동기시대 이래 시간이 흐르며 점점 더 치밀하고 정교해져, 현대 기술로도 복제하기 힘들 정도로 세밀한 무늬를 가진 정문경이 만들어졌다. 정문경을 비롯한 당대의 몇몇 청동기의 제작 기술에 대해서는 아직 그 전모를 다 알지 못하고 있다. 정문경의 무늬를

그림 5.12 완주 신풍 유적(그림 5.5 참조) 발견 자료를 바탕으로 복원한 초기철기시대 엘리트의 모습 상상도. 양손에는 방울을 꽂은 지팡이와 쌍두령을 들고 있으며, 몸에는 각종 장신구와 방울을 달았고, 목에는 사진에서 보는 것처럼 정교한 무늬가 있는 거울을 매고 있었을 것이다. 거울의 길이는 18.1cm이다. © 국립문화재연구원

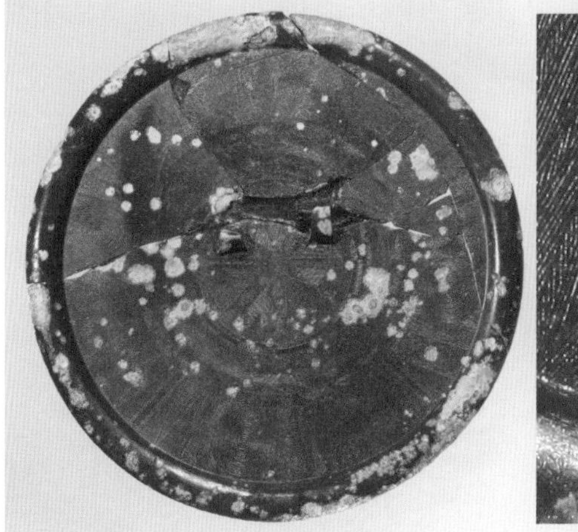

만들기 위해서는 특별한 거푸집이 필요했겠지만, 칼이나 기타 청동기 제작에는 활석 등의 돌을 깎아 만든 거푸집을 사용했다[그림 5.10]. 거푸집의 분포를 볼 때, 청동기는 아마도 몇 곳의 중심지에서 제작되었을 것이라고 여겨진다. 칼과 거울 이외에도 청동기로서는 창, 모, 끌, 새기개 등의 도구들이 부장품으로서 발견되고 있다[그림 5.11]. 한편 칼과 창 등의 무기로 사용되었을 청동기는 부러진 상태로 바위 밑 같은 곳에서 발견되기도 하는데, 이것은 아마도 제사나 의례 과정에서 일종의 제물로 바친 것이라고 해석되고 있다.

이러한 고의로 부러뜨려 신에게 바친 청동기 이외에도, 무덤에서는 아마도 피장자의 신분을 표시하거나 제사나 의례에 사용되었던 것이라고 여겨지는 원반형 청동기라던가 각종 방울 등의 유물이 발견되고 있다[그림 5.4]. 청동 칼과 거울, 원반형 청동기 및 각종 청동 방울은 한국의 무속을 비롯해 동북아시아 각지에서 샤머니즘 종교행사에 빠지지 않고 동원되는 도구이다. 그러므로 만약 무덤에서 발견되는 이런 물건들이 그 소유자와 함께 묻힌 것이라면, 당대의 지배계급은 정치적 지도자였을 뿐 아니라 종교적 지도자로서의 기능과 지위를 동시에 갖추었다고 추측되기도 한다[그림 5.12]. 한편, 청동 유물과 더불어 옥과 돌 화살촉도 같이 발견되는 사례도 흔히 있다. 이러한 여러 유물은 일본에 그대로 전해졌는데, 청동 칼과 거울 및 옥은 일본 고대사에서 왕권 확립과 관련된 신화 속의 유물이자 현재도

일본 왕실을 상징하는 보물인 소위 삼종신기(三種神器)를 구성하는 유물이다. 아마도 삼종신기 신화는 이 시기에 한반도에서 도래한 선진 문물을 받아들이는 과정을 반영하는 설화로부터 만들어지지 않았을까 짐작된다.

청동기에 비교할 때, 철기는 평범하며 실용적인 용도의 도구처럼 보이며, 칼 이외에도 도끼, 보습, 각종 무기와 무장 및 철정(덩어리쇠) 같은 유물이 발견된다. 그러나 이미 말했듯, 철기는 드물고 귀한 물건으로서 지배계급만이 소유할 수 있는 물건이었다. 그런 만큼, 무기 제작에서도 초기철기시대가 끝날 무렵이 되어서야 철이 청동을 대체하기 시작했다.

이미 말한 바대로, 초기철기시대 무덤에서 발견되는 부장품은 앞 시기의 거대한 고인돌에서는 부장품이 거의 없다는 사정과 큰 대조를 이루고 있다. 그러한 차이는 아마도 사회 구조와 조직이 어떤 방식으로든 변화했음을 의미하는 간접증거일 것이다. 즉, 고인돌 사회에서는 사회적 재부가 그러한 거대한 구조물을 세우는 행위 그 자체에 사용되었다고 한다면, 초기철기시대의 무덤은 피장자 개인의 부를 강조하고 있는 셈이다. 그러한 차이는 정교한 금속제 유물을 제작할 수 있는 기술, 정보와 지식 및 제작 과정을 통제하는 능력을 갖춘 엘리트에게 정치권력이 집중되어 있을 가능성을 시사해준다. 어쩌면 그러한 지적 자원을 갖춘 지배계급은 청동기시대 이래의 토착 집단에서 나온 것이라기보다는 고조선 지역으로부터의 망명객들이 그러한 정보와 지식을 갖고 있었기 때문에 이들이 토착 사회에서 손쉽게 우월한 사회적 지위를 차지했던 것 아닌가 생각해볼 수 있겠다.

지배계층 무덤의 분포 양상이 소규모 정치집단의 위치를 추정할 수 있고 따라서 당대의 정치적 지형을 판단하는 단서로 받아들여질 수 있다면, 초기철기시대 무덤의 위치는 엇비슷한 크기와 세력의 집단이 상당수 존재했음을 짐작할 수 있다. 〈그림 5.7〉의 분포도는 세형동검이 묻힌 지배계급의 무덤이 특정 지역에 다소 집중된 듯한 인상을 준다. 그러한 현상은 산지가 많은 한반도의 지형적 특성 때문에 자연히 인구가 제한된 지역에 몰릴 수밖에 없음을 말해주기도 하며, 다음 장에서 다룰 삼한의 정치공동체들이 그런 지역에서 발생했음을 말해주는 듯하다. 기록에 나오는 삼한 소국의 숫자는 약간씩 차이가 있지만, 『삼국지』는 삼한 소국의 총수를 78개라 기록하고 있다. 초기철기시대 무덤의 분포는 이러한 소국의 씨앗들이 대체로 어느 곳에서 자라나고 있었는지를 말해주는 듯하다. 매장유적 사이의 거리를 생각할 때, 이러한 삼한 소국 맹아 단계의 공동체는 자연 지형을 따라 넓어도 사방 수십 km 이내의 공간적 범위에서, 즉 아마도 대체로 현재의 면 단위 정도의 지역을 기반으로 삼아 성장하고 있지 않았을까 짐작된다.

제6장

역사시대의 시작

삼한과 삼국

기원전 2세기 말 한 제국의 팽창과 더불어 한반도와 그 주변의 정치사회 질서는 크게 요동치지 않을 수 없었다. 고고학에서 원삼국시대라고 부르는 시기는 고조선 멸망 무렵부터 시작해 남한 각지에 국가 권력이 발생했음을 과시하는 고총고분이 등장하는 300년 무렵까지 약 400년을 가리킨다. 이 시기는 남한 지역에서 백제와 신라가 성장하며 정치적, 사회적 과정이 복잡하게 전개되었던 때로서, 삼한과 삼국의 계승성이나 시대적 성격과 관련해 역사학계에서 여러 의견이 있다. 고고학에서도 굳이 기원전 100년을 초기철기시대와 원삼국시대를 구분하는 시점으로 삼아야 하는가에 대한 이견이 있음은 이미 말한 바와 같다. 또 원삼국시대와 삼국시대를 300년을 기준으로 나눈 것은 신라 왕권의 확립과 관계된 역사학의 일반적 견해를 참조했다고 여길 수도 있으므로, 신라 중심의 역사관을 반영한다고도 할 수 있다. 원삼국시대의 설정은 초기철기시대의 경우와 마찬가지로 1970년대까지 관련 고고학 자료가 주로 영남지역에서 알려졌다는 사실이 큰 몫을

한 셈이다.

『삼국사기』는 신라와 백제, 고구려가 기원전 1세기에 국가로 탄생했다고 기록했으나, 신라와 백제는 오랫동안 많은 소국과 경쟁을 벌이며 국가 체제를 확립해 나갔다. 신라의 전신인 사로국은 진한의 여러 소국 중 하나에 불과했으며, 백제가 속한 마한에서는 목지국이 우두머리 역할을 했다고 한다. 신라와 백제가 삼한 소국에서 출발해 고대국가로 완성되기까지는 중국 세력의 확장에 대한 반작용으로서의 한반도 내부의 사회적 결속과 선진문물의 수용이 일정한 역할을 했을 것이다. 그런 점에서 신라와 백제는 문화진화론에서 말하는 제1차 국가인 한 제국의 주변에 탄생한 제2차 국가라고 부를 수 있을 텐데, 남한 지역에서 원삼국시대란 국가 형성 과정의 시기라고 할 수 있다.

그림 6.1 원삼국시대 한반도와 그 주변의 정치체. 원도: 한국고고학회 2010, 그림 95.

즉, 원삼국시대란 한국 문화권역이 고조선의 멸망과 한사군의 설치로 크게 위축된 상태에서, 북쪽에는 고구려와 부여 및 주변의 읍루, 옥저, 동예가, 그리고 남쪽에는 초기 백제와 신라를 포함한 삼한의 여러 소국이 영역국가 단계로 진입하는 과정에서 공존하며 경쟁하던 시기였다[그림 6.1]. 이 시기의 고고학 자료가 보여주는 성격을 한마디로 요약한다면, 그것은 이전까지 남한 전역에서 보이던 공통적인 물질문화 기반이 해체되고 지역에 따른 분화와 발전이 진행되어 지역성이 뚜렷해진다는 점이다. 삼국시대가 본격적으로 전개되는 4세기로 갈수록 그러한 지역적 차이와 특성은 더욱 뚜렷하게 확립되어 갔다.

북한에서는 한사군이 한반도에 설치되었다는 사실 자체를 인정하지 않고 있으며, 한사군과 관련된 고고학 자료는 모두 일제가 조작했다고 강변

그림 6.2 낙랑토성과 그 내부 및 벽돌 포장도로와 건물지. 1931년 촬영. © 국립중앙박물관

그림 6.3 낙랑 무덤. 목곽묘는 시간이 흐르며 곽의 크기가 커지며 방과 같이 변했으며(윗줄), 벽돌이 나무를 대체하게 되었다(아래 왼쪽). 아래 오른쪽 그림은 <그림 6.4>의 금제 허리띠장식이 발견된 석암리 9호분의 유물 분포도이다. 원도: 한국고고학회 2010, 그림 103.

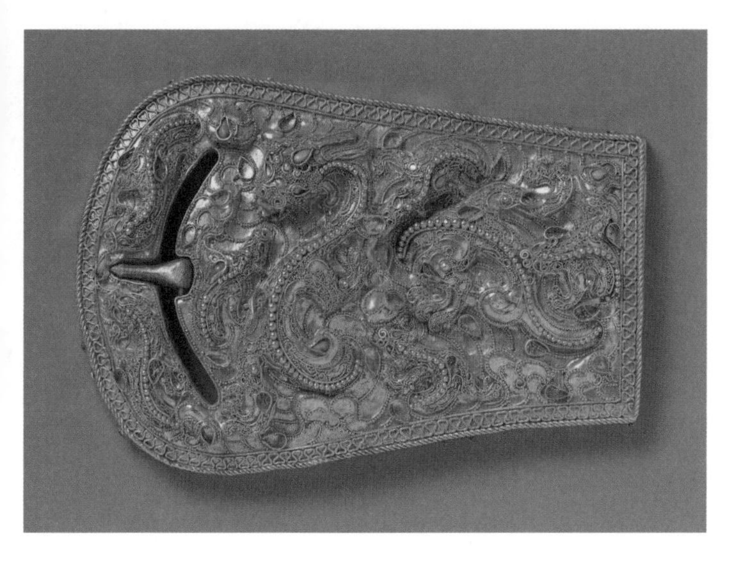

그림 6.4 석암리 9호분 출토 금제 허리띠장식. 얇은 금판을 두드려 용 문양을 튀어나오게 하고 그 위에 미세한 금 알갱이와 가는 금선을 붙이고 옥을 박았다. 길이 9.4cm © 국립중앙박물관

하고 있다. 이러한 상황에서 낙랑을 비롯한 한사군 관련 자료로는 단지 일제강점기에 수집된 것만을 이용할 수 있을 뿐이다. 그러한 자료로서, 대동강 남안의 낙랑토성 안팎에서 발견되는 각종 무덤과 건물지 및 유물은 한반도 서북지역이 당시 한 제국 세계체계의 동단을 구성하게 되었음을 말해준다[그림 6.2-6.4]. 특히 낙랑의 반대쪽 변방이던 사천(쓰촨[四川]) 지역에서 제작된 화려한 칠기가 지배계급의 무덤에서 상당수 발견되는 사정은 한의 문물이 직간접적으로 한반도의 주민과 사회에 큰 영향을 끼쳤을 것임을 짐작하게 해준다.

그러나 고조선이 사라졌음에도 불구하고, 기원전 1세기에 속하는 무덤들은 아직 중국화된 양식이 아니며, 기본적으로 초기철기시대 이래의 무덤 양식을 유지하고 있고 부장품에는 세형동검을 비롯한 비중국계 유물이 다수 포함되어 있다. 이것은 고조선의 몰락에도 불구하고 한사군의 지배계급에 원주민인 고조선 유민이 상당수 포함되었거나 낙랑의 지위가 한 군현 이상이었음을 시사하는 증거라고 여겨진다. 평양 지역의 고조선계 무덤에서 보이는 부장품과 유사한 양식의 매장유구는 북한강 옆의 남양주 금암리라던가 가평 달전리, 춘천 우두동 등, 경기도 북부와 강원도에서 발견되고 있어, 고조선 붕괴 이후 유민의 이입을 말해주는 증거로 여겨지기도 한다[그림 6.5].

고구려의 모습은 고조선이 사라졌을 무렵부터 고고학 자료에서 본격적으로 볼 수 있다. 기원전 1세기 고구려의 국가형태에 대해서는 부족연맹 성격이었다는 의견과 중앙집권적 체제였다는 의견이 있지만, 아무튼 이 시기 고구려의 성장은 압록강 중류역 여기저기에 있는 적석총, 즉 돌무지무덤이 말해준다. 고구려 적석총과 고조선 무덤과의 관계는 아직 뚜렷하지 않지

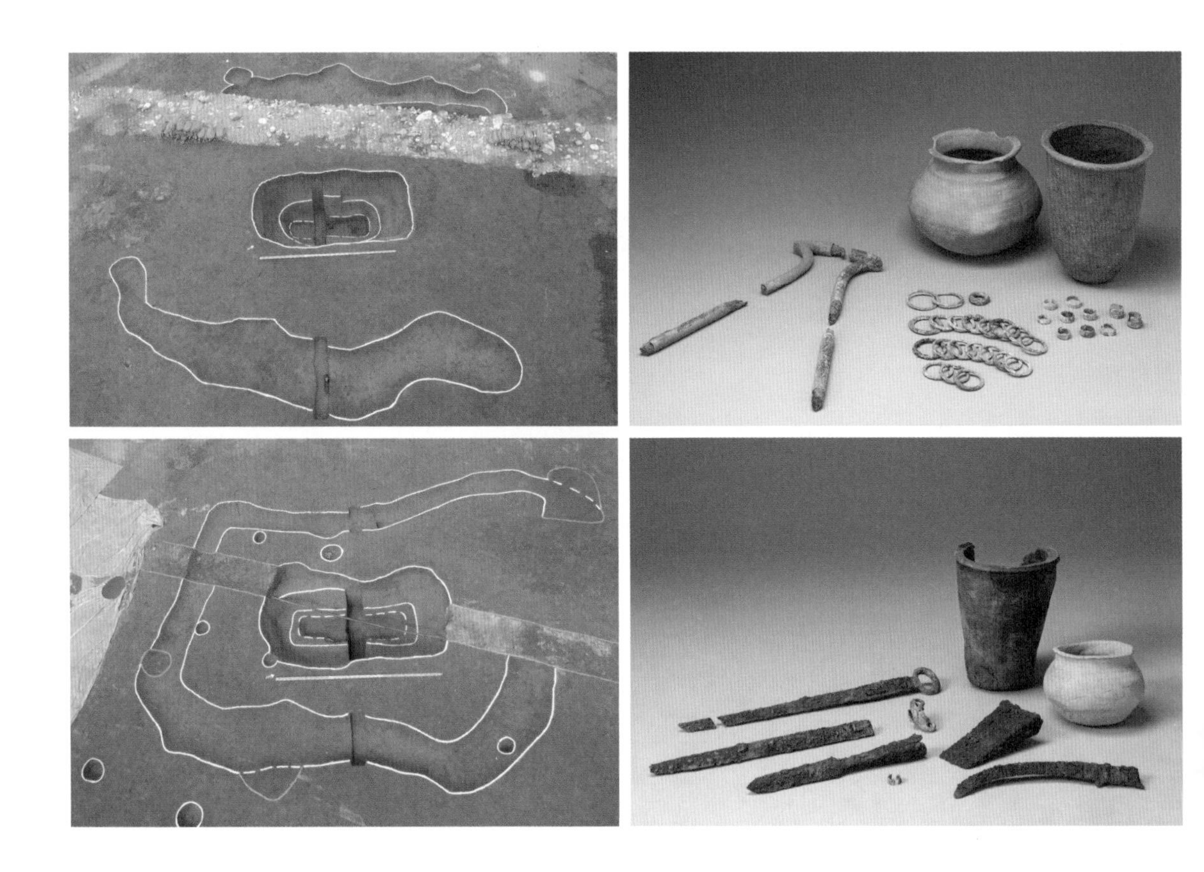

그림 6.5 남양주 금남리 유적의 2호(위) 및 3호(아래) 목관묘와 출토 유물. 평양 지역의 고조선 계열 무덤이라고 여겨지는 매장 유적에서 발견되는 화분형토기와 니질계 단경호 등의 토기 및 각종 철기와 '乙'자형 동기 등의 청동기가 출토되었다. 유사한 구성을 보여주는 유물은 북한강을 따라 가평 달전리와 춘천 우두동의 매장유적에서도 발견되었다. © 국립문화재연구원

만, 고구려의 돌무지무덤은 기원전 300년 무렵 평범한 돌무지 모습으로 등장해, 기원전 1세기가 되면 평면 방형에 계단 형태의 전형적 고구려 적석총의 모습이 갖추어지기 시작했다. 고구려가 이렇게 세력을 갖추게 됨에 따라 그 중심지에는 성곽을 비롯한 여러 시설도 만들어졌을 테지만, 콕 집어 기원전 1세기의 것이라고 부를 수 있는 유적은 뚜렷하지 않다. 부여의 경우에도 사정은 비슷하며, 다만 송화강 유역의 서풍현(시펑시엔[西豊縣]) 서차구(시차거우[西岔溝]) 유적 등지에서 발견된 토광묘들이 이 시기의 부여와 관계된다고 한다.

이렇듯, 기원전 100년 무렵이면 한국 문화권역의 북쪽에서 옛 고조선 지역은 한 제국의 영역으로 편입되었으며, 고구려와 부여는 국가 단계 사회가 되었고, 그 바깥으로는 비록 자세한 성격을 알 수는 없지만 옥저와 읍루라는 정치체가 있었다. 휴전선 이북과 중국 지역의 고고학 연구에 한국

그림 6.6 부여의 매장유적이라 여겨지는 유수(위슈[榆樹]) 노하심(라오허션[老河深]) 유적 출토 갑주 복원품 및 칼. 원도: 한국고고학회 2010, 그림 100.

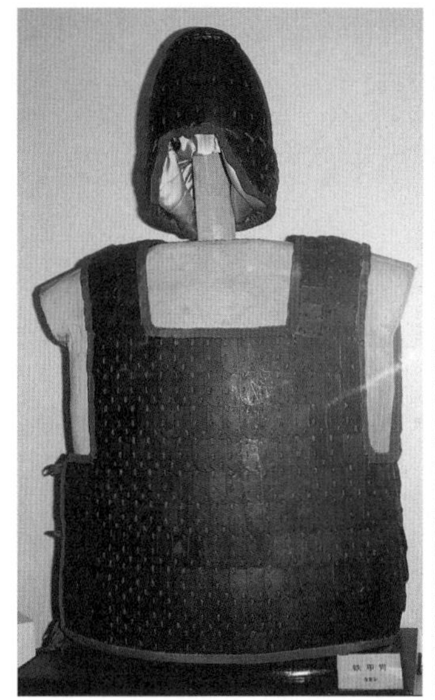

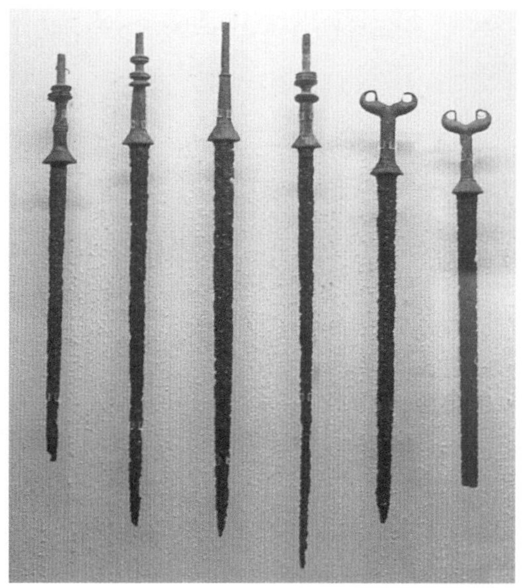

고고학계가 끼어들 여지가 없는 현실이지만, 아무튼 중국에서는 초기 고구려와 부여 관련 자료가 늘어나고 있는 듯하다[그림 6.6]. 그 반면, 북한에서는 초기 고구려에 대한 새로운 정보가 나오지 않고 있다. 또 한반도 동북부 일대에 있던 옥저, 그리고 그 북쪽에 있었다고 하는 읍루 및 강원도 북부와 동해안에 있었다고 여겨지는 동예와 관련된 고고학 자료도 아직 초보적 수준에 머무르고 있다[그림 6.7]. 현재까지 알려진 약간의 자료에서는 옥저와 동예 사이에는 서로 비슷한 점이 많은 듯하며, 지리적으로 인접한 마한 북부, 즉 경기도 북부와 북한강 중류역의 자료와 약간의 유사한 점이 있을 것으로 짐작된다.

흔히 마한은 54개, 변한과 진한은 각각 12개의 '국'이 있었다고 일컬어지듯, 기원전 100년 무렵 한반도 남쪽에서는 삼한의 여러 소국이 자라고 있었다. 마한과 진한의 여러 정치체는 백제와 신라의 성장 과정에서 흡수되며 사라졌다. 그러나 변한의 소국들은 독자적으로 성장해 가야 연맹으로 발전해, 백제, 신라, 고구려 및 바다 건너 왜와 복잡한 군사적, 외교적 관계를 맺으며 6세기까지 존속했다. 잘 알려졌듯, 박혁거세 신화는 기원전 1세기 경주 분지에서 성장하던 사로국은 6개 '마을'의 연합체로서 출발했음을

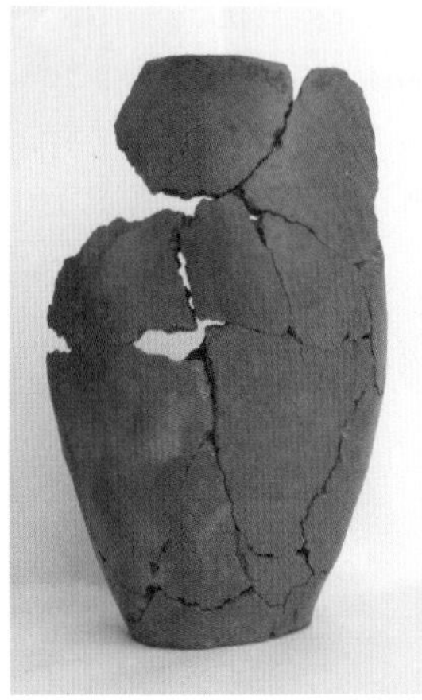

그림 6.7 연해주 체르냐티노 제2유적에서 발견된 원시적 온돌이 딸린 주거지와 토기. 일부 연구자는 한반도 중부지방의 중도식토기가 이런 토기에서 기원했다고 여기고 있다. <그림 6.13> 참조. © 국립문화재연구원

시사해준다. 아마도 각지의 삼한 소국은 청동기시대 후반에 등장한 송국리와 같은 대규모 중심지로 대변되는 공동체들의 흡수, 합병이나 연합 과정을 거치며 정치적으로 성장해 영역국가로 나아가고 있었을 것이다.

아래에서는 이러한 당시의 정치적 동향을 염두에 두고, 원삼국시대의 고고학 연구와 관련해 휴전선 이남에서 밝혀진 고고학 자료를 중심으로 생각해보겠다. 이 시기부터는 역사시대로 접어들며 고고학 자료가 질과 양에서 모두 폭발적으로 증가하고 있어, 고고학 자료의 제시 그 자체만을 위해서도 복잡하고 긴 내용의 서술이 필요하다. 그러나 이 장에서도 그러한 서술은 피하고 고고학 증거의 주요한 특징과 변화의 흐름을 간단히 요약해보는 것으로 그치고자 한다.

다양화와 다극화 – 토기, 철기, 주거지

원삼국시대 동안 역동적으로 이루어진 사회적 변화는 경제적 풍요와 그것이 뒷받침한 인구 규모의 꾸준한 유지나 증가가 있었기에 가능했을 것이다. 고고학 자료는 당시의 사정이 그러했음을 시사해준다. 초기철기시대의 편년과 관련한 문제는 이미 이야기했지만, 현재의 한국 고고학 편년에 따를 때 기원전 1세기에 들어와 고고학 자료는 폭발적으로 증가하고 있다. 매장유적도 그렇지만, 특히 눈에 띄는 것은 주거유적의 급증이다. 1990년대 이래 수십 혹은 수백 개의 주거지로 구성된 마을이 웬만한 조건을 갖춘 곳이라면 어디에서나 발견되고 있으며, 그러한 마을 주변에서는 넓은 경작지의 흔적도 함께 발견된다[그림 6.8].

이 시기에 들어와 철기가 본격적으로 경작에 사용되기 시작했다고 보이며, 그에 따라 농업 생산성도 획기적으로 높아졌을 것이다. 이른 시기의 원삼국시대 주거지에서는 청동기시대부터 만들어지던 석기와 목기가 발견되고 있으며, 철제 낫이나 칼, 도끼, 화살촉 같은 도구도 발견된다. 쟁기나 쇠스랑, 보습처럼 경작에 직접 사용했을 철기는 그리 발견되지 않지만, 그렇다고 해서 그런 철기가 없었다고 할 수는 없다. 왜냐하면 귀중품이던 철기는 부러졌거나 마모되었어도 끊임없이 재활용되고 재가공되었을 것이기 때문이다. 그러나 아무튼 쟁기나 보습 같은 기경구는 시간이 흐르며 주거지 내에서도 자주 발견된다.

이러한 사회경제적 배경과 더불어, 고고학 자료는 한반도 남부지방에서 여러 집단들이 고유한 문화적 특징을 만들어 나가며 권력과 사회 계층구조를 본격적으로 갖춘 정치체로 서서히 발전하는 면모를 보여주기 시작한다. 그러한 집단의 문화적 특징과 지역적 차이는 무덤의 구조와 형태 및 부장품에서 잘 드러나며 그 외에도 가옥의 형태를 비롯한 몇몇 일상생활과 관련된 자료에서도 엿볼 수 있다.

광주 신창동 저습지 유적은 당시 사람들의 일상생활의 모습을 말해주는 대표적인 유적이다. 이곳에서는 문짝과 같은 가옥의 부품에서 부채와 머리빗에 이르기까지 20세기 중반까지도 일상생활에 널리 쓰이던 각종 목기나 직물, 곡물 등을 비롯해, 일반적인 환경에서는 발견을 기대하기 어려운 다양한 유기물 자료가 발견되어, 당대의 풍요로운 삶을 말해준다. 특히 현악

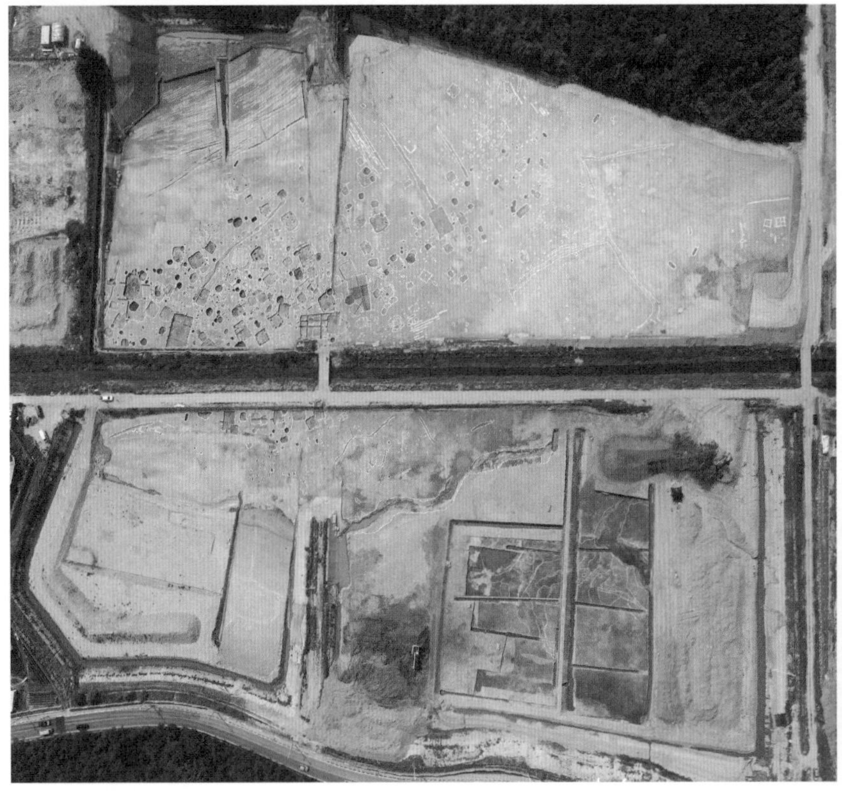

그림 6.8 담양 태목리(위)와 세종시 대평동(아래) 마을 유적. 이 두 유적을 비롯, 많은 곳에서는 청동기시대부터 마을이 들어서 역사시대까지 계속 번성하였다. 대평동 유적 사진 오른쪽 아래에는 경작지 유구가 노출되어 있다. © 국립문화재연구원

기와 점을 치던 동물 뼈인 복골은 당시 예술, 종교와 신앙도 발전하고 있었음을 짐작하게 해준다[그림 6.9]. 삼한의 여러 소국은 바로 이렇게 번성하던

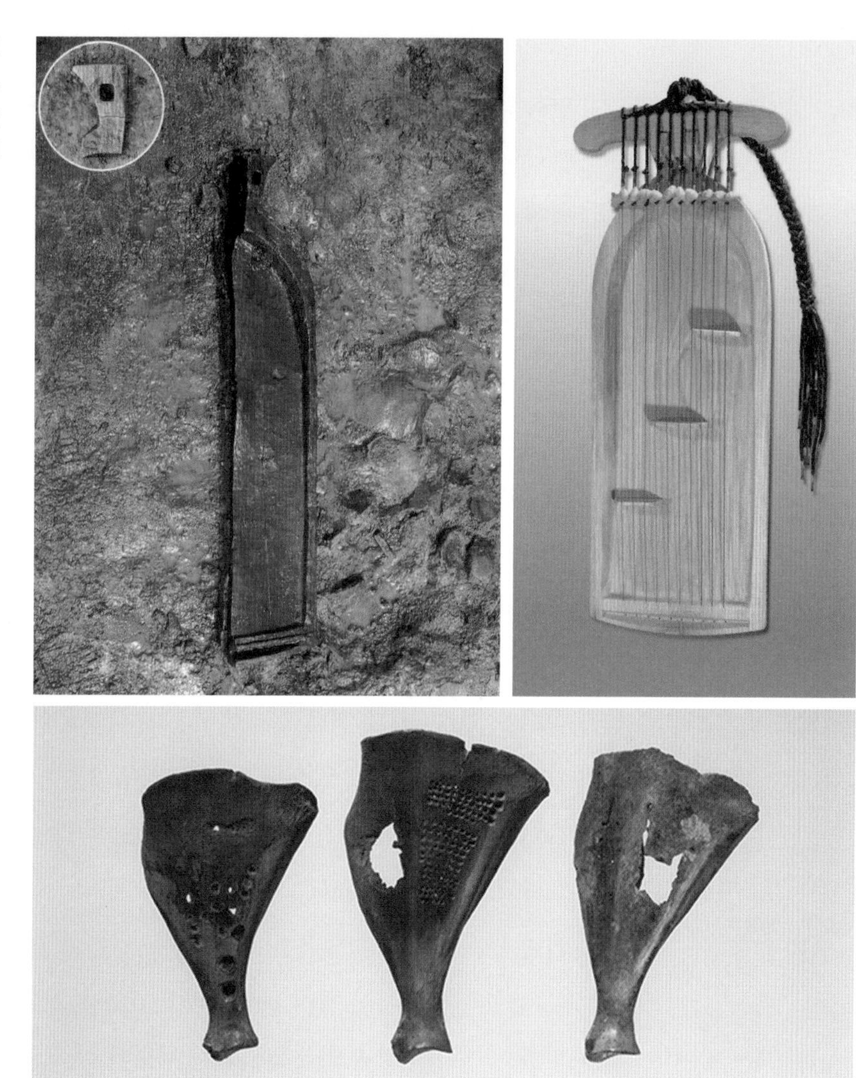

그림 6.9 광주 신창동 저습지 유적에서 발견된 현악기와 그 복원품 및 해남 군곡리 패총 출토 복골. ©국립광주박물관(현악기); 국립문화재연구원(복골)

농업공동체를 기반으로 성립하고 성장하였을 것이다.

고대사 연구자들은 삼한 소국의 위치를 문헌 기록의 내용을 검토해 비정하고자 해왔지만, 백제와 사로국을 제외한다면 정확한 것은 알 수 없으며, 고고학 자료가 그 위치를 말해주는 사례도 없다. 고고학 자료의 특성상, 문자 기록 자료가 발굴되지 않는 한 앞으로도 고고학 자료로써 특정 '국'의 위치를 확정하기는 어려우며, 소국과 소국 사이의 공간적 경계라던가 문화적 차이는 더욱 알기 어려울 것이다. 고고학 자료로써는 개개 소국 단위보다 훨씬 큰 공간적 범위 내에서의 문화적 양상과 차이를 살펴보는 것에서 만족할 수밖에 없을 것이다. 그런데, 당시 여러 문화 요소의 혁신과 수용은 다양한 방식과 속도로 이루어졌을 것인바, 이미 말한 바대로 그러한 변화 과정의 추적은 고고학 자료의 정확한 연대 파악을 필요로 한다. 그러나 절대연대 측정도 상대연대 평가도 그러한 목적을 이루기에는 한계가 있다.

그러한 연구의 한계를 전제로 하고, 남한 지역 고고학 자료에서 드러나는 물질문화의 전반적 특징을 요약하자면, 우선 변한과 진한은 서로 높은 동질성을 보여주며 마한과 대비를 이루고 있다고 할 수 있다. 또 경기도에서 충청도와 전라도에 이르는 마한 지역 내에서는 토기와 가옥 구조를 비롯한 물질문화의 여러 요소에서 북쪽과 남쪽 사이에 차이가 보이고 있다. 나아가 마한 북부 지역이라고 할 수 있는 경기도 동북부와 강원도 지역의 물질문화는 아마도 동해안을 따라 북쪽으로 그 유사성이 확장될 것으로 짐작되고 있다. 바다 건너 탐라에서는 송국리문화 단계 물질문화의 특징이 아직도 꽤 유지되고 있으나 특히 토기에 있어서 독자적인 색채를 뚜렷이 보이기 시작한다. 한편 일본열도 서부는 이제 한국 문화권역에서 벗어난 셈이지만, 고고학 자료는 이 지역의 왜 세력이 한반도 남부와 계속해서 밀접한 관계를 맺고 있었음을 말해준다.

삼한과 동아시아 여러 지역과의 활발한 관계를 말해주는 것은 지배계층의 무덤에서 부장품으로 발견되는 낙랑과 왜 등지로부터의 수입품이다[그림 6.10]. 동남아시아에서 생산된 유리구슬로 만든 목걸이나 팔찌 등의 장신구는 이제 삼한 전역에서 발견되며, 김포 운양동의 한 무덤에서는 부여에서 만들었다고 생각되는 금귀걸이 한 쌍도 발견되었다[그림 6.11]. 그러한 장신구에는 수입 유리구슬과 함께 수정이나 벽옥, 마노, 천하석, 호박 등 한반도산 원석으로 만든 구슬도 사용되었다.

삼한 사회의 성장을 자극한 선진문물의 도입과 관련해, 고조선 유민의 이입과 한의 문명과 기술의 전파는 이미 상당한 정도로 체제가 갖추어진 고구려나 부여를 비롯한 북부 지역보다도 한창 자라나고 있는 삼한 지역

그림 6.10 동남해안 지역 무덤에서 출토한 외래 유물(청동 솥, 정, 거울, 동모). 원도: 한국고고학회 2010, 그림 145.

그림 6.11 무덤에서 발견된 각종 장신구. 주로 유리로서, 대부분 수입품이라 여겨진다. 사진은 김포 운양동(위), 경주 덕천리(아래 왼쪽) 및 완주 상운리 수습 유물이다. 운양동에서 발견된 한 쌍의 금제 귀걸이는 부여 무덤에서 발견되는 것과 유사하다. © 국립문화재연구원(운양동, 상운리); 영남문화재연구원(덕천리)

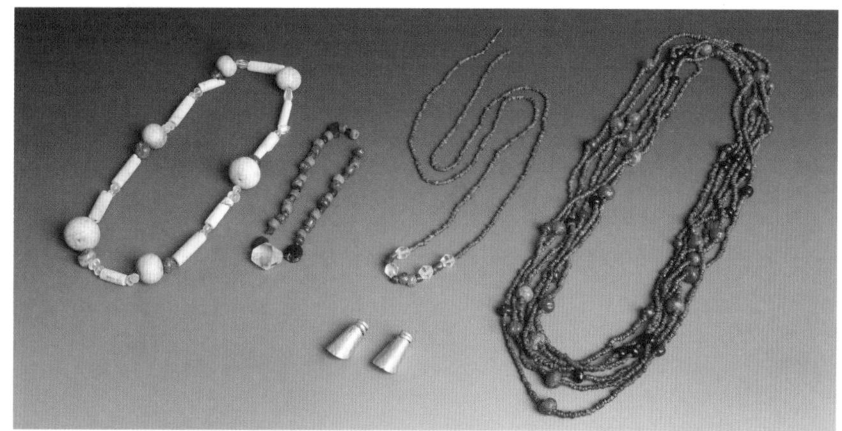

그림 6.12 원삼국시대 초기부터 토기는 지역색을 나타내지만, 아직도 형태에 있어 흑도장경호와 점토대토기 같은 그전 시기 토기의 요소를 어느 정도 보여준다. 사진은 남양주 장현리(위 왼쪽), 문경 신기동(위 오른쪽), 광주 신창동(아래 왼쪽) 및 창원 다호리(아래 오른쪽) 출토품이다. 다호리 토기는 무덤의 부장품으로서 영남지방에 특징적인 와질토기이며, 나머지는 모두 주거지에서 수습되었다. © 국립문화재연구원(장현리, 신기동, 신창동); 국립김해박물관(다호리)

정치체의 성장에 더 큰 영향을 끼쳤을 것이다. 그러한 영향은 아마도 한 군현에 가까운 한반도 중부지방부터 시작해 남쪽으로 퍼져나갔을 것이다. 이를 반영하듯, 각지에서는 기원전 1세기부터 새로운 토기와 철기가 등장하고, 새로운 구조의 주거지가 만들어지며, 새로운 구조의 무덤이 등장하는 등, 물질문화 전반에 걸쳐 큰 변화가 일어났다. 특히 새로운 토기와 철기의 등장은 불을 다루는 기술이 혁신적으로 변화했음을 시사해준다.

산업혁명 이전까지 세계 어느 지역에서도 불을 다루는 일은 첨단 기술이었다. 원삼국시대에 들어오며 토기 제작은 새로운 기술의 도입과 함께 두 방향으로 변화하였다. 우선, 종래의 무문토기는 토기 몸체가 훨씬 단단해져 경질이 되었고, 이전에는 보기 드물던 큰 토기가 만들어졌다. 이러한 변화는 중부지역에서 조금 빨리 시작해 큰 시차 없이 삼한 지역 곳곳으로 파급되었다고 보인다. 새로 만들어진 경질무문토기 중에는 초기철기시대

그림 6.13 중도식토기. 서울 풍납토성 내 주거지 및 홍천 성산리 출토. © 국립문화재연구원

의 점토대토기와 흑도장경호의 형태를 계승한 것들이 특히 눈에 띄는데, 지역에 따라 조금씩 형태에서 차이를 보이고 있다[그림 6.12]. 그러한 차이는 시간이 흐르며 점점 더욱 커져, 원삼국시대가 끝날 무렵이면 서로 전혀 다른 형태가 되며 지역별 특징이 뚜렷한 여러 형식의 토기로 발전한다.

중부지방에 등장한 이러한 무문토기 계열의 경질토기는 그것이 처음 발견된 춘천 중도 유적의 이름을 따 중도식토기라고 불린다[그림 6.13; 6.12 참조]. 중도식토기는 동해안을 따라 북으로는 연해주 남부에서 강릉 지역까지, 또 한강의 본류와 여러 지류를 낀 강원도 내륙과 경기도 일원에 걸쳐 분포하고 있다. 일각에서는 이 토기가 이미 초기철기시대에 함경북도나 연해주 남부에서 발생해 한반도 중부지역으로 전파되었다고 보기도 하지만 그렇지 않을 가능성도 얼마든지 있고, 혹은 어쩌면 유사한 경질 무문토기는 낙랑 주변 지역에서 큰 시차를 두지 않고 동시다발적으로 제작되었을지도 모른다.

그런데 중도식토기를 비롯한 경질 무문토기의 제작보다 더욱 중요한 변화는 새로운 기술로 만든 전혀 새로운 토기의 등장이다. 낙랑과 가까운 중부지역에서는 낙랑 지역에서 만들어진 토기도 수입되었는데, 이런 토기는 대체로 인천-수원-춘천을 잇는 선 정도까지 발견되고 있는 듯하다[그림 6.5, 6.14]. 그런데 주거지에서는 이 낙랑계통의 토기와 유사한 질감을 주며 표면이 회백색이나 회청색인 토기가 중도식토기와 함께 발견되고 있다. 이 토기는 표면에 격자 혹은 평행선 무늬를 새긴 도구로 두드린 듯한 흔적이

그림 6.14 낙랑계 평저호. 춘천 우두동 유적 49호 주거지 출토. © 국립문화재연구원

그림 6.15 낙랑계 토기와 타날문토기. 가평 대성리 주거유적 출토. © 국립문화재연구원

있어 타날문토기라고 불린다[그림 6.15]. 타날문토기는 밀폐된 요에서 적절한 불 조절을 통해 환원염 처리라는 신기술로 만든 것이다. 중도식토기의 경도가 종래의 무문토기보다 매우 높은 것도 그러한 가마에서 토기를 구웠기 때문일 것이다.

한편, '전형적' 중도식토기 분포권 밖의 지역에서는 뚜렷한 지역성과 형식적 특징을 보여주는 토기 형식이 등장한다기보다, 일상생활용 토기를 더 단단하게 만드는 방식으로 무문토기의 경질화가 이루어져 나갔다. 즉, 충청도와 전라도 및 경상도 지역에서도 한강 유역에서 보는 바처럼 무문토기 계열의 토기가 경질화되는 양상이다. 이런 과정에서 기원전 2세기 중이나 기원전 1세기가 시작할 무렵 점토대토기의 점토대는 단면이 원형에서 삼각형으로 변한다[그림 6.12 참조]. 이후 점토대토기의 점토대는 점차 두께가 얇아지다가 결국은 그 위치에 가로로 선을 긋는 식으로 형식적으로 처리되다가 결국 그마저 사라진다.

한편, 영남지방에서는 무문토기의 경질화와 더불어 타날문토기 제작 기술과 유사한 기술로 만들어졌다고 보이는 이 지역 고유의 토기인 와질토기가 등장하였다[그림 6.12]. 와질토기는 주로 무덤에서 발견되는데, 여러 종류의 토기가 영남지역 전체에 걸쳐 형태적 공통성을 유지하며 만들어졌다[그림 6.16]. 이후 3세기 후반부터 와질토기는 서서히 신라토기 및 가야토기로 발전했으며, 영남지역 내에서도 같은 종류라도 지역에 따라 양식적 특징을 달리하는 모습으로 만들어졌다.

토기와 관련한 이상의 내용을 다시 요약하자면, 원삼국시대에 들어 남

그림 6.16 영남의 원삼국시대 목관묘와 와질토기. 사진의 무덤은 경주 덕천리에서 조사된 무덤의 하나이다. 와질토기는 <그림 6.12>에서 보듯 기원전 1세기부터 독특한 형태로 만들어져 무덤에 부장되기 시작해, 2세기 중반부터 다양한 형식이 만들어졌다. 고총고분이 등장하기 시작하는 3세기 말부터 와질토기는 신라 및 가야토기로 대체되기 시작했다. © 국립문화재연구원(무덤); 국립중앙박물관(토기)

한 지역에서는 새로운 기술을 받아들여 초기철기시대의 점토대토기와 흑도장경호의 기본 형태를 따르되 경질화된 토기가 지역에 따라 약간씩 다른 종류와 형태로 나타나기 시작했다고 하겠다. 지역적 차이는 시간이 흐르며 점점 더 커져, 원삼국시대 종말기 무렵이면 각 지역의 토기들은 원래 공동

그림 6.17 영남지방 원삼국시대 철기. 무기류, 마구 및 각종 도구가 출토하고 있다. 원도: 한국고고학회 2010, 그림 138

조상에서 출발했음을 생각하기 힘든 수준으로까지 모습이 달라지는 양상이다. 특히 영남지방에서는 와질토기라는 독특한 토기가 강한 지역성을 보이며 만들어졌다.

토기와 더불어 이 시기의 또 다른 중요한 고고학 자료인 철기는 원삼국시대에 들어 더욱 본격적으로 보급되었다. 철기는 주거유적에서도 발견되지만, 각지의 매장유적에서는 창·칼·화살촉 같은 무기, 낫, 쇠스랑, 도끼 등의 도구와 재갈 등의 마구를 비롯한 각종 철기가 발견된다[그림 6.17]. 철기가 널리 생산되었음을 뒷받침하는 증거로서, 철광을 채굴하던 흔적이나 원광을 녹이던 용해로의 흔적도 여러 곳에서 발견된다[그림 6.18].

철기 제작은 단조 기술의 확산과 함께 이루어졌다. 단조란 철광을 녹여 얻은 액체 상태의 철을 틀에 부어 만든 주조 철기를 다시 달구고 두드렸다 물에 식히는 일련의 담금질 과정을 가리키다. 이 과정을 반복해 철기의 탄소 함량을 조절함으로써, 철기의 강도와 경도를 용도에 맞게 조절한 강철

그림 6.18 철기 생산과 관련된 유적. 위: 울산 달천 철광 유적의 채굴 흔적; 가운데: 경주 황성동 유적 1-9호 및 강변로 5호 용해로; 아래: 송풍관, 용범, 용해로 벽체와 슬래그 조각 및 철광석. 원도: 한국고고학회 2010, 그림 135.

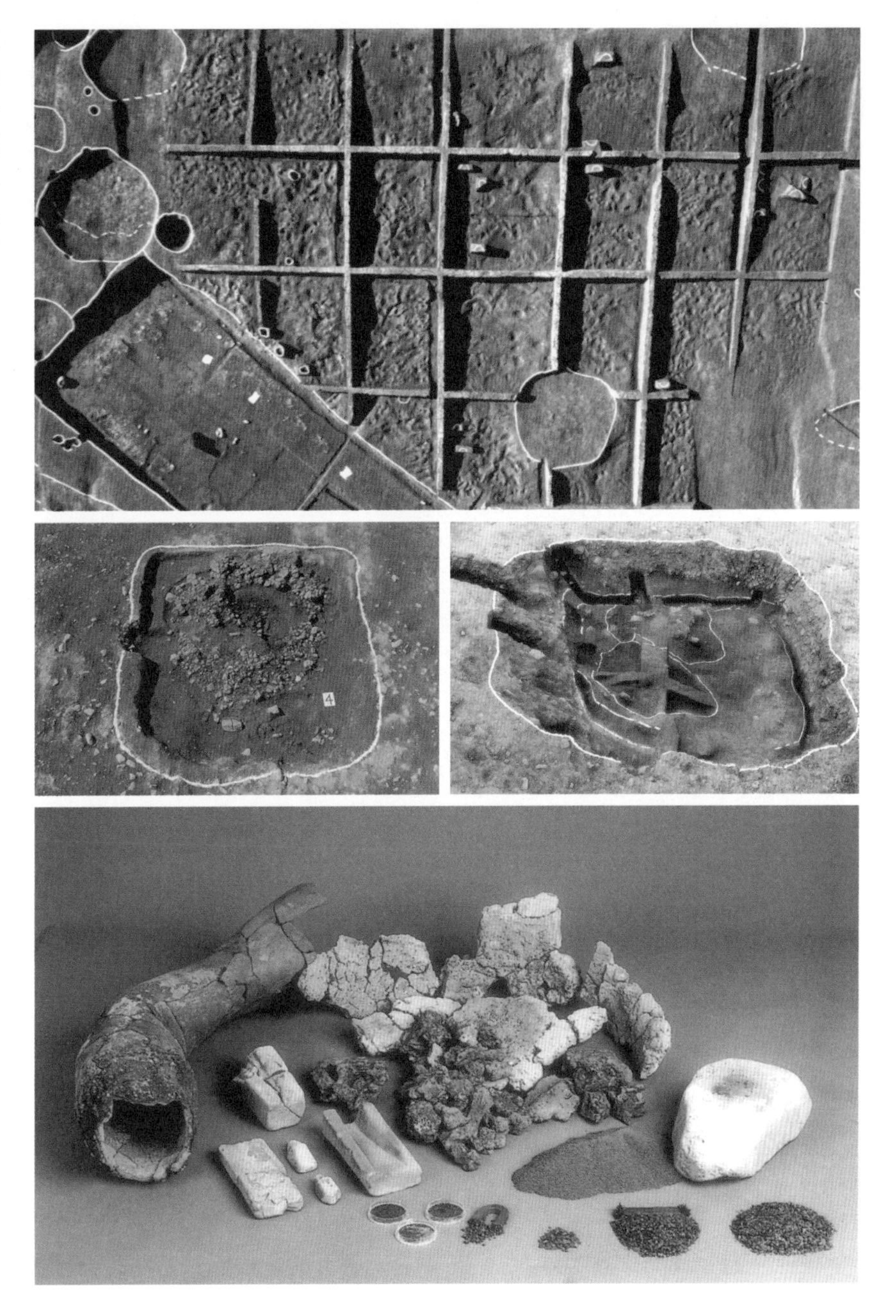

을 만드는 것이다. 이 고급 기술은 특히 칼이나 창을 비롯한 무기 및 기타 날카로운 날을 갖는 철기 제작에 꼭 필요한 것으로서, 그 보급은 철기의 등장 자체에 못지않은 중요한 의미가 있다. 단조 철기가 영남지역에서 기원

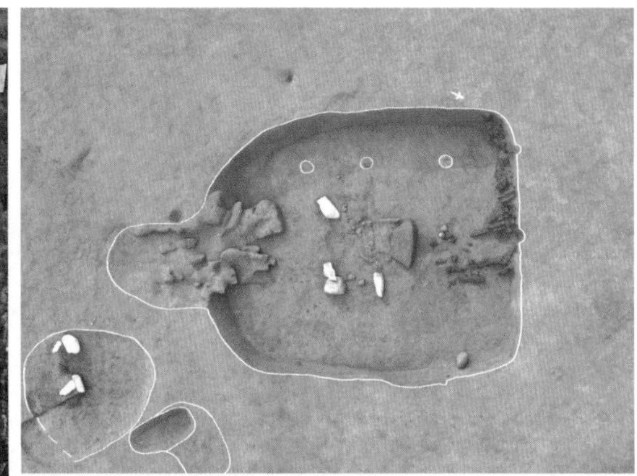

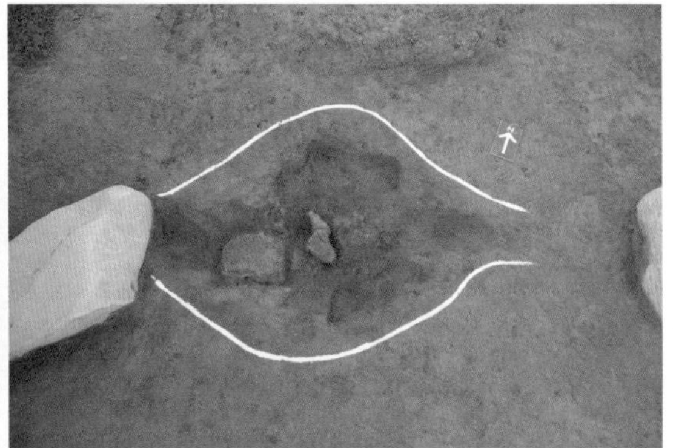

그림 6.19 문경 신기동 유적. 왼쪽 전경 사진에서 위쪽에는 대형 수혈주거지가, 중앙에는 지상건물의 흔적인 정연한 기둥구멍이, 왼쪽 아래에는 가운데에 단야로가 설치된 주거지가 보인다. 오른쪽 위로 두 장의 사진은 이 주거지와 단야로의 확대 사진으로서, 이곳은 아마도 마을의 대장간이었던 듯하다. 주거지에서는 철기를 단조하며 떨어져 나온 부스러기들이 채집된다. © 국립문화재연구원

전 2세기에 이미 제작되었다는 의견도 있지만, 설령 그렇다고 해도 이 신기술이 널리 퍼진 것은 기원전 1세기부터라고 보인다.

불을 정밀하게 다루는 지식과 능력이 절대적으로 필요한 단조 철기 제작은 아무나 또 어디에서나 할 수 있는 일이 아니며, 원료와 연료의 공급이 보장된 장소에서 지식과 설비 및 처리 능력을 갖춘 전문장인이 할 수 있는

일이다. 중부지방에서는 소규모로 단조 철기를 제작한 흔적이 주거지 내에서 발견되기도 하지만, 별도의 공간에 설치된 대장간이라고 볼 수 있는 움집도 주거유적에서 발견되고 있다[그림 6.19]. 심지어 그러한 대장간이 여럿 모여 있어 일종의 철기 제작 장인의 집단 거주지였을 가능성이 있는 유적도 보고되었다.

이러한 장인집단의 주거유적을 포함해, 마을 유적에서 발견되는 주거지의 형태도 여러 측면에서 지역적으로 분화하는 모습이다. 지역을 막론하고 이 시기의 주거지로는 청동기시대의 장방형 및 원형 주거지를 연상시키는 구조가 발견되며, 〈그림 6.20〉의 담양 태목리와 대구 봉무동의 사례에서 보듯 특히 남부지방에서 그러하다.

그런데 중부지방에서는 주거지의 형태와 구조에서 두 가지 큰 변화가 나타났다. 그 하나는 주거지의 대형화로서, 〈그림 6.20〉에 보이는 용인 고림동의 주거지 사진은 중심축을 따라 12명의 사람이 누워 있는 모습을 보여준다. 대형 주거지에서는 집의 크기가 커짐에 따라 무게가 크게 늘어난 지붕을 지탱하기 위해 벽을 따라 주거지 내부나 외부에 기둥을 촘촘히 세우고 다듬은 판재로 벽을 짠 흔적도 흔히 발견된다. 이보다 더 흥미로운 변화는 그림에서 보듯 중부지방에서는 주거 공간이 다각형으로 만들어졌으며 출입구 공간과 주거 공간이 벽으로 구분되고 있다는 점이다. 그러한 주거 공간의 평면은 5각형인 경우가 많다.

한편, 이런 움집과 더불어 정연하게 배치된 기둥구멍은 지상가옥이나 기타 용도 건물의 흔적으로 여겨지는데, 주거유적에서는 이런 건물의 흔적도 매우 흔하게 발견된다. 주거구조의 발전과 함께, 온돌은 거의 모든 주거지에 만들어졌다. 그 형태는 초기철기시대의 단순한 한 줄 구조를 벗어나 다양화하기 시작하며, 중부지방의 다각형 주거지에서 발견되는 온돌은 크기와 구조에서 여러 가지가 있다[그림 6.21].

다각형 주거지로 구성된 마을 유적은 중부지방에서 농경에 적합한 조건을 갖춘 곳이라면 어디에서든 발견되는데, 주거지의 전체 평면과 출입

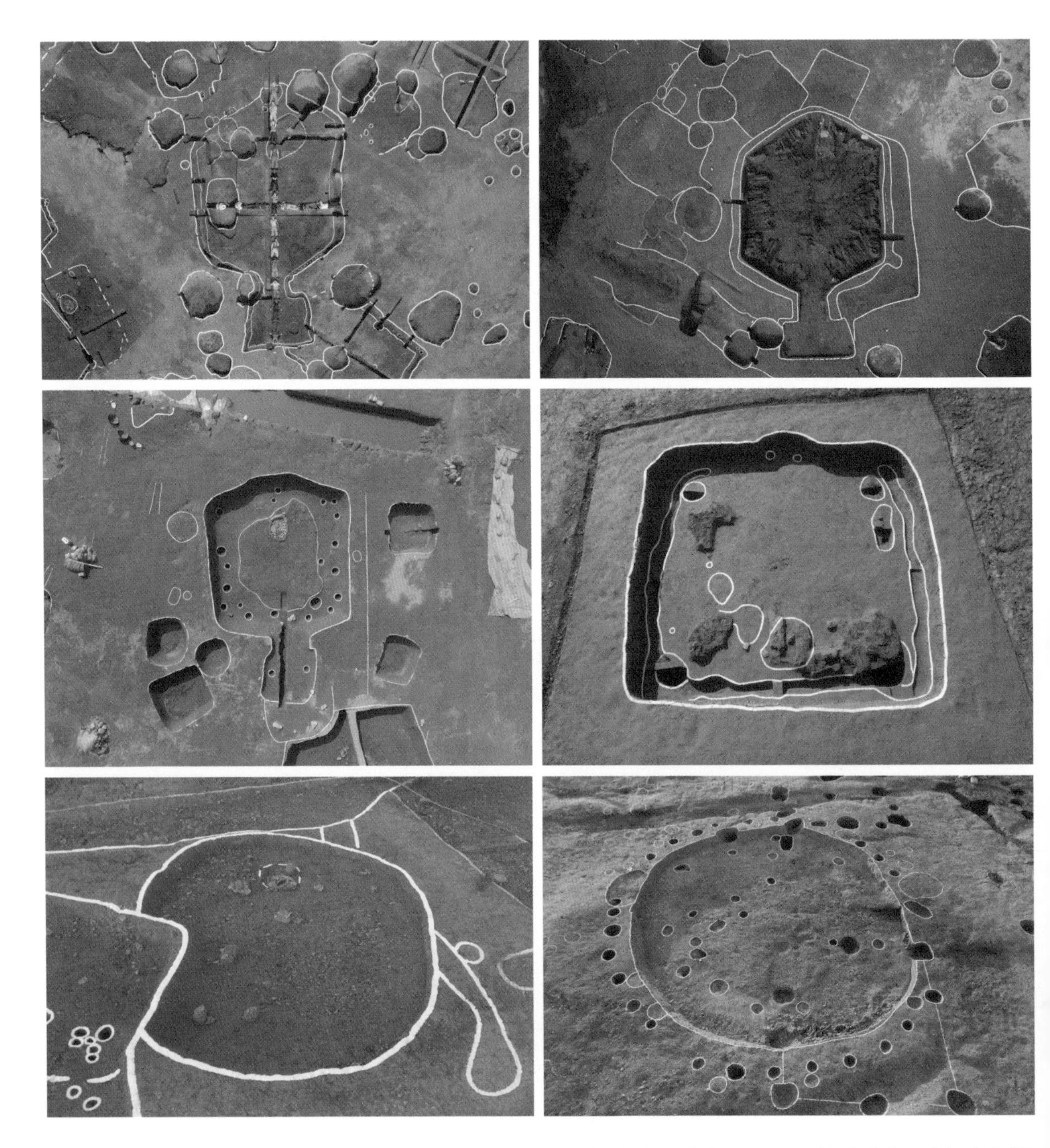

그림 6.20 원삼국시대 주거지. 경기도와 강원도에서 발견되는 주거지는 대체로 크기가 크고 평면이 다각형을 이루고 있다. 그 반면, 남쪽 지방에서 발견되는 것은 청동기시대의 송국리식 주거지 정도의 크기로서 원형이거나 방형인 것이 많다. 좌상: 용인 고림동; 우상: 화천 원천리; 좌중: 춘천 중도; 우중: 세종시 대평동; 좌하: 담양 태목리; 우하: 대구 봉무동. 고림동 주거지 사진에는 주거지 크기를 가늠할 수 있게 세로 12인, 가로 6인이 누워 있는 모습을 볼 수 있다. © 국립문화재연구원

그림 6.21 원삼국시대 주거지 내부에서 발견되는 여러 형태의 온돌 시설. 원도: 한국고고학회 2010, 그림 117.

구역의 형태는 지역에 따라 또 시간에 따라 조금씩 다르다. 그런데 다각형 주거지의 분포는 대체로 중도식토기의 분포와 겹치는 부분이 많은 듯하다. 그에 따라 청동기시대의 송국리문화의 사례와도 같이, 양자의 분포를 기준으로 하나의 독특한 문화권을 설정할 수 있다는 주장도 있고, 더 나아가 그 분포는 동예 혹은 심지어 옥저와 관계될 것이라는 주장도 있다. 그러나 물론 고고학 자료의 분포와 정치체와의 관련성은 속단할 수 없는 문제이다.

중부지방과는 달리, 남부지방, 특히 영남지방에서는 주거유적과 주거지의 양상은 청동기시대 말 이래 그리 크게 달라지지 않았다. 충청도와 전라도에서는 원삼국시대 주거유적은 많지만, 기원전 1세기로 연대를 단정할 수 있는 주거유적은 많지 않은 편이다. 그런데, 이것은 아마도 한 장소에 사람들이 장기간 계속 살아온 결과, 과거의 자취 위로 새로운 자취가 계속 쌓여 과거의 것이 지워졌기 때문에 발생한 현상일 가능성이 크다고 짐작된다. 한편, 영남지방에서는 기원전 1세기 대의 주거유적이 발견된 사례는 극히 드물다. 물론 중부지방의 다각형 주거지에 맞먹는 크기의 원삼국시대 후기의 수혈주거지도 발견되지만, 현재까지 발견된 소수의 기원전 1세기 대의 주거유적은 과거부터 널리 만들어지던 평면 원형의 작은 수혈주거지로 구성되어 있다. 그러나 이제 온돌은 남부지방에도 보급되어, 남해안에서도 온돌을 설치한 수혈주거지가 만들어졌다[그림 6.22].

이러한 영남지역의 특징이 원래 그런 것인지 여부는 아직 유적 발견 사례가 얼마 되지 않아 단정하기 어렵다. 하나의 가설로서, 이 지역에서 주거유적이 상대적으로 많이 알려지지 않은 것은 혹시 당시의 주된 주거 형태가 움집이 아니었기 때문일 가능성은 없을지 생각해볼 만하다. 즉, 영남분지는 지형과 낙동강 하계망의 특성에서 벼농사에 적합한 저습지가 곳곳에 발달했으며, 아마도 많은 농경 마을은 그 가까이에 들어섰을 것이다. 그런 곳에서는 지하수 문제로 땅을 파서 움집을 만드는 것은 어려웠을 것인데, 혹시 말뚝을 박고 그 위에 나무를 깔아 생활면을 만든 집에서 살았을 가능성을 생각해볼 수 있다. 그런 가능성은 최근 여러 곳에서 정연하게 배치된 기둥구멍의 흔적이 다수 발견된다는 사실에서 유추할 수 있으며, 경우에 따라서는 건축유구도 발견되고 있다. 변한을 가리켜 "갈대밭 속의 나라"라고 하는 『삼국지』의 구절 역시 그러한 추정을 뒷받침해주는 듯하다.

『삼국지』는 또 이 "갈대밭 속의 나라"에는 이곳에서 나는 철을 사러 멀리 낙랑과 왜에서도 사람들이 왔다고 전해주고 있다. 〈그림 6.22〉는 통영 앞바다에 있는 늑도라는 섬에서 발견된 당시의 유적과 유물을 보여준다. 이 작은 섬에서 사람들은 온돌이 달린 자그마한 원형 움집에 살았지만, 움집과 무덤에서는 먼 곳에서 온 여러 유물이 발견되고 있어 변진한 사회의 활발한 대외교류를 말해주고 있다.

그림 6.22 늑도 전경과 원삼국 시대 주거지와 무덤 및 외래 유물. 주거지에는 온돌 시설이 설치되었다. 유물은 위로부터 야요이 토기, 낙랑토기 편 및 중국 동전(오수전과 반량전)이다. © 문화재청

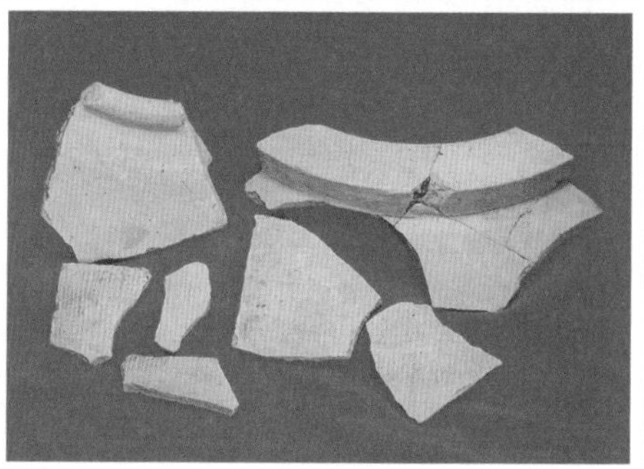

그림 6.23 경상분지의 원삼국시대 목관묘. 목관묘는 봉분이 뚜렷하지 않아 지표에서는 그 존재를 파악하기 어렵다. 좌: 경산 양지리; 우상: 경주 사라리; 우하: 경주 탑동. © 국립문화재연구원(양지리, 탑동); 영남문화재연구원(사라리)

영남지방이 철의 주산지였음을 말해주듯, 기원전 1세기부터 영남지방의 무덤에는 철기가 본격적으로 부장되기 시작했다[그림 6.17]. 특히 무엇보다도 인상적인 것은 도구로 최종 가공하기 전의 원재료 단계인 철 덩어리를 피장자의 부의 상징으로서 관 바닥과 주위에 다량 매납했다는 사실이다[그림 6.23]. 요즘에 비유하자면, 이러한 행위는 마치 관 안팎에 금괴를 깔고 쌓는 것과 같은 일로서, 막대한 부를 서슴없이 피장자와 함께 묻는 행위의 등장이야말로 권력자의 등장과 권력구조를 갖춘 정치체의 성립을 뜻하는 신호일 것이다.

지배계층만이 소유할 수 있었던 귀중품이자 부장품 중에는 특정 지역에서 제작되어 광범위하게 공유되었다고 보이는 것도 발견된다. 그 대표적인 예가 호랑이나 말 모습의 청동제 허리띠 고리인데, 하나의 틀에서 만들

그림 6.24 청동제 마형대구와 호형대구는 경기도와 강원도 일부 지역을 제외한 남한 전역에서 발견되는데, 여러 점이 함께 발견되기도 한다. 위의 두 점은 경산 신대리에서, 아래 17점의 마형대구는 아산 북수리에서 발견되었다. 북수리 수습품 중에서 7점은 한 무덤에서 발견되었다. © 국립문화재연구원

었다고까지 생각될 정도로 유사한 모습의 허리띠 고리가 서로 멀리 떨어진 곳에서 발견되고 있다[그림 6.24]. 또 다른 귀중품으로서는 이미 살펴본 다양한 재질과 색상, 크기, 형태의 구슬이 있는데[그림 6.11], 『삼국지』는 삼한 사람들은 구슬을 금은보다 더 좋아했다고 전한다. 흥미롭게도 마한 지역에서는 적황색 계통, 진변한 지역에서는 청백색 계통 구슬이 더 많이 발견되고 있어 지역적으로 선호하던 색상이 서로 달랐던 듯하다. 그러한 구슬 중에는 전술했듯 동남아시아 지역에서 만들어졌다고 보이는 것들이 특히 마한의 무덤에서 자주 발견된다. 그 외의 수입품으로서 일본이나 중국 혹은 낙랑에서 제작된 청동기라던가 아열대 바다에서 채취한 소라 같은 것도 발견되고 있어, 장거리 교역과 물자의 이동이 활발했음을 시사해준다. 문헌이 말해주는 변한의 철 무역에 대한 기록과 더불어, 이러한 자료는 원삼국시대에 들어 한반도가 동아시아 세계체계 내에 본격적으로 편입되었음을 말해주는 듯하다. 대외관계가 활발해지며 문자의 학습과 기록의 중요성이

커졌을 텐데, 그러한 정황을 시사하듯 창원 다호리의 지배계급 무덤에서는 글을 쓰던 붓이 발견되기도 했다[그림 6.25].

그런데, 진변한 지역의 무덤에서는 구슬이나 허리띠 고리 이외에도 초기철기시대부터 시작된 각종 청동기와 철기의 부장이 계속되어 상대적으로 발굴에서는 많은 유물이 발견되지만, 마한 지역에서 부장품은 의외로 단순한 편이다. 즉, 상대적으로 큰 묘역과 매장 구덩이로 구성된 무덤일지라도, 부장품으로는 단지 청동제 허리띠 고리나 철기 한두 점만이 발견되거나 숫제 부장품이 없는 경우도 있다.

이러한 두 지역 사이의 차이는 부장품에서뿐만 아니라 구조에서도 볼 수 있다. 원삼국시대 무덤의 구조는 마치 토기가 초기철기시대의 토기를 계승하고 발전시키는 면이 있듯, 기본적으로는 움을 파고 관이나 관과 곽을 매장하며 그 내부와 주변에 부장품을 넣는 초기철기시대의 무덤 축조 방식을 계승하고 있다. 그런데, 마한의 무덤은 마치 눈썹처럼 휜 모습의 얕고 좁은 구덩이를 매장부 주위에 얕게 파고, 그 바깥부터 시작해 그리 높지 않은 봉분을 넓게 쌓았다. 주구묘 혹은 분구묘라고 불리는 이러한 무덤의 축조 양식은 〈그림 6.5〉에서 보듯 기원전 1세기 한강 유역의 낙랑계 유물이 발견되는 무덤에서도 보이는 듯하며, 원삼국시대 동안 김포반도에서 영산강 유역에 이르기까지 서해안을 따라 널리 만들어졌다. 무덤 가장자리의 얕은 구덩이, 즉 주구의 크기나 형태, 배치는 지역과 시간에 따라 약간씩 다른 모습이다[그림 6.26]. 무덤 주위에 주구를 배치한 사례는 경주 분지의 원삼국시대 무덤에서도 알려졌지만, 진변한 지역에서는 대체로 관과 곽을 매장하는 구덩이 그 자체 외에는 별다른 구조를 볼 수 없으며, 개개 무덤의 묘역이 원래 어느 정도 규모로 조성된 것인지 추정할 단서를 찾기 어렵다.

한편, 중도식토기가 발견되는 임진강과 한강 유역에서는 성격이 전혀 다른 무덤으로서, 돌로 분구를 쌓아 만든 무덤이 만들어졌다[그림 6.27]. 이 중부지방의 적석분구 무덤은 대체로 강변의 자연제방 위에 자갈돌을 이용해 돌무지를 쌓고 그 상부에 여러 개의 무덤을 구획한 구조이다. 이것은 압

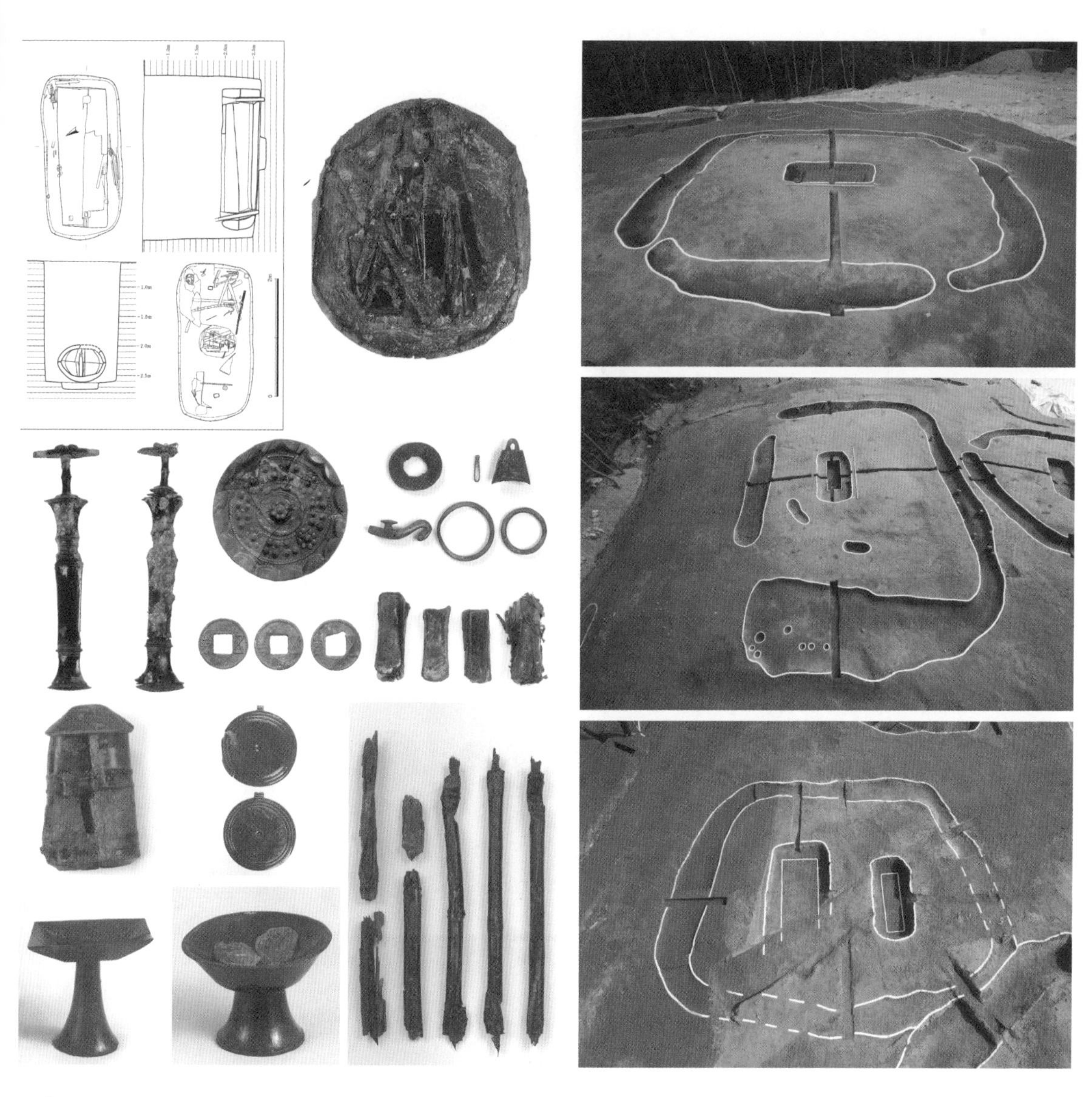

그림 6.25 창원 다호리 유적 제1호 무덤과 부장품. 부장품 중에서는 특히 붓과 옻칠한 목기가 눈에 띈다. 도면에서 보듯, 관 아래에 판 얕은 구덩이에는 칼집에 꽂힌 여러 점의 세형동검과 다른 귀중품을 바구니에 넣고 매납하였다. 원도: 한국고고학회 2010, 그림 136, 144.

그림 6.26 분구묘는 서해안을 따라 김포에서 영산강 상류에 이르는 마한 지역에 분포하고 있다. 무덤 가장자리를 둘러싼 얕은 구덩이의 형태와 크기는 지역에 따라 조금씩 차이가 있다. 무덤 가장자리에 얕은 구덩이를 판 사례는 <그림 6.5>에 보이는 소위 고조선/낙랑 유물이 발견된 남양주 금암리의 무덤에서도 발견되며, <그림 6.16>의 경주 덕천리 원삼국시대 초기 무덤에도 만들어졌다. 이를 근거로 그러한 무덤의 구조요소가 고조선 유민의 남하로 각지에 퍼졌지만 단지 마한 지역에서만 계속 유지되었다는 주장도 제시되었다. 위, 가운데: 김포 운양동; 아래: 서산 예천동. © 국립문화재연구원

록강 유역에 분포하는 같은 시기의 고구려 적석총과는 전체 외형과 구조에서 차이가 있다. 그런데, 일찍이 보지 못하던 적석분구 무덤의 특이한 사례가 경기도 광주를 가로지르는 곤지암천 유역에서 발견되었다. 여기에서는 원삼국시대 마을 유적이 여럿 발견되었는데, 곤지암 전철역 부근에서 조사된 한 주거유적 가까이에서는 〈그림 6.27〉의 아래 사진에서 보는 바처럼 모두 80개의 무덤방이 만들어진 대형 적석총이 발견되기도 했다.

이러한 몇 종류의 남한 지역 원삼국시대 무덤은 시간이 흐르며 규모도 커지고 한 곳에 더 많은 무덤이 만들어지는 경향을 보여준다. 방금 언급한 곤지암의 적석총도 그런 예지만, 청원 오송에서는 능선을 따라 길게 판 도랑의 좌우에 수십 개의 주구묘 계열 무덤이 서로 정연하게 연결되어 배치된 상태로 발견되었다[그림 6.28]. 변진한 지역에서는 아직 이러한 식으로 무덤을 연접해 배치했거나 하나의 분구 아래 다수의 매장 유구가 있는 사례는 발견되지 않았다. 그렇지만, 많은 무덤을 가깝게 배치해 하나의 묘역을 구성하고 있는 사례는 흔히 발견되는데, 아마도 그 지역 지배계급의 묘지였을 것이다. 그러한 유적에서는 수십 개 이상 100개 단위의 무덤이 발견되기도 하며, 많은 유적에서는 이런 무덤들이 능선의 경사를 따라 대체로 차례대로 배치된 듯한 인상을 받게 된다. 그러한 예로서, 〈그림 6.29〉는 김해 양동리에서 발굴된 매장유적인

그림 6.27 적석분구묘는 임진강과 한강 중상류 강변 대지의 상대적으로 높은 지점을 선택해 단독으로 만들어진 무덤으로서, 큰 강돌을 쌓아 만든 분구 내에서 여러 개의 매장유구가 발견된다. 위의 사진에 보이는 연천 학곡리의 무덤은 강을 향한 쪽 일부가 홍수로 파괴되었으나, 파괴되지 않은 부분에서는 모두 4개의 매장유구가 확인되었다. 한편, 광주 곤지암에서는 밑변 길이 55 x 34m인 적석분구 내에 모두 80개의 유구가 만들어진 특이한 유적이 발견되었다. 유사한 사례는 아직 새로 발견되지 않았다. © 문화재청(학곡리); 국립문화재연구원(곤지암)

그림 6.28 마한 지역에서 원삼국시대 분묘는 군을 이루며 일종의 묘지를 구성하고 있는 사례가 많이 발견된다. 어떤 유적에서는 개개 무덤이 매우 규칙적이고 체계적으로 배치되어 있는 모습도 볼 수 있다. 위: 해미 기지리; 가운데: 충주 문성리; 아래: 청주 오송. © 국립문화재연구원(기지리, 문송리); 중앙문화재연구원(오송)

그림 6.29 김해 양동리 유적. 무덤은 지형을 따라 대체로 위에서 아래로 가며 차례대로 만들어졌다. © 동의대학교 박물관

데, 이곳에서는 원삼국시대에서 삼국시대 초에 걸쳐 차례대로 만들어진 여러 무덤이 노출되었다.

국읍과 읍락

이렇게 집중적으로 배치된 원삼국시대 지배층의 무덤은 아마도 정치 중심지 혹은 지배층의 거주지역이었다고 보이는 곳 가까이 만들어졌다고 추정할 만하다. 그런데, 그러한 추정이 사실일 것임을 말해주는 증거가 홍성 석택리에서 발견되었다. 앞서 각지에서는 이 시기의 대규모 주거유적이 발견된다고 했는데, 수백 채의 주거지로 구성된 대형 주거유적이 문헌에 〈읍락〉이라고 기록된 삼한 소국의 주요 거점의 흔적이라고 여겨진다. 그런데 이 석택리 유적은 유적의 규모와 공간적 구성을 비롯한 여러 측면에서 읍락보다 상위에 있던 소국의 중심지, 즉 〈국읍〉의 실체를 보여주는 유적이라고 여겨진다.

석택리 유적이 조사되기 이전까지, 원삼국시대 마을 유적은 규모의 대소를 막론하고 대체로 비슷한 크기와 내용의 주거지로 구성되어 있으며, 유구의 공간적 배치라던가 출토 유물의 구성 등에 있어서 유적에 거주하던 사람들 사이의 계층 차이나 사회적 계급 분화를 짐작할 수 있는 뚜렷한 증거를 찾기 어려웠다. 그러므로 그간 국읍에 대한 논의에서는, 예를 들어 김해 봉황토성 같은 유적이 금관가야 성립 이전 김해 지역의 국읍이었을 것이라고 추정만 할 뿐, 그 실체를 구체적으로 논할 수 없었다. 그런데 석택리 유적에서는 여러 유구의 공간적 분포 그 자체가 그러한 증거가 되고 있다.

석택리 유적은 아산만으로 흘러드는 삽교천의 상류의 홍성읍, 삽교읍, 합덕읍 일대를 감제할 수 있는 전략적 위치에 있는 야트막한 구릉 위에 놓여 있다. 이곳 평야 지대의 규모는 삽교천 상류의 구릉지대에서 하천을 따라 아산만까지 직선거리로 약 30km이며 그 폭은 넓은 곳에서 15km 정도이다. 유구의 규모와 배치를 종합적으로 살펴볼 때, 아마도 유적은 삼면이 산지로 둘러싸여 있고 삽교천을 따라 발달한 비옥한 평야 지대를 근거지로 한 어느 마한 소국의 중심지였을 것이다. 문헌에 따르면 삼한 소국의 인구는 작으면 천 미만에서 크면 만여 〈호[戶]〉 혹은 〈가[家]〉에 이르렀다고 한다. 〈호〉나 〈가〉의 뜻을 어떻게 해석하든, 삼한 소국의 인구는 많아도 수만 명 이상은 아니었을 것이며, 아마도 평균 만 명 내외거나 그보다 작았을 것이다. 또 그 영역은 현재의 군이나 큰 면보다 더 넓은 공간에 걸치지는 않았을 텐데, 석택리 유적이 위치한 삽교천 분지는 그러한 소국이 들어서기에 적당한 규모의 공간으로서 그 정도 인구를 충분히 수용했을 만한 곳이다.

석택리 유적 발굴은 도로 계획 구간을 대상으로 이루어졌기 때문에, 유적의 전모가 다 드러나지는 않았다. 그렇지만 발굴된 내용만으로도 유적의 대체적 면모는 파악할 수 있다[그림 6.30]. 사진에서 보듯, 발굴은 도로 계획선을 따라 대략 1km 정도에 걸쳐 이루어졌으며, 발굴 구간에서 드러난 유적은 크게 네 구역으로 구성되어 있다. 사진에 보이는 유구는 아마도 대부분 기원 2~3세기에 유적이 폐기되던 시점의 것일 텐데, 단편적인 증거로 보건대 이곳 구릉지대는 청동기시대에 처음 점유되었으며 이후 계속해서 주거 구역이 확장되어감에 따라 유적이 점차 더 넓게 만들어져 나갔다고 보인다. 즉, 이 삽교천 유역에서 삼한 소국은 발굴지역을 중심으로 번성하던 청동기시대 공동체로부터 점차 성장해왔을 것이다.

발굴에서 드러난 유적 중심부 구역은 구릉 중심부에 있는데, 사진에서 이중으로 둘러친 장타원형 환호가 보호하고 있는 부분이 그것이다. 환호의 장축은 약 155m, 단축은 80~100m 정도로서, 환호가 에워싼 구역의 내부 면적은 올림픽 규격 육상경기장 정도 크기만 하다. 여기서는 주거지라고 보이는 174개의 수혈 유구를 비롯, 기타 다수의 유구가 확인되었다. 80% 정도의 수혈주거지는 중복된 상태로서, 이곳에서 사람들이 장기간에 걸쳐 거주했음을 말해준다.

환호 밖으로는 동쪽으로 구릉 정상의 평탄면에 각종 공방과 주거지가 들어섰고, 두 구역 사이에도 유구들이 있으며 아마도 공공 목적의 공간으로 사용되었을 것이라고 보인다. 이 구역에서 다시 더 동쪽으로 작은 골짜기 너머 이어지는 구릉에도 수혈주거지들이 들어섰으며, 아마도 이곳은 일반인의 주거 공간이었다고 여겨진다. 한편, 중심 구역에서 서쪽으로 거리를 두고 떨어져 있는 구릉 말단부에서는 지배계급의 매장 구역이 발견되었다. 여기서는 모두 19기의 주구묘와 함께 토광묘 8기, 옹관묘 4기 등이 발굴되었다. 무덤의 배치는 정연하지 않으며 후대의 무덤이 앞서 들어선 무덤 가장자리의 주구를 파괴하며 만들어지기도 했다. 이러한 무덤의 중복관계는 주거지의 중첩 현상과 더불어 이 유적이 원삼국시대 말이나 삼국시대 초까지 계속 형성되었음을 말해준다.

유적의 공간적 구성과 각종 유구의 분포는 이 석택리 〈국읍〉에 거주하던 주민은 지배계층을 포함해 적어도 셋 정도의 계층으로 구성되었으며, 각 계층은 구역을 달리해 거주했을 가능성을 짐작할 수 있게 해준다. 중심부

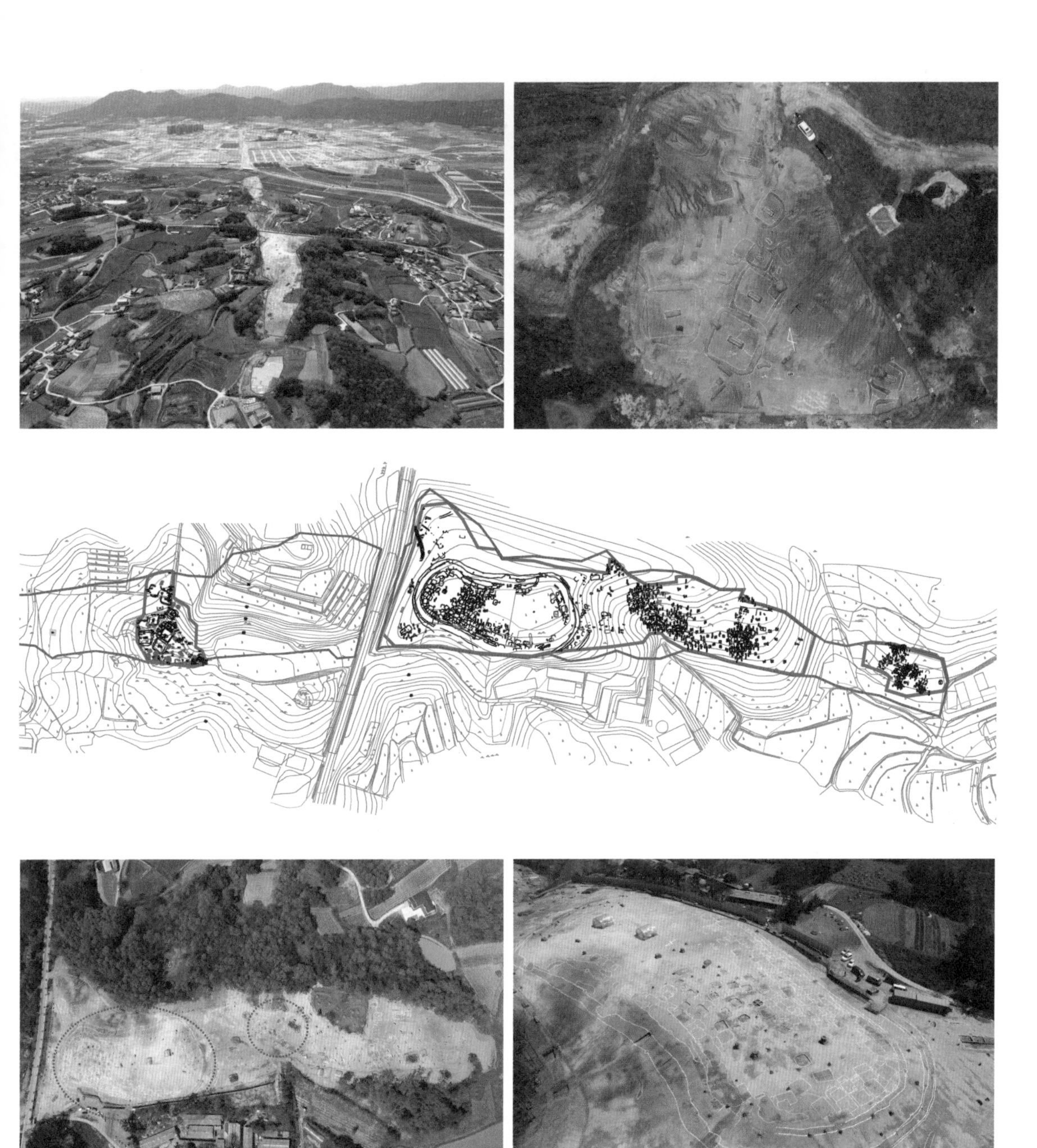

그림 6.30 홍성 석택리 유적. 유적은 도로개설 예정 구간을 따라 구릉 정상부를 따라가며 실시되었다. 지도에서, 발굴 구간 내에서 유적은 몇 개의 구역을 이루고 있음을 볼 수 있다. 윗줄 오른쪽 사진에 보이는 무덤 구역은 지도의 왼쪽 끝 거주 구역에서 떨어진 구릉 위에 있으며, 분구묘가 여럿 발견되었다. 구릉 중심부에는 아마도 지배계급이 거주했으리라고 보이는 구역이 마련되었다. 이중으로 환호가 둘러싼 이 구역 내에서는 다수의 주거지와 시설이 분포하고 있다(아래). 이곳에서 약간 떨어져 구릉의 아래쪽으로는 장인과 일반인의 주거 구역이 만들어졌다고 보인다. © 국립문화재연구원

의 특별구역은 상위 계층의 거주 구역이자 정치적 중심지로서, 환호 내부에서는 아마도 최소한 수백 명 정도의 사람이 상주했을 것이다. 또 발굴이 이루어지지 않은 구릉 지역에도 발굴에서 드러난 바와 같은 정도로 유구가 분포한다면, 구릉 지대에서는 적어도 2~3천 명 정도의 사람들이 살았을 것이다. 아마도 이런 정도가 평균적인 삼한 소국 〈국읍〉의 면모였을 것이다.

그런데, 유적 중심부에서는 규모와 배치에 있어 특별히 두드러진 유구가 있다거나 유물이 집중적으로 발견되는 유구는 발견되지 않았으며, '왕궁' 내지 '관아'의 흔적이라고 볼 만한 증거도 확인되지 않았다. 이러한 양상은 당대 사회가 아직 완전한 국가 단계로 이행하지 않았음을 시사해주는 단서라고 해석될 수도 있다. 만약 그렇다면, 당대 사회야말로 문화진화론에서 규정한 준국가 단계의 사회인 '추방사회' 혹은 '군장사회'의 초기 형태가 아닐까 짐작해볼 수도 있다. 다시 말해, 석택리 유적을 남긴 사회는 국가 단계의 정치체가 갖춰야 하는 권력과 계급도 발생했으나, 아직 모든 사회 조직과 제도가 초보 단계에 머물렀고 제도화된 가계 내 권력 세습도 아직 발생하지 않았을 것이라고 짐작된다. 지배계층 무덤의 배치가 다소 불규칙하며 일부 중복된 상태라는 사실은 아직 권력이 특정 가계에 집중되지 않았음을 간접적으로 말해주는 증거라고 여길 수도 있을 듯하다.

국가 탄생의 전야

삼한 소국의 사회적 조직과 구성을 추정하게끔 해주는 복합유적은 석택리가 현재까지 유일한 셈이다. 백제 초기 도성으로 알려진 서울 풍납토성 내부와 풍납토성에서 남쪽으로 성내천 너머 약 500m 떨어진 곳에서 발견된 토성 건설 이전의 큰 마을 유적은 이 일대가 마한 소국 시절부터 백제 중심지였음을 말해준다. 그렇지만, 지금 서울 동남부의 번화가로 변한 이곳에서 원삼국시대의 사회를 재구성할 수 있는 단서를 더 이상 찾을 수 없을 것

그림 6.31 원삼국시대에 백제가 중심지로 삼았던 풍납토성 주변의 현재 모습. 가로 화살표는 풍납토성, 세로 화살표는 몽촌토성을 가리킨다. 풍납토성에서 강을 건너 아차산이 보이며, 백제 왕실 무덤이 있는 석촌동은 사진 바깥으로 아래쪽에 있다. © 한성백제박물관

처럼 보인다[그림 6.31].

원삼국시대 사회의 모습은 생활유적보다 지배계급 무덤의 분포에서 더 많은 단서를 얻을 수 있다. 그러한 매장유적은 후대의 백제, 신라 및 가야 여러 나라의 중심지 및 그 외의 많은 곳에서 발견되고 있어, 서로 경쟁하며 성장하던 삼한 소국의 위치를 짐작하게 해준다. 특히 상대적으로 유적이 많이 발견된 영남지방에서 이런 무덤들은 곡간 평야 지대의 주요 교통로를 따라 분포하고 있으며, 변진한 소국도 그러한 지형조건을 따라 성장했을 것임을 짐작하게 해준다[그림 6.32].

또한 이 시기의 무덤들은 개별적, 독립적으로 발견되지 않고 대체로 군을 이루고 있다. 그러한 분포상은 그 자체로서 사회적 불평등 관계와 권력의 제도화를 시사해준다. 김해 양동리 유적에서 보는 바처럼[그림 6.29], 특히 진변한 지역에서는 마한 지역에 비해 시간의 흐름에 따라 무덤이 정연

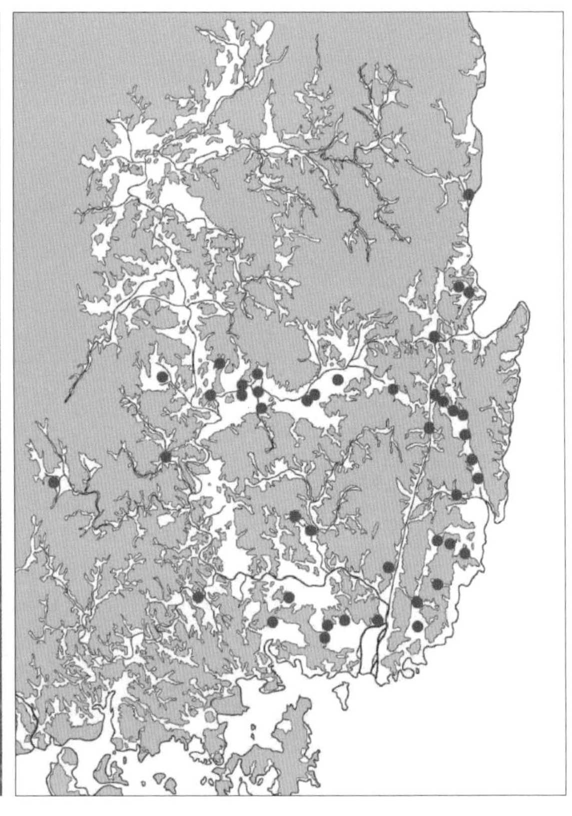

그림 6.32 경상분지의 목관묘와 주요 목관묘 유적 분포도. 유적은 주로 낙동강과 그 지류를 따라 분포하고 있는데, 아마도 진한과 변한 정치체의 위치와 밀접히 연관될 것이다. 사진에 보이는 목관묘는 사로국이 성장하던 경주 분지의 탑동에서 발견되었다. © 국립문화재연구원

하게 배치된 묘역을 형성하는 정황이 상대적으로 두드러지는 양상이다. 아마도 이런 묘역의 형성은 세습 권력의 발생 내지 지배적 지위의 가계나 집단의 형성과 관계될 것이다.

고고학 자료는 그러한 사회정치적 변화를 뒷받침해주었을 기술과 생산력에서도 발전이 이루어졌음을 시사해준다. 토기에 있어서, 영남지방의 와질토기는 원삼국시대 말이 되면 더 높은 온도에서 구워지며 경질토기로 만들어져, 결국 삼국시대가 되며 신라토기와 가야토기가 나타나게 되었다. 마한 지역에서도 타날문토기는 더욱 경질화되어, 본격적인 백제토기로 이행하기 위한 준비가 갖춰졌다. 이러한 질적 변화와 함께, 남한 전역에서 토기는 종류와 크기도 눈에 띄게 다양화하며 동시에 형태가 조금씩 지역적으로 분화하는 양상이다. 또 이 시기에는 시루도 널리 보급되었다[그림 6.33]. 시루의 보급은 단지 조리법의 변화만을 의미하는 것이 아니다. 이것은 생

그림 6.33 홍천 성산리 유적 2호 주거지 내에서의 시루 출토 모습. © 국립문화재연구원

활에 필요한 물자의 처리에도 의미 있는 변화를 가져다줄 수 있는 도구인 찜기가 일반화되었다는 점에서, 생활사와 관련해 의미 있는 사건이라고 할 만하다.

철광의 개발과 철 생산이 증가하며, 시간이 흐를 수록 돌로 만든 괭이와 도끼 같은 도구는 사라졌다. 철제 농공구의 채택이 가져온 농업 생산성의 비약적 증가는 삼한 사회가 고대국가 단계로 나아감에 있어 필수적 요건이었을 것이다. 말 사육을 시사하는 간접적 증거인 재갈이나 등자 같은 철제 마구는 아직 널리 보급되지 않았다. 그렇지만, 마구는 3세기 들어 고구려와 부여 무덤에서부터 조금씩 발견되며 한반도 중부지방에도 원삼국시대가 끝날 무렵이면 나타나기 시작한다. 마구는 원삼국시대가 끝나고 경주의 고총고분이나 서울 석촌동의 대형 적석총처럼 왕권의 성립을 과시하는 무덤들이 만들어질 즈음이면 다른 여러 종류의 유물과 더불어 각지의 무덤에서 흔히 발견되기 시작한다. 그러한 마구의 보급과 함께 무덤에서 흔히 발견되는 무기나 투구, 갑주 등의 증거는 국가 차원에서의 무력 동원이 제도적으로 완성되었음을 간접적으로 시사해준다. 이때가 되면 신라, 백제, 고구려가 본격적으로 쟁패를 다투는 삼국시대가 시작된 것이다.

제7장

삼국시대에서 20세기까지

고총고분의 등장

시대와 장소를 불문하고 옛사람들의 무덤, 특히 봉분이 크고 높은 옛 무덤은 궁금증과 호기심을 자아내는 대상이다. 우리나라에서도 그러한 무덤, 즉 고총고분은 삼국시대 여러 세력의 주요 거점에 많이 만들어졌으며, 수십, 수백 개의 무덤이 떼를 이루며 곳곳에 분포하고 있다. 이미 말한 바와도 같이, 고구려는 신라나 백제보다 훨씬 앞서 국가 단계로 진입했고 왕권의 확립을 상징하는 적석총도 일찍부터 만들어졌다고 보인다. 그렇지만 1970년대 이래 한국 고고학에서는 4세기 들어 특히 경주분지에 큰 무덤이 본격적으로 만들어지기 시작한 때부터 삼국시대로 설정해 왔음은 말한 바와 같다[그림 7.1].

앞 장에서 간략히 살핀 원삼국시대 동안 물질문화의 지역적 분화와 다양화가 계속되며, 고총고분이 등장할 무렵이면 모든 면에서 뚜렷한 지역적, 국가적 개성과 특징이 나타난다. 신라, 고구려, 백제뿐 아니라 이 세 나라 주변에서 상당한 기간 자신의 정체성을 유지하던 가야 제국이나 영산강

그림 7.1 남쪽에서 본 경주 시내 전경. 황남동 일대의 고분 지역이 사진 중앙에 보인다. © 문화재청

유역의 마한계 집단도 그러한 고유한 특징을 보여주는바, 삼국시대 여러 집단의 그러한 문화적 개성과 독자성은 고고학 자료 중에서도 무엇보다도 무덤의 형태와 구조 및 부장품에서 잘 드러나고 있다.

남한 지역에서, 고대국가의 성립을 말해주는 고총고분은 특히 경상분지와 영산강 유역 여러 곳에서 쉽게 볼 수 있다. 삼국시대 무덤은 숫자도 많으려니와 높은 가시성과 풍부한 부장품 때문에 20세기 초부터 주요한 고고학 조사 대상이자 도굴의 대상이었다. 또 삼국시대의 도성이나 산성 혹은 불교사원 유적도 높은 가시성과 역사적 의미 때문에 고고학 조사의 주요 대상이 되어왔다. 그 반면, 평범한 사람들의 일상생활을 말해주는 마을 유적이라던가 기타 유물의 성격이나 구조 혹은 규모에서 주목받기 어려운 유적들은 큰 관심거리가 되지 못했으나, 비교적 최근에 이르러 대규모 구제발굴 과정에서 체계적으로 조사가 이루어지기 시작했다. 유적 조사의 편중성과 편차에도 불구하고, 아무튼 삼국시대 이래의 역사시대 유적, 특히 고분에 대한 조사는 한국 고고학을 이끌어 왔으며, 현재도 고고학 연구에서 가장 큰 몫을 차지하고 있다.

삼국시대에서 20세기에 이르는 시간 동안, 고고학의 연구 대상이 되는

유적과 유물의 종류와 내용이 매우 다양하고 풍부하며, 그러한 온갖 종류의 고고학 유적과 유물에 대한 설명은 하나하나 별도의 소개서에서 다루어야 그 내용을 제대로 전달할 수 있다. 그러므로 한국의 고고학적 과거를 서술하는 이 마지막 장에서는 역사시대 고고학 연구에서 가장 중요하게 다루어져 온 연구대상은 주로 무엇이며 조사의 현황은 대체로 어떤지, 그야말로 주마간산 격으로 간략히 살펴보는 것에서 그치겠다.

고구려

고구려를 비롯한 삼국시대 정치체의 중요한 유적은 수도와 지방의 중심지에 집중되어 있다. 427년 장수왕의 평양 천도 전까지 주요한 고구려 유적은 집안 일대를 비롯해 압록강 유역에 집중적으로 모여 있으며, 대동강 유역이나 황해도에서 벽화고분을 비롯한 중요 유적은 대부분 평양 천도 무렵부터 남겨졌다. 그 외에도 과거 고구려의 영토 여러 곳에는 무덤이나 성곽, 절터와 건물지를 비롯한 고구려 유적이 남아 있다. 고구려 영토의 대부분은 한국 고고학계의 손길이 미칠 수 없는 곳이므로, 고구려와 관련해 우리는 일제강점기에 알려진 내용과 해방 이후 중국과 북한에서 보고된 것에 의존해야 한다. 그러므로 고구려 고고학 연구는 장군총, 광개토대왕비, 태왕릉과 같은 유명한 유적에서 시작해 압록강이나 독로강 유역의 작은 무덤이나 정밀하게 축조된 산성 혹은 무용총이나 안악 3호분 같은 화려한 벽화무덤에 이르기까지, 그러한 자료를 정리, 소개하며 간접적으로 평가하는 것에서 벗어나기 어렵다.

직접 조사에 대한 아쉬움은 휴전선 이남에도 소수의 유적이 있어 그나마 달랠 수 있다. 그러한 유적으로는 우선 경기도 연천 신답리, 강내리, 용인 보정리, 성남 판교 등지에서 발견된 무덤이 있다. 이런 곳에서는 모두 고구려 무덤의 특징인 모줄임천장의 석실로 구성된 무덤이 발견되었다[그

그림 7.2 연천 강내리와 성남 판교에서 조사된 고구려 석실분과 강내리 출토 토기. 강내리에서는 청동기시대와 원삼국시대에 마을이 들어섰던 한탄강 변의 충적대지에 3기씩 3개의 군을 이루고 있는 고구려 고분이 조사되었다. 판교에서는 고구려와 백제 무덤이 서로 가까이에서 발견되었으며, 사진에서는 석실 벽 위에 모줄임천장 아래쪽 부분을 구성하는 파란색으로 표시한 돌들이 올려져 있는 모습이 보인다. © 국립문화재연구원

림 7.2]. 이런 무덤들은 물론 집안이나 평양 등지의 큰 무덤과 비교할 수 없는 작은 규모로서, 변경에 파견된 지방관이나 무장의 무덤이었을 것이며 부장품은 거의 발견되지 않고 있다.

무덤보다도 더 중요한 것은 전략적으로 중요한 구릉 정상이나 능선을 따라 축조된 군사시설 유적이다. 고구려 군사 유적은 남쪽으로 고구려 강성기 영역의 가장자리였을 대전과 청주 부근에서까지 확인되며, 특히 서울 동쪽의 아차산 일대와 임진강 유역 및 한강과 임진강을 잇는 회랑을 따라 집중적으로 발견되었다. 이러한 유적 분포는 삼국이 한강 유역을 서로 차지하려 오랫동안 싸웠다는 역사적 사실을 그대로 말해주고 있다. 아차산 일대에 건설된 다수의 보루 유적은 한강 대안의 풍납토성이 백제의 도성이었다는 사실과 더불어, 삼국시대 동안 이 일대가 정치적, 군사적으

그림 7.3 삼국시대에 전략적으로 중요했던 아차산 일대에는 많은 수의 고구려 보루가 분포하고 있다. 3장의 사진은 발굴이 완료된 상태의 홍련봉 2호 보루의 모습을 보여주며, 오른쪽 아래 사진은 복원된 아차산 4호 보루의 벽체 모습이다. 능선을 따라 분포하는 보루 중 몇 개의 위치는 왼쪽 위 사진에서 화살표로 표시되어 있고, 그 옆 사진에서 A, B, C는 각각 아차산성, 풍납토성, 몽촌토성의 위치를 가리킨다. © 고려대학교 문화유산융합연구소(홍련봉)

로 매우 중요한 곳이었음을 말해준다[그림 7.3; 그림 6.31 참조]. 그러나 한강 유역을 상실하며 군사 거점도 북쪽으로 이동하게 되자, 임진강 북안과 서안을 따라 다시 많은 보루가 만들어졌다. 이런 보루에서는 든든한 외벽 내에 숙소와 저장고를 비롯한 각종 시설이 만들어졌으며, 유물로서는 칼, 창, 화살촉, 투구, 갑옷 등의 무구와 함께 토기와 불에 탄 비축 식량이 발견되고 있다[그림 7.4]. 유적에서는 또 저장용기나 식기로 사용되었을 토기도 다수 발견되는데, 고구려 토기는 고구려 영역 어디에서 발견되든 색상이나 외형이 백제나 신라, 중국과도 다른 고유한 특징을 보여주고 있다[그림 7.5].

그림 7.4 연천 무등리 제2보루 수습 고구려 찰갑. 발견 당시와 보존 처리 이후의 모습 및 장착 상상도. 그림 박상미

그림 7.5 고구려 토기. 신라, 백제, 가야 토기는 대부분 무덤에서 부장품으로 발견되지만, 고구려 토기는 솥 위에 얹힌 시루에서 보듯 군사시설 유적에서 실제 생활에 사용되던 용기로서 발견되고 있다. 토기는 표면 색조가 황갈색인 것이 많다. © 서울대학교 박물관

발해

고구려 유적은 남한 지역에 그나마 소수 있지만, 그 위치상 부여나 옥저, 읍루 유적이라던가 고구려의 뒤를 이어 등장한 발해 유적은 발견을 기대할 수 없다. 다만 국내에는 해방 이전에 수집된 수십 점의 기와와 작은 흙 불상이 발해 유물로 전해온다[그림 7.6]. 즉, 이러한 정치체와 관련된 고고학 자료와 연구는 고구려보다도 더욱 중국과 북한에서 나오는 정보에 의존할 수밖에 없다.

발해 관련 연구는 중국과 북한 발간 자료를 통해 동경성을 비롯한 발해 5경 유적이나 정혜공주와 정효공주 무덤을 비롯한 크고 작은 무덤에 대한 발굴 내용을 소개하는 데에서 그치고 있다. 북한 지역에서 발해 관련 조사는 상대적으로 그리 많이 이루어지지 않은 듯하며, 약간의 무덤과 절터가 함경도 지역에서 조사된 것으로 알려졌다.

그런데 21세기 들어 러시아와 교류가 활발해지며, 연해주에 산재한 발해 유적을 대상으로 러시아와의 공동 조사가 이루어지기 시작했다. 특히 크라스키노라는 곳에 있는 발해 토성에서는 비록 규모는 작지만 여러 해

그림 7.6 1930년대 발해 동경성 유적에서 수습한 발해 와당과 불상. © 서울대학교 박물관

동안 조사가 이루어졌는데, 이곳에서는 원시적 온돌을 갖춘 초기철기시대 움집과 그리 다르지 않은 모습의 발해시대 움집이 드러나기도 했다[그림 6.6 참조]. 발굴에서는 이곳에 거주하던 사람들에게 농업이 주요한 생계경제 수단이었음을 시사해주는 증거는 찾을 수 없었다고 한다. 청동기시대 말로부터 시작해 천 년 가까운 세월 동안 이 일대에서의 사람들의 생활양식은 그리 변하지 않았던 듯하다.

백제

백제는 원삼국시대부터 한강 유역을 터전으로 삼아 자라왔지만[그림 6.31], 475년 고구려의 공격으로 수도인 위례성이 함락되며 웅진으로 천도하지 않을 수 없었고, 538년에는 다시 사비를 왕도로 삼았다. 백제사 연구에서는 이러한 수도의 위치에 따라 한성기, 웅진기 및 사비기라는 세 시기를 나누고 있다. 수도가 있던 서울과 공주, 부여 일원에는 많은 유적이 분포하며, 그 외에도 지방행정 중심지나 군사적으로 중요한 곳에서 고분과 산성 등의 유적이 남아 있다. 또한 최근의 대규모 구제발굴에서는 평범한 사람들이 살던 마을이나 농경지, 토기나 기와 요지와 같은 생산시설, 도로, 절터 같은 다양한 유적이 발견되고 있다.

한성기의 백제 유적은 대체로 서울과 경기도 북부에서 남쪽으로 차령산맥과 금강 분지 및 남한강 중류에 이르는 지역을 중심으로 발견되고 있다. 1990년대부터 서울 남부와 경기도 중북부에서 조사가 활발해진 결과, 특히 이 시기의 고분이 새로 많이 알려지게 되었다. 한성기 유적 중에서 가장 중요한 곳은 한강 변의 서울 풍납토성과 여기에서 남쪽으로 1km 남짓 떨어진 몽촌토성[그림 7.7], 그리고 다시 몽촌토성에서 서남쪽으로 2km 정도 거리에 있는 석촌동 고분군이다[그림 7.8]. 이 세 유적의 조사는 서울올림픽을 계기로 1980년대 중반부터 활성화되기 시작했고, 크고 작은 규모의 발굴이

그림 7.7 풍납토성(위)과 몽촌토성(아래). 풍납토성은 한강에 연한 서쪽 벽과 그 내부가 파괴되었고, 주거용 건물 등이 들어서며 토성 내부가 크게 훼손되었다. 몽촌토성 일대는 1988년 서울올림픽에 사용된 여러 경기장이 들어서며 공원으로 정비되었다. 한성백제박물관에는 전체 높이 11m에 이르는 풍납토성 단면이 실물대로 전시되어 있는데, 사진에 보이는 전시물 가운데 흰 곡선은 현재의 동쪽 벽 상면의 상대적 높이를 보여준다. © 국립문화재연구원(풍납토성 항공사진); 한성백제박물관(몽촌토성)

이어지고 있다.

풍납토성은 원삼국시대 마을의 터전 위에 만들어진 백제의 왕성이라고 여겨진다. 토성은 많이 훼손되어 현재 남아 있는 성벽은 길이 2.1km, 최대 높이 9m 정도이지만, 원래의 길이는 3.5km 정도로서 그 내부 면적은 약 84만 m^2이다. 단면을 절개한 결과, 원 성벽은 기저부 두께 40m, 높이 11m에 달했을 것이라고 한다. 그간 조사에서는 행정 및 제의 행위와 관련된 건물 유구들이 드러났으며, 내부의 도로망이라던가 성문의 위치 및 성벽 건축기법도 조금씩 밝혀지고 있다.

한편 서울올림픽을 계기로 잘 다듬어진 스포츠 공원으로 탈바꿈한 몽촌토성은 조사에서 발견된 유구의 밀도가 그리 높지 않지만 풍납토성과 더불어 왕성의 역할을 했다고 추정되기도 한다. 흥미롭게도 성의 내부에서는 전형적인 고구려 토기가 발견된 주거지가 조사되기도 했는데, 475년의 고구려 침공과 관련된 증거라고 여겨지기도 한다.

석촌동을 비롯해 백제 지역 각지에서 발견되는 고분은 백제 고고학 연구에서 가장 중요하다고 할 만하다. 석촌동 고분군은 한성시대 백제 왕족

그림 7.8 석촌동 고분군과 3호분. 석촌동과 방이동 일대에 있던 돌이나 흙으로 만든 많은 무덤은 1970년대에는 이미 대부분 사라졌다. 석촌동 3호분은 이곳에서 가장 큰 무덤으로서, 밑단의 규모가 장군총보다 더 크지만, 상부가 크게 훼손되어 원래의 모습은 정확히 파악할 수 없다. 사진에서 3호분 위로 보이는 두 고분은 4호분과 2호분이다. 무덤 사이의 공간에서는 2017년부터 발굴이 이루어져 지금은 사라진 무덤의 기초부가 다수 발견되었다. © 한성백제박물관(항공사진)

의 묘역이라고 여겨지는데, 오늘날 공원화된 석촌동 고분군에서는 6기의 무덤이 복원되어 있다. 그렇지만 1920년대의 측량도는 석촌동과 그 옆 방이동에는 얕은 구릉을 따라 크고 작은 무덤이 적어도 290기 이상 분포하고 있었음을 보여준다. 해방과 전쟁을 겪으며 이 중 거의 모든 무덤이 파괴되어 사라졌으며, 처음 조사가 이루어지던 1974년에는 가장 큰 무덤인 3호분 위에도 판잣집이 가득 들어서 있었다. 2010년대부터 공원 내부가 새로 조사되며, 피괴되어 사라진 무덤들의 기저부가 드러나고 있다.

그런데 석촌동 일대는 적석총이 만들어지기 전부터 원삼국시대 마한 지역에서 유행한 분구묘 계통의 무덤이 만들어졌다고 보인다. 적석총의 건립 시기에 대해서는 4세기 중반에 만들어졌다고 생각되지만, 이보다 일찍 3세기 중반에 만들어졌다는 주장도 있다. 석촌동 고분군을 대표하는 3호분은 상부가 심하게 훼손되어 높이 4.3m 정도만 남아 있다. 조사에서 드러난 기저부는 사방 55m의 길이로서, 집안의 장군총보다도 21m 더 긴데, 원 높이도 남아 있는 부분보다 훨씬 높았던 초대형 적석총이었을 것이다[그림 7.8].

한성기 백제 무덤으로서 적석총은 석촌동에서만 발견되며, 이것은 아마도 왕족을 위한 무덤이었을 것이다. 그 외의 무덤 유적으로서는 원삼국시대 분구묘의 맥을 잇는 무덤이 지역적 특징이 가미된 채 각지에서 만들어졌다. 그중에는 하나의 큰 분구 내에 매장 유구가 여럿 있기도 하며, 혹은 매장 유구를 계속 추가로 만들어 분구 크기도 커진 사례도 발견된다. 각지에서는 또한 특별한 시설이 없는 단순한 구조의 토광묘라던가 곽이 하나 혹은 여러 개인 석곽묘와 석실분도 발견된다. 특히 석실분은 한성기 말에 등장해 지배계층의 무덤으로서 널리 퍼진 듯하다[그림 7.9].

그림 7.9 연기 송원리 16호분. 원도: 한국고고학회 2010, 그림 192.

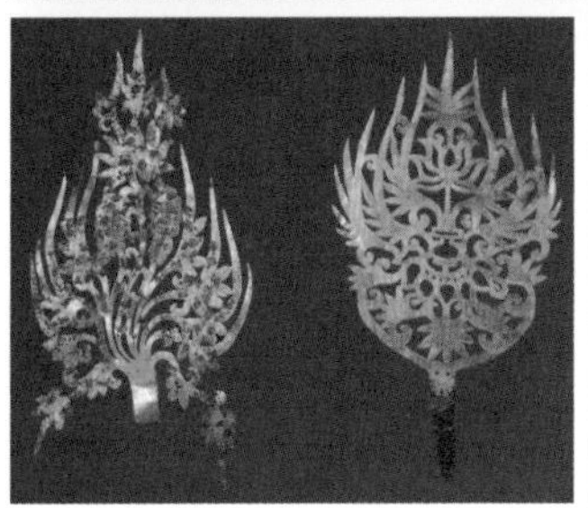

그림 7.10 무령왕릉 내부와 유물의 일부. 금관식, 왕비의 금동신발과 동탁은잔. 원도: 한국고고학회 2010, 그림 194, 202, 204, 210.

이렇게 무덤 양식이 다양한 것은 무덤 주인공의 사회계층이나 신분과 관련되었을 것이라고 여겨지며, 마한의 여러 세력이 백제에 귀속되는 과정과도 관련되리라 추측되고 있다. 그러나 무덤 양식의 사회적 의미에 대해서는 이러한 추측 이상의 구체적 설명은 제시되지 못하고 있는 형편이다. 한편, 최상위급 무덤에서는 금동관이나 정교한 흑색토기와 수입 도자기를 비롯해 피장자의 지위를 말해주는 소위 위세품이 부장품으로서 발견된다. 그러한 유물은 대체로 백제 중앙이 지방의 실력자에게 내린 사여품이라고 해석되며, 중앙과 지방의 정치적 관계를 추정하는 단서로 여겨지고 있다.

공주로 수도를 옮긴 시기에 만들어진 가장 유명한 유적은 두말할 나위없이 바로 무령왕릉이다[그림 7.10]. 무령왕릉은 중국 남북조시대의 남조 양식으로 만든 벽돌무덤으로서, 온전한 상태로 발견된 유일한 백제 왕릉이자, 지석의 내용을 통해 피장자의 신분을 확실히 알게 된 유일한 사례이기도 하다. 일본 기록에 따르면, 무령왕은 462년 어머니가 일본에서 돌아오는 길에 규슈 앞바다의 작은 섬에서 태어났다고 한다. 그는 501년 왕위에 올라 523년 작고했으며, 왕비는 529년에 작고해 함께 묻혔다. 무령왕릉은 천마총과 더불어 20세기 한국 고고학의 가장 큰 발견이다. 여기서 발견된 자료는 하나하나의 유물만으로도 많은 이야기를 풀어나갈 수 있으며, 여러 분야에서 많은 학술적 토론이 이루어져 왔다.

수도를 웅진에서 사비로 다시 옮긴 이는 무령왕의 아들인 성왕이다. 사비 천도 이후 백제는 122년 동안 번성하였으나 결국 660년 화려했던 수도는 잿더미로 사라졌다. 백제 멸망 당시의 절망적 상황은 1993년 능산리고분군에 제사를 지내던 능사 유적의 우물터에서 발견된 백제금동향로가 생생하게 말해주고 있다. 이 향로는 백제 멸망 당시 다른 여러 귀중품과 함께 나무상자에 담겨 우물에 던져넣어졌음을 추정케 하는 상태로 발견되었다. 향로의 섬세하고 우아한 형태와 조각은 백제의 높은 예술 수준을 말해주는바, 삼국시대 최고 걸작품의 하나이다[그림 7.11].

그림 7.11 부여 능사지 출토 백제 금동대향로.

무덤과 더불어 백제의 고고학 자료로서 또 다른 중요한 유적은 바로 크고 작은 절터들이다. 불교는 384년 전해졌으며, 385년 처음으로 수도에 절을 지었다고 한다. 그렇지만 현재까지 알려진 불교사원 유적은 거의 전부 사비시대의 것이다. 많

그림 7.12 미륵사지 서탑과 동탑.

은 절터가 발견되고 조사되었지만, 그중에서도 특히 면적이 40만 평 정도에 이르며 역대 지어진 사원 중에서 가장 대규모인 익산 미륵사지는 백제 불교사원 유적 중에서 가장 중요하다고 할 만하다. 발굴 이후 정비된 미륵사지에서는 두 개의 석탑을 볼 수 있는데, 원래는 석탑이 세 개 있었다. 동서 두 탑 중에서, 서탑은 7세기 건축 당시의 모습을 비교적 많이 간직한 모습이며, 동탑은 20년에 걸친 조사와 공사 끝에 2018년 복원된 모습으로 일반에 공개되었다[그림 7.12]. 미륵사지에서 약 5km 남쪽에는 백제의 궁궐이었으리라 여겨지는 왕궁리 유적이 있는데, 이 두 유적은 이곳 익산 금마 일대가 백제의 제2수도 내지 중요한 중심지였음을 말해준다.

미륵사지를 비롯한 크고 작은 절터에서는 당연히 각종 불상과 불구 및 사원건축물의 잔해가 발견되고 있어 당대인의 높은 예술 감각을 말해준다. 잘 알려졌듯, 백제는 뛰어난 장인의 나라로서 신라와 왜의 많은 보물이 백제인의 손으로 만들어졌다고 한다. 일본 곳곳에 보존된 불상을 비롯한 여러 유물은 백제와 왜 사이의 밀접한 관계를 말해주는데, 나라시 법륭사에 모셔진 일명 백제관음상이 그 대표적 사례의 하나이다.

영산강 유역

백제는 한강 유역에서 출발해 마한의 여러 소국을 흡수하며 자신의 영역을 서서히 키워나갔는데, 남해안 지역까지 한반도 서남부의 모든 지역이 백제의 영향력 아래 들어온 것은 6세기 중반 무렵이었다고 여겨진다. 즉, 영산강 유역 일대는 상당한 시간 동안 독자적 세력권을 이루고 있었다고 보이는데, 이를 말해주는 것은 이 지역에 분포하고 있는 매우 독특한 성격의 무덤들이다. 문헌이나 기타 사료에서는 이러한 고분의 주인공과 관련한 기록을 전혀 찾을 수 없다. 따라서 이곳이 하나의 통일된 정치체를 이루고 있었던 것인지 혹은 소국의 연합체 형태였는지 등, 많은 궁금증을 고고학 자료로써만 해결해야 하는데, 아직 충분한 답은 얻지 못했다. 그렇지만 이곳의 독특한 무덤들은 아무튼 삼국시대에 들어와서도 원삼국시대 이래의 마한 세력이 상당히 오랫동안 계속 독자성을 유지하며 이웃의 여러 정치체와 교류하고 있었음을 말해주고 있다.

이곳의 고분에 대해서는 일찍이 1910년대부터 소위 임나일본부와의 관련성을 보기 위해 일본인들이 관심을 기울이기 시작했다. 1910년대와 1930년대 졸속하게 이루어진 나주 반남면 신촌리에 있는 대형 고분의 조사에서는 사람을 충분히 그 안에 눕혀 묻을 수 있는 크기의 옹관이 발견되었다. 옹관은 특별히 제작된 것으로서, 금동관과 금동신발을 비롯해 피장자의 지위를 말해주는 현란한 부장품이 그 안에서 수습되었다[그림 7.13]. 이러한 무덤의 형식과 내용은 당대의 백제나 신라 혹은 가야와 전혀 다른 것이다. 이후 영산강 유역의 고분에 대한 체계적 조사는 오랫동안 이루어지지 못했으

그림 7.13 나주 신촌리 9호분. 금동관은 다른 여러 유물과 함께 옹관 내에서 발견되었다. 흑백 사진은 1918년 조사 당시 촬영되었다. 천연색 사진은 1999년 무덤 구조를 알기 위해 실시한 조사 당시의 모습이다. © 국립중앙박물관(흑백사진, 금동관); 국립문화재연구원(항공사진)

나, 1980년대부터 다시 조사가 이루어지며 영산강 유역과 서남해안 일대에서는 다양한 외형과 크기의 봉분과 대형 옹관을 비롯한 각종 매장시설이 갖추어진 무덤이 4세기 시작 무렵부터 만들어지기 시작했음을 알게 되었다.

이런 무덤 중에서도 가장 관심을 끄는 무덤은 나주 복암리 3호분이다 [그림 7.14]. 이 3호분은 장기간에 걸쳐 만들어진 여러 무덤이 하나의 큰 무덤을 이룬 것으로서, 영산강 유역에서 알려진 거의 모든 종류의 매장 유구가 확인되었다. 즉, 기저부의 길이 43m, 폭 41m에 높이 6m인 봉분 속에서는 모두 7종류 41개의 무덤이 발견되었으며, 최하층에서는 4세기의 대형 옹관묘들이, 그 위로는 5~6세기의 석실분들이 만들어졌다. 석실에는 대형

그림 7.14 나주 복암리 3호분. 하나의 거대한 봉분 아래에 시대를 달리하는 각종 무덤이 만들어졌다. © 국립문화재연구원

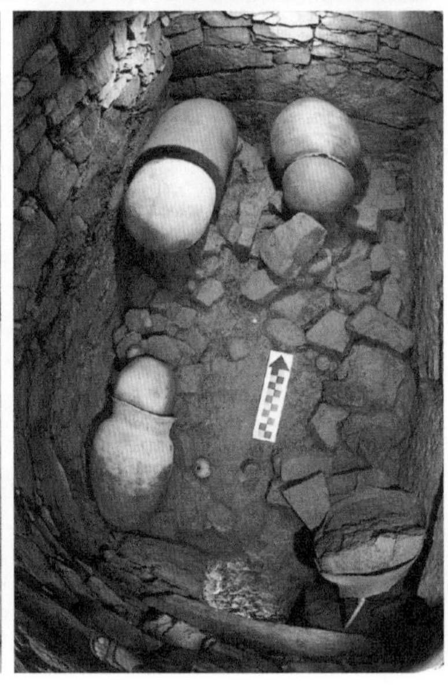

옹관이나 목관이 4개까지 안치되었는데, 일부 유물과 관의 목재는 일본산으로 드러났다. 이러한 무덤들 위로 최상층에는 백제 양식의 석실분이 있어, 이 지역이 드디어 백제의 세력권으로 포함되었음을 말해주는 듯하다.

영산강 유역에서는 또한 일본 고분시대에 자주 만들어졌던 소위 전방후원분과 유사한 외형의 무덤도 발견되고 있다[그림 7.15]. 이러한 무덤들은

그림 7.15 광주 월계동 전방후원형 무덤과 1호분의 석실. 원도: 한국고고학회 2010, 그림 228.

봉분과 그 주변이 일본의 그것처럼 마치 열쇠 구멍 같은 모습으로서, 그 외형만 유사한 것이 아니라 일본 양식의 토기를 무덤 앞에 배치한 것을 비롯해, 유사한 장례 의식이 있었음을 말해주는 증거가 발견되고 있다. 이러한 예상치 못한 발견은 무덤의 성격과 주인공의 정체에 대해 궁금증을 자아내고 있다. 통설에 따르자면, 이것들은 독립된 세력이었거나 어느 정도 백제의 간섭을 받고 있었으며 바다 건너 왜와 밀접한 관계를 유지하던 마한 집단 엘리트의 무덤이라고 여겨진다. 이 특이한 무덤을 비롯해 마한 계통의 무덤이라 여겨지는 모든 무덤은 6세기 중반에 사라지고 백제 양식으로 바뀌었다.

영산강 유역에서 발견되고 있는 대형 고분의 성격이나 주인공의 정체가 무엇이건, 이런 독특한 대형 무덤들의 존재는 한반도 서남부에 상당한 규모의 인구와 생산력을 갖춘 독자집단이 있었음을 말해준다. 농경에 적합한 비옥한 토지가 넓게 펼쳐진 이 지역에는 청동기시대부터 크고 작은 마을 유적이 곳곳에 들어섰고 원삼국시대가 되면 〈그림 6.7〉에 보이는 담양 태목리 유적과 같은 큰 마을들이 들어서 삼국시대까지 계속 유지되었다. 태목리에서는 발굴 구역 내에서만 모두 300여 개의 삼국시대 유구가 확인되

그림 7.16 무안 양장리 유적의 건물지. 기둥구멍의 크기로 보아 한때 이곳에는 대단히 큰 규모의 구조물이 있었음을 알 수 있다. ⓒ 목포대학교박물관

었으며, 유적은 발굴 구역 밖으로도 계속 이어지고 있다. 이러한 마을 유적들에서는 아마도 평민들의 거처였을 수혈주거지와 함께, 수혈주거지 사이 아니면 약간 떨어진 곳에 지배계층의 거처였으리라고 보이는 지상 가옥의 흔적이 정연하게 배치된 기둥구멍으로 발견된다. 또 그러한 기둥구멍으로 남겨진 유구 중에서는 단순한 주거용이라고 보기에는 규모가 너무 큰 것들도 있다. 〈그림 7.16〉에 보이는 무안 양장리에서 발견된 유구는 규모와 구조에서 비슷한 시기 일본에서 만들어진 거대한 신사(진자[神社]) 건물을 연상시킨다.

영산강 유역의 독특한 문화적 독자성은 유물에서도 확인된다. 특히 토기의 구성은 그러한 특징을 잘 보여주는데, 지역의 고유한 특징과 더불어 당대의 백제, 가야, 그중에서도 특히 소가야 및 일본에서 발견되는 토기의 특징을 보여주고 있다[그림 7.17]. 그러나 무덤과 마찬가지로 6세기 중반이면 백제 양식의 토기가 고유한 것들을 대체하는 모습이다.

그림 7.17 광주 쌍암동 고분과 월계동 1호분 출토 토기. 가야 및 일본 토기와의 연관성을 보여준다. 원도: 한국고고학회 2010, 그림 232.

가야

영산강 유역에 산재한 고분을 남긴 사람들의 정체와 역사에 대한 기록은 찾을 수 없지만, 소백산맥 이남의 경상분지 서쪽 지역에 산재한 고분들이 가야 지배자들의 무덤임은 잘 알려진 사실이다. 가야의 역사는 『삼국사기』나 『삼국유사』뿐 아니라 가야와 왜 사이의 관계를 중심으로 많은 내용이 일본의 사서에도 기록되어 있다. 이러한 문헌 자료는 변한의 소국들이 점차 가야 연맹의 정치체로 발전해나갔음을 말해준다.

가야의 여러 나라는 3세기 말 금관가야의 주도 아래 연맹을 맺었으며, 이때부터 국명에 가야를 붙이기 시작했다고 한다. 가야 연맹은 때로는 신라를 위협하기도 했을 정도로 강성하기도 했으나, 서기 400년 고구려가 신라를 침입한 왜를 물리친다는 명분으로 실시한 남정으로 인해 가야 연맹은 붕괴 위기에 처하게 되었다. 이 위기를 겪은 다음, 연맹의 주도권은 금관가야에서 대가야로 넘어가게 되었고, 이후 대가야를 중심으로 세력을 회복한 가야는 백제, 신라와 자웅을 겨루며 소백산맥을 넘어 금강 상류까지 진출하기도 했다. 그렇지만 가야 소국은 하나씩 신라에 합병되었고 결국 562년 대

그림 7.18 김해 대성동 유적. 이곳에는 금관가야 지배계층의 무덤이 모여 있다. 무덤들은 주곽과 부곽으로 구성된 목곽묘로서, 순장의 증거가 발견되었다. © 국립문화재연구원

가야마저 흡수되며 역사에서 사라졌다.

가야 연맹을 구성하던 정치체의 정확한 숫자와 위치에 대해서는 아직 분명하지 않은 점이 많다. 그렇지만 가야사에서 가장 큰 세력은 금관가야, 아라가야, 소가야 및 대가야였는데, 이 네 가야국의 거점이던 김해, 함안, 고성과 고령에는 그러한 사실을 말해주는 대형 고분들이 있다. 가야 연맹의 영역은 대체로 북과 서로는 소백산맥, 동으로는 낙동강이라는 자연적 경계를 벗어나지 않는다고 하지만, 가야 세력의 영향권과 개개 가야국의 영역에는 부침이 있었다. 그러한 사실은 주로 고분과 거기

서 발견되는 부장품이 말해주고 있으며, 연맹을 주도했던 세력에도 부침이 있었다는 문헌 기록의 내용도 고고학 자료를 통해 간접적으로 확인할 수 있다.

400년 무렵까지 가야 연맹을 주도했던 금관가야의 유적으로서는 김해 봉황토성이나 기타 생활유적도 있지만, 특히 김해 대성동과 부산 복천동 고분군이 중요하다[그림 7.18]. 두 유적은 4세기 후반에 조성된 금관가야 지배계층의 묘지로서, 여기서 발견된 무덤 양식은 원삼국시대 이래의 목곽묘 전통을 잇고 있다. 무덤의 구조는 피장자가 묻힌 주곽과 부장품을 매납하기 위한 부곽을 열을 맞추어 따로 만들었다. 곽의 크기는 전 시기보다 더 커졌으며, 늘어난 공간에는 부장품이 다량 매납되었다. 신라의 중심지인 경주 분지에서도 같은 시기에 목곽묘가 만들어졌지만, 신라 목곽묘는 주곽과 부곽을 하나의 구덩이에 만들었다.

가야 무덤에서 가장 주목할 만한 점은 순장, 즉 인신 희생의 풍습이다. 문헌 기록에 따르면 순장은 고구려와 부여에도 있었다고 하며, 『삼국사기』에 따르면 신라에서는 왕이 죽으면 남녀 각 5인을 순장했으나 502년 지증왕 대에 이를 금했다고 한다. 가야의 순장에 대한 기록은 찾을 수 없지만, 4세기부터 가야와 신라 무덤에서는 무덤의 주인과 함께 묻힌 이들의 뼈가 종종 발견된다. 또한 신라와 가야의 순장 풍습은 『삼국사기』가 말한 시점보다 훨씬 뒤에도 사라지지 않았으며, 신라보다 가야에서 더욱 강도 높게 지속된 듯하다. 가야 무덤에서는 대체로 3에서 5인이 희생된 증거를 찾을 수 있지만, 최상위급 무덤에는 20인이나 그 이상의 인원이 순장되기도 했다. 예를 들어, 5세기의 대가야 왕릉이라고 보이는 고령 지산동 44호분에서는 최소 32인에서 최대 45인의 남녀가 희생되었다. 희생자의 나이는 대략 8세에서 40세에 걸쳐 있는데, 유해는 무덤의 중심 석곽을 에워싸고 있는 여러 개의 소형 석곽에서 발견되었다[그림 7.19].

지산동 44호분과 같은 석곽묘는 4세기 말부터 등장해, 5세기 말이면 가야 지역 모든 곳에서 목곽묘를 완전히 대체하는 듯하다. 석곽묘는 대개 시

그림 7.19 고령 지산동 44호분. 주곽 주변에 많은 배장 무덤들이 있다. © 국립문화재연구원

그림 7.20 고성 송학동 소가야 석실분. © 국립문화재연구원

신을 매장한 석곽 위에 높고 큰 봉분을 쌓았는데, 지산동을 비롯해 가야의 정치적 중심지였던 여러 곳에서는 그러한 무덤들을 쉽게 볼 수 있다[그림 7.20]. 그런데 비록 외형은 유사하지만, 시신이 묻힌 중심 유구의 구조는 정치체마다 다양하게 만들어졌다. 그러한 양식적 차이는 토기나 장신구를 비롯한 각종 유물에서도 나타나고 있다[그림 7.21]. 이러한 사정은 가야 연맹

그림 7.21 가야토기 지역 양식. 위: 함안 지역의 아라가야 양식; 가운데: 진주-고성 지역의 소가야 양식; 아래: 고령 지역의 대가야 양식. 원도: 한국고고학회 2010, 그림 299.

을 구성하는 여러 나라가 문화적으로도 반독립적이며 고유한 집단들이었을 가능성을 시사해준다.

목곽묘의 대형화라던가 석곽묘의 등장을 비롯한 묘제의 변화는 토기 제작에서의 변화와 함께 일어난 듯하다. 3세기 말이 되면 경상분지에서는 와질토기보다 더 단단한 토기가 만들어지기 시작해 경상분지 전역으로 빠르게 퍼져나갔다. 새로 나타난 경질토기는 고온에서 녹아 흐른 광물로 우연히 표면에 유약 효과가 만들어지기도 했다. 이 새로운 토기는 약간의 지역적 차이에도 불구하고 경상분지 전체에 걸쳐 기본적으로 유사한 모습이었으나, 4세기 말 가야토기와 신라토기로 분화하였다[그림 7.22]. 가야토기는 대체로 낙동강을 경계로 그 서쪽에, 또 신라토기는 그 동쪽에 분포하지만, 반드시 그렇지는 않다. 가야토기는 5세기에 들어 크게 세 가지 양식으로 분화하는데, 각 양식의 분포범위는 대체로 아라가야, 소가야 및 대가야 영역과 일치한다고 여겨진다[그림 7.21]. 지역에 따른 양식의 차이는 장신구와 갑주의 형태와 제작기법에서도 상당한 정도 보이고 있다.

가야의 금관이나 귀걸이 같은 장신구나 갑주 같은 금속제 유물은 엄청난 양의 토기와 함께 모두 무덤에서 발견되고 있다. 무덤에서는 이외에도 많은 양의 덩어리쇠, 각종 무기류, 말을 위한 갑주와 치레거리 등이 발견되고 있어, 가야가 철의 산지였음을 과시하는 듯하다. 무덤에서 다양한 무구와 무장이 다량 발견되며 곳곳에 산성과 요새가 만들어졌다는 사실은 가야사회가 높은 군사적 긴장을 유지하고 있었음을 말해주는 듯하다. 산성과 요새 유적은 상대적으로 소규모인 것이 많은데, 5세기에 들어 신라를 마주하는 낙동강 서안을 따라 많이 만들어진 듯하다.

매장유적에 비교하자면 주거유적을 비롯해 사람들의 일상생활을 말해주는 유적은 그리 많지 않다. 김해와 고령에서는 지배계층의 거주지라고 보이는 유적이 부분적으로 조사되었다. 그중 하나인 김해 봉황토성은 삼한의 국읍에서 시작해 금관가야의 왕궁이 들어섰던 곳이라고 여겨지며, 토성 내부의 제한된 지역에서 실시한 소규모 발굴에서는 제사 유구, 작업장 등이 확인되었다[그림 7.23]. 가야의 평민들이 거주하던 주거유적은 전 시대와 다르지 않은 모습으로서, 온돌 시설이 있는 소규모 원형 주거지가 주로 발견되고 있다. 아직 많은 단서가 쌓이지는 않았으나, 주거유적은 기능

그림 7.22 신라토기(왼쪽)와 가야토기. © 국립중앙박물관(위); 국립경주박물관(아래)

적으로 분화되었을 가능성도 있다고 짐작된다. 한편 정비된 도로의 흔적도 심심치 않게 발견되고 있으며, 주변에 건물이 서 있던 접안시설의 흔적도 발견사례가 늘고 있어, 국가 단계 사회에 걸맞는 운송망이 갖추어졌음을 추정할 수 있게 해준다.

그림 7.23 김해 봉황토성. 소규모 시굴에서는 여러 유구가 복잡하게 중첩된 양상이 확인되었다. ⓒ 국립문화재연구원

신라

『삼국사기』의 박혁거세 신화에 따르자면, 그는 기원전 69년 알에서 태어나 기원전 57년 왕위에 올라 60년간 신라를 통치했다고 한다. 이 신화의 시점으로부터 셈하자면 경주는 천 년 가까이 신라의 수도였던 만큼, 경주 분지

에는 수많은 고고학 유적이 있다. 반월성과 경주 시내 사이에 즐비하게 늘어선 고분들은 통일 이전 신라를 상징하는 고고학 유적임은 두말할 나위조차 없다[그림 7.1]. 경주 분지에서 고총고분은 전 시기의 목곽묘에 이어 4세기 후반 등장했다고 여겨진다. 〈그림 7.24〉에 보이는 황남대총은 두 무덤이 붙어 있는 큰 무덤으로서, 아랫면의 전체 길이와 폭이 각각 120m, 80m에 달한다. 이러한 거대한 무덤을 비롯해, 부근의 많은 고분이 도굴되지 않고 원형을 유지할 수 있는 것은 목곽으로 구성된 매장 유구 위에 돌무더기를 겹겹이 쌓았기 때문이다[그림 7.25]. 적석목곽분이라는 이름은 이러한 무덤의 구조에서 나왔다. 가야 무덤은 이러한 보호막 없이 매장 유구를 그저 흙으로만 덮었기 때문에 봉분이 아무리 커도 도굴에 상대적으로 취약하

그림 7.24 황남대총. 1973년 발굴에 착수하기 이전의 모습과 1975년 남분의 발굴 모습 및 발굴에서 수습된 유리그릇. 유리그릇은 흑해 혹은 카스피해 연안 지역에서 제조되었다고 추정된다. © 국립문화재연구원; 국립중앙박물관(유리그릇)

그림 7.25 적석목곽분 내부 구조. 여러 겹으로 돌을 두텁게 쌓아 무덤을 보호하였다. 봉분의 규모는 다양하다. © 국립문화재연구원

기 마련이어서, 많은 무덤이 도굴을 피하기 어려웠다. 대형 고분이 경주에서 만들어지기 시작할 무렵이면 신라토기를 부장한 신라 양식 무덤이 경상분지에 널리 만들어졌으며 동해안을 따라서 북쪽으로도 퍼져나갔다. 1921년 금관총을 필두로, 1924년 금령총, 1925년 서봉총, 1973년 천마총에 이어 1974년 황남대총 북분에서 발견된 금관은 신라가 세력을 확장하던 이 마립간기를 상징하는 유물이다[그림 7.26].

가야의 경우와 마찬가지로, 무덤의 높은 가시성과 화려한 부장품으로 신라와 관련한 고고학 조사는 고분을 중심으로 이루어져 왔다. 금관뿐만 아니라 삼국시대의 신라 고분에서는 다양하고 엄청난 양의 유물이 발견되는데, 천마총에서 발견된 천마도 같은 그림은 확실히 신라 고분을 매력적인 조사 대상으로 만들게끔 한다. 2010년대부터 이루어진 쪽샘지구에 대한 조사도 화려한 유물과 많은 이야깃거리와 함께 2023년 큰 단락을 지었다. 그렇지만 고분에 쏟아진 관심에 비할 때 신라인의 일상에 대한 자료라던가 고고학적 논의는 찾아보기 어렵다. 이것은 통일 이후 경주 일대가 대대적으로 정비되는 과정에서 이전 시기의 유적도 많이 사라졌다는 점과도 관계될 것이다. 즉, 경주는 과거의 흔적 위에 사람들이 끊임없이 살아왔고 또 살

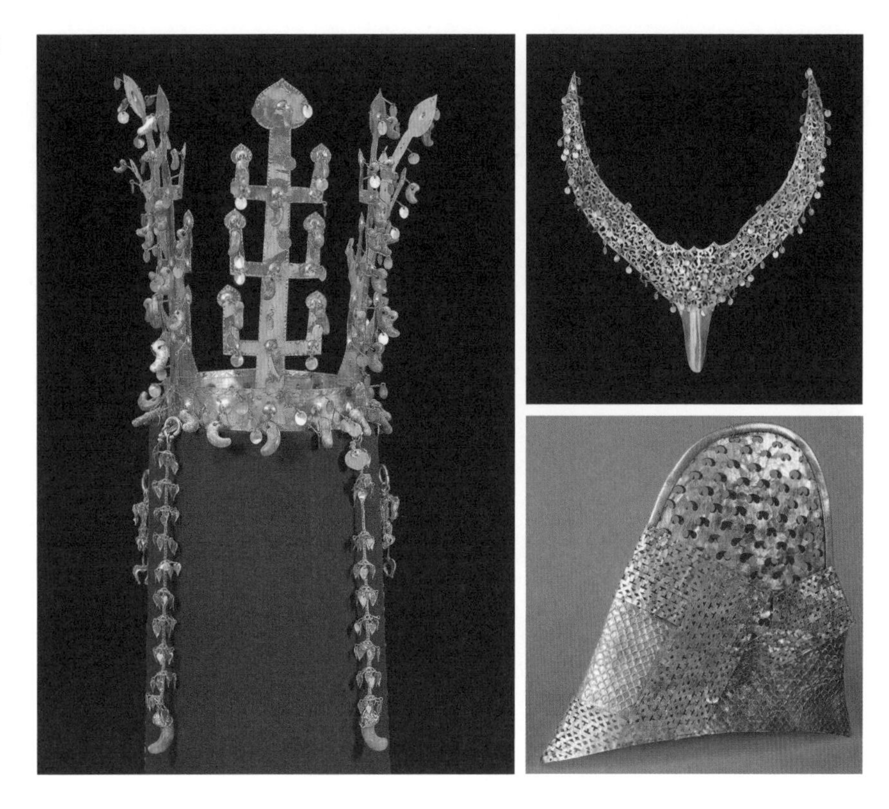

그림 7.26 천마총 금관과 관식 및 내관. © 국립중앙박물관

고 있으므로, 당장 눈에 드러나지 않는 생활유적은 발견하기도 조사하기도 쉽지 않은 형편이다. 경주에서 조사된 통일 이전의 생활유적으로서는 황성동의 좁은 지역에서 실시된 발굴 이외에는 이렇다 할 만한 사례가 없는데, 여기에서는 대장장이 집단의 주거 구역일 가능성을 말해주는 단서가 발견되었다.

신라는 6세기 초에 사회제도와 율법을 정비하고 불교를 수용하였다고 한다. 불교의 수용은 바로 절의 건축과 불상 및 종교의식 물품의 등장을 수반하기 마련이며, 따라서 이 시기부터 불교 관련 유적과 유물은 중요한 고고학 자료가 되고 있다. 한편 불교의 수용은 화장의 유행을 가져왔고 따라서 봉분을 갖춘 무덤은 극소수의 상층계급을 위해서만 만들어졌다. 그러나 그런 무덤은 과거와 같이 한번 만들면 그만인 구조의 적석목곽분이 아니라 추가로 시신을 안치할 수 있는 석실분으로 바뀌었다. 출입할 수 있는 문과 통로를 가진 이런 석실분은 크게 훼손된 상태로 남아 있는 것이 보통이다.

그림 7.27 보은 삼년산성. 신라가 소백산맥 북쪽 지역의 방어를 위해 500년 무렵 만들었다. 원도: 한국고고학회 2010, 그림 235.

이런 무덤이 등장할 무렵이면 순장 풍습은 경주 일대에서는 사라졌지만, 아직도 지방에서는 완전히 사라지지 않았다.

무덤에서 보이는 이러한 변화는 고고학적으로 통일 이전 시기의 신라를 전기와 후기로 구분하는 근거가 되기도 한다. 이 후기의 시작 무렵 신라는 영역을 크게 확대하였다. 신라의 진출과 더불어 산성 등의 군사 유적과 무덤 및 건물지가 새로 얻은 영역에 만들어졌으며, 그에 따라 군사적, 정치적으로 중요한 한강과 임진강 유역이라던가 함경도와 강원도 동해안 및 낙동강 서안의 많은 지점에서 이 시기의 신라 유적이 발견된다[그림 7.27].

최근에는 경주를 벗어난 지방의 평범한 농촌 마을의 흔적도 발굴되고 있다. 그런 유적에서는 대개 50여 기에서 200여 기 사이의 수혈주거지가 발견되고 있으며, 경작지와 관개시설이 함께 발견되기도 한다. 마을의 공간은 용도에 따라 구분되었음을 엿볼 수 있는데, 주거지는 생산시설이나 묘역과 떨어져 만들어졌으며, 대형 마을 뒤편의 고지에서는 긴급한 사태에 대비한 방어시설이 발견되기도 한다. 또 공동체가 사용한 우물 및 사람과 동물의 발자국과 수레바퀴 자국이 선명하게 남아 있는 도로 유구도 심심치 않게 발견되고 있다.

이러한 마을 유적에서 드러난 일상생활의 모습은 과거와 그리 다르지 않다고 할 수 있는데, 원삼국시대의 움집이 거의 모두 원형이었다면 삼국시대에 들어와 움집은 방형으로 만들어지며 원형은 소수가 되었다는 정도의 차이를 볼 수 있는 정도이다. 주거지의 크기 역시 크게 변하지 않아 대부분 자그마한데, 가장 큰 것들도 바닥 면적이 대체로 50m^2 정도이다. 난방과 요리를 위해 내부에 설치된 화덕자리는 대체로 한쪽 벽 가까이 바닥보다 높게 만들었는데, 거의 모든 주거지에서는 온돌 형태의 난방시설을 볼 수 있다. 물론 이러한 수혈주거지와 함께, 정연하게 배치된 기둥구멍이나 주춧돌의 흔적은 지상에도 여러 건물을 세웠음을 말해준다.

주거유적과 함께, 생산시설 유적, 특히 야철 유적과 토기와 기와 요지도 여러 곳에서 발견된다. 철 생산은 4세기가 되면 보다 전문적이고 분화된 양상을 보여준다. 그전까지는 철 생산의 여러 단계가 철광 산지에 가까운 어느 한 곳에서 이루어진 경향이 있지만, 이 무렵부터 고고학 자료는 채광된 원광은 광산에서 떨어진 곳에서 일차 가공되었고, 그렇게 만들어진 덩어리를 다시 다른 곳에서 단조 등의 이차가공을 해 도구로 완성했음을 보여주고 있다. 다양한 토기와 기와 등을 만들던 요지와 작업장 시설도 여럿 조사되었는데, 이러한 토도제품의 생산도 대량화, 체계화, 전문화되었다. 한편, 철 제품이나 토기의 제작에는 연료가 필요하기 마련인데, 연료 수요가 크게 늘었음을 말해주듯, 숯, 그중에서도 특히 고화도를 낼 수 있는 백탄을 만들던 가마도 곳곳에서 발견되고 있다.

이미 말했듯, 신라토기는 경주 고분의 등장에 발맞추어 4세기에 등장하였다. 신라토기는 동 시기의 가야토기에 비해 신라 영역 전체에 걸쳐 양식적 변이가 훨씬 낮다. 신라토기는 기종을 불문하고 표면에 선이나 원 같은 단순한 기하학적 무늬를 새겼고 또한 각종 사람이나 동물 혹은 사물의 형태를 묘사하는 토우가 장식되기도 한다는 특징이 있다. 또한 각종 사물의 형태를 그대로 복사한 듯한 토기들도 제작되고 있어, 기록이나 고고학 자료에서 알 수 없는 생활의 측면을 보여주기도 한다. 토기 표면 장식은 시간이 흐르며 점차 사라져 표면에 숫제 아무런 장식도 없는 토기가 늘어난다. 그런 과정에서 6세기에 들어 토기 양식에는 큰 변화가 발생해 대각의 길이가 짧고 누름무늬로 표면을 장식한 토기들이 만들어진다. 이때 등장한 새로운 무덤인 석실분에는 이런 토기가 매납되었으며, 이런 토기가 통일 이후에도 만들어졌다.

통일신라

경주 월성은 일찍부터 신라 왕궁이 있던 곳으로서, 주위보다 20m 남짓 고도가 높고 평면이 활처럼 휜 듯한 편평한 언덕 가장자리를 따라 쌓은 석성이다. 성은 전체 길이 2,340m, 내부 면적 112,500m^{2}로서, 동서 약 900m, 남북 약 200m에 걸쳐 있다. 이 월성에서 북쪽으로 조금 떨어진 곳에는 계림과 첨성대 및 마립간기의 크고 작은 고분들이 있는바, 이 일대가 가히 천년 신라의 핵심지역이었다. 통일 이후 이곳을 중심으로 경주 분지는 크게 정비되어, 월성 내에도 여러 건물이 신축되었고 그 옆으로는 동궁이 조성되는 등[그림 7.28], 여러 공공기관과 불교사원이 들어섰다. 월성 내에서 실시한 물리탐사에서는 지표 아래로 여러 층의 건물지가 겹쳐 있음이 확인되었다[그림 7.29].

통일신라시대의 고고학 연구에서는 이렇게 새로 정비된 수도의 모습과 관련한 조사가 특히 중요한 주제가 되고 있다. 자구의 해석을 두고 논란이 있고 또 내용에 과장된 면도 있겠지만, 통일 이후 전성기의 경주에는 80만 호가 살았고, 끝없이 기와지붕이 이어져 비가 오는 날에도 우산을 쓰지 않고 비를 피해 길을 갈 수 있었으며, 숯으로 밥을 지어 연기가 나지 않았다는 말이 전해온다. 통일 이후 경주 분지는 월성 주변의 핵심지역을 주심으로 크고 작은 도로를 닦아 수도를 방격 구역으로 체계적으로 나누었고, 각 구역에는 가옥과 함께 여러 건물을 배치했다. 그러한 건물지에서는 지붕, 벽

그림 7.28 흔히 안압지라고 불리기도 하는 동궁 유적과 발굴에서 드러난 수세식 화장실 유구. © 국립문화재연구원

과 바닥을 장식한 기와와 벽돌이 수습된다[그림 7.30].

구역의 크기에도 등급이 있었다고 보이는데, 황룡사지 부근에서 발굴을 통해 드러난 한 구역은 동서 172.5m, 남북 167.5m로서, 사방에 벽을 둘러 구분하였다. 그 안에서는 개축과 보수의 흔적이 있는 가옥과 기타 용도의 건물지가 모두 19개 발견되었다. 가옥은 상당한 정도로 표준화된 크기와 구조로서 우물, 부엌, 변소와 하수도를 갖추고 있었다. 구역을 구분하는 도로는 자갈과 흙을 겹쳐 쌓아 만들었으며, 폭 15m, 10m 및 5m 내외의 세 등급이 있었다.

불교가 국교였던 만큼, 신라 각지에는 많은 절이 세워졌다. 따라서 크고 작은 사원을 비롯한 불교 관련 유적과 유물은 또 다른 중요한 연구 주제이다. 경주 일원만 해도 남산에 있는 수많은 불적을 제외하고도 모두 180여 개의 불교사원 유적이 알려져 있다. 그중 현재까지 모두 30곳 정도에서 크고 작은 규모의 발굴이 이루어져, 가람배치 양식과 각종 건물지가 조사되었으며 불상을 비롯한 각종 유물이 수습되었다. 한편 비록 불교가 국교였다고 하지만 민간에서는 전통 신앙도 계속 강하게 유지되었던 듯한데, 흙이나 쇠로 빚은 작은 말이나 기타 유물이 봉헌된 모종의 종교의식이 이루어졌던 장소의 흔적도 자주 발견된다. 예를 들어, 청주 쌍청리에서는 7겹의 환호가 에워싼 제의 유적이 조사되었다[그림 7.31]. 유적 중심부에서는 명문이 있는 기와가 발견되었는데, 이곳

그림 7.29 월성 내부의 최상층에서 확인된 17개의 건물지. 유구가 중첩된 곳도 있으며, 이 층 아래로 여러 층이 이어짐이 확인되었다. © 국립문화재연구원

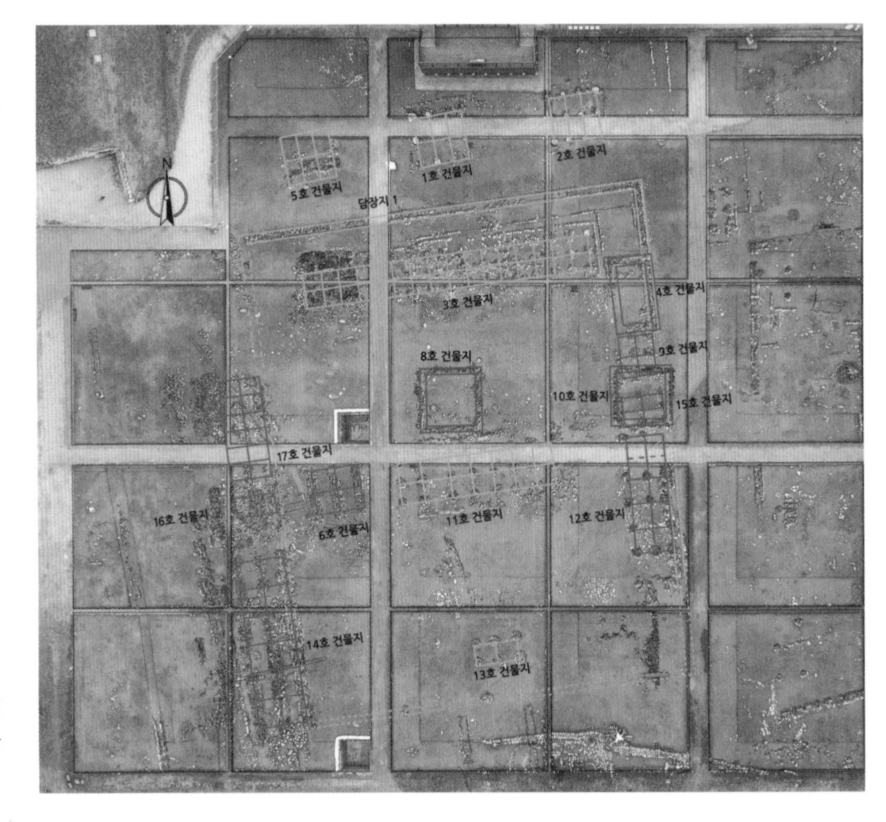

그림 7.30 신라 와당과 벽돌. 경주 각지 채집. 원도: 한국고고학회 2010, 그림 327, 328.

그림 7.31 청주 쌍청리 제사 유구. 여러 겹의 환호가 중심부를 둘러싼 모습은 <그림 4.28>과 <그림 5.8>에 보이는 청동기시대와 초기철기시대의 유사한 유구를 연상시킨다. © 국립문화재연구원

에서는 상당한 지위의 인물이 제의를 주재했던 것으로 보인다.

지방의 통치 중심지에 대한 조사는 경주만큼 활발하지 않지만, 경기도 광주 남한산성이라던가 상주시 같은 곳에서는 당대의 건물지와 도로 유구 등이 발견되기도 하였다. 특히 남한산성에서는 17세기에 축조된 조선시대 행궁의 터 아래에서 길이 53.5m, 폭 17.5m의 건물지가 확인되었다. 이 대형 건물의 지붕은 일반 기와보다 무려 10배나 무거운 무게 19kg의 큰 기와로 덮여 있었다[그림 7.32].

한편, 불교의 성행은 화장을 유행시켰는데, 장법의 성격상 화장묘나 화장 관련 유구는 그리 발견되지 않고 있다. 화장한 유해를 담던 골호로는 대체로 일상생활용 그릇을 그대로 사용했지만, 중국에서 수입한 당삼채 도자기라던가 금속이나 돌로 만든 고급용기도 더러 발견된다. 그러나 물론 경주에 거주하던 왕족 등의 최상위계층 사람들은 석실분에 묻혔는데, 봉분은 적석목곽분에 비할 때 크기가 많이 줄어들었다. 석실 안이나 봉분 주변에는 중국의 풍습을 받아들인 듯 여러 모습의 사람 토우나 12간지 동물상을 배치하기도 했다[그림 7.33]. 왕릉급 무덤에서는 12간지의 조각상을 봉분 기저에 돌리거나 주위에 묻었으며, 호석을 돌리기도 했다. 통일기의 신라

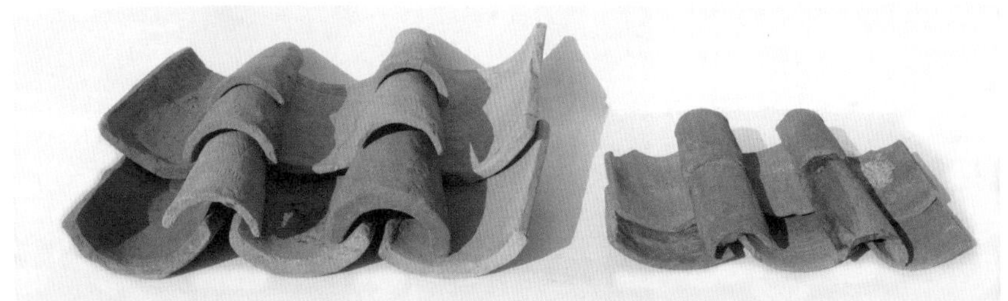

그림 7.32 광주 남한산성 행궁지에서 확인된 신라시대의 대형 건물지와 기와(왼쪽). 이 건물지에 사용된 기와는 17세기에 지은 조선 왕조의 행궁 건물에 올렸던 오른쪽의 기와보다 10배 무겁다. © 국립문화재연구원

왕릉은 조사된 바 없지만 대체로 아마도 석실분일 것으로 추정된다.

삼국통일 이후 토기 제작에서 큰 변화는 없었으나, 요지의 규모와 숫자가 말해주듯, 생산 규모는 매우 커졌다. 서울 사당동 요지에서 수습된 토기 편에 새겨진 짧은 명문에 따르자면, 아마도 토기를 만들던 장인은 일반 사람들과 섞이지 않은 채 자신들만의 마을에서 살았던 것 아닌가 여겨진다. 통일 후에 토기 양식이 갑자기 변하지는 않았지만, 시간이 흐르며 서서히 새로운 형태가 등장하였으며 보다 실용적인 토기들이 만들어졌다[그림 7.34]. 예를 들어, 높은 굽이 달린 고배는 사라지고, 그 대신 편평한 바닥을 가진 단순한 형태의 그릇이 만들어졌으며, 병에는 긴 목이 달리기 시작했고, 시루도 길고 둥근 바닥이었던 것이 오늘날과 같은 넓고 편평한 바닥으로 모습이 바뀌었다. 표면은 인화문으로 장식했으며, 특별히 제작된 골호

그림 7.33 경주 소현리 통일신라 석실분과 12지신상. 사진의 두 상은 오상(말)과 미상(양)이다.

는 다양한 무늬로 장식하기도 했다. 그러한 표면 장식은 대체로 9세기부터 사라졌다. 이때에는 또한 여러 형태의 병이 만들어지기 시작하며, 전반적으로 더 높은 온도에서 소성되어 경도가 커지고 표면에 유약을 입힌 듯한 효과를 얻게 된 토기가 많이 나타난다. 지배계급은 수입된 중국제 도자기도 많이 이용했는데, 선종과 함께 들어온 차 마시는 풍습의 유행과 관계될 수 있다고 추측되기도 한다. 이러한 과정을 거치며, 얼마 지나지 않아 나말여초기에 들어 도자기의 생산도 시작되었다.

그림 7.34 9세기 말에서 10세기 초의 통일신라 말기 토기. 원도: 한국고고학회 2010, 그림 326.

고려, 조선, 근대유산

통일 이후 번영을 누리던 신라는 채 100년도 지나지 않은 8세기 중반 무렵부터 서서히 혼란에 빠졌으며, 9세기 말 지방 세력의 반란과 말세적 종교

열풍이 휩쓸며 붕괴 과정에 들어갔다. 그로부터 견훤의 후백제와 궁예의 태봉이 등장하며 후삼국시대에 들어갔으며, 사회적 혼란은 936년 왕건의 고려가 다시 통일을 이룸으로써 가라앉게 되었다. 역사에서 나말여초기라 일컫는 이 시기는 사회문화적으로 독특했던 시기라고 한다. 하지만, 9세기 말에서 10세기 초로 확정할 수 있는 뚜렷한 유적이나 유물은 아직 알려지지 않고 있어, 그러한 역사학계의 설명을 뒷받침하는 증거는 제시하기 어렵다. 예를 들어 후백제의 수도를 찾고자 하는 여러 차례의 시도에도 불구하고, 아직 어떤 증거도 발견하지 못한 형편이다. 다만, 태봉의 왕성은 철원 평야의 비무장지대 내에 성의 외형이 그대로 남아 있어, 후대의 조사를 기대하게끔 만들고 있다. 또 2023년에는 양주 대모산성 내의 우물에서 120여 자의 글자가 쓰인 태봉의 목간이 발견되어 역사학계의 관심을 끌고 있다.

918년 궁예를 몰아낸 왕건은 국호를 고려로 바꾸고 개경을 수도로 삼았다. 궁궐인 만월대는 여러 차례 확장되고 또 재건되었으나, 1361년 홍건적의 난으로 완전히 소실되었다. 북한 당국은 1974년에 이곳을 조사했는데, 2000년대 들어 몇 차례 이루어진 남북한 공동 조사에서 새롭게 밝혀진 사실은 별로 없다고 한다[그림 7.35]. 한편, 개성 일원에서는 공민왕릉을 비롯한 고려 왕릉도 조사되었다고 하며, 관련 자료가 간략하나마 알려졌다.

몽골의 난 동안 고려 왕실이 피신했던 강화도에는 고려 왕궁터와 함께 몇몇 왕릉과 많은 고려 무덤이 있다. 왕릉급 무덤에서는 개성 주변의 왕릉에서 보는 바와 같은 벽화가 있는 석실이 확인되기도 했고, 상류계층의 석곽묘와 일반인의 평범한 토광묘나 회곽묘가 조사되었다. 강화도 이외에도 남한 각지에서는 고려시대 건물지와 무덤은 흔히 조사되고 있다. 그중에서도 불교사찰이나 관청 혹은 장원이나 저택의 흔적인 대규모 건물지 유적은 여러 해에 걸쳐 발굴되기도 한다[그림 7.36]. 또한 고려가 남북으로 외침에 시달렸음을 반영하듯, 산성을 비롯한 군사 유적도 많이 분포하는데, 〈그림 7.37〉은 부산 해안가에서 발견된 봉수대 유적을 보여준다.

고려시대의 고고학 조사에서 빼놓을 수 없는 중요한 유적은 바로 자기

그림 7.35 개성 만월대 유적. 이곳에서는 2007년부터 2015년 사이에 남북한 공동으로 몇 차례 조사가 이루어졌다. 사진은 2007년과 2008년 조사한 유적 북서쪽 건물군의 모습이다. 용머리는 서까래 끝에 붙였던 장식물이다. © 국립문화재연구원

를 굽던 요지이다[그림 7.38]. 10세기 초에 처음 등장한 자기는 청자가 아니라 희고 녹색을 띠고 있었으며, 개성에서 그리 멀지 않은 경기도 서해안에서는 이것을 굽던 벽돌로 만든 요지가 발견된다. 이후 강진과 부안같이 고품질 고령토가 나는 곳에는 진흙으로 벽을 만든 요지가 만들어졌고 이곳에서 고려청자가 생산되기 시작했다. 한반도 서남부에서 만든 자기는 배를 이용해 연안항로를 따라 수도로 운반되었는데, 서해안 여러 지점에서 발견되고 있는 침몰선과 그 화물은 중요한 고고학 자료가 되고 있다.

1976년 신안 앞바다에서는 1323년 여름에 중국 남부의 영파(닝보[寧波])를 출발해 연안항로를 따라 일본 규슈의 하카다(博多)로 향하던 원나라

그림 7.36 고려 불교사원 유적과 유물. 위: 서울 도봉구 영국사지 강당지; 가운데: 양주 회암사지 문지; 아래: 군위 인각사지 출토 청동 불구. © 국립문화재연구원

그림 7.37 부산 기장 봉대산 봉수대. 고려 성종 4년 (985년) 설치되었다. © 국립문화재연구원

그림 7.38 진안 도통리 고려자기 요지와 자기편. © 국립문화재연구원

그림 7.39 신안선 잔해와 동영상 화면 및 비례 복원한 배의 모습. 목포 국립해양문화재연구소 전시. 1976년 처음 유물이 발견되었으며, 11년에 걸쳐 수심 20m의 해저에서 막대한 양의 유물과 배의 잔해가 수습되었다. 이 국제 무역선은 원래 길이 30.1m, 폭 10.7m, 바닥에서 갑판까지의 높이는 10m였다.

무역선과 화물이 발견되었다[그림 7.39]. 이 신안 보물선의 발견은 해저에 있는 고고학 자료에 대한 인식을 크게 높여준 계기가 되었고, 현재 해양고고학 연구는 목포와 태안 신진도에 설립된 연구소를 중심으로 활발히 이루어지고 있다.

고려시대와 관련한 고고학 연구 현황에 대한 이상의 요약은 조선시대에도 대체로 그대로 적용할 수 있다. 조선의 수도인 한양은 동서 3.5km, 남북 4.5km 정도의 둥그런 분지 지형에 건설되었는데, 그 가운데로 청계천이 흐르고 있다. 한양성은 태조 때 윤곽이 대체로 갖추어져, 세종 때 길이 약 18.6km의 석성으로 완성되었고, 17세기 숙종 때와 19세기 초 순조 때 보축되었다. 성 내에는 경복궁 등의 궁궐, 종묘, 사직, 각종 관청, 군사시설, 시장을 비롯해, 왕도에 필요한 여러 시설과 구역이 들어섰다. 그렇지만 21세기의 서울은 조선시대는 물론 1960~70년대와도 완전히 다른 모습으로서, 조선시대의 면모는 단지 제한적으로 보존된 궁궐이나 성곽과 그 부속시설에서나 겨우 그 흔적을 엿볼 수 있을 뿐이다.

조선시대에 대한 고고학적 관심은 1990년대 들어 조선의 주궁이던 경복궁의 복원계획과 더불어 본격화된 셈이다[그림 7.40]. 복원을 위해 실시

그림 7.40 경복궁 소주방(부엌)과 동남쪽 담장 발굴 광경. © 국립문화재연구원

한 발굴에서 사라진 건물과 구조의 기초가 드러나며 사라진 조선시대의 흔적은 사회적 관심거리가 되었다. 이어 종로와 청계천 일대의 재개발 과정에서 조선시대 유구가 드러나며[그림 7.41], 서울 도심에 남아 있는 조선시대 유적에 대한 고고학 조사의 필요성이 널리 인식되었다. 서울 도심에서 이루어지는 발굴은 오랫동안 사람들의 기억에서 사라졌던 건물과 다리, 도로 등의 시설과 한양의 역사에 대한 기억을 되살리게끔 하고 있다[그림 7.42]. 나아가 오늘날에는 과거에는 거들떠보지 않던 20세기의 흔적, 예를 들어 전차 궤도나 건물지도 조사, 보존되고 있다. 이러한 조사를 통해, 실생활과 의식에 사용되던 각종 기물이 수습되고 있을 뿐만 아니라, 2021년에는 지하철 종각역 가까운 곳의 한 재개발 현장에서 세계에서 가장 오래된 금속활자 실물이 여러 점 발견되기도 했다[그림 7.43]. 또한 서울뿐만 아니라 지방의 중심지였던 곳에서도 조선시대의 건물지와 성곽을 비롯한 각종 유적이 수시로 발굴되고 있다.

그렇게 조사되고 있는 조선시대의 중요한 유적 중에는 불교사원 유적들이 포함된다. 조선은 불교를 배척하던 사회였기 때문에, 크고 작은 사찰이 퇴락하고 폐기되었으며 심지어 고의로 파괴되기도 했다. 그 대표적인 사례

그림 7.41 한양 도성 동대문 옆 청계천 오간수문 일대의 발굴 광경. 이런 발굴에서는 조선시대의 생활용 토기와 자기가 흔히 발견된다. © 국립문화재연구원

가 양주 회암사이다. 고려의 국찰이던 이 절은 한때 기거하는 승려가 3천 명에 이를 정도로 큰 규모였으며 조선 초에도 왕실의 비호 아래 번성했지만, 1565년 일단의 과격한 유생들의 방화로 완벽하게 잿더미가 되었다. 회암사지 발굴에서 드러난 사찰 핵심부의 규모와 화려한 유물은 과거 이 절이 누렸던 지위와 영화를 잘 말해준다[그림 7.44].

일반인의 생활과 관련, 흔히 전통가옥이라고 불리는 기와지붕을 올린 한옥은 오늘날에도 그렇지만 조선시대에도 짓고 유지하기에 큰 비용이 필요하였기 때문에, 일반인이 쉽게 기거할 수 있는 집이 아니었다. 오늘날 서울의 관광명소가 된 소위 '북촌'과 '서촌'의 한옥은 거의 대부분 1920년대

그림 7.42 서울 세종문화회관 앞 세종로에서의 발굴 광경. 사진은 2021년 4월 25일 아침의 모습이다. 세종로는 조선시대에 육조거리로 불리던 곳으로서, 사진에 보이는 조선시대 유구는 삼군부 건물의 행랑과 우물의 흔적이라고 보인다.

에는 존재하지 않았다. 따라서 고려에 이어 조선시대 유적에서도 움집은 흔히 발견되는데, 잘 만들어진 온돌 시설을 갖추고 있는 것이 많이 발견된다. 무덤의 경우에는 벽화를 그린 고려시대 석실분이 15세기까지는 그 맥을 이어왔으나, 16세기 들어 사라진다. 조선시대의 무덤은 대부분 회곽묘로서. 서울 북서쪽에서는 은평 신도시 개발에 맞물려 이루어진 발굴에서는 많은 수의 회곽묘가 발견되기도 했다[그림 7.45]. 회곽묘는 구덩이에 관을 안치하고 두텁게 석회를 두른 구조이기 때문에, 때로는 놀라울 정도로 그

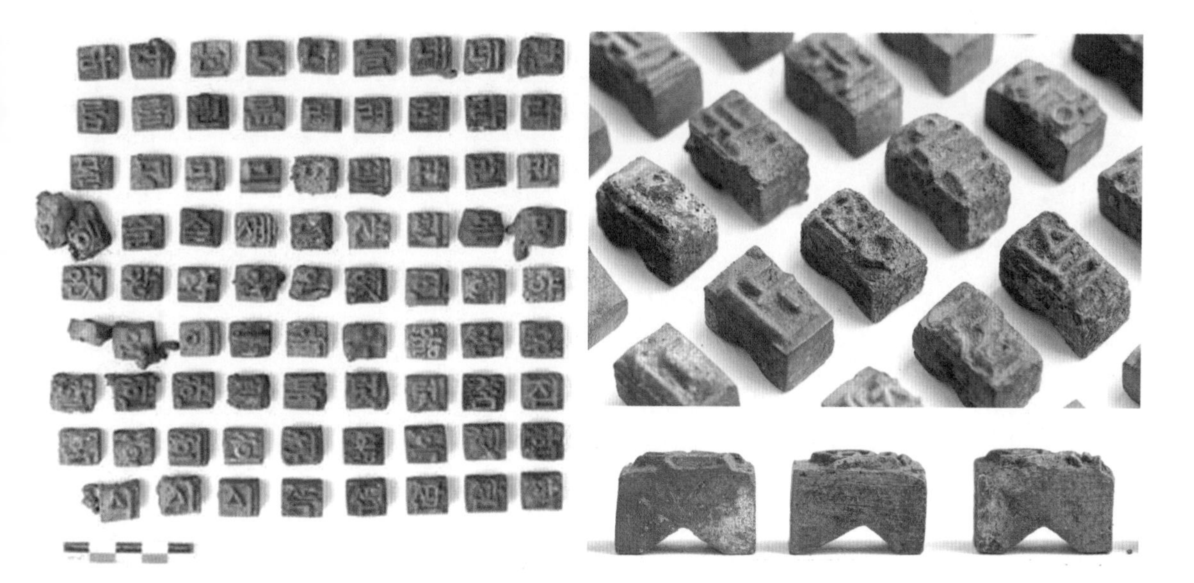

그림 7.43 종로구의 한 재개발지구에서 발견된 15세기 한글 금속활자. 한자 활자와 시계 부속품도 함께 발견되었다. © 문화재청

그림 7.44 양주 회암사지. 사진에 보이는 구역은 좌우 길이 약 250m, 폭 약 170m로서, <그림 7.36>에 보이는 절의 입구(문지)는 이곳에서 오른쪽으로 360m 떨어진 곳에 있다.

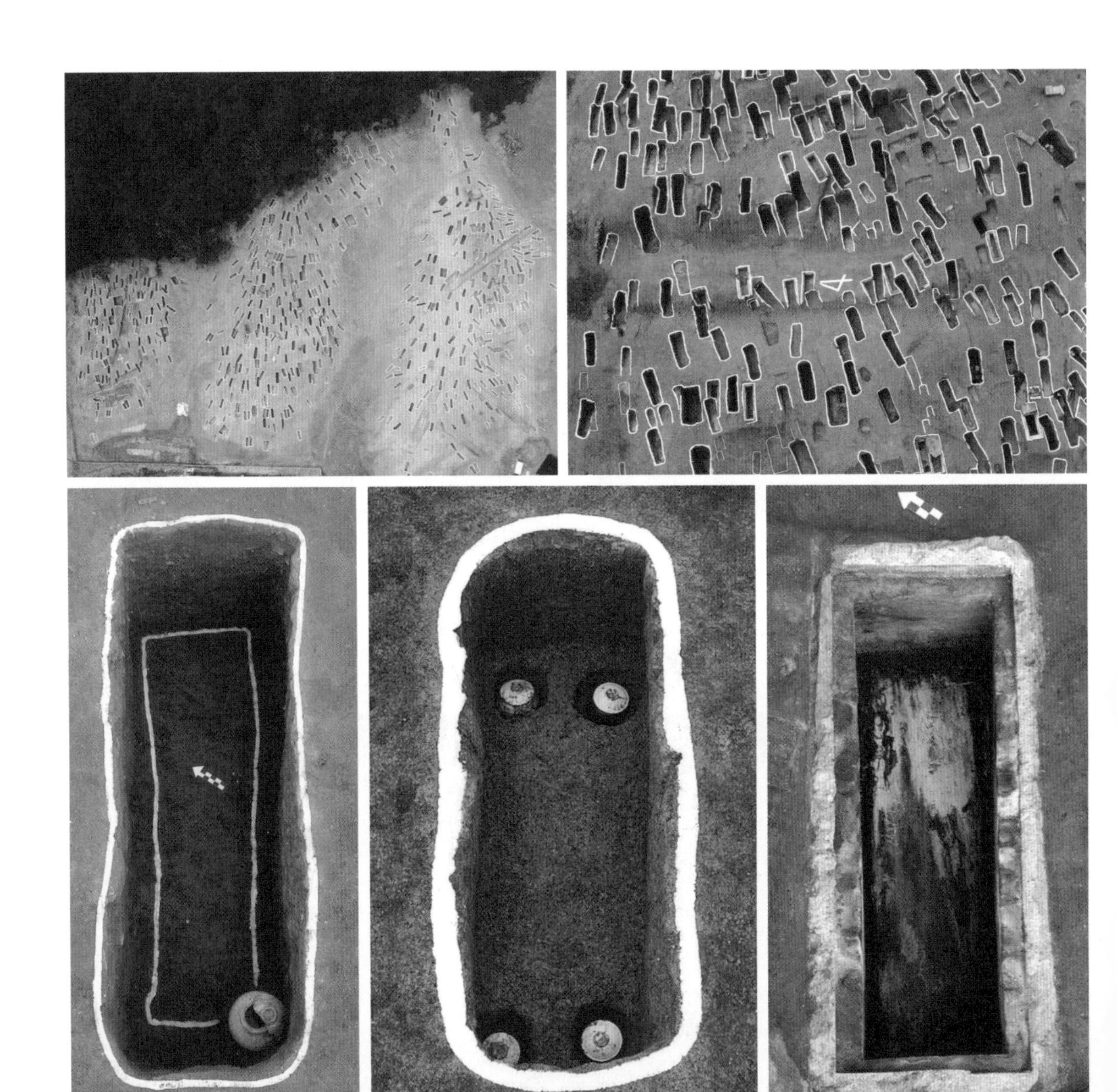

그림 7.45 서울 은평 뉴타운 예정지에서 발굴된 조선시대 묘지. 거의 모든 무덤은 회곽묘이다. 원도: 한국고고학회 2010, 그림 363.

내용이 잘 보존된 채 발견되기도 한다. 거의 완벽하게 미라 상태로 보존된 시신은 당시 사람들의 건강과 신체뿐 아니라 당시의 사회상이나 개인에 대한 정보도 전해준다.

조선시대 회곽묘의 유행은 석회 생산이 늘어났음을 전제로 하는데, 따라서 석회를 굽던 요지는 조선시대의 특유한 고고학 유적이 되고 있다. 그

그림 7.46 가평 하판리 요지의 작업장 구역과 폐기된 자기 조각. © 국립문화재연구원

런가 하면, 흥미로운 사례로서, 말을 기르던 목장의 흔적이라던가 바닷물을 끓여 소금을 만들던 전통 염전인 자염 유적도 조사되고 있다. 한편, 조선시대의 자기는 고려청자와는 다른 모습과 색상으로서, 순백자, 분청사기, 청화백자, 철화백자 등, 시기에 따라 또 지역에 따라 여러 종류의 자기가 만들어졌다. 한양의 왕실에서 사용한 최고급품은 경기도 광주 분원에서 만들었지만, 자기는 전국 각지에서 만들어졌다. 이러한 자기뿐만 아니라, 옹기나 낮은 등급의 도자기 혹은 기와처럼 일상생활에 필요한 물품을 만들던 각종 요지는 각지에서 늘 조사되고 있다[그림 7.46].

책을 마치며

책을 시작하며 언급했듯, 이 책은 고고학 자료 그 자체에 대한 자세한 정보와 평가를 전달해주려고 쓴 것이 아니다. 그보다, 이 책의 목적은 고고학 연구의 궁극적 사용자라고 할 수 있으며 고등학교에서 국사 교육을 받은 평균적 한국인 중에서도 고고학에 조금 더 관심이 있는 이들을 위해 한반도에서 사람이 살아온 모습은 대체로 이러이러했음을 알기 쉽게 설명하고자 함에 있다. 독자들도 느꼈겠지만, 아직도 과거에 대한 우리의 지식이 매우 부족하다는 점은 책의 내용 곳곳에서 드러나고 있다. 이제 고고학 연구 일선과 조사 현장을 떠난 사람으로서, 이 책이 보다 새로운 내용으로 대체되는 날이 하루라도 빨리 오기를 고대한다. 그러한 마음에서, 지난 40여 년 동안 필자가 느껴 왔던 한국 고고학의 문제를 지적하는 한 마디 쓴소리를 던짐으로써 책을 마치고자 한다.

거듭 말하거니와, 아무런 밑천도 인력도 없이 출발한 한국 고고학은 오늘날 괄목할 만한 수준으로 발전했다. 그러나 나날이 쌓이고 있는 새로운 정보와 지식에 걸맞게 과거에 대한 새로운 설명과 해석도 따라야겠지만, 현실은 그렇지 못한 형편이다. 남북 분단의 현실을 도무지 극복할 방도가 없는 상황이라는 이유만으로도 고고학 연구의 질적 수준을 높이는 일은 더욱 중요하다고 하겠다.

학문으로서의 한국 고고학이 당면하고 있는 여러 문제를 단적으로 보여주는 것은 바로 시대구분을 둘러싼 논란이다. 〈고조선시대〉의 설정을 고고학 연구자가 서슴지 않고 주장하는 오늘의 상황은 한국 고고학이 안고 있는 학문으로서의 고고학의 본질과 고고학 자료에 대한 인식의 한계를 보여주며, 한국 고고학이 학문의 정체성과 관련된 위기에 처해 있음을 말해준다.

고고학에서 시대구분을 하는 것은 선사시대 이래의 긴 시간 동안 사람들의 생활양식과 삶의 내용이 어떻게 변화했는지를 한마디로 요약해 주기 위함이다. 이미 강조했듯, 원론적으로 말해 고고학에서의 시대구분은 그에 필요한 일련의 가정과 전제 및 접근방식을 충분히 고려한 바탕 위에서 이루어져야 한다. 그러한 고려사항으로는 시대구분을 위해서는 시대를 구분할 수 있게 해줄 만큼 중요한 의미가 있다고 할 수 있는 변화의 기준 혹은 지표란 무엇인가, 그러한 기준이나 지표에서 보이는 변화의 정도가 어느 정도일 때 시대를 구분할 것인가, 변화의 정도는 어떻게 측정할 것인가, 구분된 시대는 어떤 어휘로써 표현할 것인가 하는 문제 등이 있다. 그리고 무엇보다도 시대구분의 대상 지역이 명확해야 한다. 한국 고고학 편년 체계에 문제가 있다고 여겨지는 오늘의 상황은 단지 새로운 자료가 늘어났기 때문에 발생한 것이라기보다는 이러한 여러 문제를 충분히 고려하지 않은 채 과거에 만들어진 편년 체계를 그대로 쓰고 있기 때문일 것이다. 시대구분을 위한 필요조건을 도외시한 채, 단지 특정 시기의 연대만을 조정한다거나 용어를 편의적으로 사용한다고 해서 문제가 해결되는 것이 아니다. 그런데도 이러한 시도들이 거듭된다는 것은 한국 고고학계가 무언가 근본적인 문제를 안고 있는 것은 아닌가 생각하게끔 만든다.

그러한 문제와 관련, 여러 고고학 학술지에 발표되는 논문을 두루 살펴보면, 아직도 많은 연구자가 오로지 유적과 유물의 편년에만 관심을 기울이고 있는 것 아닌가 하는 생각이 들기도 한다. 본문에서 지적했지만, 그러한 편년은 거의 예외없이 유물의 형태적 특징은 시간의 변화를 의미하며 새로운 유물은 어딘가 외부에서 기원했을 것이라는 단순 논리에 입각하고 있다. 이것은 필자도 깊이 관여한『한국 고고학 강의』의 편제와 구성에서도 그대로 드러나는데, 유적과 유물의 기술과 묘사 및 편년을 제외하면 과거 사람들의 삶과 문화에 대해 읽을 만한 내용은 찾기 어렵다. 기타 고고학 연구논문이나 단행본에서도 연구 대상 지역이나 시기의 다양한 면모를 추구하려는 시도는 보기 어렵다.

다시 말해 많은 연구논문은 유물과 유적에 대한 무미건조한 기술에 그치고 있으며, 과거 사회와 삶의 여러 역동적 모습을 이해함에 도움을 줄 수 있는 글은 찾기 어렵다. 형편이 이러므로, 일반독자로서는 고고학 연구성과를 점점 더 이해하기 어렵게 되었고, 접근성과 가독성도 점점 줄어든다고 느낄 만하다. 물론 이것이 비전공자에게는 어쩔 수 없는 일이라고 할 수도 있겠다. 그러나 고고학의 기본 목적이 물적 증거를 통해 사람들이 예로부터 어떻게 살아왔는가를 설명함에 있음을 생각한다면, 고고학이 사회적 책임을 다하지 못하고 있다는 비난을 외면하기는 어렵다.

한국 고고학이 이러한 약점을 보이는 것은 고고학 교육의 내용이 특히 고고학 자료에 대한 인식과 관련한 문제에 있어 아직도 구태의연하기 때문 아닌가 여겨진다. 필자가 1988년『고고학 개론』에서 지적한 그러한 문제는 수십 년의 세월이 지났음에도 계속되고 있으며, 19세기의 단순 전파론과 맹목적 형식분류를 고고학 연구의 목적이자 도구로 알고 따르는 젊은 연구자가 수두룩하다. 그 결과, 예를 들어 유적의 나이를 평가하며 기준으로 삼은 출토 유물이 무엇인가에 따라 서로 타협할 수 없는 결론들이 도출되었을 때, 그러한 결론들이 마치 모두 옳은 듯 버젓이 발굴 보고서에 함께 실리는 어처구니 없는 사례도 늘고 있다. 이러한 만족스럽지 못한 학문 현실은 고고학의 본령은 선사시대의 연구에 있지만, 한국에서 고고학은 식민지 학문으로서 도입될 시점부터 고분 발굴로 상징되는 역사시대의 유적 조사가 이끌어 왔다는 사실과 상당한 관계가 있다고 생각한다.

20세기가 끝날 즈음까지도, 삼국시대, 특히 신라와 가야 고분 조사를 제외한 발굴은 매해 손꼽을 정도였다는 사실이 말해주듯, 한국 고고학은 삼국시대 무덤, 특히 영남지역 고분에 대한 조사가 이끌어왔다고 해도 과언이 아니다. 그러한 전통은 지금도 계속되고 있어, 조사되고 있는 유적의 면면이나 연구인력의 전공을 살펴보더라도 고고학 연구는 역사고고학에 편중되어 있다. 그렇게 삼국시대 고분 조사가 고고학을 주도해 오며, 고분 조사가 의존해온 자료 분석과 해석과 관계된 연구방법론과 시각은 심지어 구석기시대를 포함해 고고학 연구의 모든 시기에 걸쳐 큰 영향을 끼치고 있다.

연구 초창기부터, 고분 연구에서는 부장품을 형식으로 분류하고 다른 형식과의 시간적 순서나 서열 관계를 정함으로써 유물과 유적의 연대를 설정해 분야별 편년 체계를 확립하는 것이 일종의 전범이었다. 그런 과정에서 학문적 논의는 주로 개별 자료의 연대 설정과 관련 증거의 편년에 대한 것이 그 전부가 되었다. 오랫동안 연구자의 수도 손으로 꼽을 정도였으며 전공도 미분화된 상태가 계속되며 그러한 연구 방법은 선사시대에도 그대로 적용되었다. 그에 따라 시간이 흐르며 많은 연구자가 고고학 연구의 목표는 유물의 형식분류와 그에 기초한 유적의 연대 판단과 편년 수립에 있다고 부지불식간에 믿게 된 것처럼 보인다.

그런데 무덤이란 대개 한번 만들어지면 그만인 유적이다. 거의 모든 매장 유적은 그 형성 과정과 형성 이후의 복잡한 변형 과정에 대해 크게 고민할 필요가 없다는 뜻에서 유적으로서의 성격이 상대적으로 단순하다. 또한 유물의 형태 관찰과 분류는 복잡한 논리적 사고와 판단이 필요한 작업이라기보다는 모종의 규칙만 따르면 굳이 대학 교육을 받지 않더라도 누구나 할 수 있는 일종의 기계적 작업으로서의 성격이 강하다. 아마도 그런 이유때문이겠지만, 한국에서 고고학이 해방 이후 고분 조사를 중심으로 근근이 명맥을 이어오며, 고고학은 발굴과 유물 정리 경험만 있으면 누구나 할 수 있는 분야가 되어버렸다. 물론, 백지상태에 있던 선사시대의 연구에서 그러한 방법이 선사고고학 연구의 걸음마를 떼는 데 도움을 준 것은 부인할 수 없는 사실이다. 그렇지만 비록 열정과 성실성만큼은 높이 사야 하지만 학문으로서의 고고학에 대한 기초교육을 체계적으로 충분히 받지 못한 채 단지 발굴 경험을 쌓으며 성장한 연구자 아래에서 후속세대가 양성되어 오기를 거듭하며, 폭증하는 발굴 수요와 함께 한국 고고학은 외형적으로는 크게 성장했으나 연구 수준은 그렇지 못한 상태에 머무르게 된 것은 아닌가 하는 느낌이다.

더불어 역사고고학 연구는 문헌사에서 확립된 편년과 역사해석이라는 배경이 있기 때문에 고고학 자료의 기본 시간표부터 만들어야만 하는 선사시대 연구가 져야만 하는 부담에서 크게 벗어나 있는 셈이다. 아마도 이러한 이유 때문이겠지만, 대다수 연구자는 고고학 자료를 그러한 시간표에 끼워 맞춤으로써 해야 할 일을 다했노라고 여기게 된 것은 아닌가 모르겠다. 고고학 자료의 의미에 대한 인식론적 한계에서 비롯된 그러한 연구 풍토 속에서 심지어 선사시대 연구에서도 오로지 유적과 유물의 연대와 형식분류 및 기원의 추구에만 몰두하는 현상이 만들어졌다고 여겨진다. 유적 형성 과정과 유물의 문화적 의미에 대한 다양한 해석과 접근법을 이해하지 못한 채, 그저 토기나 석기 혹은 철기나 청동기의 편년과 기원만을 따지는 내용으로 시종일관하는 글은 넘쳐나며, 심지어 유물이 마치 스스로 생각하고 움직이는 존재인 양 자료를 다루는 사례도 보게 된다.

물론 토기가 지역에 따라 어떤 모습이며, 특정 유물이 언제 것이고 어디에서 발견되었는가 하는 등등, 자료의 파악과 이해는 고고학 연구의 기초 작업이며 출발점이다. 그렇다고 해서, 발굴된 수백, 수천 점의 토기를 아직도 개인의 경험에 의존해 하나씩 분류하고 형식을 설정한 다음, 다른 자료와 비교해 편년을 논하는 것에서 고고학이 벗어나지 못한다면, 과연 학문으로서의 고고학, 특히 역사고고학이 대학에서 교육되는 여러 다른 학문과 나란히 할 수 있는 독립적이며 지적 학문이라고 할 수 있을지 의문이다.

역사시대의 고고학 자료가 수공업 차원의 방식으로 분석되고 있고 연구의 귀착점이 시대와 지역에 따른 유적과 유물의 분류와 연대 제시에 머무르고 있는 상황에서는, 역사고고학이란 기록으로 알 수 없는 역사시대의 물질문화와 생활상을 연구하는 재미있는 학문이 아니라, 그저 깨진 토기나 쇳조각을 붙이고 이유도 모르는 채 유물을 그리고 기계적으로 분류하는 일을 쳇바퀴 돌 듯할 것이다. 물론 발굴을 통해 유적의 내용을 밝히고 새로운 유물을 발견하며, 그것이 언제 적의 것인지를 말해주는 것은 고고학이 해야 하는 최소한의 의무이자 기능이다. 그러나 고급학문으로서의 역사고고학은 여기에서 더 나아가 역사의 흐름을 고고학 자료를 통해 독자적 시각으로 조망할 능력을 키워야 하지 않을까 생각한다.

청동기시대부터 〈고조선시대〉로 부르자는 식의 주장이 가능한 것은 고고학의 학문적 기능과 역할 및 고고학 자료에 대한 인식이 이렇게 고고학 초창기 이래의 진부한 역사고고학 연구 시각에서 벗어나지 못하고 있기 때문이라고 여겨진다. 우리가 고조선에 대해 알고 있는 역사적 지식은 신채호가 고대의 조선을 〈고조선〉이라고 부르자고 하던 때에서 그리 나아진 것이 없다. 고고학 자료에 있어서도 우리는 고조선의 '도읍지'의 위치만 모르는 것이 아니라, 고조선 사람들이 살던 마을에 대해서도 아는 것이 없다. 〈고조선시대〉를 설정하자는 주장은 한반도와 중국 동북지역 및 연해주 남부를 포괄하는 넓은 지역이 동질적인 문화와 발전 과정을 공유하며 역사시대로 진입했다고 생각한다는 뜻이다. 이러한 주장은 바로 많은 역사고고학 연구자가 당연시하는 생각, 즉 유물의 형태적 유사성은 국가적 소속 관계와 계보를 말해준다고 믿기 때문에 나올 수 있다고 보인다. 단지 몇 점의 청동기와 토기 등의 유물이 유사한 외형이라면 그것은 바로 그런 유물이 같은 문화, 같은 사회 그리고 같은 나라에서 만들었음을 뜻하는 것일 뿐이라 생각하므로, 그러한 주장이 나올 수 있을 것이다.

그런데 더욱 염려스러운 것은, 혹시라도 그러한 주장은 유사한 듯 보이지만 동질적이라고 단정할 수 없거나 동질적이지 않은 다양한 하부 문화를 고조선의 이름 아래 묶음으로써, 마치 고조선의 실체가 밝혀진 양 하려는 시도는 아닐까 하는 점이다. 현실 정치에는 유용할지 모르지만, 〈고조선시대〉라는 용어의 채택은 과거를 밝힘에 도움이 되기는커녕, 오히려 고고학 자료에 대한 편협한 관점을 맹종하게 함으로써 고고학 자료를 왜곡 설명하게 한다는 무서운 결과를 가져오는 일이다.

너무나도 당연한 말이지만, 문화권역은 만고불변의 영역이 아니며 정치적 경계와 일치하는 것도 아니다. 고구려가 멸망한 다음 고려가 등장할 때까지, 평양은 누구 땅이었으며 한국 문화권역에 포함되는 것인가 아닌가? 혹은 고려시대의 함경도는 한국 문화권역에 포함되는가 아닌가? 이런 단순한 질문을 비롯해, 우리는 역사를 교육하며 '민족적 자존심'을 훼손할 수 있는 여러 문제에 대해서는 묻지도 답하지도 않은 채 슬그머니 넘어가려 한다. 그러므로 청동기시대 이후 시기와 관련한 한반도 인접 지역의 고고학 자료에 대한 관심은 고조선이나 동예, 고구려, 발해 등 한국사의 연구 대상과 직접 관련되지 않는다면 도외시하고 있다. 이러한 맹점과 한계는 이 책을 비롯해 모든 한국 고고학 관련 서적의 내용에 그대로 드러나 있다.

문화권역이 만고불변의 영역이 아니듯, 민족 역시 만고불변의 실체가 아니다. 만약 〈고조선시대〉를 설정함으로써 한민족의 역사를 끌어 올릴 수 있다고 생각한다면, 그것은 어리석은 일이다. 아직도 사회 일각에서는 사료로서의 가치가 없는 문헌을 근거로 내세우거나 고고학 자료를 자의적으로 동원해, 〈한민족〉이 수천 년 전에 어떤 특정 지역에서 그 실체가 완성되었다는 식의 주장을 내세우고 있다. 그러나 〈한민족〉이란 구석기나 신석기시대는 물론이려니와 청동기시대에도 또 그 이후 어느 때에도 완성된 실체로서 존재한 적이 없으며, 현재에도 미래에도 그럴 것이다. 만약 학계 성원이 고의로든 실수로든 〈고조선시대〉를 주장함으로써 그러한 오도된 인식을 부추긴다면, 그것은 큰 잘못이다.

사족을 덧붙이자면, 민족이란 용어는 19세기 일본에서 만들어져 동아시아 한자문화권에서 통용되고 있는 독특한 개념이다. 그러나 민족이란 태고 시절부터 숭고한 '원형'이 만들어져 대대손손 내려온 실체가 아니다. 민족의 구성은 끊임없이 변화하며 계속 새롭게 만들어지는바, 특정 시기 특정 집단의 역사적 경험과 사회문화적 분위기에 따라 그때그때 필요에 따라 이 상형이 정의되곤 하는 '허상'일 뿐이다. 위의 고구려 예에서, 고구려 사람들이 당으로 끌려가거나 망명해 사라지고 난 '빈 땅' 평안도에 남은 사람이나 그 후손 혹은 새로 들어온 사람이나 그 후손은 한민족에 속할까? 만약 아니라면 그들은 언제부터 한민족이 되었을까? 혹은 조선의 지배계급은 백정이나 광대 같은 천민을 같은 '민족'이라고 생각했을까? 아니, 심지어 '사람'이라고나 생각했을까? 『조선왕조실록』을 읽다 보면, 그 답은 명확해진다. 백정이나 광대는 양반에게는 같은 '민족'도 '사람'도 아니었다. 1970년대에 산업화가 본격적으로 진행되기 전까지도 조선시대 신분제의 잔재를 사회 곳곳에서 느낄 수 있었음을 생각한다면, 그러한 천민이나 하층민은 조선의 패망을 오히려 반기지 않았을까? 그렇다면 〈한민족〉의 실체는 과연 무엇이며 그 정체성은 언제 확립된 것일까? 민족의 실체가 그렇게 막연하다면, 고고학 자료의 해석에서 중요한 것은 자료 속에서 민족의 실체를 찾으려 애쓰기 전에, 객관적 시각을 갖고 선사시대 이래 한반도와 그 주변 지역의 집단과 문화가 어떻게 통합 혹은 분화되며 점차 국가단계의 사회로 발전해 나갔는가를 이해하려 노력하는 일, 즉 문화의 광역적이며 통시적인 변화 과정에 대한 충실한 이해를 도모하는 일이라고 생각한다.

한국 고고학은 어렵게 커왔다. 오늘날 한국 고고학의 상황은 힘들었던 성장 과정에서 미처 극복할 수 없었던 약점을 그대로 노정하고 있다. 위기를 단숨에 벗어날 수 있는 묘수는 없다. 묘수가 있다면, 그것은 다만 모든 연구자가 항상 경계하며 각성하는 자세를 유지하는 일일 것이다. 학계의 분발을 기대하는 바이다.

독자를 위한 추천 문헌

이 책을 준비하는 과정에서 참고한 많은 문헌을 일일이 밝히기는 어렵다. 다만 여기에서는 각 장의 내용과 연관되어 더 자세한 것을 알고자 하는 독자를 위해 몇몇 도서와 논문을 추천하는 것으로서 대신하고자 한다.

제1장

김원용. 1986.『한국고고학개설』제3판. 일지사. 서울.

이선복. 1991.「신석기-청동기시대 주민교체설에 대한 비판적 검토」.『한국고대사론집』1. 한국고대사회연구소 편. pp. 41-65. 가락국사적개발연구원. 서울.

______. 2001.「뇌부고」.『한국고고학보』44: 151-188.

______. 2003.「뇌부와 세종의 임질에 대하여.『역사학보』178: 59-81.

______. 2003.『벼락도끼와 돌도끼 – 고고자료에 대한 전통적 인식 연구』. 서울대학교출판부. 서울.

______. 2017. 단군릉, 대동강문명론과 북한의 선사고고학.『우리 시대의 한국고대사』1. 한국고대사학회 편. pp.150-164. 주류성. 서울.

한국고고학회. 2010.『한국 고고학 강의』개정 신판. 사회평론. 서울.

한창균. 2020.『북한 고고학 연구』. 혜안. 서울.

Bartz, Patricia. 1972. *South Korea*. Clarendon Press, Oxford.

제2장

성춘택. 2018.「구석기시기대의 종말 – 구석기 퇴적층 최상부 "명갈색층" 재고」.『2018년도 한국구석기학회 발표논문집』. pp. 47-64.

이기길. 2018.『호남 구석기문화의 탐구』. 혜안. 서울.

이선복. 1989.『동북아시아 구석기 연구』. 서울대학교출판부. 서울.

이선복·좌용주. 2015.「흑요석 산지 추정 연구의 재검토」.『한국구석기학보』31: 156-180.

Seong, Chuntaek. 2008. Tanged points and late Paleolithic hunting in Korea. *Antiquity* 82: 871-883.

______. 2011. Evaluating radiocarbon dates and late Paleolithic chronology in Korea. *Arctic Anthropology* 8(1): 56-67.

Yi, Seonbok (ed). 2011. *Handaxes in the Imjin Basin*. Seoul National University Press. Seoul.

Yoo, Yongwook. 2019. Examination of the chrono-technological features of the handaxes from the Imjin-Hantan River Area in Korea. *Quaternary International* 503: 97-104.

제3장

국립중앙박물관. 2015. 『신석기인, 새로운 환경에 적응하다』. 국립중앙박물관. 서울.

안승모. 2016. 『한국 신석기시대 연구』. 서경문화사. 서울.

울산박물관. 2019. 『2019년 울산박물관 특별기획전 – 신암리 바다를 무대로 삼다』. 울산박물관. 울산.

제주문화유산연구원. 2014. 『제주 고산리유적』. 제주문화유산연구원. 제주.

중앙문화재연구원 (편). 2011. 『한국 신석기문화 개론』. 서경문화사. 서울.

______. 2012. 『한국신석기문화의 양상과 전개』. 서경문화사. 서울.

______. 2017. 『한국 신석기시대 고고학사』. 진인진. 과천

하인수. 2017. 『신석기시대 도구론』. 진인진. 과천.

제4장

국립광주박물관. 2016. 『세계유산 고인돌 – 큰 돌로 무덤을 만들다』. 국립광주박물관. 광주.

국립중앙박물관. 2010. 『청동기시대 마을 풍경』. 국립중앙박물관. 서울.

국립청주박물관. 2020. 『국립청주박물관 특별전 – 한국의 청동기문화』. 국립청주박물관. 청주.

배진성. 2007. 『무문토기문화의 성립과 계층사회』. 서경문화사. 서울.

손준호. 2006. 『청동기시대 마제석기 연구』. 서경문화사. 서울.

오강원. 2006. 『비파형동검문화와 요령 지역의 청동기문화』. 청계. 성남.

이영문. 2002. 『한국 지석묘사회 연구』. 학연문화사. 서울.

이형원. 2009. 『청동기시대 취락구조와 사회조직』. 서경문화사. 서울.

중앙문화재연구원 (편). 2011. 『한국 청동기문화 개론』. 진인진. 과천.

제5장

문창로 외. 2020. 『삼한의 신앙과 의례』. 국립김해박물관. 김해.

송기호. 2019. 『한국 온돌의 역사』. 서울대학교출판문화원. 서울.

오강원·김일규·박진일·이성주. 2019. 『철기시대 토기 제작기술의 확산과 수용』. 한국학중앙연구원 출판부. 성남.

______. 2019. 『철기시대 토기와 토기문화의 변동』. 한국학중앙연구원 출판부. 성남.

조진선. 2005. 『세형동검문화의 연구』. 학연문화사. 서울.

제6장

강인욱. 2020. 『옥저와 읍루』. 동북아역사재단. 서울.

강인욱·김재윤·N. A. 클류에프·A. L. 수보티나. 2008. 『고고학으로 본 옥저문화』. 동북아역사재단. 서울.
국립중앙박물관. 2008. 『갈대밭 속의 나라, 다호리 – 그 발굴과 기록』. 국립중앙박물관, 서울.
오영찬. 2006. 『낙랑군 연구』. 사계절. 서울.
영남고고학회. 2015. 『영남의 고고학』. 사회평론아카데미. 서울.
이현혜. 1998. 『한국고대의 생산과 교역』. 일조각. 서울.
중앙문화재연구원 (편). 2014. 『낙랑고고학 개론』. 진인진. 과천.
______. 2018. 『마한고고학 개론』. 진인진. 과천.
최종규. 1995. 『삼한고고학연구』. 서경문화사. 서울.

제7장

권오영. 2005. 『무령왕릉 – 고대 동아시아 문명 교류사의 빛』. 돌베개. 서울.
김성호 외. 2020. 『한국 고대의 말갑옷』. 국립김해박물관. 김해.
김일규. 2015. 『백제 고고학 편년 연구』. 학연문화사. 서울.
박순발. 2001. 『한성백제의 탄생』. 서경. 서울.
박천수 외. 2003. 『가야의 유적과 유물』. 학연문화사. 서울.
송기호. 2020. 『발해 사학사 연구』. 서울대학교출판부. 서울.
영남고고학회. 2015. 『영남의 고고학』. 사회평론아카데미. 서울.
중앙문화재연구원 (편). 2013. 『한국 중세고고학 자료집성 – 통일신라시대~조선시대』. 진인진. 과천.
______. 2016. 『통일신라고고학 개론』. 진인진. 과천.
______. 2017. 『고구려 발해의 고분 문화』. 진인진. 과천.
______. 2017. 『신라고고학개론』 상·하. 진인진. 과천.
______. 2019. 『통일신라고고학 개론』. 진인진. 과천.
______. 2020. 『고구려고고학』. 진인진. 과천.
______. 2021. 『발해고고학』. 진인진. 과천.
한국고고학회 (편). 2008. 『국가 형성의 고고학』. 사회평론. 서울.
한국고대학회 (편). 2018. 『한국고대사와 백제고고학』. 서경문화사. 서울.

그림 출전

이 책에 실린 사진이나 그림의 설명 끝에는 저작권이 국립문화재연구원, 국립중앙박물관 및 문화재청에 있음을 밝힌 것이 매우 많은데, 이런 것들은 모두 이 세 기관에서 무료로 제공하는 자료이다. 그 외의 많은 자료도 국내 여러 기관으로부터 제공받았으며, 이런 자료들도 제공처를 밝혔다. 저작권 설명이 없는 사진은 필자의 자료이다. 한편, 원도의 출전을 밝힌 자료는 출판된 책과 보고서에서 가져온 것으로서, 그 목록은 아래와 같다.

Bartz, Patricia. 1972. *South Korea*. Clarendon Press, Oxford.

Yi, Sangheon. 2011. Holocene vegetation responses to East Asian Monsoonal changes in South Korea. In *Climate Change - Geophysical Foundations and Ecological Effects*. Edited by J. Blanco and H. Kheradmand. DOI: 10.5772/23920. IntechOpen

국립광주박물관. 2016. 『세계유산 고인돌 – 큰 돌로 무덤을 만들다』. 국립광주박물관. 광주.

국립제주박물관. 2017. 『국립제주박물관』. 국립제주박물관, 제주.

국립중앙박물관. 2010. 『청동기시대 마을 풍경』. 국립중앙박물관. 서울.

______. 2015. 『신석기인, 새로운 환경에 적응하다』. 국립중앙박물관. 서울.

국립청주박물관. 2020. 『국립청주박물관 특별전 – 한국의 청동기문화』. 국립청주박물관. 청주.

국립춘천박물관. 2017. 『춘천박물관 – 강원의 역사와 문화』. 국립춘천박물관. 춘천.

경기도자박물관. 2017. 『파주 대능리 유적』. 경기도자박물관 학술총서 제13책.

경기문화재단 경기문화재연구원. 2009. 『안성 만정리 신기유적 – 안성 공도 택지개발 사업지구 시발굴조사 보고서』. 경기문화재단. 수원.

김범철. 2005. 「금강 중하류역 청동기시대 중기 취락분포유형 연구」. 『한국고고학보』 57: 99-124.

박용안 외. 2006. 『한국의 제4기 환경』. 서울대학교출판부. 서울.

성춘택. 2018. 「구석기시기대의 종말 – 구석기 퇴적층 최상부 "명갈색층" 재고」. 『2018년도 한국구석기학회 발표논문집』. pp. 47-64.

오강원. 2020. 「한국식동검문화(점토대토기문화)의 기원과 형성 과정」. 『국립청주박물관 특별전 – 한국의 청동기문화』. pp. 234-249. 국립청주박물관. 청주.

이기길. 2018. 『호남 구석기문화의 탐구』. 혜안. 서울.

이선복. 1989. 『동북아시아 구석기 연구』. 서울대학교출판부. 서울.

이선복 외. 2004. 『파주 장산리 구석기유적 시굴조사 보고서』. 서울대학교박물관. 서울

______. 2006. 『연천 전곡 농협 신축부지 일대 발굴조사 보고서』. 서울대학교박물관. 서울.
이정은. 2010. 「3차원 스캔을 이용한 주먹도끼 제작 패턴 연구」. 서울대학교 고고미술사학과 석사학위 논문.
춘천 중도동유적 연합발굴조사단. 2020. 『춘천 중도동유적』 I-IV. 춘천 중도동유적 연합발굴조사단. 춘천.
한국고고학회. 2010. 『한국 고고학 강의』 개정 신판. 사회평론. 서울.
한국선사문화연구원. 2018. 『단양 수양개 구석기유적: 단양 수중보 건설사업부지 내』. 한국선사문화연구원. 청주.
호남문화재연구원. 2014. 『완주 신풍유적 I』. 호남문화재연구원. 담양.